prometeo
l i b r o s

prometeo libros

TRANSFORMACIONES RECIENTES
EN LA ECONOMÍA ARGENTINA.
TENDENCIAS Y PERSPECTIVAS

TRANSFORMACIONES RECIENTES EN LA ECONOMÍA ARGENTINA. TENDENCIAS Y PERSPECTIVAS

Victoria Basualdo y Karina Forcinito
(coordinadoras)

Javier Rodríguez; Carla Seain; Sebastián Sztulwark; Victoria Basualdo;
Martín Schorr; Hugo Kantis; Juan Federico; Ricardo Ortiz; Ruth Felder;
Julieta Pesce; Karina Forcinito; Carolina Nahón; Cecilia Nahón;
Mariano Borzel; Valeria Wainer; Juan Santarcángelo; Noemí Giosa Zuazúa;
Corina Rodríguez Enríquez; Ana Luz Abramovich; Gonzalo Vazquez;
Ricardo Aronskind y Marcelo Rougier

Índice

Presentación

Este libro constituye una selección de artículos académicos breves, referidos a las grandes transformaciones estructurales que viene experimentado la economía argentina, y al papel que atañe a las políticas públicas en su desarrollo. La selección de su contenido estuvo orientada a proporcionar, a un público amplio, los elementos críticos básicos para comprender la situación económica actual y sus posibles perspectivas; así como a aportar propuestas al debate social.

En particular, este libro alberga la ambiciosa esperanza de servir como material de formación y actualización para docentes de nivel medio y superior. Se propone como una primera respuesta a la necesidad de contar con textos que, basados en una acumulación de investigación previa, puedan explicar, crítica, didáctica y sintéticamente, algunos de los principales cambios ocurridos en la economía argentina durante la hegemonía neoliberal.

El período de referencia es la "larga década del '90" (que comenzó en julio de 1989 con la asunción del Presidente Carlos Menem, y terminó con la profunda crisis económica, política y social que tuvo lugar en diciembre de 2001), aunque varios de los trabajos abordan, además, elementos de ruptura y continuidad presentes en el lustro posterior a ese período. Cabe destacar, sin embargo, que el encuadre general implícito es el cambio radical del modo de acumulación ocurrido a partir de la última dictadura militar.

Ni el marco cronológico ni los temas abordados en este libro fueron determinados por casualidad: creemos que la investigación sobre esta temática constituye un requisito indispensable para elaborar cualquier proyecto de transformación social superador del orden existente. El estudio de la estructura económica emergente de los años noventa y sus implicancias dinámicas es clave en la medida en que, aún si la crisis de 2001 hubiera abierto un período de transición hacia otro patrón de acumulación, la institucionalidad regulatoria heredada, cristalización de un tipo de relación entre el estado y la sociedad civil, persiste en la actualidad y condiciona severamente las posibilidades de cambio.

Estructura del contenido

La perspectiva adoptada para la organización del texto privilegia un conjunto de dimensiones analíticas específicas para el abordaje de las transformaciones estructurales en la economía argentina.

La introducción general incluye una breve síntesis de algunas de las principales transformaciones experimentadas por el patrón de acumulación vigente a nivel internacional y nacional desde mediados de los años setenta hasta nuestros días, con el propósito de contextualizar los procesos de orden micro y mesoeconómicos que se analizan a lo largo del libro.

Las secciones II a V están organizadas de acuerdo a un recorte sectorial clásico basado en las grandes divisiones de la actividad económica: la producción agropecuaria (jerarquizando la actividad agrícola), la industria y la actividad petrolera, los servicios de infraestructura (en especial el transporte ferroviario, infraestructura vial y servicio de telecomunicaciones), y la actividad financiera, con énfasis en los principales cambios en el interior de las mismas.[1]

En la sección VI se privilegia el funcionamiento del mercado de trabajo y la dinámica de la distribución del ingreso, emergentes de la estructura y dinámica económica analizada, así como el debate existente en torno a los posibles modos de enfrentar el problema de la injusticia distributiva. Finalmente, en la sección VII se incluye un conjunto de reflexiones sobre la problemática del desarrollo en la fase actual del capitalismo y el papel de los diversos actores sociales en dicho proceso.

Los tres trabajos incluidos en la sección sobre la actividad agropecuaria se refieren a las principales tendencias que han afectado la estructura de la producción, el patrón de especialización de la economía y la distribución de la propiedad de la tierra.

---

1 Este último recorte, si bien resulta imprescindible para dar cuenta del objeto de estudio, está lejos de agotarlo en la medida en que requiere ser complementado con la consideración de las transformaciones en la estructura de propiedad del capital en la economía nacional considerada como un todo. Más específicamente, con el análisis de los procesos de conglomeración económica impulsados por el capital concentrado que lidera el proceso de acumulación a escala nacional, cuya magnitud permite caracterizar la inserción de dichas fracciones como multi-implantada más que como especializada sectorialmente. Para un análisis pormenorizado al respecto de dicho proceso y de sus implicancias en términos de predominio económico y alianzas entre las diversas fracciones que componen la clase dominante en la Argentina, así como de las formas específicas de apropiación y uso del excedente económico consultar Basualdo (2006).

El artículo de Javier Rodríguez y Carla Seain caracteriza las tendencias agregadas en la producción agropecuaria, concentrándose de manera especial en los aspectos novedosos, como el auge de los cultivos transgénicos. Una hipótesis central de este trabajo es que las principales transformaciones en la actividad agrícola se encuentran asociadas a dos factores centrales: los cambios en los complejos agroalimentarios ligados al consumo interno, por un lado, y a la demanda mundial de alimentos, por otro. Entre las conclusiones de este trabajo, nos interesa destacar la idea de que la nueva división del trabajo agrícola, asociada al auge de los cultivos transgénicos, fundamentalmente la soja, si bien incrementó notablemente la capacidad productiva y exportadora del país, trajo aparejadas consecuencias negativas en lo que se refiere al uso del suelo (erosión; desplazamiento de la ganadería, etc.), la distribución de la producción (tendencia a la concentración), la generación de empleo (que verificó una gran disminución) y la capacidad de diversificación del sector (tendencia al monocultivo y escasos eslabonamientos productivos).

El artículo de Victoria Basualdo aborda otro aspecto central para el estudio del sector agropecuario: la problemática de la distribución de la propiedad de la tierra, concentrándose en el caso de la Provincia de Buenos Aires, el corazón de la Pampa Húmeda. En primer lugar, analiza el marco conceptual y las particularidades que presentan las fuentes para el estudio de la propiedad de la tierra en el caso argentino. En segundo lugar, desentraña el complejo debate sobre la evolución de la distribución de la propiedad de la tierra en dicha provincia desde mediados de siglo hasta la década del '90. Partiendo de un examen de las dos perspectivas analíticas que presentan conclusiones opuestas, el trabajo concluye que la corriente que provee el estudio más sólido de la problemática, en base a su novedoso marco conceptual y a sus aportes metodológicos, es la que confirma la tendencia a la concentración de la propiedad durante la segunda mitad del siglo XX.

El artículo de Sebastián Sztulwark aborda el proceso de innovación biotecnológico aplicado al cultivo de la soja, así como las implicancias de la inserción específica de la Argentina en el circuito internacional generador de dicho proceso durante los años noventa. Nos interesa destacar dos de las conclusiones de este trabajo. En primer lugar, que la tradicional distinción entre sector primario y secundario, en términos de valor agregado, ha perdido vigencia en tanto la introducción de estas innovaciones implicaron una inversión de capital inédita en el sector primario. En segundo lugar, que la Argentina se insertó de manera subordinada y dependiente en este circuito de innovación al no participar en la fase inmaterial de creación biotecnológica que se encuentra en la base del mencionado paquete de innovaciones. De esta manera, para Sztulwark, el rol diferenciado de los países productores de tecnología y de los países tomadores estaría configurando un nuevo esquema de dependencia del tipo centro-periferia, en el marco del cuál el papel de las políticas públicas resulta fundamental.

Los tres trabajos incluidos en la sección sobre la actividad industrial y petróleo analizan los cambios en la estructura de estas producciones, con énfasis en su relación con el patrón de especialización de la economía y sus impactos distributivos. Asimismo en relación con el desarrollo de las micro y pequeñas empresas, se analizan las principales tendencias que evidencia la capacidad de la economía de generar nuevos emprendimientos productivos con énfasis en la industria.

El artículo de Martín Schorr estudia la evolución del sector industrial en la década del '90, así como los cambios y continuidades en la política y el desempeño industrial desde la crisis del 2001 a la fecha, concluyendo con una serie de propuestas de política en el corto y largo plazo. En lo que se refiere a la evolución industrial durante la convertibilidad (1991-2001), Schorr destaca la tendencia a la desindustrialización y a la reestructuración regresiva del aparato fabril, ligadas al escaso dinamismo de la acumulación de capital en el nivel interno, el deterioro ocupacional y la desigualdad distributiva producto de la tendencia a la concentración y la centralización del capital, y la situación crítica que atravesaron las pequeñas y medianas empresas a lo largo del período. En cuanto a la nueva etapa que se abre en 2002, y en especial a partir de la Presidencia de Néstor Kirchner, denominada por algunos "modelo nacional industrial", el autor rescata la creación de empleo, la recuperación productiva del sector y el incremento en las exportaciones. Señala, al mismo tiempo, que los aspectos salientes del régimen macroeconómico, las medidas aplicadas a nivel fabril y la ausencia de una estrategia integral de desarrollo económico e industrial han tendido a favorecer al núcleo más concentrado del capital, en perjuicio de las fracciones empresarias de menor tamaño y, fundamentalmente, de los trabajadores. El trabajo cierra con recomendaciones de política en dos tiempos. En el corto plazo propone un conjunto de medidas orientadas a la reestructuración progresiva del sector, partiendo de un *shock* redistributivo. En el largo plazo, propone la reconstrucción de un Estado que participe activamente en los procesos económicos, así como la integración productiva con el resto de los países de América Latina.

El artículo de Hugo Kantis y Juan Federico analiza el comportamiento del proceso de creación y destrucción de empresas (especialmente micro y pequeñas) en la última década, con énfasis en el sector manufacturero, estableciendo una comparación internacional. Los autores ponen en evidencia que esta capacidad de creación neta de empresas, especialmente en el sector industrial, registra un saldo negativo durante los últimos diez años y resulta deficitaria en relación con diversos países del mundo. En contraposición a dicha tendencia, destacan que en los años posteriores a la crisis de 2001 comienza a verificarse un proceso de recuperación que, aunque aún resulta incipiente, abre nuevas posibilidades de expansión de la base productiva del país. Sin embargo, la sustentabilidad de largo plazo de dicha expansión, así como el aumento de la insuficiente capacidad emprendedora requieren, según los autores, de una estrategia de desarrollo deliberada y sostenida en el largo plazo por parte del estado. Por último, los autores proponen una serie de medidas orientadas al alcance de estos objetivos.

El artículo de Ricardo Ortiz describe las principales características que asumió el proceso de privatización y desregulación del sector energético, particularmente el vinculado a la producción de petróleo y sus derivados. Asimismo, analiza los principales impactos de dichos procesos sobre la estructura del mercado y de la propiedad del capital, la evolución, composición y destino de la producción, las estrategias de las empresas con posiciones dominantes y su desempeño económico, así como la relación entre estas últimas variables y las políticas estatales impulsadas durante la década del noventa y con posterioridad a la crisis del año 2001 hacia el sector. Entre las relevantes conclusiones del análisis nos interesa destacar que, si bien la privatización y desregulación del mercado ha dado lugar a un fuerte incremento en la producción y en las exportaciones de petróleo y gas, éste ha tenido costos sociales excesivos. Estos costos derivan de varios factores: la escasa flexibilidad a la baja de los precios en el mercado interno durante las caídas en la cotización mundial del petróleo, la insuficiente inversión en exploración por parte de los agentes privados, el relativo estancamiento de la industria refinadora doméstica, la pérdida de poder del estado nacional para actuar sobre el sector a partir de la internacionalización de las empresas, de la creciente extranjerización de la estructura de propiedad del capital, y el decisivo poder económico que acumularon las compañías líderes del sector, por el control de un recurso social estratégico de carácter no renovable, en el condicionamiento de las políticas estatales. Para finalizar, el autor propone una serie de medidas orientadas a contrarrestar los efectos perjudiciales de las reformas implementadas a partir de la privatización de Yacimientos Petrolíferos Fiscales (YPF).

Tres de los cuatro trabajos incluidos en la sección de infraestructura abordan la dinámica asumida por la prestación de los servicios de transporte vial y ferroviario, por un lado, y de telecomunicaciones, por otro, como casos testigo de los diversos cambios asociados al programa de privatizaciones de los servicios públicos implementado durante la primera mitad de los años noventa. Los estudios enfatizan la especificidad y el sesgo que ha asumido la re-regulación estatal de la prestación bajo los nuevos criterios "privados" intentando evaluar la eficacia de las reformas en términos de sus propios objetivos. Plantean también interrogantes y propuestas acerca del tipo de políticas necesarias para un desarrollo inclusivo social y territorialmente. El último de los cuatro artículos que conforman la sección aborda, a la luz de los fuertes déficit de capacidad regulatoria estatal que evidencian los análisis sectoriales, la problemática de la regulación de los servicios públicos en la Argentina postulando una propuesta concreta de re-regulación.

Los dos primeros trabajos de esta sección abordan la problemática del transporte vial y ferroviario en la Argentina. El auge del sistema de transporte automotor, asociado a su vez a la protegida industria automotriz doméstica, ha tenido como contrapartida la decadencia del ferrocarril inducida por el estado. Ambas infraestructuras de transporte poseen implicancias socioeconómicas y espaciales diferenciales y se encuentran asociadas a distintas prioridades de desarrollo económico. Por estos motivos, resulta relevante la consideración conjunta de los aportes realizados por Julieta Pesce y Ruth Felder en sus artículos respectivos.

El artículo de Ruth Felder parte de analizar muy brevemente el rol que tuvo el ferrocarril en función de los patrones históricos de desarrollo del país, para luego abordar el proceso de privatización y algunos de los principales problemas de la gestión privada. Su trabajo se centra en la dimensión política de la privatización, enfatizando el rol que, por acción u omisión, ha jugado el estado en relación con el sector y la redefinición de las relaciones de poder entre distintos grupos sociales que la reforma ha involucrado. Luego de un análisis agudo de la dinámica que ha caracterizado a la política ferroviaria desde la privatización, la autora plantea la necesidad de replantear el papel del estado rompiendo con la lógica de las concesiones que mantienen a los trenes "presos de criterios de rentabilidad empresaria", que ha implicado una reducción de la extensión de la red al 15% de la preexistente, entre los principales efectos. Desde su perspectiva, dicha lógica resulta incompatible con la prestación de servicios accesibles y de calidad y con un funcionamiento orientado a la articulación socioterritorial. Asimismo, plantea que una hipotética reestatización de los ramales tampoco garantizaría por sí sola que se revirtiera el proceso de decadencia del ferrocarril, ni que las necesidades de la mayoría de los usuarios primaran por sobre el interés de las empresas proveedoras y contratistas. Por eso se inclina por formas de democratización de la prestación que permitan, no sólo que se mejoren las condiciones técnicas de funcionamiento, sino que también que se definan los objetivos sociales estratégicos de los ferrocarriles.

El artículo de Julieta Pesce parte del estudio de las principales características del sistema de rutas y caminos vigentes en el país para realizar un análisis más exhaustivo de las concesiones viales por peaje desde la privatización hasta 2003. Dicho sistema involucraba el 25% del total de la red total de caminos, el 32% de la red nacional pavimentada y concentraba dos tercios del tránsito vehicular total. Entre las principales conclusiones a las que arriba la autora, nos interesa destacar que el sistema de concesiones viales aplicado en la Argentina ha proporcionado resultados negativos para la sociedad en virtud de los excesivos costos sociales que ha involucrado, aunque altamente positivos para las empresas concesionarias, derivados de los elevados rendimientos obtenidos. Entre los costos, la autora destaca aquellos provenientes de las elevadas tarifas y las transferencias fiscales así como los asociados a los incumplimientos en los planes de obras. Desde su perspectiva, esta política de concesiones ha dado lugar a una fuerte fragmentación y heterogeneidad en la estructura del sistema vial nacional, en la medida en que promueve el desarrollo de aquellos segmentos rentables sin implementar subsidios cruzados que financien los tramos no rentables de la red, y sin considerar, asimismo, la complementariedad con los otros sistemas de transporte como el ferrocarril.

El artículo de Karina Forcinito aborda otro sector estratégico para el desarrollo económico en materia de infraestructura: los servicios de telecomunicaciones. Estos poseen gran importancia económica debido a que constituyen el medio fundamental de transporte e integración de otras actividades, incidiendo en la inserción internacional de la economía. Paralelamente, las redes de telecomunicaciones son el soporte físico mediante el cual es posible transmitir y comunicar, a costos decrecientes, un conjunto cada vez mayor de contenidos. De este modo, el desarrollo de la actividad incide además en la distribución social y espacial de la producción cultural. La autora realiza un balance de los principales resultados alcanzados mediante la privatización de ENTeL y la re-regulación de las telecomunicaciones en la Argentina. A modo de conclusión, postula que el esquema adoptado por los distintos gobiernos durante el período 1989-2005 promovió, con elevados costos sociales, el desarrollo de inversiones crecientemente orientadas hacia los segmentos más rentables del mercado, en detrimento de la universalización de los servicios. Este componente de la política fue omitido por el estado y, por lo tanto, pasó a depender fundamentalmente de la regulación tarifaria y de la transición a la competencia. Estas dimensiones de la regulación fueron implementadas, a la vez, con un sesgo fuertemente transigente hacia las empresas líderes, en detrimento de los usuarios residenciales –especialmente los de menores recursos- y del sistema económico en su conjunto. En el marco de la continuidad de esta situación hasta nuestros días, la autora postula una serie de lineamientos de acción pública con vistas a alcanzar mayores grados de democratización del acceso a los servicios en la Argentina.

El artículo elaborado por Carolina Nahón se propone contribuir con el desarrollo de una propuesta de prestación y regulación de servicios públicos de infraestructura en la Argentina de principios del siglo XXI. La autora analiza el tránsito del estado desde un rol empresario a uno regulador derivado del programa de privatizaciones de los años noventa. A continuación, presenta una propuesta de regulación de la prestación de servicios públicos que involucra tanto la gestión privada como la estatal. Específicamente, propugna la sanción –por ley- de un régimen nacional de servicios públicos y organismos reguladores que posibilite el desarrollo sustentable de los sectores de infraestructura y promueva, simultáneamente, el acceso universal a los servicios esenciales. Por último, en las reflexiones finales, la autora evalúa la viabilidad y las posibles implicancias de la reestatización de algunos de los servicios privatizados. Al respecto, señala el riesgo de desandar el camino de la privatización hasta llegar al punto de inicio indiscriminadamente y se inclina por un análisis caso por caso que considere los impactos sociales y económicos de la prestación; los requerimientos de inversión y de subsidios, la situación económico-financiera de las firmas prestatarias (deuda en moneda extranjera, atraso tecnológico relativo) y las capacidades estatales para afrontar las "nuevas" responsabilidades.

Los tres trabajos incluidos en la sección sobre el financiamiento del desarrollo abordan, en primer término, los cambios experimentados desde los años noventa en la funcionalidad del sector financiero doméstico con relación al resto del sistema económico argentino. Y en segundo término, el papel asumido por el financiamiento externo en el desenvolvimiento de la economía argentina durante la vigencia del régimen de convertibilidad. En este contexto, se jerarquizan los efectos de la inversión extranjera directa en el intercambio comercial argentino con el resto del mundo durante el período 1976-2001, con énfasis en la década del noventa.

El artículo de Mariano Borzel aborda el papel desempeñado por el sistema financiero doméstico en el financiamiento del desarrollo económico. El autor parte del análisis de las principales transformaciones de las finanzas mundiales en las últimas décadas, y de las que signaron el final de la industrialización por sustitución de importaciones, que implicaron una importante apertura y desregulación, promoviendo además la extranjerización. Luego se concentra en la reforma de las finanzas durante el período de la convertibilidad. Al respecto, enfatiza la restricción que este régimen implicó para el Banco Central en términos de política monetaria, la exposición a los acontecimientos externos y el incremento de la volatilidad de la economía, la dolarización de los contratos financieros, y, en términos del sistema bancario, la apertura al capital extranjero que produjo un reacomodamiento de las participaciones de los distintos tipos de entidades en el sistema. El autor destaca asimismo la intervención de algunos bancos como agentes financieros clave en la privatización de empresas públicas, así como las implicancias de la reforma del régimen de seguridad social sobre las entidades financieras, al tiempo que señala que, en este contexto, las PyMEs experimentaron un deterioro de las ya agudas restricciones para la obtención –y sus costos- del crédito. En base a este diagnóstico de volatilidad, elevado nivel de concentración del crédito, extranjerización de la banca y pérdida en la participación relativa de la banca pública y cooperativa, Borzel propone la revalorización de estos últimos dos tipos de entidades bancarias como punto de partida para una nueva perspectiva de la actividad financiera como un servicio público y no como un hecho puramente lucrativo, al tiempo que señala que debería evaluarse la utilización de mecanismos alternativos para el fondeo de largo plazo.

Los artículos de Cecilia Nahón y Valeria Wainer abordan la segunda de las dimensiones jerarquizadas en la sección, a partir del análisis de la funcionalidad asumida por el financiamiento externo y sus implicancias sobre la economía argentina.

El trabajo de Cecilia Nahón estudia el papel del financiamiento externo en la Argentina durante el régimen de convertibilidad. Demuestra la extraordinaria capacidad de la economía argentina de atracción de capitales en esta etapa y, a su vez, desnuda su vocación de expulsión de los mismos, dando origen a la dinámica denominada "flujos cruzados", que registra antecedentes durante la última dictadura militar. La autora concluye que los flujos vinculados al financiamiento externo, y su contrapartida (la fuga de capitales, las amortizaciones, los intereses, los dividendos y las crecientes importaciones) se constituyeron en mecanismos de inyección y de succión de enormes masas de recursos, en moneda extranjera, de la economía doméstica. Dicha dinámica promovió un aumento en el nivel de extranjerización y concentración del capital, así como la duplicación de la deuda externa entre 1992 y 2001. Asimismo, impulsó una notable expansión de los activos externos del sector privado mediante la fuga de capitales del país. Estos fenómenos contribuyeron a consolidar un patrón de especialización basado en la producción de origen primario (agropecuarios e hidrocarburos, fundamentalmente), con escasa capacidad de absorción de la fuerza de trabajo.

El artículo de Valeria Wainer analiza el rol de la inversión extranjera directa en el comercio exterior argentino para el período 1976-2001, a través de un estudio econométrico. Dicho análisis es profundizado para la década de los noventa mediante un análisis cualitativo realizado a partir de un marco teórico que jerarquiza las diversas estrategias de las empresas transnacionales y sus impactos en los países receptores. Entre las principales conclusiones a las que llega la autora, deseamos destacar la confirmación econométrica de que los ingresos de inversión extranjera directa originaron mayores requerimientos de importaciones en el largo período analizado. Asimismo, a partir del análisis cualitativo centrado en los años noventa la autora concluye que el fuerte incremento en las transacciones internacionales que experimentaron algunos sectores de la economía (servicios públicos privatizados; petróleo y sus derivados; papel; químicos; maquinaria y equipo de transporte; alimentos, bebidas y tabaco e industria automotriz) estuvo relacionado con las diversas estrategias de inversión de las empresas transnacionales. Por último la autora plantea la necesidad de introducir políticas específicas que incentiven la sustitución de importaciones y que promuevan las exportaciones con el fin de moderar los efectos de la inversión extranjera directa sobre la restricción externa, estimulando aquellas estrategias compatibles con las del desarrollo nacional.

Resulta especialmente destacable que tanto Cecilia Nahón como Valeria Wainer postulan, a partir de sus estudios específicos, la profundización de la histórica restricción externa como una de las tendencias estructurales derivadas de los cambios en la economía argentina desde los años noventa.

Los cuatro trabajos incluidos en la sección sobre mercado de trabajo y distribución del ingreso abordan dos dimensiones complementarias. La primera refiere al diagnóstico sobre los cambios operados en el funcionamiento del mercado de trabajo argentino, así como a las tendencias de largo plazo que evidencia la distribución del ingreso en términos funcionales y personales. La segunda dimensión refiere a las propuestas políticas orientadas a enfrentar la creciente desigualdad social que ha producido el funcionamiento de la economía en los últimos treinta años.

El artículo de Noemí Giosa Zuazúa analiza, desde una perspectiva histórico-institucionalista, las transformaciones del mercado de empleo en la Argentina. La primera parte se concentra en la industrialización por sustitución de importaciones. Al respecto, señala que el nivel relativamente integrado de la estructura productiva implicaba encadenamientos que facilitaban que la expansión industrial tuviera un efecto multiplicador sobre el resto de la economía. Dado que la base del crecimiento industrial se asentaba en el mercado interno, la alta ocupación y los niveles del salario eran una preocupación para los propios sectores empresarios en la medida en que constituían el soporte central de la demanda interna. La crisis de este modelo conllevó, de acuerdo a la autora, un peso decreciente de la actividad industrial y un protagonismo de la valorización financiera del capital, lo que en términos del mercado de empleo se tradujo en una expulsión de trabajadores de los sectores más intensivos en trabajo, complementado por la expansión de industrias de insumos básicos más intensivas en capital y de escasa generación de empleo directo e indirecto. Algunos de los impactos destacados del mercado de empleo en esta primera etapa de la valorización financiera, especialmente durante la dictadura, fueron la intervención y disciplinamiento de la actividad sindical, el desmantelamiento de las convenciones colectivas, la subutilización de la fuerza de trabajo, una distribución del ingreso crecientemente regresiva y el surgimiento y expansión del sector informal urbano tradicional. En una segunda parte, la autora analiza las particularidades del mercado de empleo en la década del noventa, destacando el incremento del desempleo abierto y del empleo precario, que tuvieron estrecha relación con las políticas macroeconómicas y con la legislación que promovió la flexibilización laboral. En lo que se refiere a la contracción del empleo, la autora indica que fue notoria en las grandes empresas en su conjunto, y en particular en las industriales. La última parte del trabajo analiza la evolución del mercado de empleo en el período que se abrió con la devaluación, sosteniendo que, como consecuencia de las políticas aplicadas en los años '90, el empleo asalariado desprotegido es, en la actualidad, no sólo la vía de regreso a la ocupación para los desocupados, sino también "la condición de ocupación más frecuente para una proporción importante de la población económicamente activa".

El artículo de Juan Santarcángelo analiza la distribución funcional y personal del ingreso en la Argentina desde fines de los años cincuenta, con énfasis en la década de los noventa y en la situación actual. El autor identifica tres períodos que caracteriza diferencialmente. El primer período comprende hasta el año 1976 y muestra una distribución del ingreso relativamente estable con una leve tendencia a la equidad distributiva tanto en términos funcionales como personales. Esta situación cambia radicalmente al iniciarse el segundo período con la imposición, por parte de la última dictadura militar, de un nuevo patrón de acumulación económica, que trajo aparejado una caída abrupta del salario real medio y de la participación de los asalariados en el ingreso. Por último, el tercer período que identifica el autor es el que comienza con la presidencia de Carlos Menem, y llega hasta la actualidad (dependiendo de la información disponible), durante el cual el patrón de acumulación definido a mediados de los setenta se profundiza. Algunas de las tendencias mencionadas son: la caída en la participación de los asalariados en el producto bruto interno, el aumento de la desigualdad de la distribución personal y el descenso del nivel de salario medio real de los trabajadores en relación de dependencia. Este trabajo pone de manifiesto de un modo contundente la contracara del patrón de producción que comienza a instaurarse hace treinta años y se consolida en los años noventa: la exclusión social.

El trabajo de Corina Rodríguez Enríquez presenta la propuesta del Ingreso Ciudadano, que se propone crear un nuevo consenso para la seguridad social básica. En un contexto histórico mundial en el cual el pleno empleo dejó de ser considerado un eje prioritario de la política pública, y en que el desempleo estructural y la flexibilización laboral se constituyeron en potentes desafíos al antiguo sistema de seguridad socio-económica basado en la garantía de seguridad laboral, la autora reivindica el valor de la seguridad básica universal, a la que define a partir de la autonomía personal, la oportunidad de desarrollar las propias competencias y capacidades, y la seguridad económica. Rodríguez Enríquez sostiene que aún entre aquellos que reconocen la necesidad de fortalecimiento de las políticas de provisión de ingresos al conjunto de la población, existen dos concepciones diferentes. La primera de ellas propone fortalecer la relación salarial como vía principal para garantizar ingresos a la población, mientras la segunda separa la seguridad en el ingreso de la seguridad en el empleo. La propuesta de Ingreso Ciudadano, identificada con esta última concepción, se caracteriza por impulsar un ingreso monetario incondicional y universal, esto es, a todos los integrantes de la sociedad sin excepción, implicando una modificación sustancial del eje central del sistema capitalista desde la relación salarial a la ciudadanía, y desde el trabajo mercantil al socialmente útil. Luego de analizar las características, derivaciones y aplicaciones de la propuesta, la autora evalúa las posibilidades de aplicación de la propuesta en Argentina, concluyendo que aunque las condiciones no parecen estar dadas para la aplicación de un IC universal, es posible pensar en estrategias graduales, tendientes a cubrir, en una primera instancia, a los grupos más vulnerables y económicamente dependientes.

El trabajo de Ana Luz Abramovich y Gonzalo Vázquez aborda distintas experiencias de Economía Social y Solidaria (ESyS) en el país. En la primera sección los autores presentan a la ESyS como un conjunto de propuestas de transformación social tendientes a la construcción de una economía alternativa a la capitalista, que parte del reconocimiento de la diversidad y dignidad de personas y pueblos, impulsa el asociativismo y relaciones más solidarias, y prioriza el respeto al medio ambiente, contribuyendo a una mayor democratización de las relaciones sociales. En la segunda parte del trabajo, analizan tres experiencias de ESyS en Argentina: las empresas recuperadas y autogestionadas por los trabajadores a partir de 1995 y en especial luego de la crisis de 2001; la construcción de mercados y monedas sociales en la experiencia del trueque, cuya expansión se produjo también inmediatamente después de la crisis, y la experiencia del Frente Nacional contra la Pobreza y la propuesta del shock redistributivo impulsado principalmente por la Central de Trabajadores Argentinos en 2001. Para finalizar, los autores reivindican la construcción de espacios no capitalistas dentro del sistema, en tanto consideran que no sólo permiten la supervivencia de trabajadores excluidos del mercado asalariado, sino que además constituyen una experimentación de otras formas de organización de la producción, distribución y consumo.

Finalmente, los dos trabajos incluidos en la última sección se concentran en los condicionamientos sociales e institucionales de los procesos de desarrollo en el sistema capitalista, y para el caso argentino en particular.

El artículo de Ricardo Aronskind plantea una serie de reflexiones e interrogantes sobre el desarrollo, en cuatro direcciones diferentes. En primer lugar, se concentra en los embates que sufrió el concepto de desarrollo en los últimos treinta años en términos del debate intelectual, por parte de las corrientes del postmodernismo y del neoliberalismo. En segundo lugar, analiza el impacto del final de la guerra fría sobre las posibilidades concretas de desarrollo de los países del Tercer Mundo, refiriéndose a casos exitosos como los de Corea del Sur y Taiwán, y más recientemente China, y evaluando las posibilidades de países como la Argentina. En tercer lugar, reflexiona sobre el peso de la articulación entre el estado y los intereses privados, con la idea de que la historia particular de cada estado-nación tiene un impacto tan importante como el contexto internacional en las posibilidades o dificultades para el desarrollo. Finalmente, se pregunta sobre la incidencia de los factores culturales, proponiendo una agenda de investigación sobre la "microfísica del desarrollo", esto es, el conjunto de comportamientos sociales aprendidos o producidos que reproducen el atraso.

El trabajo de Marcelo Rougier rescata una serie de controversias y procesos históricos para reflexionar sobre algunos determinantes que considera claves para promover el desarrollo económico sostenido en la Argentina contemporánea. A partir de un estudio de distintas contribuciones intelectuales e institucionales, su conclusión principal es que toda estrategia tendiente al desarrollo económico requiere la presencia de una serie de factores. El primero de ellos es la claridad teórica para el análisis de las circunstancias históricas nacionales e internacionales, que sólo puede ser obtenida a partir de una participación significativa de los intelectuales en la discusión e implementación de las políticas públicas. Otro elemento imprescindible para toda política de desarrollo es la existencia de actores sociales que cuenten con la fuerza y los intereses para impulsarla, constituyendo una base social que les permita vencer las resistencias y obstáculos. Finalmente, todo proyecto de desarrollo económico requiere, ineludiblemente, una participación activa del estado, esto es, el desarrollo de políticas e instituciones con capacidad para impulsar el crecimiento con mayor justicia distributiva.

Agradecimientos

El presente libro tuvo como principal antecedente un Ciclo de Conferencias desarrollado en el marco del Profesorado Universitario en Economía con el apoyo del Instituto del Desarrollo Humano de la Universidad Nacional de General Sarmiento durante el segundo semestre de 2004. Este ciclo convocó a jóvenes investigadores y docentes, insertos en equipos de investigación pertenecientes a diversos ámbitos académicos públicos, a exponer y debatir sobre las transformaciones recientes de la economía argentina.

Queremos agradecerle al Dr. Eduardo Rinesi, Director del Instituto del Desarrollo Humano, quien impulsó y alentó el proyecto en todas sus instancias, así como también al Rector Silvio Feldman, al Consejo Superior y al Consejo del Instituto del Desarrollo Humano por el apoyo al presente trabajo. Debemos también un reconocimiento especial al Dr. Roberto Domecq, Rector organizador de la Universidad Nacional de General Sarmiento, quien generó los espacios para estas iniciativas fueran posibles. Por último, queremos destacar la generosidad, la paciencia y la dedicación de todos los autores de los artículos que permitieron dar cuerpo a la propuesta, así como expresar nuestro agradecimiento a Juan Iñigo Carrera; Roberto Domecq; Germán Soprano; Roberto Bisang y Martín Schorr, comentaristas de las exposiciones originales, y a los estudiantes que asistieron al ciclo, cuyas ideas enriquecieron de manera anónima la presente obra.

I.
INTRODUCCIÓN GENERAL

Victoria Basualdo y Karina Forcinito[2]

> *"… Todos estamos involucrados en una tarea triple: la tarea intelectual de analizar crítica y lúcidamente la realidad; la tarea moral de decidir los valores a los que en estos momentos debemos darles prioridad y la tarea política de decidir cómo podríamos contribuir inmediatamente a que el mundo emerja de la caótica crisis estructural actual de nuestro sistema-mundo capitalista, hacia un sistema-mundo diferente que sea sensiblemente mejor…"*
>
> *Immanuel Wallerstein*[3]

Los trabajos reunidos en este libro se concentran en el análisis de algunas de las principales tendencias verificadas desde la década del '90 a nivel de los grandes sectores de actividad que componen la estructura económica argentina, así como en propuestas de transformación de las relaciones económicas y sociales en un sentido socialmente inclusivo. Resulta imprescindible, para contextualizar estos análisis y propuestas específicos, volverlos inteligibles y apreciar sus aportes, partir de una caracterización de las particularidades asumidas por el patrón de acumulación a escala nacional en estrecha ligazón con las regularidades económicas internacionales que conformaron la fase de reestructuración capitalista iniciada con la crisis de acumulación de mediados de los años setenta y que constituyeron, sin lugar a dudas, su condición de posibilidad.

---

2 Agradecemos los generosos aportes de Enrique Arceo, Eduardo Basualdo, Cecilia Nahón y Daniel Azpiazu.
3 Wallerstein (2006).

I. Génesis y transformaciones del patrón de acumulación capitalista vigente

En los primeros años de la década del setenta, una fuerte crisis económica puso de manifiesto los límites de las condiciones que habían sustentado la estabilidad de la acumulación en las economías centrales en la denominada "edad de oro" desarrollada desde la segunda posguerra en adelante[4] y, con ello, la necesidad de las fracciones más poderosas del capital de impulsar una reestructuración socioeconómica que les permitiese enfrentar la nueva situación.

De modo estilizado, es posible sostener que durante dicha fase se desencadenaron dos procesos principales de realimentación recíproca: el creciente predominio de la fracción financiera del capital sobre el de función productiva y la reorganización de la producción a escala mundial, facilitada por un nuevo conjunto de innovaciones científico-tecnológicas con centro en la microelectrónica, liderada por el capital conglomerado de propiedad asociada multinacional[5]. Ambos procesos tuvieron como condición de posibilidad la imposición o adopción, según los países, de la reforma del estado de acuerdo con los preceptos neoliberales, a partir de la apertura comercial y financiera de las economías nacionales (especialmente las de ca-

---

4 La crisis económica se manifestó en un fuerte descenso de la tasa media de ganancia y, con ella, de los niveles de inversión y de crecimiento económico y en un incremento de los niveles de la inflación de precios en las economías capitalistas. Existe suficiente evidencia para afirmar que dicha merma en los rendimientos percibidos por el capital se encontraba ligada a la desaceleración del ritmo de crecimiento de la productividad del trabajo que, en términos estilizados, había permitido sostener incrementos continuos de la demanda de inversión y del salario medio durante el período 1950-1973. Consultar Bye y Destanne de Bernis (1987); Neff y Thomas (1987); UNCTAD (1981); U.S. Department of Labour (1998); Lipietz (1984), entre otras obras de referencia. Cabe destacar, al respecto, que las posiciones asumidas con relación a la naturaleza de esta crisis capitalista y a su superación o no por parte del sistema se encuentran sometidas a un intenso debate inconcluso (Brenner (1998); Wallerstein, (2006), entre otros).

5 El uso de dichas innovaciones se orientó a neutralizar los obstáculos que el paradigma tecno-productivo previo y las relaciones de fuerza vigentes planteaban a la acumulación. Entre dichos obstáculos se destacaba el hecho de que el incremento de la tasa media de salario superase el de la productividad y, consecuentemente, disminuyera el nivel de la tasa media de ganancia en un contexto de fuerte competencia capitalista. Estas tendencias además de generar una caída en los niveles de inversión y de productividad, dieron impulso al cambio tecnológico que, sin embargo, aún no ha puesto de manifiesto una definida incidencia positiva sobre los niveles de productividad global del sistema.

rácter periférico); la "desregulación de los mercados"[6] (incluido el de trabajo) y las privatizaciones de las empresas estatales en el marco de políticas macroeconómicas de corte ortodoxo.

En primer término, estas políticas impulsaron la "desregulación" de los sistemas bancarios y de los mercados financieros –que hicieron posible, paralelamente, la liberalización de los movimientos internacionales de capitales- como modo de relanzar la acumulación mediante la restitución de la rentabilidad de las colocaciones financieras y su libre asignación hacia los destinos más atractivos, frente a la caída de los rendimientos de la inversión productiva, la necesidad de los estados centrales de recurrir al financiamiento externo y la creciente internacionalización de las grandes empresas[7].

Este proceso abrió paso al predominio de la fracción financiera del capital a escala mundial que pasó a condicionar la producción y la distribución de un modo novedoso[8], favoreciendo una desintermediación de las finanzas, dado que las empresas pasaron a obtener fondos a través de la emisión y colocación de títulos, en mayor medida, y no mediante préstamos bancarios, como en la etapa previa[9]. Consecuentemente, la dirección de las empresas pasó a estar sujeta a fuertes exigencias orientadas a incrementar los rendimientos en el corto plazo, bajo la forma de valorización de las acciones y/o del pago de di-

---

6 Se trata estrictamente de un cambio regulatorio pro-mercado, que tiende a agudizar el poder de los actores con posiciones dominantes en los mismos, especialmente si no existe una regulación antimonopólica efectiva que limite el accionar de los mismos, y no de una desregulación como suele denominarse. Para mayores detalles véase Azpiazu (1999).

7 Ver Arceo (2005, pag. 27). Esta desregulación y liberalización financiera tuvo como requisito la ruptura de los Acuerdos de Bretton Woods durante el período 1971-1974.

8 El achicamiento de las tasas de ganancia a partir de fines de los años sesenta en los países centrales produjo, entre otras transformaciones, la relocalización de las actividades productivas generadas por el surgimiento de actividades off shore (extraterritoriales) en zonas denominadas "paraísos fiscales" destinadas a eludir la regulación pública del capital. El excedente generado por las corporaciones transnacionales en estos ámbitos dio lugar a la acumulación de una importante masa de capital líquido por parte de la banca privada internacional que se orientó, sin regulación alguna, a la valorización financiera de corto plazo generando pérdida de control sobre las tasas de cambio y la masa monetaria de las economías nacionales. Así, el mercado neto de eurodivisas (fundamentalmente dólares depositados en bancos fuera de los Estados Unidos y no repatriados -de modo de eludir las leyes financieras de este país-) pasó de 14.000 millones de dólares en 1964 a 160.000 millones en 1973 y casi 500.000 millones al cabo de cinco años, cuando este mercado, altamente desregulado, se convirtió en el mecanismo principal de reciclaje de los beneficios procedentes de los países petroleros que, posteriormente, se constituyeron en la fuente de endeudamiento de las economías latinoamericanas. Véase Hobsbawm (1995, pag. 281).

9 Ver Arceo (2005, pag. 27).

videndos, por parte de los inversores institucionales que son quienes demandan dichos títulos (fundamentalmente, fondos de inversiones y pensiones).[10]

En segundo término y paralelamente, la crisis de acumulación impulsó a los conglomerados de propiedad asociada multinacional a deslocalizar sus actividades más intensivas en trabajo hacia la periferia, apoyándose crecientemente en el uso de medios programables de producción, a fin de reducir sus costos. Estas estrategias generaron un cambio fundamental en la centralización de la gestión que hizo posible que las filiales de las empresas multinacionales pasaran de la provisión de productos para los diversos mercados nacionales, en los cuales se encontraran radicadas, a la ejecución de distintos segmentos de un proceso productivo global desarrollado en el mercado mundial o regional y destinado al mismo.

Esta nueva forma de organización de la producción a escala transnacional requirió como condición de posibilidad la institucionalización de mayores grados de apertura comercial y financiera de las economías[11] y terminó de consolidar una nueva división del trabajo, bajo el liderazgo de los conglomerados de propiedad asociada multinacional, basada en el comercio de productos manufacturados cuya producción demanda distintas proporciones de capital y de trabajo calificado.[12]

---

[10] Este autor sostiene al respecto que la "(...) nueva supremacía de la propiedad del capital (del capital de préstamo y del accionario) sobre el capital en funciones productivas, el cual debe incrementar sus tenencias en activos financieros, dada la alta rentabilidad de éstos, y transferir una parte creciente de los beneficios bajo la forma de intereses y dividendos (...) disminuye la autofinanciación, limita la inversión y acentúa las presiones sobre los gastos salariales. Los trabajadores pasan a ser un stock que, al igual que el de mercancías y el de materiales en proceso, debe ser limitado al mínimo y cuidadosamente ajustado en cada momento a las exigencias de la producción, lo cual implica una radical precarización de la relación laboral" (Arceo, 2005, pag. 27).

[11] Cabe destacar que si bien se incrementaron los niveles de internacionalización de las economías, la mayor parte de las firmas multinacionales continuó teniendo su sede y sus activos principales en los Estados Unidos, algunos países de Europa (Alemania, Francia y Gran Bretaña) y Japón. De las 200 empresas multinacionales más grandes del mundo, 168 tenían sus casas matrices con residencia en los países mencionados, según información correspondiente a 1995. Esto señala la vigencia del rol hegemónico de las principales potencias y las desigualdades del poder de decisión en el escenario económico mundial (Rapoport, Madrid, Musacchio y Vicente, 2000, pag. 869).

[12] Ver Arceo (2005, pag. 28 y 32). Este patrón de especialización conllevó el predominio del comercio intra e interindustrial a nivel internacional que involucra, fundamentalmente, a los países centrales y tiende a marginar a la periferia capitalista (especializada en la producción de bienes primarios) de las corrientes más dinámicas del intercambio. De este modo, tiende a reproducir las situaciones de fuerte dependencia tecnológica y financiera y de vulnerabilidad externa, que históricamente han caracterizado el desempeño de estas últimas economías, bajo las nuevas condiciones.

El aumento de la capacidad de las grandes empresas y conglomerados multinacionales de actuar a escala transnacional, guiados por una lógica orientada a maximizar los rendimientos financieros, en un contexto de caída de la inversión global, aumento del desempleo y caída de las remuneraciones promedio en un contexto de debilitamiento del poder sindical, dio lugar a una redistribución regresiva del ingreso de los asalariados hacia el capital y, paralelamente, a la tendencia de este último a la concentración y centralización[13] sentando las bases para la recomposición de la tasa media de ganancia a partir de mediados de los años ochenta.[14]

De este modo, el sistema económico que se había configurado en la segunda posguerra quedó transformado mediante una sustancial modificación de la división internacional del trabajo y de la lógica de acumulación de las fracciones más dinámicas del capital, así como por la restricción de las posibilidades de actuación de los estados nacionales frente a la creciente transnacionalización del capital[15]. Más precisamente, la desarticulación de los estados de bienestar y la construcción de una nueva institucionalidad pública, a partir de la hegemonía del pensamiento neoliberal[16], hizo plausi-

---

[13] Cabe agregar que la tendencia a la concentración y a la centralización del capital se produce mediante procesos de fusiones y adquisiciones de gran envergadura que se desarrollan como consecuencia de la mencionada necesidad del capital, fundamentalmente de las fracciones más concentradas, de conformar estructuras productivas fragmentadas territorialmente, capaces de internalizar las ventajas locales existentes en materia de costos, para proveer desde allí al mercado mundial, en un contexto de apertura comercial y liberalización de los flujos financieros.

[14] Cabe destacar que dicha recomposición no estuvo sustentada en incrementos sostenidos de la productividad.

[15] En este contexto, y como respuesta política a la creciente internacionalización de la economía, las principales potencias generaron bloques económicos regionales y fortalecieron el papel de los organismos financieros internacionales, el Fondo Monetario Internacional y el Banco Mundial, como prestamistas de última instancia (Hobsbawm, 1995, pág. 283) y crearon la Organización Mundial del Comercio en 1994. Con respecto a la discusión sobre la redefinición del papel de los estados nacionales en la nueva fase de desarrollo capitalista consultar Vilas y VVAA (2005).

[16] Este pensamiento fue alcanzando creciente eficacia, en principio, como correlato de los límites que presentaron las políticas keynesianas para enfrentar la crisis económica de los años setenta y, más tarde, a fines de los años ochenta, con la caída del "socialismo real" en el este europeo y Asia. El mismo fue promovido por las instituciones y líderes de opinión vinculados al capital mundial más concentrado como el Fondo Monetario Internacional, el Banco Mundial, los bancos de inversión y empresas multinacionales, etc.. Sus principales exponentes teóricos han sido Friedrich Von Hayek y Milton Friedman y las experiencias "modelo" han sido, en primer lugar, la liderada por la dictadura del Gral. Pinochet en Chile a partir de 1973 y, en segundo lugar, las encabezadas por la Primer Ministro Thatcher en Gran Bretaña y el Presidente Reagan en los Estados Unidos durante los años ochenta (Anderson, 1987).

ble la redefinición regresiva la relación entre el capital y la fuerza de trabajo requerida y, simultáneamente, realimentada por los cambios en el patrón
de acumulación[17].

II. Transformaciones estructurales en la argentina desde media-
dos de los años setenta

Existen distintas posiciones respecto del peso específico de los procesos internacionales y nacionales para explicar las transformaciones estructurales en Argentina en las últimas décadas, así como de la importancia relativa de los factores político-institucionales, sociales y económicos. Resulta claro, en todo caso, que en la Argentina –así como en otros países periféricos–, la expansión y creciente predominio del capital financiero a escala internacional, producida a partir de la crisis económica, se articuló con
el intento refundacional, políticamente represivo y socio-económicamente
regresivo, de la dictadura militar que gobernó el país durante el período
1976-1983[18].

Probablemente, el legado más evidente de la última dictadura sea
el vinculado a las atroces violaciones a los derechos humanos, llevadas a cabo mediante una estructura represiva burocratizada y controlada desde el
estado, que dejó el saldo de treinta mil desaparecidos, miles de presos políticos, asesinados y exiliados, el secuestro y apropiación de hijos de deteni-
dos y el robo de sus bienes, así como de la experiencia de represión militar,
política e ideológica extendida a toda la sociedad y continuada mediante la
impunidad de los crímenes cometidos hasta nuestros días.

---

[17] Consultar Nochteff (1988).

[18] El análisis de la política económica militar, así como de sus beneficiarios y perjudicados, pone en evidencia la comunidad de intereses entre la elite económica y las fuerzas militares. Aún más, la evidencia re-
cogida respecto a la estrecha complicidad entre sectores empresarios y fuerzas militares en algunas de las
firmas más importantes del país, sugieren la necesidad de reconsiderar la idea de que se trató de una dictadura únicamente militar, y de investigar en profundidad la composición de la alianza de intereses que
confluyó en el golpe y en el mantenimiento en el poder de los sucesivos gobiernos militares que se sucedieron hasta 1983. Así mismo, cabe agregar que en el diseño de la política económica de la junta militar
tuvieron participación dos tipos de intelectualidad orgánica: la cúpula de las fuerzas armadas y las "usinas
de pensamiento" del liberalismo ortodoxo nacional (O'Donnell, 2001). Este último tipo volvería a desem-
peñar un papel estratégico en el gobierno del presidente Menem.

Sin embargo, este legado sólo adquiere cabal significación histórica cuando es puesto en relación con la herencia económica asociada a esta traumática experiencia: el quiebre de las bases sociales y económicas que sustentaban el proceso de industrialización por sustitución de importaciones, y la instauración de un nuevo patrón de acumulación fuertemente signado por el predominio de la fracción financiera del capital a nivel mundial. El disciplinamiento y la mutilación del cuerpo social a partir de la represión operaron como condiciones de posibilidad de dicha transformación y, esta última, como parte intrínsecamente constitutiva de la misma política del terror.

Específicamente, la última dictadura implementó una apertura comercial y financiera asimétrica al resto del mundo, en un contexto de apreciación cambiaria y de liberalización de los mercados internos (especialmente el financiero), conjuntamente con fuertes transferencias de riqueza, a través del ajuste por inflación diferencial entre precios y salarios y el ortorgamiento de subsidios fiscales implícitos y explícitos a ciertas actividades y empresas. Estos fueron los mecanismos centrales de promoción del endeudamiento externo[19] y la valorización e internacionalización financiera del capital[20] que erosionaron las bases del proceso de industrialización por sustitución de importaciones que se había desarrollado durante las cuatro décadas previas[21] y fortalecieron la posición relativa de la banca acreedora externa y de un núcleo muy concentrado de conglomerados económi-

[19] El endeudamiento promovido por la política militar, que pasó de 12 mil millones de dólares en 1978 a 43 mil millones en 1982, derivó en montos equivalentes y aún mayores de fuga de capitales al exterior (Basualdo, 1999, pag. 17).

[20] Se entiende por valorización financiera "...a la colocación de excedente por parte de las grandes firmas en diversos activos financieros (títulos, bonos, depósitos, etc.) en el mercado interno e internacional. Este proceso, que irrumpe y es predominante en la economía argentina desde fines de la década de los años setenta, se expande debido a que las tasas de interés, o la vinculación entre ellas, supera la rentabilidad de las diversas actividades económicas, y a que el acelerado crecimiento del endeudamiento externo posibilita la remisión de capital local al exterior al operar como una masa de excedente valorizable y/o al liberar las utilidades para esos fines" (Arceo y Basualdo, 2002, pag. 41).

[21] La política económica de la dictadura favoreció a la fracción financiera del capital, fundamentalmente los grandes bancos, y, asimismo, mediante diversos mecanismos de promoción sectorial y regional, a un reducido número de grandes grupos económicos locales y conglomerados transnacionales diversificados y/o integrados que, a partir de entonces, tendieron a concentrar una porción creciente del excedente nacional (Azpiazu, Basualdo y Khavisse, 1987). Para mayores detalles sobre la conformación histórica de dichos actores y su papel en la actualidad consultar Basualdo (2006).

cos nacionales y extranjeros de actuación nacional que, a partir de entonces, pudieron ejercer elevados niveles de poder político y económico. Es decir que el fuerte endeudamiento externo, que ligó a estas fracciones entre sí y que fue, en gran medida, estatizado a partir de los últimos años de la dictadura[22], no tuvo como contrapartida un proceso de formación de capital orientado a superar los límites que planteaba la estrategia de desarrollo con eje en la industrialización por sustitución de importaciones,[23] sino la promoción de la internacionalización y la valorización financiera del capital.

Con esta orientación, la política económica y represiva de la dictadura argentina promovió, en primer lugar, la profundización del proceso de concentración y centralización del capital sobre la base –fundamentalmente– de una transferencia de ingresos desde el sector asalariado al capital[24]; en segundo lugar, el estancamiento y la desindustrialización de la economía[25], paralelamente a la financierización e internacionalización de una porción significativa del excedente controlado por la fracción dominante local y, en tercer lugar, el agravamiento de los desequilibrios macroeconó-

---

[22] Según Arceo y Basualdo (2002, pag, 48) hacia 1983 casi el 70% de la deuda externa privada correspondía a 30 grupos económicos y a poco más de 100 conglomerados extranjeros y empresas transnacionales. Los subsidios derivados de la estatización de la deuda externa privada involucraron hasta 1984 un monto equivalente a 9 mil millones de dólares de 1998.

[23] Dichos límites se manifestaban en desequilibrios cíclicos externos y fiscales y en fuertes pujas distributivas entre el capital y las fuerza de trabajo y, asimismo, entre las diversas fracciones capitalistas. Sobre los rasgos y límites del régimen social de acumulación de la etapa previa consultar Nun y Portantiero (1987). En estrecha vinculación al reconocimiento de dichos límites, tiene lugar una controversia acerca del final de la sustitución de importaciones a mediados de los años '70. Mientras algunos autores defienden la tesis del "agotamiento" del modelo sustitutivo, otros destacan, en cambio, el papel decisivo que cumplieron las políticas económicas ortodoxas aplicadas desde mediados de los años '70 en adelante, en especial a partir del golpe militar. Desde nuestro punto de vista, el crecimiento constante del producto bruto industrial entre 1964 y 1974, sin atravesar una sola recesión, constituye un dato fundamental que desmiente la idea del agotamiento del modelo previo y subraya la importancia de las políticas económicas respecto al cambio operado en la estructura económica argentina.

[24] En 1976 el salario real disminuyó un 33,6% respecto del año anterior y nunca volvió a recuperar sus niveles previos. En 1991, cuando comenzó la estabilidad de precios en la Argentina, el salario real era un 63% inferior al vigente en 1975, según datos de la Secretaría de Seguridad Social y el INDEC (Azpiazu y Nochteff, 1995, pág. 8).

[25] En ocho años de gestión militar de la economía el crecimiento del producto fue del 2,3%, lo que implicó una drástica disminución de la riqueza por habitante. La economía se reprimarizó, desapareciendo ramas enteras de la producción industrial -el producto bruto interno industrial de 1983 era un 10% menor que el de 1976- y redefinió su inserción externa (Rapoport, Madrid, Musacchio y Vicente, 2000, pág. 832 y 844).

micos en el orden externo y fiscal derivados del creciente peso asumido por el endeudamiento.

A partir del peso creciente del endeudamiento externo y, sobre todo, luego de la cesación de pagos declarada por algunos de los principales países deudores de la América Latina a partir de 1982, la banca acreedora externa -representada políticamente por los organismos multilaterales de crédito, fundamentalmente el Banco Mundial y el Fondo Monetario Internacional, aunque también por el propio gobierno de los Estados Unidos- asumió una creciente influencia en la definición de las políticas públicas en estos países. En la Argentina, esta creciente influencia de los acreedores externos, fundamentalmente de los grandes bancos, desencadenó una fuerte puja distributiva entre los mismos y las fracciones más concentradas del capital interno[26] en torno de la apropiación y utilización de los recursos fiscales[27], puja que derivó en una creciente inestabilidad macroeconómica[28] y político-institucional durante los años ochenta ante la incapacidad del estado de satisfacer sus demandas[29].

Las transformaciones regresivas en el patrón de funcionamiento de la economía argentina, previamente mencionadas, se fueron profundizando durante el gobierno constitucional posterior a la dictadura encabezado por el Presidente Alfonsín de la Unión Cívica Radical.[30] A pesar de los cambios político-institucionales vinculados al retorno a la democracia, se mantuvo en este período la subordinación de las políticas públicas en ge-

---

[26] Cabe destacar que las ganancias obtenidas por estas fracciones dependían en gran medida de la continuidad de un conjunto de transferencias de recursos estatales que habían sido implementadas por la dictadura militar.

[27] Si bien la relación entre estos componentes del poder económico fue complementaria durante la dictadura militar, a partir de la estatización de la deuda externa privada y del estallido de la crisis por cesación de pagos a principios de los años ochenta, la puja entre ambos sectores por el destino de los recursos públicos se profundizó derivando en una creciente inestabilidad económica (Azpiazu, Basualdo y Khavisse, 1987).

[28] Sobre la dinámica macroeconómica del período consultar Damill, Fanelli, Frenkel y Rozenwurcel (1989).

[29] Sobre el proceso de endeudamiento externo, fuga de capitales y estatización de la deuda externa privada véase Basualdo (1999; pág. 17 y 29).

[30] Luego del intento distribucionista de Grinspun se iniciaron los primeros programas de ajuste, sin que el gobierno lograra construir el consenso necesario para el ajuste estructural, las privatizaciones, una mayor apertura y desregulación económica (Duarte, 2001, pág. 34). Para mayores detalles sobre los planes económicos del gobierno radical -Grinspun, Austral y Primavera- véase Rapoport, Madrid, Musacchio y Vicente (2000; pag. 904-925).

neral, y de la política económica, en particular, a la lógica de la acumulación de las fracciones mencionadas del poder económico[31], cuyas contradicciones derivaron en una espiral hiperinflacionaria de precios y en el agravamiento de la situación económica y social general[32]. Estos fenómenos favorecieron, luego de frustrados intentos por modificar el funcionamiento de la economía, el triunfo, en mayo de 1989, de la principal fuerza de oposición, el justicialismo, liderado por el Presidente Carlos Menem quien conservó el gobierno del país y el liderazgo político por dos períodos consecutivos.

La reforma neoliberal, iniciada por la dictadura militar, fue profundizada por el gobierno liderado por el Presidente Menem y presentada públicamente como el único modo de enfrentar la "quiebra del Estado" y salir de la crisis hiperinflacionaria y recesiva a principios de la década de los noventa.[33] Cabe agregar, al respecto, que si bien hasta fines de los ochenta no se había producido un quiebre ideológico en favor de la reforma neoliberal del estado en el conjunto de las clases y fracciones sociales, el mismo

[31] Sobre las transferencias de excedente en favor del capital concentrado interno y los acreedores externos consultar Basualdo (2006).

[32] Como producto de la primera escalada hiperinflacionaria, que tiene lugar desde febrero hasta agosto de 1989, el tipo de cambio y el nivel general de precios aumentan en más de un 3000% y los salarios reales caen un 30% aproximadamente implicando una caída de la participación de los asalariados en el ingreso a un nivel próximo al 20% (dicha participación alcanzaba al 43% en 1974 y al 27% en 1988). Para mayores detalles sobre este proceso Véase Rapoport, Madrid, Musacchio y Vicente (2000; pag. 925). Dicha escalada hiperinflacionaria se produjo como consecuencia de las corridas cambiarias contra el peso impulsadas, fundamentalmente, por la banca extranjera, acreedora del estado, radicada en el país en el contexto de cesación de pagos en el que entró la Argentina entre 1988 y 1990. Durante dicho período la puja distributiva entre dichos actores y el capital concentrado interno por los recursos fiscales se agudizó, debido a la discontinuidad de las transferencias de ingresos hacia los primeros y la continuidad de las mismas hacia los segundos (Basualdo, 1999, pag. 32).

[33] En América Latina, la reforma del estado surgió a mediados de los años ochenta como uno de los puntos centrales en la agenda de la reestructuración de las economías y sociedades impulsados por los bancos acreedores, mediante los Organismos Internacionales de Crédito, y sus socios nacionales frente a la crisis regional vinculada al endeudamiento externo. La profundización de dichas reformas en los años noventa, bajo el impulso del Consenso de Washington, involucraba, además del estricto control del gasto público -orientado a evitar que el mismo desplace a la inversión doméstica como destino de los fondos provenientes del mercado de capitales-; la imposición de un patrón tributario basado en impuestos indirectos, fuertemente regresivos socialmente, y el desplazamiento de las pautas universalistas de intervención social del estado por otras de índole particularista que contribuyeron a profundizar los niveles de fragmentación social.

tendría lugar en los años noventa, sobre un terreno previamente abonado por el terrorismo de estado y la hiperinflación[34].

Esta reforma constituyó el modo de ganar credibilidad en el seno del gran empresariado de actuación doméstica e internacional, dando respuesta, transitoria, a las exigencias derivadas del pago de la elevada deuda externa pública en un contexto de hiperinflación. Sin embargo, la estrategia ganó viabilidad cuando luego de de varios intentos fallidos[35], en abril de 1991, la gestión de Domingo Cavallo en el Ministerio de Economía logró estabilizar el nivel de precios y profundizar la transformación estructural de la economía[36]. Esta estrategia se apoyó en una política de estabilización de los precios a partir de la imposición, en primer término, de un esquema monetario-cambiario –denominado Plan de Convertibilidad– que logró recuperar la moneda como unidad de cuenta mediante el anclaje del peso al dólar a un tipo de cambio fijo ($1=US$1) y, en segundo término, en la apertura económica al mundo, fijando un techo a los precios de los bienes y servicios transables[37]. Asimismo, prohibía toda introducción de cláusulas indexatorias en la economía doméstica que pudieran alimentar los procesos inflacionarios. Paralelamente a las mencionadas medidas, el gobierno impuso y consolidó una reforma neoliberal compuesta por las siguientes medidas centrales: la apertura plena de la economía nacional al resto del mundo[38], la re-regulación de los mercados -incluyendo el laboral-, una reforma tributaria regresiva (que implicó la generalización de los impuestos indirectos, la disminución de los aportes patronales, entre otros) y la privatización generalizada de las empresas estatales.

34 Ver Duarte (2001, pag. 34)
35 Sobre los Planes Bunge y Born y los impulsados por Erman González (I, II, III, IV y V), que derivaron en nuevas escaladas hiperinflacionarias véase Rapoport, Madrid, Musacchio y Vicente, (2000; pág. 971).
36 Véase Gerchunoff y Torre (1996: pág. 751).
37 Véase Bouzas (1994: pág. 15), Kosacoff (1993: 41-42) y Beccaria y Mauricio (2005: pag. 21).
38 Esta política coincide con un nuevo ciclo de afluencia de capitales vinculados al agotamiento de la reactivación europea de los años ochenta y al cambio de la política exterior de los Estados Unidos hacia América Latina orientada, por un lado, a captar poder de compra mediante la Iniciativa para las Américas y, por otro lado, a reiniciar un nuevo ciclo de financiamiento externo de la región, resolviendo el problema de la deuda externa pendiente desde los años setenta mediante el Plan Brady (Feletti y Lozano, 1997. pág. 26).

Estas reformas económicas implementadas en el marco de los condicionamientos impuestos por la creciente dependencia financiera externa contribuyeron fuertemente a la primarización del perfil productivo doméstico sesgando aún más el proceso económico hacia la reproducción de lógicas de valorización financiera del capital y promoviendo ciclos de endeudamiento y fuga de capitales cada vez mayores en relación con el tamaño de la economía que incrementaron los tradicionales niveles de vulnerabilidad externa de la economía e instauraron una tendencia estructural al déficit fiscal y a la estanflación. Asimismo, las pautas redistributivas derivadas de la intervención estatal en la vida social se modificaron en un sentido regresivo y, como consecuencia, se profundizaron los niveles de concentración y centralización del capital así como la desigualdad económica y la exclusión social[39].

En diciembre de 1999, el Justicialismo fue derrotado en las elecciones por la Alianza, integrada por la Unión Cívica Radical y el Frente País Solidario (FREPASO), encabezada por Fernando de la Rúa. Los Ministros de Economía de este gobierno, José Luis Machinea, Ricardo López Murphy y Domingo Cavallo promovieron políticas económicas de ajuste que evidenciaron una fuerte continuidad con el período previo. En un contexto de incremento exponencial del endeudamiento (a partir del acuerdo de financiamiento externo denominado "blindaje"), y de aceleración de las transferencias de divisas al exterior, comenzó a hacerse evidente la crisis de la convertibilidad, y la pugna entre los distintos sectores concentrados del capital que demandaban dos salidas opuestas: la devaluación y la dolarización.[40] Cuando a fines de noviembre de 2001, el gobierno sumó a las cada vez más opresivas medidas de ajuste la prohibición de retirar fondos del sis-

---

[39] Ver Rapoport, M. y colaboradores (2000); Nochteff (1999, pag. 15 a 32); Altimir y Beccaria (2001) y Azpiazu (2002); Basualdo (2006); entre otros.

[40] Esta puja entre las dos fracciones del capital que lideraron el proceso de acumulación durante la larga etapa de la reestructuración neoliberal -caracterizada por el predominio de la valorización financiera- tenía relación con el modo de resolver la crisis de crecimiento que estaba experimentando la economía argentina. Los partidarios de la devaluación (fracción concentrada y diversificada del capital doméstico con alta capacidad exportadora) se enfrentaron aquellos que proponían la dolarización (fracción extranjera del capital especializada en la prestación de servicios públicos de infraestructura y financieros) en función de sus inserciones estructurales diferenciales. El conflicto se definió a favor de los "devaluacionista" que constituyen los sectores, en la mayoría de los casos con inserción exportadora, que actualmente lideran el proceso de crecimiento económico postcrisis de 2001-2002. Consultar Basualdo (2006, 461).

tema bancario, afectando fuertemente a la clase media y a los sectores de la economía informal, se desencadenó una ola de protestas populares que culminó en la renuncia del Presidente de la Rúa y un severo cuestionamiento al orden político, económico y social imperante.

En suma, a pesar de los cambios fundamentales a nivel político que trajo aparejado el retorno al sistema democrático en 1983, el patrón de acumulación liderado por la valorización financiera, concentrador en lo económico y excluyente en lo social que había sido instaurado por la última dictadura se consolidó durante los gobiernos constitucionales posteriores y con especial vigor durante la "larga" década del noventa que culminó el 19 y 20 de diciembre de 2001.

III. Las expresiones marcoeconómicas del patrón de acumulación vigente durante la reestructuración neoliberal en la Argentina

Resulta imprescindible, para enmarcar los aportes de los artículos en el cuerpo principal de este libro, abordar sintéticamente algunos de los principales indicadores del comportamiento macroeconómico argentino que han caracterizado el patrón de acumulación asociado a la reestructuración neoliberal en materia productiva y distributiva. En primer lugar, se analiza la evolución del producto por habitante y de la composición sectorial del producto durante el período 1975-2002. En segundo lugar, se abordan muy estilizadamente algunos indicadores del funcionamiento del mercado de trabajo así como de sus implicancias distributivas y de las condiciones de vida de la población durante el mismo período.

El desempeño productivo de la economía argentina durante la reestructuración neoliberal puede caracterizarse como decadente. El producto por habitante, a precios constantes, correspondiente al año 2002 resultaba un 8,1% inferior al vigente en 1975, según estimaciones elaboradas a partir de información del Ministerio de Economía y de INDEC.[41] Asimismo, la dinámica productiva del sistema económico nacional estuvo signada por ciclos que permiten diferenciar grandes fases (ver gráfico). Una primera de

---

[41] Cabe agregar, comparativamente, que entre 1950 y 1973 el incremento del producto per cápita fue del 60% aproximadamente según las Cuentas Nacionales. Véase Nochteff, H. (1999, pag. 17).

tendencia negativa que tuvo lugar entre 1975 y 1989, derivada de la regresiva transformación estructural impulsada por la dictadura militar y de los crecientes condicionamientos al desenvolvimiento económico futuro adquiridos por la misma mediante el endeudamiento externo, que desembocaron a su vez en la crisis hiperinflacionaria de 1989. Una segunda de tendencia positiva, entre 1990 y 1998, en la que el crecimiento estuvo sostenido por un segundo ciclo de endeudamiento externo –en el marco del régimen convertible– durante el cual se consolidaron las reformas neoliberales del estado en nuestro país. Y una última fase, de signo negativo, correspondiente al período 1999-2002 en la que el patrón de acumulación liderado por la valorización financiera entró en decadencia en el marco del régimen convertible y luego en la crisis de fines de 2001 y principios de 2002[42].

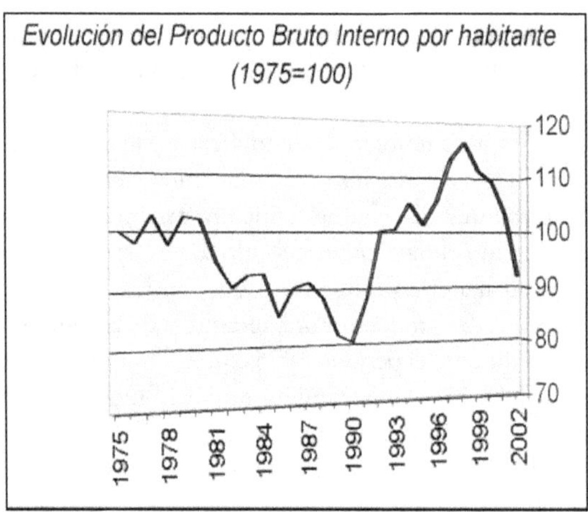

La participación de los diversos sectores productivos en la generación del Producto Bruto Interno (PBI) se alteró de un modo notable como consecuencia del fuerte cambio estructural. La contribución de la industria en el PBI –a precios constantes de 1993– se redujo de 23,9% en 1975 al 16% en 2002. Los servicios, como contrapartida de la tendencia antes mencionada,

---

42 Se ha incluido el año 2002 en el análisis de la etapa debido a que se considera que la crisis es parte constitutiva del mismo patrón de acumulación vigente desde mediados de los años setenta.

experimentaron un fuerte incremento de su peso relativo pasando del 60,4% al 68,4% del valor total generado. La construcción experimentó una notable caída, pasando a representar el 3,7% del producto bruto interno total para el 2002, mientras en 1975 su participación era del 7,7%. Por último, la agricultura, ganadería, pesca y silvicultura, entre las principales actividades primarias, incrementaron su importancia relativa pasando de 6,7% al 8,7% del producto bruto interno para 1975 y 2002, respectivamente[43].

El retroceso de la participación de las manufacturas no fue la consecuencia del incremento de la terciarización que tiene lugar en los países más avanzados en materia de desarrollo y que se vincula a los cambios brevemente analizados en la división internacional del trabajo, -en los cuales todos los sectores se expanden, aunque algunos lo hacen más rápidamente-, sino que refleja una contracción absoluta de la generación de bienes manufacturados por habitante, es decir el carácter truncado de la industrialización en la Argentina.[44]

Como era esperable, el carácter regresivo de esta reestructuración productiva se expresó dramáticamente en el mercado de trabajo doméstico. La desocupación urbana, que alcanzaba al 17,9% de la población económicamente activa a octubre de 2002, se multiplicó por 5,2 desde mediados de los años setenta según información del Ministerio de Economía[45]. Las tensiones en el mercado de trabajo se manifestaron, además, en crecientes niveles de subocupación y sobreocupación horaria -que afectaban al 19,9% y al 28,8% de la población económicamente activa- y, paralelamente, en la elevadísima precarización laboral existente a la misma fecha –el 44,2% de los asalariados no realizaban aportes jubilatorios–.[46]

Estos fuertes desequilibrios en el mercado de trabajo urbano estuvieron asociados a la pérdida de la capacidad de la economía de generar empleo resultante de la reestructuración neoliberal en curso[47]. A modo ilustra-

---

[43] Damill (2005, pag. 220)

[44] Damill (2005, pag. 161).

[45] El INDEC ha estimado que si se excluyera la ocupación transitoria proporcionada por el Plan Jefes y Jefas de Hogar Desocupados, principal programa social existente frente al desempleo, la tasa de desocupación abierta se encontraría entre el 21,7% y el 23,5%. La ocupación generada por dicho plan representaba el 7% del total urbano en octubre de 2002.

[46] Los asalariados representan el 72,1% de los ocupados a nivel urbano, según estimaciones de la Encuesta Permanente de Hogares para octubre de 2002.

[47] Monza, Casanovas y Crucella (2001).

tivo, dicha pérdida fue estimada en un 20% por unidad de producto –considerando los requerimientos directos de empleo– solamente para el período 1986-2000. Los sectores que explicaban esta caída en mayor proporción fueron la industria, en primer término, y los servicios sociales y personales, en segundo.[48] Es decir, que el debilitamiento de la capacidad de generar empleo de la economía a nivel urbano derivó fundamentalmente del comportamiento de la industria –que explicaba dos terceras partes de la pérdida total–[49] y, complementariamente, de los servicios sociales y personales –que se asociaba al tercio restante- debido al alto peso que este último sector poseía en el empleo urbano total en dicho período.

Como consecuencia de estas transformaciones, el salario medio real de la economía cayó un 52% entre 1975 y 2002 y los niveles de desigualdad económica se incrementaron un 124% durante los últimos 22 años, según información de la Encuesta Permanente de Hogares. Como consecuencia, la población argentina en situación de pobreza pasó de ser levemente inferior a 2 millones de habitantes (sobre un total de alrededor de 22 millones) en el año 1975, a más de 21 millones (sobre un total superior a 38 millones de habitantes) en el año 2002[50]. Es decir que en el año 2002, el 57,5% de la población se encontraba en situación de pobreza, en la medida en que pertenecía a hogares cuyos ingresos no alcanzaban para adquirir la canasta básica de consumo[51].

[48] Monza, Casanovas y Crucella (2001).

[49] El sector industrial que generaba el 35% de los puestos de trabajo en 1975, pasó a ocupar al 16% en 2001. Damill (2005), op. cit. pag. 162.

[50] En los hogares que se encontraban por debajo de la línea de pobreza, tienden a prevalecer situaciones de vulnerabilidad laboral tanto porque los miembros económicamente activos poseen inserciones informales en el mercado de trabajo como porque se encuentran desocupados. Asimismo, la precarización del empleo ha dado lugar a una creciente diferenciación de ingresos entre los trabajadores ocupados. Por caso, el ingreso medio de los trabajadores informales (asalariados y cuentapropistas) constituía el 60% del ingreso medio de los trabajadores en empleos formales a nivel urbano en octubre de 1996, según la Encuesta Permanente de Hogares.

[51] La línea de pobreza mide la capacidad de los hogares de satisfacer un conjunto de necesidades alimentarias y no alimentarias consideradas esenciales mediante la compra de bienes y servicios en el mercado. Para mayores precisiones consultar la Encuesta de Gastos de los Hogares del INDEC. La pobreza denominada estructural también ha crecido en la Argentina. La población que habita en hogares con necesidades básicas insatisfechas en los conglomerados urbanos del país creció de 19,7% en 1995 a 23,8% en 2002.

IV. La salida a la crisis de 2001-2002 ¿hacia un nuevo patrón de acumulación?

Como fuera mencionado, la dinámica macroeconómica brevemente descripta en la sección previa se vio interrumpida por la gran crisis que produjo la salida del régimen de convertibilidad a fines de 2001, a partir de la cuál se inició una etapa de recuperación primero, y de crecimiento económico sostenido, después, que continúa hasta el momento. Esta crisis constituyó tanto por su profundidad en términos económicos como por su alta conflictividad sociopolítica un hito fundamental en el proceso bajo análisis. Sin embargo es su carácter de eslabón clave en el tránsito entre el patrón de acumulación descripto y uno nuevo –cuyos rasgos de continuidad y ruptura con el previo sólo el paso del tiempo permitirá ponderar adecuadamente–, lo que le otorga significación en términos históricos.

En términos macroeconómicos, la crisis de fines de 2001 constituyó el punto de llegada del proceso recesivo que se inició en 1998 y se desencadenó a partir de la creciente salida de capitales de la economía doméstica, impulsada fundamentalmente por las grandes empresas en un contexto de empeoramiento de las condiciones de liquidez global. La tendencia a la depreciación del peso y por lo tanto a la abrupta salida del régimen de convertibilidad establecido en 1991, que venía siendo motivo de fuertes conflictos entre las fracciones que conformaban el poder económico, fue enfrentada por el estado mediante diversas medidas de restricción del acceso a la liquidez, hecho que agravó la situación social.

La declaración del estado de sitio por parte del Poder Ejecutivo ante las primeras movilizaciones populares de protesta, terminó en la destitución del Presidente Fernando de la Rúa y muchos de los principales funcionarios de gobierno, así como en una brutal represión policial a los manifestantes el día 20 de diciembre, que dejó como saldo más de treinta y cinco muertos. Estos sucesos fueron seguidos de una crisis político-institucional, que culminó en la elección de Eduardo Duhalde como Presidente de la Nación por parte de la Asamblea Legislativa.

La movilización popular que surgió como respuesta a la crisis, concretada en una multiplicidad de formas de protesta y organización entre las que se destacaron las asambleas vecinales y los "cacerolazos", el crecimiento exponencial de los movimientos de desocupados y los cortes de ruta, entre otros, propició un fuerte cuestionamiento del modelo económico vigente y contribuyó a establecer límites más estrechos a las políticas económicas ortodoxas en la Argentina, inaugurando un nuevo ciclo cuyas regularidades, continuidades y rupturas se están configurando en nuestros días y son motivo de intensos debates.

Como producto de un conjunto de medidas que redefinieron el ordenamiento de algunas de las principales variables macroeconómicas, entre las que se destacan la declaración de cesación de pagos de la deuda externa pública con los acreedores privados; la devaluación de la moneda doméstica y la pesificación y desindexación de las tarifas de los servicios públicos, la actividad económica inició su recuperación con un crecimiento medio anual del 8% a partir del segundo trimestre de 2002, superando en el segundo trimestre de 2005 el máximo nivel histórico conseguido a mediados de 1998. El proceso de recuperación se sustentó en el cambio en los precios relativos (depreciación real), que conjuntamente con las medidas de política económica hicieron posible la estabilización del mercado cambiario, de los precios domésticos y la recuperación de los equilibrios macroeconómicos básicos, en un contexto internacional favorable a dicha recuperación.[52] Más aún, la expansión de las exportaciones, compuestas fundamentalmente por productos primarios, que se generó como consecuencia de la elevadísima rentabilidad de la producción transable post-devaluación en las nuevas condiciones existentes en el mercado mundial, hizo posible la relajación de las restricciones al crecimiento que se expresó, de modo paradigmático, en la obtención simultánea de superavits en la cuenta comercial del balance de pagos y en las cuentas fiscales de la Nación.[53]

A estas transformaciones se agrega la redefinición de las jerarquías que guardaron las principales variables macroeconómicas durante gran parte de la llamada reestructuración neoliberal, sobre la base de la cual es posible sostener que el período que se inicia a fines de 2001 podría constituir una transición hacia un nuevo patrón de acumulación a escala nacional aún en plena etapa de gestación. Se destacan, a modo ilustrativo, diversas medidas entre las cuales se encuentran la vigencia de tasas de interés negativas en términos reales en el marco de un proceso de sustitución de importaciones; la incipiente recuperación –aunque insuficiente– de los niveles salariales reales en el sector formal de la economía fuertemente deteriorados co-

---

52 Consultar Rapetti (2005, pag. 7)
53 Para mayores detalles consultar los Informes Trimestrales del Centro de Estudios para el Desarrollo Argentino (cenda@cenda.org.ar).

mo producto de la depreciación; la instrumentación de una mayor cobertura para los desocupados mediante el Plan Jefas y Jefes de hogares; la implementación –aunque aún muy incipiente– de controles de capitales de corto plazo y de retenciones a las exportaciones de bienes primarios a los fines de controlar el incremento de precios internos, la reducción de los niveles de endeudamiento externo del estado, entre otras.

A pesar de las mencionadas rupturas, subsisten, sin embargo, importantes continuidades que es preciso identificar y discutir públicamente con vistas a su transformación. Dichas continuidades se revelan en el sesgo regresivo que mantienen la distribución del ingreso; la estructura tributaria -actualmente los asalariados y jubilados pagan impuesto a las ganancias, por ejemplo-; el sistema de seguridad social, de salud y de educación; en la ausencia de una política industrial y exportadora compatible con un desarrollo inclusivo; la no definición de una política de largo plazo para el desarrollo de los sectores de infraestructura privatizados orientada a promover la universalización de los servicios y a limitar el poder económico de las empresas; la ausencia de una agresiva política para disminuir el empleo informal que alcanza al 50% de la fuerza de trabajo; entre las principales cuestiones.

Como producto del crecimiento económico y de las políticas implementadas por las administraciones gubernamentales encabezadas, en primer término, por Eduardo Duhalde y, a partir de mayo de 2003, por el Presidente Néstor Kirchner, los indicadores del funcionamiento del mercado de trabajo y de las condiciones de vida de la población mejoraron. La tasa de desocupación abierta disminuyó al 10,1% de la población económicamente activa y la de subocupación horaria al 11,9% en el último trimestre de 2005.

Los niveles de pobreza también disminuyeron desde la crisis aunque todavía continuaban afectando al 30,9% de la población en el segundo semestre de 2005. Esto se vincula a que si bien los niveles de empleo crecieron, los salariales continúan fuertemente rezagados en términos reales.[54] Asimismo, la desigualdad en la distribución del ingreso presentaba una fuerte rigidez a la baja. El ingreso promedio correspondiente al decil de población perteneciente a los hogares con mayores ingresos era 27,3 veces mayor que el correspondiente a los de menores ingresos, según estimaciones del INDEC, para el cuarto trimestre de 2005. Si bien dicho indicador

---

54 Para mayores detalles al respecto consultar Boletines de la Federación de Trabajadores de la Industria y Afines (FETIA) de la Central de Trabajadores Argentinos (www.cta.org.ar).

de la desigualdad, que alcanzó su nivel máximo en el año 2002 cuando dicha brecha fue de 42 veces-, muestra una mejora; su nivel pone de manifiesto, sin embargo, la insuficiencia de las acciones implementadas y la necesidad de establecer como objetivo prioritario el de la obtención de mayores niveles de igualdad distributiva.

Esto significa que resulta plausible que la dinámica del mercado laboral argentino, si bien logra crear empleos, no resuelva la pobreza y la desigualdad en la distribución de los ingresos. Más precisamente, si la mayor actividad económica impacta escasamente sobre los ingresos de la población más postergada; la pobreza y la indigencia pueden tender a estabilizarse en niveles sustancialmente más altos que los vigentes durante el período de la reestructuración neoliberal[55].

Cabe agregar, para introducir una dimensión comparativa con el resto del mundo en materia de distribución del ingreso, que la Argentina posee actualmente un producto por habitante (medido según la paridad del poder adquisitivo) un 60% inferior del que en promedio poseen el conjunto de los países considerados desarrollados. La brecha de productividad que distancia al país del resto del mundo no se distribuye de modo homogéneo entre los diversos estratos sociales. Mientras el 20% de la población local de menores recursos posee ingresos medios que representan sólo un 16% de lo que en promedio reciben los sectores ubicados en el mismo lugar de la distribución del ingreso en los países desarrollados. El 10% de la población de mayores recursos a nivel local posee ingresos medios que representan el 66% de los que perciben los sectores ubicados en el lugar equivalente de la distribución del ingreso en dichos países desarrollados (Ramos, 2007). Es decir que la "brecha del desarrollo" inherente a la condición periférica de nuestro país pesa muchísimo más, proporcionalmente, sobre los sectores pobres que sobre los de altos recursos en la Argentina, privando a los primeros de cubrir las más esenciales de las necesidades.

La existencia de estos grandes desafíos pendientes refuerza la necesidad de profundizar la investigación y el debate social sobre las transformaciones recientes de la estructura económica argentina, punto de partida insoslayable para iluminar posibles vías de transformación del presente en un futuro mejor.

55 Lozano (2005)

Bibliografía

Altimir, Oscar y Beccaria, Luis: "El persistente deterioro de la distribución del ingreso en la Argentina" en *Desarrollo Económico* N° 160, Buenos Aires, 2001.

Arceo, E. y Basualdo, E.: "Las privatizaciones y la consolidación del capital en la economía argentina" en Azpiazu, D. (compilador): *Privatizaciones y poder económico. La consolidación de una sociedad excluyente*, UNQUI /FLACSO/IDEP, Buenos Aires, 2002.

Arceo, E.: "El impacto de la globalización en la periferia y las nuevas y viejas formas de la dependencia en América Latina", Revista CENDES N° 60, Caracas, Venezuela, 2005.

Azpiazu, D. (editor), *Privatizaciones y poder económico.* FLACSO/Universidad Nacional de Quilmes/IDEP, julio 2002.

Azpiazu, D., Basualdo, E. y Khavisse, M.: *El Nuevo Poder Económico en la Argentina de los Años 80*. Editorial Legasa, Buenos Aires, 1987.

Azpiazu, D.; "Las privatizaciones en la Argentina y la concentración del poder económico." Escuela Ernesto Jaimovich, Seminario Nacional 1999, Buenos Aires, 1999.

Basualdo, E.: *Acerca de la naturaleza de la deuda externa y la definición de una estrategia política*. Universidad Nacional de Quilmes-Facultad Latinoamericana de Ciencias Sociales-Página 12. Buenos Aires, 1999.

Basualdo, M.: *Estudios de historia económica argentina desde mediados del siglo XX a la actualidad*, FLACSO/Siglo Veintiuno Editores, Buenos Aires, 2006.

Beccaria, L. A. y Maurizio, R. (editores): *Mercado de trabajo y equidad en Argentina*. Universidad Nacional de General Sarmiento y Prometeo Ediciones, Los Polvorines, 2005.

Bobbio, N. Matteucci, N. y Pasquino, G.: *Diccionario de Política*. Siglo Veintiuno Editores (12ª Edición), Iztapalapa, México, D.F., 2000,

Boletines de la Federación de Trabajadores de la Industria y Afines de la Central de Trabajadores Argentinos.

Bouzas, R.: "Más allá de la estabilización y la reforma. Un ensayo sobre la economía argentina a comienzos de los 90'" en Revista Desarrollo Económico N° 129, Buenos Aires, 1994.

Brenner, R.: "The economics of global turbulence", New Left Review, N° 229, Londres, 1998.

Bye, M. y Destanne de Bernis, G.: *Relaciones económicas internacionales*, Paris, 1987.

Damill, M., Fanelli, J. M., Frenkel, R. y Rozenwurcel, G.: Déficit fiscal, deuda externa y desequilibrio financiero. CEDES, Editorial Tesis, Buenos Aires, 1989.

Damill, Mario: "La economía y la política económica: del viejo al nuevo endeudamiento" en Suriano, Juan: Dictadura y Democracia (1976-2001), Nueva Historia Argentina, Tomo X, Editorial Sudamericana.2005.

Duarte, M.: "Los efectos de las privatizaciones sobre la ocupación en las empresas de servicios públicos" en Revista Realidad Económica Nº 182, Buenos Aires, 2001.

Feletti, Roberto y Lozano, Claudio: "Reestructuración capitalista y endeudamiento externo latinoamericano". *Cuaderno nº 55 del IDEP*, Central de los Trabajadores Argentinos, Buenos Aires, 1997.

Gerchunoff, P. y Torre, J.C.: "La política de liberalización económica de la Administración Menem", en Revista Desarrollo Económico, vol. 36, número 143, Buenos Aires, octubre-diciembre 1996.

Hobsbawm, E.: *Historia del Siglo XX*, Editorial Crítica, Barcelona, 1995

Informes trimestrales del Centro de Estudios para el Desarrollo Argentino.

Knight, J.: Institutions and social conflict. Cambridge University Press. 1992.

Kosacoff, B.: *El desafío de la competitividad*, CEPAL-Alianza Editores, Buenos Aires, 1993.

Lipietz, A.: *La mondialisation de la crise générale du fordisme 1967-1984*, Paris, 1984.

Lozano, Claudio: "Los problemas de la distribución del ingreso y el crecimiento en la Argentina actual" Instituto de Estudios y Formación de la Central de Trabajadores Argentinos, febrero de 2005.

Monza, Alfredo, Casanovas, Liliana y Crucella, Carlos: "Crecimiento y empleo. Una exploración empírica de la elasticidad producto del empleo en el caso argentino", Documento del Observatorio Social de la Desigualdad y la Exclusión Social SIEMPRO- UNESCO, Buenos Aires, 2001.

Neff, A. y Thomas, J.: "Trends in manufacturing productivity and labour cost in the U.S. and abroad" in Monthy Labour Review, diciembre 1987.

Nochteff, H.: "La Transformación del Patrón Tecnológico-Económico Mundial y los Países Semiindustrializados", en *La Revolución Tecnológica y las Políticas Hegemónicas. El complejo electrónico en la Argentina*. Legasa, Buenos Aires, 1988.

Nochteff, Hugo: "La política económica en la Argentina de los noventa. Una mirada de conjunto", en *Epoca*, Año 1, Nº 1, Buenos Aires, 1999.

Nun, J. y Portantiero, J.C.: *Ensayos sobre la transición democrática en la Argentina* Editorial Puntosur, Buenos Aires, 1987.

O´Donnell, G.: "El capital financiero y el futuro de la Argentina" en el Diario Página 12, 21 de marzo de 2001.

Ramos, A. "¿A quién le fue tan mal en la economía argentina?", *El Economista*, 9 de marzo de 2007.

Rapetti, Martín: "La macroeconomía argentina durante la post-convertibilidad: evolución, debates y perspectivas", Policy Paper Series, Observatorio Argentino,

New School University, 2005.

Rapoport, Mario; Madrid, Eduardo; Musacchio, Andrés y Vicente, Ricardo: *Historia económica, política y social de la Argentina (1880-2000)*. Buenos Aires, Macchi, 2000.

UNCTAD: "Trade and development report, 1981", U.S. Department of Labour, Bureau of Labour Statistics, Bulletin 2298, 1998.

Vilas, C. Iazzetta, O., Forcinito, K. y Bohoslavsky, E.: *Estado y política en la Argentina actual*. Universidad Nacional de General Sarmiento- Prometeo Libros, Buenos Aires, 2005.

Wallerstein, I.: *La decadencia del poder estadounidense*. Ediciones Le Monde Diplomatique. Capital Intelectual. 2006.

II.
La actividad agropecuaria

El sector agropecuario argentino, 1990-2005: del crecimiento con crisis a la exteriorización de la renta[+]

Javier Rodríguez[*] *y Carla Seain*[**]

1.- Introducción

Las características de la producción agropecuaria vigentes en la actualidad comenzaron a configurarse desde mediados de la década del setenta, plasmándose en forma acabada en los años noventa. En este trabajo presentamos las transformaciones vinculadas con la producción agropecuaria y agroalimentaria que se dieron en los últimos quince años, con la perspectiva de que ellas son, en general, la continuidad de cambios que se vienen gestando y consolidando desde hace ya tres décadas. Finalmente, en vistas del desarrollo que ha tenido el sector, se exponen las disyuntivas y alternativas que se presentan en la actualidad.

En la sección 2 del trabajo se plantean algunas definiciones básicas acerca del papel desempeñado por el sector agropecuario en el conjunto de la economía argentina, así como acerca del marco teórico con que se desarrolla este artículo. En la tercera sección se identifican las políticas económicas aplicadas en la década de los noventa que afectaron al sector agropecuario argentino, mientras que en la cuarta sección se presentan las transformaciones ocurridas en esa década en el sistema agroalimentario argenti-

[+] Los autores agradecen los comentarios de Karina Forcinito a versiones previas del presente artículo.

[*] Profesor e investigador de la Facultad de Ciencias Económicas de la Universidad de Buenos Aires y del Centro de Estudios para el Desarrollo Argentino (CENDA).

[**] Docente de la Facultad de Ciencias Económicas de la Universidad de Buenos Aires.

no (SAA).[1] Esta cuarta sección se encuentra a su vez dividida en dos partes: la primera refiere a los cambios ocurridos en las etapas de la industria y el comercio de los complejos agroalimentarios y la segunda analiza específicamente el sector agropecuario. El orden elegido para exponer los cambios en el SAA tiene su razón de ser: muchas de las transformaciones del sector agropecuario sólo pueden ser comprendidas a la luz de los cambios ocurridos en la industria, los servicios y el comercio vinculado con éste.

En la quinta sección se estudian las modificaciones que se produjeron con la devaluación de la moneda ocurrida en 2002 y se explicita cómo afectó el cambio de la cotización de las divisas extranjeras. En las conclusiones, se debate acerca de las perspectivas sectoriales y para el conjunto de la economía argentina que se abren a partir del nuevo escenario descripto.

2.- El papel del agro: algunas consideraciones preliminares

La producción agropecuaria y agroindustrial constituye una parte muy importante de cualquier economía. En el caso particular de la Argentina, en el agro se producen además de los alimentos para el conjunto de la población, una gran parte de los productos que se exportan. El país se caracteriza históricamente por una alta participación de los productos de origen agropecuario (de clima templado) en el total de sus exportaciones. Esta particularidad distingue a la Argentina de la gran mayoría de los países del mundo. Por ello comprender las características del agro es, en gran parte, comprender las características distintivas del país.

Los productos agropecuarios y sus elaboraciones son comercializables en el mercado internacional. Muchos de estos productos son *commodities*, es decir, *indiferenciados*, en el sentido de que no hay distinciones originadas o plasmadas en *marcas comerciales*. Esencialmente eso implica que

---

[1] Se define como Sistema Agroalimentario Argentino o complejos agroalimentarios al espacio económico de la producción de alimentos, desde su etapa agraria hasta la mesa del consumidor. Incluye, desde ya, la producción agraria, la etapa industrial, la distribución y la comercialización (definiciones y precisiones sobre el SAA pueden encontrarse en Teubal y Rodríguez, 2002). El sector agropecuario, en cambio, refiere a la producción agrícola y ganadera. De esta forma, por productor agropecuario entendemos a los que se dedican a una u otra actividad, o a ambas, como resulta abundante en la región pampeana.

cotizan con un precio mundial semejante para todos los productores.[2] Este precio "mundial" suele referirse a ciertos puertos o Bolsas de Comercio neurálgicas para cada producto (Rotterdam, Golfo de México, Kansas, etc.) y el precio que recibe el productor argentino es similar a dicha cotización, menos los costos de transporte, comercialización y los impuestos. Dentro de la demanda final de los productos agropecuarios de la Argentina, las exportaciones constituyen una alta proporción. Esta situación determina que el sector agrario en su conjunto esté fuertemente afectado por las variaciones de los precios internacionales.

La amplia participación de estas exportaciones encuentra su base en las excepcionales condiciones naturales de la región pampeana. Éstas permitieron que desde fines del siglo XIX se produjera para el mercado mundial alimentos de clima templado –esencialmente carne y trigo– en esta zona a menores costos que en otras regiones. Esta diferencia de costos posibilitó que desde muy temprana fecha se suscitaran en el país ganancias extraordinarias de una magnitud relevante, las que se denominan renta agraria.[3] La gran fertilidad de la pampa es en este sentido similar a la presencia de oro o de petróleo: se trata de un recurso natural especialísimo que *posibilita* ganancias excepcionales. Como tal, tiene un carácter social indiscutible; su cuidado y su buen aprovechamiento es un interés y un derecho de toda la sociedad.

Desde esta perspectiva puede comprenderse mejor el debate existente entre economistas acerca de quién se queda con esa renta. Una gran parte de la renta suele terminar en manos de los propietarios de la tierra o terratenientes. Mediante diversos mecanismos también puede ser movilizada a otros sectores de la economía. El impuesto a las exportaciones agropecuarias (denominado también *retenciones*) es una forma de transferir esta renta. Este impuesto tiene por fundamento gravar la ganancia extraordinaria, viabilizada por las condiciones especiales del suelo, que tienen los dueños de tierras (que como ha sido dicho, no proviene de ninguna técnica

---

[2] El caso probablemente más conocido de *commodity* es el petróleo, cuya cotización mundial suele ser muy difundida. Queda claro, en este caso, que el precio del petróleo no depende de la *marca* de la empresa petrolera que lo obtiene. En el agro argentino, las *commodities* más difundidas son el trigo, la soja, el maíz y el girasol.

[3] No se niega aquí la existencia de diferencias salariales o condiciones de producción distintas que también pueden impactar en mayores ganancias, sino que se enfatiza el papel que tiene en ellas las características de la tierra.

productiva o administrativa excepcional). Las retenciones agropecuarias transfieren la renta en una primera instancia al Estado (que cobra el impuesto) y en una segunda instancia a los distintos sectores económicos que perciben subsidios o transferencias estatales. En otras épocas históricas, se buscó gravar la renta agraria mediante un impuesto a la propiedad de la tierra, pero la necesidad de valuar cada terreno para el cobro de éste tornaba su aplicación demasiado engorrosa.

La existencia de una renta agraria, su cuantía y la forma en que se distribuye constituye un problema central de la historia argentina. Las variaciones en la magnitud de la renta agraria o en sus formas de apropiación no sólo afectan al desempeño económico en general, sino que son de manera recurrente motivo de diversos conflictos políticos.

3.- Las políticas económicas de los años noventa con incidencia en el sector agropecuario

Las políticas llevadas adelante en la Argentina durante la década de los noventa incluyeron una serie de medidas de desregulación del comercio interno y externo y de la producción agropecuaria que transformaron a este sector en uno de los más desregulados y abiertos del mundo. Los principales organismos del Estado de orientación, supervisión o control de las distintas actividades agroindustriales se disolvieron o desarticularon mediante el decreto N° 2248 de 1991. Entre las principales medidas se encuentra la eliminación de la Junta Nacional de Granos, la Junta Nacional de Carnes, la Comisión Reguladora de Yerba Mate, la Dirección Nacional del Azúcar y el Instituto Nacional de Vitivinicultura. Con la supresión o reducción de estos entes, se eliminaron también las políticas regulatorias de fijación de cuotas de producción, precios mínimos garantizados a los productores agropecuarios y otras medidas semejantes que habían desempeñado un rol clave durante la etapa de industrialización por sustitución de importaciones (1930-1975).

Paralelamente se dio impulso a una importante apertura comercial, que consistió fundamentalmente en la disminución y eliminación de los impuestos a las importaciones y exportaciones. De esta forma, los aumentos de los precios internacionales de los productos agrarios eran completamente absorbidos como ganancia extra, así como una disminución de dichos precios no era morigerada por ningún mecanismo compensatorio, afectando directamente la rentabilidad. El impacto de los precios internacionales fue, a partir de entonces, mucho más directo sobre la situación de los productores. Dicha apertura fue complementada, por otra parte, con mayores garantías y menores condicionamientos para las inversiones extranjeras, lo que alentó el proceso de extranjerización.

Todas estas políticas se implantaron en un marco de paridad peso-dólar fijada por la Ley de Convertibilidad. La sujeción del tipo de cambio entre el peso y el dólar a una relación de 1 a 1 a lo largo de toda una década impidió que el valor de la moneda local se fuera adecuando a los cambios de la economía. De esta forma, el peso fue quedando crecientemente *sobrevaluado,* es decir, con un poder de compra en relación con el dólar que no era el que le correspondería en una situación de equilibrio de largo plazo. La sobrevaluación de la moneda local sólo pudo mantenerse mientras el país contara con recursos extraordinarios de divisas.

El peso sobrevaluado tuvo consecuencias gravosas para todos los exportadores, entre ellos los productores agropecuarios.[4] Los menores ingresos en pesos que percibían los productores agropecuarios constituían una transferencia de renta agraria hacia otros sectores. Desde ya, lo gravosa de esta transferencia afectó principalmente a los pequeños y medianos productores agropecuarios. Los beneficiados eran todos aquellos que realizaban operaciones en sentido inverso: es decir, o bien importaban o bien compraban sistemáticamente dólares.[5]

[4] La sobrevaluación implica que por cada dólar que recibe por su producto, el exportador –en este caso del sector agrario– percibía apenas un peso al ingresarlo en el país. Si en cambio, no hubiera existido la sobrevaluación los exportadores hubieran percibido, por ejemplo, tres pesos por cada dólar.

Visto en retrospectiva, no hay mucha duda de que el peso estaba sobrevaluado durante gran parte de la década del noventa. Hoy, con un mercado relativamente libre de divisas, el dólar se encuentra a 1 US$ = 3$. Descontando la inflación que se dio principalmente en el año 2002, a fines de la década del noventa el dólar tendría que haber estado a $2,2 y no a $1 (véase Conesa, 1996, entre otros). Esta diferencia es la sobrevaluación a la que hace referencia el texto.

[5] Las empresas de servicios privatizadas suelen contarse entre uno de los sectores beneficiados, ya que con sus ingresos en pesos en el mercado local compraban ingentes sumas de dólares y los destinaban al exterior.

4.- Las transformaciones en la producción agropecuaria argentina durante los años noventa

Para comprender los cambios que se dieron en el sector agropecuario argentino es necesario estudiar las mutaciones ocurridas al interior mismo del SAA, ya que muchas de éstas empujaron a las primeras. Comenzamos pues, describiendo los cambios acaecidos en los complejos agroalimentarios, para pasar a presentar luego las transformaciones en el sector agropecuario. Mostramos también la estrecha vinculación entre los cambios que se dieron a nivel mundial con los registrados en el país.

a) *Cambios en los complejos agroalimentarios*

La demanda mundial de productos de origen agropecuario cambió sustancialmente durante la década de los años setenta. Puede ubicarse allí el punto a partir del cual Europa Occidental alcanzó niveles de producción de carnes y cereales similares o superiores a su consumo, fruto del esfuerzo de varias décadas desde la posguerra por procurar alcanzar la autosuficiencia en materia alimentaria. No le fue posible, sin embargo, ser absolutamente autosuficiente ya que mantiene en la actualidad una escasez en la producción de alimentos para animales.[6]

Este cambio en la situación de Europa generó una variación en la demanda con repercusión mundial. El trigo y los cereales en general, así como la carne vacuna, encontraron en los noventa mercados internacionales estancados o con restricciones a la entrada, mientras que el comercio de soja se mostró en franca expansión.[7] Estas transformaciones del mercado mundial empujaron una fuerte mutación productiva en la Argentina. La industria aceitera local adquirió un papel crecientemente importante a partir de allí; no tanto por el aceite que produce sino por el residuo de dicha producción. En efecto, el aceite de soja se vende a países con grandes poblaciones de bajo poder adquisitivo, principalmente de Asia y África (que consumen este aceite considerado en general de poca calidad). Los sobrantes de la producción del aceite son en realidad el principal producto que se exporta a Europa como alimento para ganado. Es decir que el auge local de

---

[6] Un factor importante en la obtención de esta autosuficiencia alimentaria fue el alto nivel de subsidios a la producción agropecuaria.

[7] La soja encuentra en Europa un importante mercado, ya que allí se la requiere para alimentar el creciente número de cabezas de ganado.

la industria aceitera está estrechamente vinculado con los cambios en la demanda mundial. Hoy puede decirse que esas industrias de sobrantes y aceites ocupan el lugar que los frigoríficos tenían a principios del siglo XX.

A la par de estos cambios productivos, tuvo lugar también una fuerte concentración y extranjerización de la industria alimentaria. La desregulación y la apertura fomentaron que numerosas empresas transnacionales llegaran al país (Nabisco, Danone, Parmalat, entre otras). Los capitales extranjeros que invirtieron en el sistema agroalimentario nacional se inclinaron en general hacia la adquisición de plantas ya existentes y la posterior modificación de sus líneas de producción. De esta manera, las empresas transnacionales absorbieron pequeñas y medianas empresas –en muchos casos de origen local y familiar– dando lugar a un proceso de concentración. Esta forma de arribo del capital extranjero determinó una relativamente escasa formación de capital fijo, es decir, una menguada participación de las inversiones que efectivamente incrementan la capacidad productiva de la economía.

Otro de los principales cambios que se dio al interior del sistema agroalimentario ha sido un proceso de concentración, centralización y extranjerización de la distribución final. La llegada, consolidación y auge del supermercadismo plasman este cambio. A partir de allí, dejó de ser la industria para pasar a ser el supermercado quien podía establecer generalmente condiciones sobre las características de los insumos y de los productos al resto de las etapas de producción. Este último impuso, entre otras condiciones: plazos; formas de pago, de entrega y de devolución de los productos; obligación de ceder productos para la apertura de nuevas sucursales y la producción de artículos ya no con la marca de la industria, sino con la del propio supermercado. Asociado con este traslado del núcleo decisorio del complejo a la etapa final, se obtuvieron mayores márgenes de comercialización, es decir una mayor diferencia entre el precio mayorista pagado por el supermercado y el precio de venta al público. Estas mayores ganancias se originaron en un mayor poder de los supermercados para fijar el precio pagado a los productores (véase Teubal y Rodríguez, 2002).

Las medidas desregulatorias descriptas incidieron en la estrecha relación entre el sector agropecuario y los proveedores de insumos, el sector industrial y la distribución final de alimentos. La desregulación fomentó cambios en los precios relativos hacia el interior de la cadena productiva, con un deterioro de la participación del productor agropecuario en el precio final al consumidor. Diversos estudios señalan el aumento en la brecha entre el precio pagado al productor y el precio final del producto durante los años noventa. Esto implicó que, pese a que al productor de alimentos se le pagara menos, el consumidor no viera esa situación trasladada a los precios que debía enfrentar dado que los mismos se mantenían estables.

Los cambios productivos que se dieron al interior de los complejos agroalimentarios le otorgaron también una mayor relevancia a los proveedores de insumos agropecuarios. El incremento en la utilización de agroquímicos, semillas híbridas (posteriormente las transgénicas) y maquinaria en la producción agropecuaria, dio lugar a una mayor integración entre la industria y el sector agropecuario. De este modo se abrió la posibilidad de apropiación de una parte de la renta agraria por parte de las empresas industriales proveedoras de insumos, que gozaban de una posición monopólica u oligopólica en el mercado en cuestión.

Con la sobrevaluación de la moneda local y la mayor vinculación técnica del sistema agroalimentario en su conjunto con el sector agrario, se modificó el destino de la renta de la tierra (Iñigo Carrera, 1999). Mientras que en la etapa de industrialización sustitutiva una porción de la renta iba a la industria local, durante los años noventa la mayor parte de la renta terminaba migrando fuera del país. Este fenómeno de remesas de divisas al exterior (por parte tanto de empresas extranjeras como de origen nacional) es liderado dentro de las empresas del sistema agroalimentario por los supermercados.

b) *Cambios específicos en el agro*

La estructura y la producción del sector agropecuario se vieron fuertemente modificadas durante los años noventa. En esta sección presentamos dichos cambios, comenzando con los precios en los mercados internacionales que, como se ha dicho, repercutieron directamente en la rentabilidad de los productores. Luego de eso, pasamos al análisis de la producción y la relación existente entre ésta y la estructura agropecuaria. Finalmente, exponemos las consecuencias sobre el empleo en el sector.

Los precios internacionales de los productos agrarios crecieron durante la primera mitad de la década, pero comenzaron a caer desde mediados de la misma (véase gráfico 1). Esta disminución en los precios internacionales se tornó aguda en 1999, agravando los problemas de rentabilidad que tenía en muchos casos la producción agropecuaria.

Gráfico 1: Precios internacionales de los principales cultivos argentinos, 1990-2005 (cotización FOB Golfo de México, en dólares corrientes)

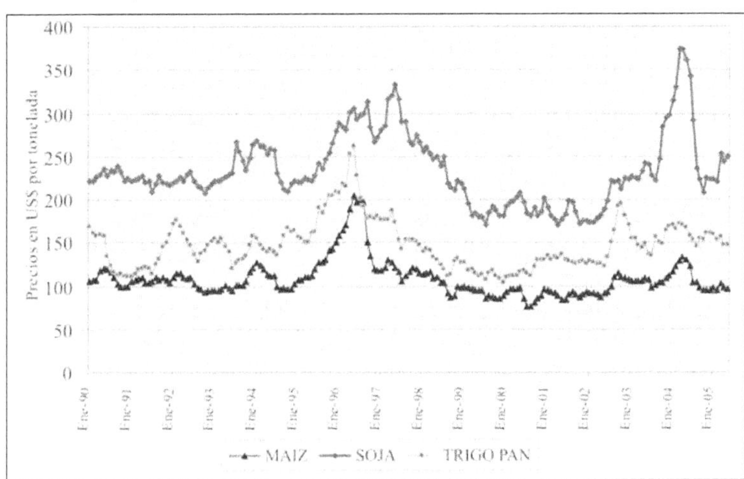

Fuente: Elaboración propia sobre la base de SAGPyA, SIIAP.

En este contexto el producto bruto agropecuario a precios constantes creció un 24% en el período 1993-2000, a una tasa promedio anual de 3,1% (Mecon, 2004). Este crecimiento, sin embargo, no fue homogéneo. El aumento de la producción fue motorizado por un incremento sostenido en la producción agrícola, mientras que el sector ganadero se mostró en retroceso. En efecto, la producción de cereales y oleaginosas creció en el período 1990-2000 a una tasa media anual de 5,8%, mientras que la faena de ganado vacuno presentó una tasa media anual de variación de -0,9% en el mismo período. De esta forma la producción de cereales y oleaginosas pasó de 38,2 millones de toneladas en 1990 a 67,4 millones en el año 2000; mientras que el stock de ganado vacuno se redujo de 51,6 millones de cabezas a 48,7 millones y su faena anual disminuyó de 13,6 millones de animales a 12,4 millones en el mismo período (SAGPyA, 2005 y ONCCA, 2006).[8]

---

[8] El incremento de las superficies dedicadas a la agricultura y la caída de las superficies destinadas a la ganadería muestra que numerosos productores se *pasaron* de la producción pecuaria a la agrícola, destinando una mayor proporción (o la totalidad) a la agricultura.

La evolución de la producción agrícola típicamente pampeana clasificada por cultivos también mostró grandes diferencias, destacándose el incremento de la producción de soja. Ésta creció durante toda la década de los noventa a una tasa anual promedio del 9,5%, relativamente mayor al 7,2% a la cual se incrementó la producción de maíz, y muy superior al 3,9% de crecimiento anual que presentó el trigo. La soja pasó a representar así el 40% del total de la producción de cereales y oleaginosas del país (SAGPyA, 2005).

Por otra parte, las producciones agrícolas pampeanas tuvieron un desempeño distinto del que tuvieron las no pampeanas: como hemos visto, las primeras muestran un claro crecimiento, mientras que las otras corrieron suerte diversa. Por ejemplo, la caña de azúcar apenas creció un 1,1% anual, el algodón decreció a un 6,8% anual, la producción de manzanas cayó a un 0,4% anual promedio y la de naranjas aumentó un 3,5% anual (véase Teubal y Rodríguez, 2002:101).

De la evolución de las distintas producciones agropecuarias, se destaca el crecimiento de la producción sojera. La mayor rentabilidad que presentó este cultivo en comparación con las otras producciones –y la ausencia de mecanismos estatales equilibrantes o de compensación– explican la vertiginosa expansión de la soja.[9]

El aumento de la producción de esta oleaginosa se dio principalmente mediante el incremento de la superficie destinada a su cultivo. De esta forma, se sustituyeron otras producciones o destinos de la tierra. Por ejemplo, se redujeron las áreas dedicadas al cultivo de frutales en la zona ribereña de la región pampeana, a la actividad tambera en las provincias de Santa Fe y Córdoba, a la ganadería vacuna, a la producción de avena, lentejas y ganado porcino en la provincia de Buenos Aires.[10] Este proceso restringió la oferta de los diversos productos cuya producción se encontraba estancada o en retroceso. Pero también se sustituyó o acotó la superficie destinada a trigo, maíz, maní, etc. Como puede apreciarse en el gráfico 2, la superficie destinada a la soja creció considerablemente a partir de 1996/97, mientras cultivos importantes de la región pampeana vieron disminuidas sus extensiones. En Chaco, la soja sustituyó en grandes áreas al algodón. En Sal-

---

[9] Se trata éste del cambio productivo más significativo, por lo cual es el eje de este artículo. Ello no significa, sin embargo, que no nos refiramos directa o indirectamente a las otras producciones.

[10] Un estudio de la Asociación Argentina de Consorcios Regionales de Experimentación Agrícola (AACREA) señala que, en el período 1994-2005, 6,6 millones de hectáreas que antes se dedicaban a la ganadería pasaron a usarse para la agricultura, desde ya, principalmente soja.

ta, a diversas producciones tradicionales. El cultivo de soja avanzó también sobre bosques y tierras no explotadas. Se trata por tanto de la sustitución de varios usos de la tierra por uno único: la producción de soja.

Gráfico 2: Área sembrada con cereales y oleaginosas para el total del país, 1990-2005 (en millones de ha)

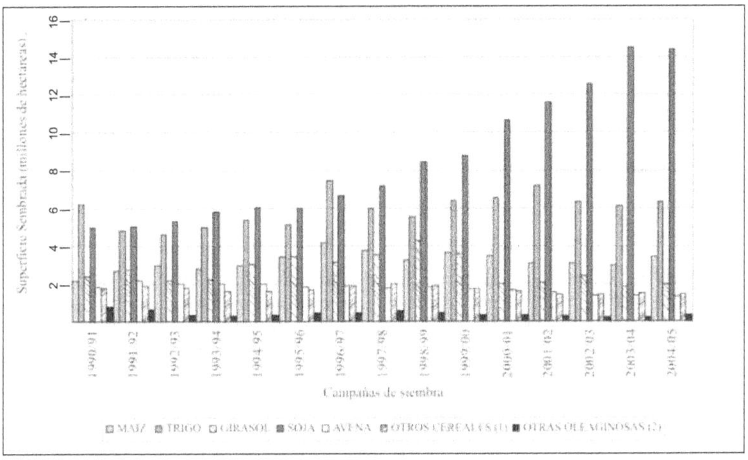

Fuente: Elaboración propia sobre la base de SAGPyA, Estimaciones Agrícolas. Nota: (1) Incluye la superficie sembrada con alpiste, arroz, cebada, centeno, mijo y sorgo; (2) incluye la superficie sembrada con cártamo, colza, lino y maní.

La maquinaria utilizada para la producción de soja ha ido variando en los últimos años en forma significativa, incrementando su potencia y capacidad de labor. Para el mejor aprovechamiento de esta nueva maquinaria se fue requiriendo de crecientes superficies donde poder utilizarla. Sólo de esa forma se justifica la inversión realizada en el equipamiento. Paralelamente, las menores labores por hectárea también contribuyeron a que la escala óptima de producción fuera creciendo (Rodríguez, 2003 y Satorre, 2003).[11] Esta situación trajo aparejados dos efectos significativos: por

[11] La escala óptima productiva es la extensión en la cual resulta más barato producir una unidad de producto. Por ejemplo, si comparamos un productor que produce en 500 hectáreas con otro que lo hace en 10.000, comprobaremos que los costos por tonelada de soja difieren sustancialmente, ya que utilizan otras maquinarias, tienen otros costos fijos y variables. Si el que produce en la extensión más reducida lo hace en forma más cara que el otro, diremos que su escala de producción es reducida con respecto a la óptima.

un lado, dio lugar a una mayor diferenciación de la rentabilidad obtenida entre los productores grandes y los pequeños. En efecto, para pequeños campos era inconveniente la aplicación de esas nuevas tecnologías, mientras que en las grandes explotaciones la misma brindaba ganancias crecientes. Por otro lado, los pequeños y medianos productores se encontraban en la disyuntiva de ampliar la superficie de explotación o abandonar la producción. Quienes se volcaron hacia la primera alternativa, arrendaron campos adicionales y se endeudaron para poder adquirir las maquinarias correspondientes. El endeudamiento de los pequeños productores, sin embargo, se hizo a tasas de interés elevadísimas, que superaban el 20% anual, en medio de un escenario de precios estables (Teubal y Rodríguez, 2002).

Como ya hemos destacado, a lo largo de la década la moneda local se fue sobrevaluando crecientemente, lo cual modificó la relación de precios entre insumos y productos, abaratando la importación de insumos y maquinarias en comparación con los otros gastos que debían realizar los productores. Esto promovió la adquisición de paquetes tecnológicos, con un aumento en las cantidades de fertilizantes y agroquímicos utilizados en la producción así como también de tractores y diversas maquinarias agrícolas. Hasta 1997 la venta de insumos en general crece sostenidamente. Sin embargo, la moneda sobrevaluada implica también una transferencia de riqueza de los productores agropecuarios al resto de la sociedad (por medio del mecanismo ya explicado consistente en recibir menos pesos por cada dólar, que los correspondientes a una situación de moneda no sobrevaluada). Es decir, que a medida que la moneda se sobrevalúa se genera una mayor transferencia de renta.

La caída de los precios internacionales de los productos agropecuarios que se presentó en la segunda mitad de la década de los noventa –no atenuada por ningún mecanismo interno de estabilidad de precios, dada la desregulación previa– se sumó como factor que afectó negativamente la rentabilidad del sector (gráfico 2). Es por eso que ya a partir de 1998 se observa un claro vuelco en las tendencias presentadas, incluso en cuanto a la inversión en maquinaria y en el uso de fertilizantes e insumos en general.

En efecto, el único agroquímico que aumenta sus ventas a partir de 1998 es el que se usa principalmente en la producción de soja genéticamente modificada (GM), denominado glifosato.[12] El incremento del uso de es-

---

[12] La soja genéticamente modificada (o transgénica) tiene incorporado un gen que le permite resistir la acción del herbicida glifosato. Su producción masiva se inició en la Argentina en 1996.

te agroquímico señala la intensidad que tuvo la difusión de esta técnica, consistente en el uso de semillas de soja GM y el sistema de siembra directa (Gutman y Bisang, 2003).[13] Pero reafirma también la diferencia de rentabilidad entre esta producción y las otras (ya sean agrícolas o ganaderas), que ven disminuidas sus participaciones en el total del producto.

El cultivo de soja transgénica trajo aparejado una mayor dependencia de los productores con respecto a sus proveedores de insumos. Este sector se encuentra relativamente concentrado y constituye oligopolios regionales frente a los productores agropecuarios. Esta situación brinda la posibilidad de que los proveedores de insumos se apropien de una porción de la renta agraria, incrementando sus ganancias.

La creciente sobrevaluación del peso y su correspondiente transferencia de renta, la caída de los precios internacionales, la apropiación de rentas por parte de los proveedores de insumos y, sumado a ello, el incremento de las escalas óptimas productivas y/o la obligación de pagar las deudas en las que habían incurrido para poder encarar los cambios tecnológicos mencionados, fueron factores decisivos que afectaron la rentabilidad de los pequeños y medianos productores.[14] La continuidad de la caída de precios internacionales hacia fines de los noventa tornó la situación en una masiva crisis de los productores más chicos. Muchos de ellos abandonaron la producción. En algunos casos tuvieron que afrontar el embargo o remate de los campos.

Esta situación llevó a una reducción en el número de productores totales, que dio lugar a su vez a una concentración productiva y de la pro-

---

[13] La técnica de la Siembra Directa consiste en sembrar sin arar previamente, es decir sobre el rastrojo –lo que queda luego de la cosecha– de la producción anterior. La ventaja que presenta este método es que al no arar, conserva de mejor manera la capa de tierra fértil que, de lo contrario, puede ir reduciéndose año tras año. La técnica, sin embargo, tiene como problema que da lugar a una mayor cantidad de malezas –plantas no deseadas– ya que no se realiza el proceso de limpieza del campo que implica el arado. De esta forma, la siembra directa entraña menor requerimiento de trabajo en cuanto a que no necesita arado, pero mayor necesidad de trabajo en cuanto a combatir las malezas. Los cultivos transgénicos se combinan bien con esta técnica, ya que el fin de éstos es resistir el ataque de un herbicida –el glifosato– que mata todas las malezas. Este proceso sustituye, entonces, al trabajoso desmalezamiento (véase Banchero, 2003 y Rodríguez, 2003).

[14] Las deudas que los pequeños productores habían contraído tenían en muchos casos exorbitantes tasas de interés. Existían asimismo enormes diferenciales de tasas de interés en detrimento de los pequeños productores, quienes tenían que pagar una tasa de interés hasta cinco veces mayor que la de los grandes productores (Teubal y Rodríguez, 2002).

piedad de la tierra, y por tanto, de los ingresos (Basualdo y Teubal, 1998). Como puede observarse en el cuadro 1 las estadísticas oficiales señalan que entre 1988 y 2002 la cantidad de explotaciones agropecuarias se redujo en un 21,4%, pasando de 378.000 explotaciones a 297.000. Es decir que más de 80000 explotaciones agropecuarias dejaron de ser tales (INDEC, CNA 1988 y 2002). En este mismo cuadro puede observarse que el tamaño promedio de las explotaciones agropecuarias (EAPs) se incrementó en un 25,3%, pasando de 469 a 587 hectáreas. En Buenos Aires, Córdoba y Santa Fe, donde se produjo el auge de la soja, el incremento de la escala de producción redundó en un aumento del tamaño medio de las EAPs superior al 30%. Este aumento de la extensión promedio se produjo tanto por una disminución en la cantidad de las EAPs de menor tamaño como por un incremento de las grandes explotaciones.

Cuadro 1: Cantidad y tamaño medio de las EAPs, total país y provincias seleccionadas, 1988 y 2002

Provincia	Cantidad de EAPs		Tamaño promedio de las EAPs (en hectáreas)		Variación de la cantidad de EAPs	Variación del tamaño medio de las EAPs
	CNA 1988	CNA 2002	CNA 1988	CNA 2002	CNA 2002 vs CNA 1988	CNA 2002 vs CNA 1988
Total del país	378.357	297.425	469	588	-21,4%	25,3%
Corrientes	22.070	14.673	322	468	-33,5%	45,4%
Mendoza	33.249	28.329	159	227	-14,8%	42,8%
Buenos Aires	75.479	51.107	361	505	-32,3%	39,6%
Córdoba	40.061	25.620	343	478	-36,0%	39,5%
Santa Fe	36.884	28.034	300	401	-24,0%	33,6%
Chaco	17.595	15.694	303	376	-10,8%	24,2%
Tucumán	15.998	9.555	98	119	-40,3%	21,7%
Santa Cruz	1.102	944	17.442	21.064	-14,3%	20,8%
Sgo del Estero	11.532	10.830	419	498	-6,1%	18,7%
La Rioja	5.374	5.852	455	525	8,9%	15,3%
Chubut	3.484	3.574	5.530	5.374	2,6%	-2,8%
Misiones	27.517	27.072	83	76	-1,6%	-7,9%

Fuente: Elaboración propia sobre la base de INDEC, CNA 1988 y 2002.

La reducción de EAPs fue un factor que impulsó a su vez una disminución en los puestos de trabajo en el sector. En efecto, al concentrarse la producción en EAPs cada vez más grandes, el uso de fuerza de trabajo por hectárea en producción tiende a reducirse. No fue éste, sin embargo, el único factor que incidió sobre la disminución de empleos, sino que los cambios productivos también tuvieron especial relevancia en el tema. Entre ellos se destaca la expansión del cultivo de soja GM que afectó al empleo en dos sentidos. En primer lugar, la técnica productiva vinculada con la soja transgénica es ahorradora/eliminadora de mano de obra con respecto a la soja convencional, ya que reduce las tareas de desmalezamiento a la vez que facilita las tareas de siembra. El auge de esta tecnología tuvo por tanto como contrapartida la disminución en la cantidad de trabajadores rurales incorporados en la producción de soja. En segundo lugar, el cultivo de soja GM requiere mucha menos mano de obra que gran parte de las producciones que sustituyó, reduciendo así la cantidad de puestos de trabajo. Del total de un poco más de un millón de personas que trabajaban en la actividad agropecuaria en 1988 se pasó a 775.000 en 2002, mostrando una reducción del 25% en el total de puestos de trabajo (véase gráfico 3). La mayor reducción porcentual (33%) se da entre los puestos de trabajo asalariados y los no asalariados familiares del productor agropecuario (INDEC, 1991 y 2003).

Gráfico 3: Cantidad de trabajadores agrarios según relación con el productor, 1988 y 2002

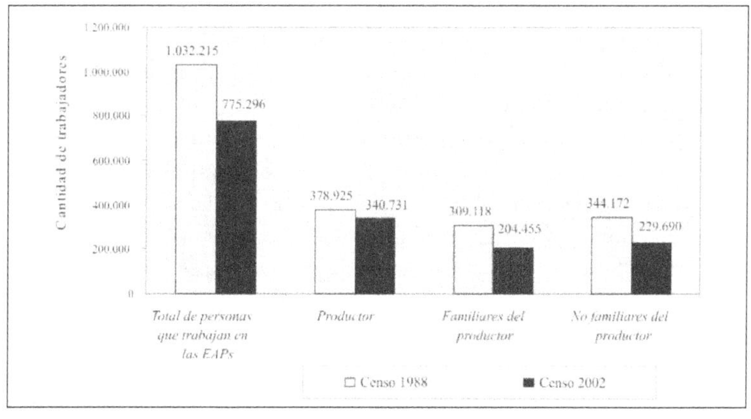

Fuente: Elaboración propia sobre la base de INDEC, CNA 1988 y 2002.

De este modo la actividad agropecuaria se convirtió en una fuerte expulsora de mano de obra, aun cuando presentaba un importante crecimiento de su producción. En consecuencia, el sector contribuyó al desempleo masivo que se presenta desde mediados de los noventa en la Argentina.

Como hemos señalado hasta aquí, durante los años noventa el sector agropecuario creció en forma significativa, pero presenta la aparente paradoja de una enorme cantidad de EAPs que abandonan la producción. Las fuertes transferencias de renta debidas a la sobrevaluación de la moneda y la caída de los precios internacionales a finales de la década afectaron a todo el sector por igual. Pero ello no impidió que los mayores propietarios y productores tuvieran ganancias y rentas abultadas. A los pequeños productores, en cambio, se le sumó a los factores ya mencionados, la ampliación de la escala óptima de producción, el altísimo costo de los créditos tomados, la mayor dependencia de los proveedores de insumos e, incluso, de los eslabonamientos posteriores de la producción (tanto industrial como la distribución). Se trata, por ello, de una etapa de crecimiento con crisis donde el incremento de la producción se presenta a la par de graves problemas de rentabilidad para los pequeños y medianos productores.

5.- Las transformaciones postdevaluación

La renta agraria que en los noventa estuvo *disimulada* por un alto tipo de cambio, brotó a la luz con la devaluación de inicios de 2002. En efecto, mientras que la sobrevaluación implicaba una importante transferencia de renta hacia otros sectores, con la devaluación de la moneda se cortó este flujo de riqueza. A partir de ese momento, la masa de renta fue apropiada mayormente por los propietarios agropecuarios. Todas las explotaciones agropecuarias (grandes, medianas y chicas) empezaron a mostrar una elevada rentabilidad. Sin embargo, esta mayor rentabilidad de las explotaciones no implicó mayores inversiones, toda vez que la obtención de renta por parte de los propietarios no requiere de nueva inversión, sino solamente del cobro del alquiler. De esta forma, una porción sustantiva de la renta no tiene un destino productivo o de reinversión, sino que se dedica o bien al consumo o bien al sistema financiero nacional o internacional.

No todo fue cambio tras la devaluación. Muchas de las transformaciones productivas ocurridas a partir de los noventa se vieron continuadas o intensificadas. Entre ellas, se reforzó el incremento de la superficie dedicada a soja. La superficie total sembrada con cereales y oleaginosas ascendió a 29,1 millones de hectáreas para la campaña 2004/2005, acaparando la soja 14,4 millones (gráfico 2). Es decir, casi el 50% del total. El aumento de la producción de esta oleaginosa es tan significativo en el área sembrada y en la participación total de la producción, que alcanza porcentajes sobre el total de los cultivos nunca antes observados para otros casos[15] (SAGPyA, 2005).

La mayor rentabilidad relativa de la soja con respecto a otros cultivos dio por tierra con criterios básicos de la agronomía. Las mayores ganancias llevaron a que los productores decidieran año tras año sembrar soja, posponiendo la rotación mediante la siembra de otros cultivos. De esta forma, se quiebra el recambio de cultivos que tiene por finalidad renovar los nutrientes de la tierra. La alternancia entre cultivos es un conocimiento agronómico esencial, para que los desechos de uno sean los insumos del otro, y de esta manera dar lugar a un ciclo donde la tierra no pierde sus propiedades. La tendencia al monocultivo, sin embargo, rompe con este principio básico de la producción, y pone en riesgo la sustentabilidad a largo plazo de la misma.[16]

El auge de la soja se presentó en la Argentina paralelo a una aguda crisis alimentaria que hizo eclosión a fines de 2001. La persistente caída en el poder adquisitivo de la mayor parte de la población tuvo bases estructu-

---

[15] En esta sección, los cálculos están tomados considerando todos los cereales y oleaginosas, pero no así los cultivos industriales ni los frutales. Éstos presentan una mayor dificultad en su cuantificación, a la vez que sus variaciones no inciden tan significativamente sobre los cálculos aquí presentados. De todas formas, debe aclararse que si se incorporaran estos cultivos, las variaciones en cuanto a la tendencia al monocultivo serían incluso ligeramente mayores. En la campaña 2003/04 la producción de soja en el país fue de 32 millones de toneladas, la de trigo fue de 14,5 millones de toneladas, y la de maíz de 12, 7 millones. Con una producción total de cereales y oleaginosas de 69,7 millones de toneladas, los valores señalados representaron, respectivamente, el 46%, 21% y 18% de dicho total.

[16] La tendencia al monocultivo no es el único ejemplo de criterios esenciales de la agronomía negados con el objeto de sembrar más soja. Mencionamos aquí el más relevante, pero no el único. Boy (2005) hace una interesante reseña de los mismos. Con respecto al monocultivo de soja, merece señalarse que tras la devaluación el Estado tuvo de hecho una política que siguió favoreciendo el mismo, al instaurar retenciones similares para todos los productos agropecuarios de exportación y mantener la desregulación y la apertura completa de los mercados instaurada en la década de los noventa. Ante un escenario macroeconómico considerablemente distinto, siguen sin modificarse las bases que dieron pie al surgimiento del monocultivo y la concentración de los ingresos en el sector agropecuario. Desde ya, la aplicación de retenciones diferenciales modificaría sustancialmente dicha tendencia al monocultivo (Rodríguez, 2003).

rales, al originarse en la caída de los salarios reales (casi sin inflación), el aumento de la desocupación y la eliminación de planes alimentarios. Si bien el detonante de los saqueos de fines de 2001 fueron los efectos de la crisis financiera, la precariedad del acceso a la alimentación de grandes sectores sociales es un fenómeno que se venía profundizando a lo largo de toda la década de los noventa y se ahondó aún más en los meses posteriores a diciembre de 2001.

Esta dicotomía entre exportaciones de soja récord y la imposibilidad de diversos sectores sociales de acceder a una alimentación apropiada son fenómenos vinculados que ponen de manifiesto una nueva característica del sistema agroalimentario. Por primera vez desde el auge del lanar en el siglo XIX, en la Argentina se produce y se exporta principalmente un producto primario que no se destina al consumo alimentario de sus habitantes: la soja. Esta nueva cualidad impactó negativamente y en forma directa en las posibilidades de acceso a una alimentación adecuada de gran parte de la población. El auge de la soja fue un factor importante en el estancamiento y/o reducción de las producciones de muchos alimentos, tales como lácteos, carnes, frutales, etc. Qué se produce en el agro (y no solamente cuánto), repercute sobre la alimentación de la población.

Con la devaluación quedó en evidencia la alta proporción que las exportaciones de origen agropecuario representan sobre el total de exportaciones argentinas, y su elevada participación en el PBI, así como también la especial productividad del trabajo en el agro. Las cifras del INDEC lo dicen todo: las exportaciones alcanzan el 25% del PBI, y más del 60% de éstas corresponden a productos primarios o de origen primario. El aumento de la producción y de las exportaciones agropecuarias se basan una vez más en la existencia de esas condiciones de fertilidad tan particulares de la tierra pampeana, que permiten en definitiva la históricamente importante apropiación de renta agraria.

Con la paridad cambiaria existente tras la devaluación, se evidencia un país con un proceso de desindustrialización generalizada de más de 25 años, que tiene hoy por industria, principalmente, a aquellas ramas que procesan productos agropecuarios y que resultan esencialmente viables gracias a la renta que obtienen de dichas producciones. El caso de la industria aceitera lo dice todo: su principal costo es la materia prima (es decir los granos) y la incorporación de mano de obra es casi nula (la cantidad de empleados ronda en un trabajador por cada millón de dólares anuales de facturación). Sus posibilidades de exportación radican en las características especialísimas de la producción agropecuaria pampeana.

La recuperación del producto, el empleo y los salarios reales que de manera relevante se presenta luego de la devaluación debe gran parte de sus posibilidades de sustentabilidad al destino que se le dé a la mencionada renta agraria. Los impuestos a las exportaciones constituyen, desde el punto de vista económico, un modo (no exacto pero sí aproximado) de captar al menos parcialmente la renta de la tierra. Tras la devaluación, las retenciones a las exportaciones agropecuarias fueron aplicadas a fin de contener el incremento de los precios relativos de los bienes de la canasta básica alimentaria y morigerar de este modo las variaciones de precios provocadas por la devaluación.[17] La aplicación de este impuesto está por tanto justificada en que incide positivamente y en forma directa sobre el de acceso de la población a la alimentación.

Por otra parte, las retenciones agropecuarias permitieron incrementar rápidamente y en forma directa los ingresos fiscales constituyendo uno de los pilares más significativos que sostienen el superávit fiscal primario (mientras que por el lado del gasto resulta trascendental a dicho fin la reducción de los salarios reales que se produjo con la devaluación).[18] El superávit, como es sabido, se usó fundamentalmente para pagar intereses de la deuda externa y parte del mismo endeudamiento del Estado nacional.

En definitiva, la renta es apropiada en parte por los terratenientes –que obtienen así una mayor rentabilidad–, en parte por el Estado –como intermediario para otro destino final–, y en parte por los diversos capitales que actúan en el sistema agroalimentario.

6.- Conclusiones y perspectivas

La devaluación ha vuelto a poner a luz la enorme riqueza que representa la vasta y fértil región pampeana, a la cual se le han agregado en

---

[17] Los precios internos de los alimentos –dada su posibilidad de exportación– están determinados por los precios internacionales –en dólares– menos las retenciones específicas. Un incremento del impuesto a las exportaciones repercute de esta forma disminuyendo o conteniendo el precio local. En los casos en que el mercado interno es oligopólico, este efecto puede verse aminorado, pero no anulado.

[18] En el año 2003, los impuestos a las exportaciones representaron el 12% de los ingresos fiscales totales.

los últimos años diversas áreas. Dentro de la discusión acerca de la situación del sector agropecuario pampeano, las retenciones ocupan un lugar central. Desde ya, este hecho tiene su razón de ser: la discusión sobre el impuesto no es menor: el 20% con que grava a la gran mayoría de los productos agrarios y el 23% que alcanza a la soja, representa una masa de recursos de enormes proporciones. Qué se hace con esa riqueza, es sin duda una discusión clave.

Varias asociaciones del agro rechazan estas retenciones de manera más o menos categórica, pese a que aún con éstas están hoy ante una situación muy favorable y con grandes ganancias. Según este planteo, el impuesto a las exportaciones de productos agrarios o agroindustriales constituye una medida que, por afectar a un solo sector, es discriminatoria. Sin embargo, vale la pena aclarar aquí que las exportaciones de petróleo y sus derivados también pagan este impuesto en la medida en que hacen uso, del mismo modo que la producción agropecuaria, de un activo social no reproducible. En el primer caso, se trata de las reservas de hidrocarburos y, en el segundo, de la pampa húmeda con su elevado grado de fertilidad relativa. Para AAPRESID[19] –que representa hoy la voz de los mayores productores agropecuarios, como antes lo hacía la Sociedad Rural Argentina– el impuesto afecta el crecimiento sectorial. Agregan a ello que el aumento de la producción de soja podría empujar el crecimiento del conjunto de la economía, ya que según ellos, estarían dadas las condiciones para que la Argentina retorne al papel de país agroexportador que tuvo en el período 1860-1930. Subyace a esta idea el supuesto de que los beneficios del crecimiento se repartirían a toda la población, por medio de un efecto *derrame*.

Sin embargo, el crecimiento basado en el libre mercado no asegura por sí mismo mejores condiciones de vida para los sectores más postergados. El patrón agroalimentario en marcha –descripto anteriormente– implica que aun con aumentos en la producción, la tendencia es a una reducción en la cantidad de trabajadores rurales, a un incremento de los peligros del monocultivo, ahora esparcido a todas las provincias, pero, por sobre todo, a casi ningún cambio en la situación alimentaria de la gran mayoría de la población. El incremento del empleo y la leve mejora de los salarios vi-

---

[19] La Asociación Argentina de Productores En Siembra Directa (AAPRESID) agrupa a empresas vinculadas principalmente con la producción sojera, incluyendo empresas semilleras, de fertilizantes, comercializadoras, etcétera.

nieron más dados por la recuperación del entramado industrial que por el auge del sector agrario.

Las retenciones aplicadas en esta situación cumplen un doble propósito: mantener estables los precios internos de los alimentos y aportar ingresos a las arcas fiscales. Un proyecto económico que pretenda impulsar el crecimiento con mejora de la distribución del ingreso debe reorientar el flujo de la renta agraria y de los impuestos cobrados a la misma. La renta debería servir así a mejorar en forma inmediata las condiciones de vida de la población, incrementar las inversiones en la industria y la actividad agropecuaria y posibilitar el surgimiento de nuevas industrias estratégicas que generen encadenamientos productivos.

Desde ya que la discusión no es meramente ni principalmente académica. Como hemos dicho, está en juego qué es lo que se hace con una porción muy grande de la riqueza del país y las consecuencias de ello para el conjunto de la sociedad.

Bibliografía

Banchero, Carlos (coordinador) (2003), *La difusión de los cultivos transgénicos en la Argentina*, Editorial Facultad de Agronomía, Buenos Aires.

Basualdo, Eduardo y Teubal, Miguel, "Economías a escala y régimen de propiedad en la región pampeana argentina", ponencia presentada en el *XXI Congreso Internacional de la Latin American Studies Association (LASA)*, Chicago, 24-26 sept. 1998.

Boy, Adolfo (2005), "Cambios productivos y sus repercusiones en el nivel agronómico", en Giarracca y Teubal (coords), *El campo argentino en la encrucijada*, Alianza Editorial, Buenos Aires.

Conesa, Eduardo (1996), *Desempleo, precios relativos y crecimiento económico*, De Palma, 1996.

Gutman, Graciela y Bisang, Roberto (2003), "Nuevas dinámicas en la producción agropecuaria: Un equilibrio peligroso", *Revista Encrucijadas* N° 21, Universidad de Buenos Aires, febrero de 2003;

INDEC (2003) *Resultados provisionales. Censo Nacional Agropecuario 2002.* Información de prensa, Buenos Aires, 25 de marzo.

INDEC (1991) *Resultados definitivos. Censo Nacional Agropecuario1988,* Buenos Aires.

Iñigo Carrera, Juan (1999), "La apropiación de la renta de la tierra pampeana y su efecto sobre la acumulación del capital agrario", *I Jornadas Interdisciplinarias de Estudios Agrarios y Agroindustriales*, Buenos Aires.

Ministerio de Economía de la Nación (2004), *Informe económico trimestral,* N° 51, Buenos Aires.

Obschatko, Edith (2003), *El aporte del sector agroalimentario al crecimiento económico argentino:1965- 2000*, IICA, Buenos Aires.

Oficina Nacional de Control Comercial Agropecuario (ONCCA) (2006), *Anuario Bovino 2005*, Buenos Aires.

Rodríguez, Javier (2003), "La transformación del agro argentino: entre la prosperidad y el monocultivo", *III Coloquio de Economistas Políticos de América Latina*, Buenos Aires.

Teubal, Miguel y Rodríguez, Javier (2002), *Agro y alimentos en la globalización: una perspectiva crítica*, Editorial La Colmena, Buenos Aires.

Satorre, Emilio H. "Cambios en la agricultura pampeana: Sustentabilidad y nuevas tecnologías", *Revista Encrucijadas* N° 21, Universidad de Buenos Aires, febrero de 2003.

Secretaria de Agricultura, Ganadería, Pesca y Alimentación (SAGPyA) (2005), *Estimaciones agrícolas*, página web de la entidad, www.sagpya.gov.ar.

Tendencias recientes de la distribución de la propiedad de la tierra en la provincia de Buenos Aires: ¿concentración o desconcentración?

Victoria Basualdo[1]

En el contexto de los estudios sobre el sector agropecuario, el análisis sobre la evolución de la distribución de la propiedad de la tierra ha sido objeto de un extenso y profundo debate. En este artículo me propongo analizar los términos de esta controversia partiendo, en primer lugar, de un breve análisis de la especificidad de las fuentes necesarias para el estudio de este tema y las dificultades para obtenerlas en el caso particular de la provincia de Buenos Aires, región que ha concentrado el mayor interés, por ser el corazón de la Pampa Húmeda: la zona de mayor fertilidad y rendimiento del país. En segundo lugar, intentaré sintetizar las dos principales líneas de análisis de la distribución de la propiedad de la tierra en la provincia de Buenos Aires durante las últimas décadas, que presentan la particularidad de obtener conclusiones diametralmente opuestas. Mientras que la primera corriente sostiene que se produjo un proceso de desconcentración de la propiedad a lo largo del siglo XX, la segunda línea de trabajos argumenta, a partir de novedosas contribuciones metodológicas, que, por el contrario, la tendencia predominante en la segunda mitad del siglo XX ha sido de concentración de la propiedad. Las conclusiones sintetizarán los principales desafíos y contribuciones originados a partir de este debate.

[1] UBA-Universidad de Columbia. Parte del contenido de este artículo proviene de mi tesis de licenciatura, presentada en la FFyL, UBA en 2001, bajo la dirección de José Carlos Chiaramonte. Agradezco los comentarios y sugerencias de mi director, así como los de Miguel Teubal, José Luis Moreno y Eduardo Basualdo, aunque ninguno de ellos es responsable por los errores u omisiones que pudieran existir en el presente trabajo.

Victoria Basualdo

I. Fuentes para el estudio de la propiedad de la tierra

El tema de la distribución de la propiedad de la tierra es clásico en el campo de la historia económica, y reviste especial importancia en países en los que la producción agropecuaria ha tenido un lugar central en el crecimiento económico, como es el caso de la Argentina. En el caso de la provincia de Buenos Aires, además, el análisis de la estructura de propiedad es un requisito ineludible previo para complementar todo estudio del comportamiento productivo[2]. A pesar de todos estos elementos, que convierten al tema de la propiedad de la tierra en una clave importante para analizar la estructura económica argentina, este tema ha merecido escasa reflexión metodológica hasta tiempos muy recientes, por lo que una breve reflexión sobre el tipo de fuentes pertinentes al estudio del tema constituye un primer paso necesario en el análisis.

El estudio de la distribución de la propiedad de la tierra se ha realizado, en los trabajos disponibles, a partir de dos fuentes principales: los censos agropecuarios y los catastros inmobiliarios rurales. Sin embargo, el Censo Nacional Agropecuario tiene como objetivo la obtención de información sobre las características básicas de la actividad agrícola, ganadera y forestal, por medio de un relevamiento de todas las explotaciones agropecuarias del país; es decir, los establecimientos productivos[3]. Esta fuente resulta problemática para el análisis de la propiedad, en tanto las unidades de explotación o de producción agropecuaria no tienen por qué coincidir con

2 Como se desprende del Censo Agropecuario de 1988 de las 27,3 millones de hectáreas de la provincia, hay 21, 3 millones (el 78% del total) que son trabajadas directamente por sus propietarios. A esto deben sumarse otros 3,8 millones de hectáreas de propietarios que combinan la propiedad con otras formas de tenencia (arrendamiento, contrato, aparcería, etc). Por lo tanto, sólo el 8% de la superficie provincial (2,2 millones de has.) se explotaba mediante formas de tenencia que están totalmente desvinculadas de la propiedad. Véase Basualdo (2006), pp. 268-280.

3 En los censos, los datos que se analizan se refieren fundamentalmente a los aspectos productivos del sector. Específicamente, el CNA de 1988 se propone: 1) obtener datos cuantitativos y cualitativos sobre la estructura del sector agropecuario, 2) establecer un marco muestral para otras encuestas específicas del sector, 3) estructurar las bases de recolección permanente de información referida al sector, que dé origen a un Sistema Integrado de Información Agropecuaria. Generalmente estos censos constan de dos etapas: la primera se refiere al relevamiento censal, donde se busca obtener características estructurales de cada explotación, mientras que la segunda etapa está conformada por las encuestas por muestreo, que se diseñan a partir de los mapas y padrones ya obtenidos en la etapa anterior.

las unidades de propiedad[4]. Por otra parte, es necesario tener en cuenta que los Censos Agropecuarios a lo largo del tiempo modificaron la definición de la unidad de análisis, es decir, de la explotación agropecuaria[5].

Por su parte, el catastro inmobiliario rural de la provincia de Buenos Aires se sustenta en una unidad de análisis diferente que se denomina parcela o partida inmobiliaria, las cuales en conjunto cubren toda la superficie de cada una de las jurisdicciones provinciales. La distribución de las mismas de acuerdo con su extensión permite obtener una estratificación de las partidas inmobiliarias y de la superficie catastral. En palabras del historiador italiano Renato Zangheri, el catastro "es un instrumento insustituible para el estudio del estado de la distribución de la propiedad de la tierra, la cual ha sido por muchos siglos el fundamental medio de producción, la fuente de la riqueza y la base principal del poder"[6].

Una vez definido el tipo de fuente idóneo para el análisis de la distribución de la propiedad, cabe hacer algunas aclaraciones respecto de su disponibilidad práctica en el caso concreto de la provincia de Buenos Aires, el distrito más estudiado debido a su centralidad productiva, económica y también política. El catastro de esta provincia constituye, ante todo, un registro de la propiedad inmueble y de allí que sea un instrumento de control y exacción fiscal a partir del impuesto inmobiliario rural. En efecto, es a partir de la base que contiene los registros de propiedades y propietarios

---

4 En palabras de Horacio Giberti (1964), "los censos se refieren a explotaciones agropecuarias y por tanto reflejan la situación de esas unidades, no de la propiedad fundiaria." Giberti sostiene también que "una explotación puede asentarse sobre tierra propia o ajena, ocupar total o parcialmente una propiedad o extenderse sobre varias. A su vez, un propietario puede tener tierras en distintas áreas. En una palabra: el plan censal no coincide con el plan catastral. La concentración de la propiedad no puede establecerse por vía censal. Tampoco la concentración económica de las explotaciones, pues una misma persona física o jurídica puede poseer diversas explotaciones; para los censos ellas constituyen unidades distintas, aunque en la práctica integren una sola empresa."

5 Mientras que en décadas anteriores se asumía que la misma estaba constituida por las tierras lindantes que tenía determinado productor, en el Censo Agropecuario de 1988 se considera que una explotación está constituida por las diferentes propiedades no lindantes que tiene un determinado productor en toda una jurisdicción provincial. En síntesis, si bien el censo fue utilizado por varios estudios sobre este tema, no resulta sin embargo una fuente adecuada para el estudio de la distribución de la propiedad.

6 En un libro dedicado explícitamente al estudio de esta fuente y de sus potencialidades, Zangheri (1980) sostiene que se ha confundido tradicionalmente los significados de "catastro" y "censo", y establece que la distinción principal entre ellos no está en el tipo de documento de que se trate (fiscal o demográfico, respectivamente), sino en que el objeto del catastro, y no el del censo, es el registro de la propiedad de la tierra.

que el Gobierno Provincial dispone del instrumento idóneo para aplicar impuestos a la tierra, lo que fundamenta que el Departamento de Catastro depende del Ministerio de Economía de la Provincia de Buenos Aires. Sin embargo, el acceso a esta fuente por parte del investigador se dificulta enormemente, ya que no se conservan copias periódicas de la base de datos, sino que se la actualiza permanentemente, dificultando enormemente el acceso a la información sobre propiedad[7].

Si bien el catastro inmobiliario rural está integrado por numerosas variables, las más importantes para la problemática de la propiedad son las siguientes:

- Partido provincial
- Número de la partida inmobiliaria
- Nombre y apellido del titular de la partida inmobiliaria
- Nombre y apellido del destinatario postal
- Dirección del destinatario postal
- Extensión de la partida inmobiliaria
- Valuación fiscal de la partida inmobiliaria.

Las dos primeras definen la variable sobre la cual se organiza el resto de la información catastral: la partida inmobiliaria, tratándose en ambos casos de registros numéricos (cada partido provincial y cada partida inmobiliaria tiene asignado un código). La siguiente variable identifica a la persona física o jurídica que es titular de la partida, la cual no necesariamente

---

7 El circuito de la certificación de la propiedad comienza en el Registro de la Propiedad, en el cual se crea una cédula de propiedad, garantía básica de la misma. La cédula originada se considera provisoria hasta el año de antigüedad, momento en que se la declara definitiva. Es entonces cuando es transferida a la Dirección de Catastros, que plasma la información en una ficha manuscrita e incorpora los datos de utilidad en una base informatizada para su utilización fiscal. El catastro, entonces, se encuentra en permanente actualización, ya que cada vez que se produce alguna modificación en cualquiera de las partidas inmobiliarias, entre las que se encuentra el traspaso de la propiedad de la tierra, ésta es registrada sobre la información anteriormente cargada, eliminando toda posibilidad de acceso al estado anterior de la propiedad, salvo la consulta de las fichas básicas originales.
De lo dicho se desprende que la única forma de acceder a la historia de la distribución de la propiedad de la tierra de la provincia es mediante las fichas (alrededor de 300.000), que proveen únicamente la información de cada parcela en particular. Aunque existe una ley que obliga al Catastro a enviar una copia periódica del estado de la Propiedad al Archivo Histórico de la Provincia, esta obligación no se cumplió ni se cumple en la actualidad. Esto ocasiona enormes dificultades a los investigadores del tema.

es el único propietario sino que puede ser sólo uno de ellos. En este último caso, su figuración como titular no se debe a su mayor participación en la propiedad sino que se origina en una selección aleatoria. El nombre y apellido del destinatario postal y su dirección postal identifican a la persona física o jurídica que recibe el impuesto emitido por la Dirección de Rentas del Ministerio de Economía de la Provincia de Buenos Aires. Las dos variables siguientes permiten establecer la superficie en hectáreas y la valuación fiscal en pesos del respectivo año. Sobre esta última, se determina el impuesto inmobiliario rural.

En este contexto, es pertinente destacar que las dos primeras variables, además de ser centrales para organizar la estructura del catastro inmobiliario rural, son las que vinculan la base electrónica con los mapas catastrales, que también forman parte del sistema de información oficial[8]. En base a los "mapas catastrales" una empresa privada confecciona para uno de los partidos bonaerenses los denominados "mapas rurales". Mientras que en los mapas rurales se observan en forma agregada todos los campos que pertenecen al mismo propietario, en el plano catastral, en cambio, se perciben estos mismos campos pero subdivididos en partidas inmobiliarias, las cuales se identifican por su correspondiente número de parcela.

II. El debate sobre las tendencias recientes de la distribución de la propiedad de la tierra en la provincia de Buenos Aires: concentración vs. desconcentración

Las líneas de investigación analizadas a continuación, aunque coinciden en utilizar fuentes catastrales, obtuvieron resultados completamente diferentes en lo que se refiere a la concentración de la tierra, fundamentalmente debido a sus aproximaciones metodológicas. Para posibilitar la cabal comprensión de los términos de la controversia, el análisis de sus resultados se combinará aquí con el estudio de la metodología aplicada por cada uno de ellos.

---

8 En los mapas mencionados consta cada una de las partidas inmobiliarias con su correspondiente número de parcela en escala 1:25.000.

I. Primera aproximación: desconcentración de la propiedad de la tierra

Una primera corriente se inicia con un trabajo realizado por Osvaldo Barsky, Mario Lattuada e Ignacio Llovet,[9] análisis retomado luego por Alfredo Pucciarelli, y el mismo Barsky en trabajos posteriores, se introduce en un terreno antes inexplorado: analiza la distribución de la propiedad de la tierra en la provincia de Buenos Aires a lo largo de todo el siglo XX, tomando para ello tres momentos o hitos principales: 1923, 1958 y 1980.[10]

Para el año base, los autores contaron con una fuente principal, la Guía Edelberg, de la que tomaron únicamente a los propietarios de 2.500 has o más, definidos como "grandes propietarios", con el objeto de establecer una base para la comparación con la estructura de propiedad de períodos posteriores[11]. La definición de "grandes propietarios" fue retomada del estudio de Eric Calcagno de fines de la década del '50, en el que se recurrió a 2.500 has como límite inferior, lo que les permitió utilizar en su análisis los datos para el año 1958 elaborados por Calcagno[12]. Finalmente, para el estudio del año 1980, los datos que se utilizaron provinieron de los mapas rurales correspondientes a esa época. Al respecto se señala que, "por lo general [figuran en los límites de cada propiedad], el nombre del propietario y la extensión de la propiedad", aunque, en ocasiones, cuando el tamaño de la propiedad es muy pequeño estos datos no se registran.

Este análisis presenta, sin embargo, problemas de tipo metodológico. En primer lugar, cabe destacar las deficiencias en el análisis de la fuente utilizada para el año base (1923), ya que no se realizó un estudio en profundidad de sus características, ni de su alcance, al tiempo que la metodología aplicada para su análisis no se explicita con suficiente claridad. Similares observaciones pueden realizarse respecto de la información provista por los mapas rurales, la fuente para el estudio de la distribución de la propiedad en 1980. No se señala cómo logró subsanarse la dificultad de que

9 Barsky, Osvaldo, Lattuada, Mario y Llovet, Ignacio, Las grandes empresas agropecuarias de la Región Pampeana, Secretaría de Agricultura, Ganadería y Pesca (SAGyP), 1987, mimeo.

10 Alfredo Pucciarelli reivindica el trabajo previo de Barsky, Lattuada y Llovet (1987), utilizando estos datos para referirse en un artículo al que él denomina "proceso de desconcentración de la propiedad territorial" en la provincia de Buenos Aires, que coincide con la conclusión proveniente de aquel trabajo. En libros posteriores publicados por algunos de estos autores (por ejemplo Barsky y Pucciarelli, 1997), se retoman, para el tema propiedad de la tierra, las mismas cifras obtenidas en el trabajo de 1987.

11 Para más información sobre esta fuente, la Guía Edelberg de 1923, véase Victoria Basualdo (2001).

12 Véase Junta de Planificación Económica (1958).

muchos de los mapas se elaboran en fechas diferentes (con diferencias de hasta algunos años), y por lo tanto no resultan *a priori* compatibles, ni se explicita de manera concluyente la metodología de trabajo utilizada.

La conclusión principal de esta línea de trabajos, sintetizada en el cuadro Nº 1 incluido en el Anexo, es que se ha producido a lo largo del siglo XX un fuerte proceso de desconcentración de la propiedad, subdividido en dos etapas: una inicial, que comprende el período de 1923 a 1958, en la cual diez millones de has pertenecientes a propietarios de más de 5.000 has habrían pasado a engrosar las propiedades con superficies de entre 2.500 y 5.000 has, y otra segunda etapa, extendida desde 1958 hasta comienzos de la década de 1980, que verificaría una tendencia más atenuada. Este trabajo destaca, asimismo, un cambio operado en la distribución interna de los grandes propietarios que habría implicado que las propiedades de 2.500 a 5.000 ha aumentaran en términos absolutos y relativos, implicando un remodelamiento del sector de los grandes propietarios cuyo efecto más visible habría sido el achicamiento de la base económica.

Tomando como referencia adicional otros datos intermedios (para los años 1939 y 1972), los autores concluyen, entonces, que se produjo a lo largo del siglo XX un importante proceso de desconcentración de la propiedad de la tierra, y señalan también que, además de la pérdida de superficie absoluta y relativa de la cúpula de propietarios, y del descenso en el número de predios por ellos controlados (que surge del cuadro incluido anteriormente), "la imagen de una presencia mucho más diluida de las grandes propiedades es aún más fuerte si se analiza en términos del valor de las unidades". En efecto, estos autores sostienen que "las unidades de mayor tamaño se encuentran en las zonas de menor valor por ha, lo que hace que su importancia relativa sea aún menor en todos los períodos históricos"[13].

En lo que se refiere a formas de propiedad, esta línea de trabajos sólo concibe la existencia de las dos tradicionalmente aceptadas: la persona física y la persona jurídica (o sociedad), que son denominadas formas "simples" de propiedad. Debido a este supuesto básico, la redistribución del universo analizado (la totalidad de hectáreas de la provincia de Buenos Aires) y las conclusiones obtenidas respecto de la concentración o desconcentración de la propiedad de la tierra han sido completamente diferentes a las

13 Barsky y Pucciarelli (1997), p. 76.

obtenidas por aquellos trabajos que consideran la existencia de otras formas de propiedad, denominadas "complejas", a las cuales nos referiremos luego.[14]

II. Segunda aproximación: concentración de la propiedad de la tierra

Una segunda línea de trabajo realizó una tarea especialmente significativa de reformulación de los estudios de propiedad de la tierra en un nivel metodológico y analítico, constituyéndose en una referencia insoslayable para los estudios de la propiedad de la tierra. Esta segunda aproximación basó sus análisis en una versión digital del catastro de la provincia de Buenos Aires del año 1988 y otras bases de datos a su alcance y logró detectar un conjunto de formas de propiedad no tenidas en cuenta hasta ese momento, cuya inclusión reformuló de manera notable el estudio de la distribución de la propiedad de la tierra. Su principal contribución fue la demostración de que las formas de propiedad constituyen la herramienta básica de análisis de la distribución de la propiedad de la tierra, partiendo de fuentes catastrales.[15]

Las cinco formas de propiedad vigentes en el agro pampeano de la década de 1980, según esta corriente, son las siguientes:

a) Persona física
b) Persona jurídica
c) Condominio
d) Grupos de sociedades (Grupo Agropecuario y Grupo Económico)
e) Forma mixta de propiedad.

Estos supuestos metodológicos resultan innovadores, ya que los estudios tradicionales sobre la propiedad de la tierra sólo tomaban en cuenta las dos primeras, "Formas Simples", que pueden definirse de la siguiente manera:

[14] Como se verá un poco más adelante, la exclusión de las otras tres formas de propiedad, las "complejas", que son aquellas que operan el mayor efecto concentrador, es la explicación de las diferencias entre los resultados hallados por esta corriente de estudios, y los obtenidos por otras que sí las han estudiado en profundidad y las han incorporado al análisis de la distribución de la propiedad de la tierra.

[15] Otro aporte de esta línea de trabajos consistió en la determinación de una metodología de regionalización, que permitió determinar la inserción productiva de los propietarios, según el partido y la región en que éstos posean tierras. Para ello se adoptó el criterio de regionalización propuesto por Slutzky (1968).

a) La persona física, que consiste en la propiedad de la tierra por parte de un solo individuo.

b) La persona jurídica, que se verifica cuando el dominio de la tierra la ejerce algún tipo de sociedad (anónimas, en comandita por acciones, de responsabilidad limitada, etc.), fundación o entidad pública.

La distribución del universo (la totalidad de hectáreas de la provincia de Buenos Aires) en estas dos formas de propiedad exige una primera estimación, la de Titular, que permite unir las propiedades de un mismo titular bajo su nombre (permitiendo así la visualización de la totalidad de propiedades (y cantidad de hectáreas) que tiene cada titular), así como distinguir aquellos que, siendo homónimos, constituyen titulares diferentes (mediante la consideración de otras variables relevantes como la de Destinatario Postal (dirección a la que piden se envíe la correspondencia fiscal), que a partir de la detección de las direcciones provistas para el envío de correspondencia permite unir a los titulares que realmente constituyen una misma persona o sociedad, y depurar a los homónimos).

Pero la "Estimación de Titular" considera únicamente esa variable: el nombre de aquel registrado como titular de las partidas, no permitiendo acceder a los copropietarios de la misma partida que sólo aparecen en una segunda base, que hasta la realización de una novedosa línea de trabajos que estudiaremos en el apartado siguiente, se mantenía sin interactuar con la base de titulares: la base de Condóminos.

A partir de la idea de que analizar la fisonomía de la propiedad agropecuaria considerando el Titular y el destinatario postal acarrea una severa simplificación porque supone que todas las propiedades inmobiliarias tienen exclusivamente un solo propietario, se pensó en la interacción entre las dos bases: la de Titulares y la de Condóminos. A partir de esta operatoria, tomando en cuenta la totalidad de propietarios de cada partida y no sólo el titular, se pudieron identificar las propiedades que tienen propiedad compartida, pudiéndose entonces evaluar la forma distinta en que se despliegan estas asociaciones. Así, pudo concluirse que la propiedad compartida de inmuebles rurales se plasma en el condominio, la tercera forma de propiedad.

c) El condominio: en términos jurídicos, es la propiedad indivisa que ejercen varios individuos y/o sociedades sobre una cosa mueble o inmueble y que puede originarse en una disposición de última voluntad, o de un contrato. Asimismo, una propiedad queda en condominio entre los herederos mientras no se realice la partición de la herencia. Metodológicamente, la detección del condominio implica una estimación significativamente más compleja que las anteriores, realizada mediante un procedimiento denominado "Estimación de Propietario".[16] Este procedimiento permitió agrupar lo que en una primera instancia aparecían como propietarios individuales separados y sin relación entre sí, en condominios (procedimiento que implica que un grupo de propietarios, anteriormente independientes, constituyen un nuevo propietario cuya forma de ejercer la propiedad cambia por completo). Sobre esta base metodológica se determinó la distribución de los propietarios, partidas y superficie de acuerdo con los estratos de tamaño de los terratenientes. Esta estimación mostró un incremento en el grado de concentración de la propiedad, debido a que partidas que antes aparecían atribuidas a propietarios independientes, se reagruparon bajo un nuevo propietario: el condominio.

Por sus características, la propiedad que ejerce el condómino es distinta a la que ejerce la persona física, y también a la de las sociedades[17]. El aporte de distinguir esta forma de propiedad fue fundamental a la hora de

16 Para la detección del condominio se incorpora una nueva variable: el nombre y apellido de los otros propietarios (condóminos) y su participación porcentual en la propiedad de cada una de las partidas que están en condominio. En todas estas partidas, el condómino que figura como titular es sólo uno de los propietarios, que se elige aleatoriamente y no debido a su mayor participación en la propiedad del condominio. Además, este titular no es fijo, y muy frecuentemente cambia de un año al siguiente. Esta variable se completó a partir de la interacción entre la base de datos original (A) con la base de condóminos (B), que permitió identificar las parcelas relacionadas por tener propietarios comunes, ya sea porque uno de los titulares fuera condómino del otro, o porque ambos tuvieran condóminos comunes.

17 Esta forma de propiedad presenta formas específicas que resulta interesante puntualizar: 1) cada condómino está facultado a disponer de su parte indivisa, pero no puede ejercer, sin el acuerdo del resto de los condóminos, acto alguno de propiedad sobre el mismo; 2) las decisiones se toman por mayoría absoluta, siendo el voto de cada condómino proporcional a su participación en la propiedad común; 3) para tomar decisiones, se requiere la presencia de todos los condóminos y el que funciona como administrador es un mandatario de los restantes; 4) cualquier condómino puede solicitar la división del condominio, limitándose la validez de los acuerdos para renunciar al pedido de división a un lapso máximo de cinco años, que puede ser renovado; 5) finalmente, si bien desde el punto de vista legal los integrantes del condominio pueden ser individuos o sociedades, en realidad una abrumadora mayoría de ellos son el resultado de la asociación de personas físicas. Cabe destacar que un condómino puede vender su parte, en cualquier momento, a un tercero, sin que sea necesario, como ocurre en las sociedades, el consentimiento de los demás condóminos. Asimismo, el condómino tiene la posibilidad de solicitar la división del condominio y poner fin de esta manera a esta forma de propiedad compartida. Las sociedades, en cambio, sólo pueden disolverse antes de la expiración del plazo para el cual han sido creadas siempre que medie la decisión de los socios o se configure algún otro supuesto legal (quiebra, imposibilidad de lograr el objeto de creación, pérdida de capital, etcétera).

analizar la distribución de la propiedad de la tierra, ya que el condominio tiene una presencia muy significativa en la provincia, tanto en términos de la cantidad de partidas como de la superficie rural que abarca (como parámetro, cabe mencionar que a fines de la década de 1980 es la forma de propiedad más relevante en términos de superficie provincial). Sin embargo, la estimación de propietario se encontraba aún muy alejada de los resultados finales obtenidos, debido a que ignoraba otra forma de propiedad, denominada, genéricamente, grupo de sociedades o grupo societario.

La exclusión del grupo de sociedades en la estimación de propietario significaba que las partidas inmobiliarias y la superficie que les pertenece había sido asignada incorrectamente a otras formas de propiedad, principalmente los propietarios jurídicos o sociedades. En la estimación de Titular, entonces, la subvaluación de la concentración de la propiedad era muy acentuada, porque la forma de propiedad que se estaba excluyendo es aquella que adoptan los grandes terratenientes, y por lo tanto la más concentradora de la propiedad rural. La identificación y el análisis de los grupos de sociedades implica una tarea muy compleja, que requiere del diseño de un marco conceptual, una metodología específica y de la confección de una base de datos (de accionistas de las sociedades) destinada a interactuar con el catastro inmobiliario.

d) Los grupos de sociedades son estructuras empresarias constituidas por varias sociedades o personas jurídicas, dentro de las cuales se pueden diferenciar dos unidades económicas diferentes:

I) El Grupo Económico: está constituido por empresas con distinta razón social y que actúan en diferentes actividades económicas de manera articulada, debido a que pertenecen a los mismo accionistas y son coordinadas por un mismo conjunto de directores.

II) El Grupo Agropecuario (o grupo de sociedades agropecuarias): comparte todas las características fundamentales del grupo económico, a excepción de la inserción multisectorial. En estos grupos la producción agropecuaria siempre ostenta una centralidad indiscutible, aun cuando marginalmente alguna de sus firmas pudiera encarar otras actividades.

Cabe señalar que, si bien en ambos casos la sociedad constituye un elemento insustituible, los grandes grupos económicos se componen en una proporción decisiva de sociedades anónimas, mientras que un número significativo de los grupos agropecuarios se nutren de sociedades de distinto tipo, entre las que se cuentan las anónimas pero también las sociedades en comandita por acciones y las de responsabilidad limitada.

Las diferencias entre los grupos de sociedades están centradas en las modalidades que asumen para el control del patrimonio[18]. En lo que se refiere a las coincidencias entre los dos tipos de grupos de sociedades, cabe citar la pertenencia familiar predominante como articuladora, y la presencia de una capacidad productiva muy diversificada, que se muestra muy acentuada en los grupos económicos pero también está presente, aunque con menor intensidad relativa, en los grupos agropecuarios. La centralización de la propiedad de la tierra que implican ambos grupos de sociedades se debe a que ellas tienen la cualidad de asimilar a las restantes formas de propiedad.

El análisis de estas formas de propiedad permitió identificar a un conjunto numeroso de propietarios que controlan sus tierras mediante la conjunción de diversas formas de propiedad. Sin embargo, existen algunos propietarios que no pueden ser considerados como grupos de sociedades debido a que el número de sociedades que controlan, al menos las que pudieron ser identificadas, es muy reducido (menos de cuatro). Por lo tanto, para aprehender estas y otras variantes se introdujo una nueva categoría:

e) La forma mixta de propiedad: se caracteriza por presentar, fundamentalmente, dos combinaciones de propiedad:

I) Los propietarios de menos de cuatro sociedades que además controlan una parte mayoritaria o minoritaria de sus tierras, mediante la propiedad individual y/o a través del condominio. Dentro de estos casos se encuentran los agrupamientos integrados por una sola sociedad, pero siempre que sean propietarios de una parte de sus tierras a título individual y/o en condominio.

II) Los propietarios de más de una sociedad, pero que no cuentan con el número mínimo para ser considerados como grupos de sociedades. Es decir, aquellos agrupamientos que se componen solamente de dos o tres

---

18 Los grandes grupos económicos se sustentan en un encadenamiento de la propiedad, en el cual una parte de sus empresas son los eslabones que los conforman. Por el contrario, en los grupos agropecuarios las modalidades son diferentes: algunos de ellos controlan la tierra mediante, exclusivamente, sociedades cuya propiedad pertenece de una manera directa a los integrantes de una familia, sin ser mediatizada por ninguna entidad jurídica. Su relativa simplicidad permite apreciar de una manera mucho más directa la existencia de una conducción unificada, y también deducir la vinculación comercial y financiera entre sus sociedades. La mayoría de los grupos agropecuarios no sólo se basan en sociedades que pertenecen directamente a la familia propietaria, sino que a través de los propios accionistas integran al conjunto económico las restantes formas de propiedad: la individual y el condominio.

sociedades y cuyas tierras son controladas directamente por ellas o por un condominio en el cual participan sus accionistas.

La aplicación de esta nueva metodología tuvo un impacto realmente significativo. Su utilización como herramienta de análisis implicó una redistribución de las hectáreas, predios y propietarios antes asignados a otras formas de propiedad, hacia las nuevas (denominadas "formas complejas de propiedad"), lo cual explica la sorprendente circunstancia de que dos corrientes de investigación contemporáneas puedan hallar en su trabajo resultados diametralmente opuestos sobre el tema.[19] Frente a la imagen de desconcentración de la propiedad de la tierra sostenida por aquellos trabajos que sólo concebían la existencia de las dos primeras formas de propiedad, esta corriente de trabajos demuestra que el 32% de la superficie agropecuaria (8,776 millones de has) de la provincia de Buenos Aires, se encontraba, en diciembre de 1988, en manos de 1.294 propietarios que individualmente tenían en propiedad 2.500 o más has, lo cual indica una superficie media de 6,78 miles de has que ocultaba, además, situaciones muy heterogéneas (ya que mientras los del primer estrato tenían 3,4 miles de has, el promedio de los de 20 mil o más has superaba las 44 mil has, lo cual muestra la potenciación de las economías de escala en el agro pampeano).[20]

Esta perspectiva revisionista demuestra, asimismo, la existencia de un muy alto grado de subdivisión catastral que, ante un análisis que no permitiera detectar las formas complejas de propiedad, favorecería una imagen, ficticia, de desconcentración de la propiedad. El número de partidas por propietario presente en la cúpula (casi 15 partidas inmobiliarias por propietario), surge como resultado de acentuadas diferencias internas: mientras que los estratos inferiores de la cúpula mostraban un promedio de 7,8 partidas por propietario, los estratos más elevados registraban un pro-

19 La comparación de los resultados de la estimación de propietario (que permitía visualizar las tres primeras formas de propiedad) con los resultados definitivos (que incorporan las cinco formas de propiedad) es una demostración cabal de hasta qué punto la metodología condiciona los resultados obtenidos. En primer lugar, la comparación entre ambas estimaciones muestra un incremento significativo de la concentración de la propiedad de la tierra, ya que se registra una disminución importante del número de propietarios con 2.500 o más has (-8%), y un incremento significativo de las partidas inmobiliarias que estos poseen (+41%) y de la superficie de la cúpula (+26%).

20 Véase Basualdo (1998).

medio de 95,8 partidas por propietario, lo cual indica a las claras que el problema de la subdivisión catastral y la elusión impositiva radica principal aunque no exclusivamente en la gran propiedad rural[21].

Pero además esta aproximación permitió un análisis en profundidad de la cúpula de grandes terratenientes pampeanos en 1988 (algunos de cuyos principales datos se encuentran sintetizados en el cuadro Nº 2 incluido en el Anexo), que demostró que el control de la tierra mediante grupos de sociedades y formas mixtas de propiedad es privativo de los mayores terratenientes bonaerenses. En efecto, del análisis de las formas en que ejercen la propiedad de la tierra los grandes propietarios en la provincia de Buenos Aires a fines de la década del '80, se desprende que la propiedad individual tiene una escasa presencia en lo referente a número de propietarios, partidas, cantidad de hectáreas y valor fiscal, y la superficie media más baja de la cúpula, lo cual indica que los propietarios físicos se ubican, principalmente, en los estratos de menor superficie.

En lo que se refiere a los condominios, se observa una presencia considerable dentro de la cúpula, y una presencia constante en los distintos estratos de tamaño. Finalmente, el caso de las sociedades es verdaderamente desconcertante, si se lo compara con los resultados obtenidos por otras líneas de trabajo, ya que concentran escasa superficie, y su número es realmente bajo. La sorpresa inicial encuentra explicación en que, aunque efectivamente existen, en 1988, muchas más sociedades en la cúpula que 30 años antes, el 93% de las mismas integran otras formas de propiedad, y específicamente los grupos de sociedades y las formas mixtas de propiedad, y únicamente el 8% restante puede ser considerado persona jurídica independiente, sin vinculación con otras propiedades.

De este mayoritario número de sociedades que optan por agruparse, se infiere que la conformación de grupos debe permitir una mayor rentabilidad y efectividad en la organización. En este sentido, esta línea de trabajos demuestra, en efecto, que el agrupamiento de sociedades permite lograr que el proceso de inversión y organización de la producción deje de ser incierto y conflictivo, mediante la centralización de decisiones y el mantenimiento de la "unidad de la tierra", a lo que se suman los diferenciales en

---

21 Véase Basualdo y Khavisse, Miguel (1993), y Arceo y Basualdo (1996).

costos fiscales que, de acuerdo con lo demostrado por estos autores, adquieren magnitudes significativas.[22]

Analizando las características de cada forma de propiedad específica, puede verse claramente que la forma mixta de propiedad exhibe tendencias más cercanas a las del condominio que a las de los grupos de sociedades. Mientras que su participación en la superficie de la cúpula es inferior a la que concentran los grupos agropecuarios, pero significativamente superior a la de los grupos económicos, el tamaño medio de estos propietarios es marcadamente inferior a los de los grupos de sociedades, lo cual indica que su mayor incidencia se localiza en los propietarios de menos de 20 mil has.

En cuanto al grupo económico, es la forma de propiedad que muestra la participación más baja de toda la cúpula en términos de la cantidad de propietarios y de la extensión de la tierra; no obstante lo cual es la forma de propiedad que tiene los registro más elevados de superficie media, subdivisión catastral y valuación fiscal por hectárea. El grupo agropecuario, por su parte, constituye la forma de propiedad más importante de toda la cúpula desde el punto de vista de la superficie concentrada, aunque su superficie media es ligeramente inferior a la que muestra el grupo económico, lo que muestra que excluyendo un pequeño número de propietarios líderes su participación es mayoritaria y decisiva dentro de los terratenientes más grandes.

Finalmente, a partir de este estudio de la distribución de la propiedad en 1988, se realizó un análisis de la evolución de la distribución de la propiedad en base a los datos históricos disponibles, cuyas principales conclusiones se sintetizan en el cuadro Nº 3, incluido en el Anexo. En lo que se refiere a la evolución de la concentración en la segunda mitad del siglo XX, los autores demuestran que la concentración se elevó desde un 25% (de la superficie en manos de la cúpula- es decir los propietarios de más de 2.500 has) al 32%, y que el incremento de la concentración se origina exclusivamente en la superficie, ya que la misma se incrementa en un 29%,

---

22 Véase Eduardo Basualdo (1998), pp. 84-87, quien cita fuentes que testimonian la procedencia del interés de asociación de los grandes terratenientes (en particular resulta interesante el testimonio de Carlos Pedro Blaquier quien, en un texto de 1967, defiende la necesidad de mantener la "unidad de la tierra", mientras que el síndico de Matilde Ortiz Basualdo de Zuberbühler relata los gastos en impuestos sucesorios que se evitan mediante la constitución de las sociedades).

Victoria Basualdo

mientras que el número de propietarios permanece prácticamente inalterado a lo largo del período. Como puede apreciarse en el cuadro Nº 3 del Anexo, los datos disponibles para el año 1996 confirman la tendencia.

Los autores destacan la necesidad de aplicar la metodología utilizada para fines de la década de 1980 en la serie histórica. Al respecto, sostienen en un trabajo reciente: "Él acelerado crecimiento de las sociedades en el sector agropecuario, y especialmente la acentuada proliferación de sociedades vinculadas con los grupos de sociedades y las formas mixtas de propiedad durante las últimas décadas, plantean la necesidad imperiosa de modificar la metodología inicial (1958), incorporando a estas formas de propiedad en la evaluación de la concentración de la propiedad"[23].

III. A modo de conclusión

Las contribuciones más importantes que surgieron a partir del debate en torno de la evolución de la distribución de la propiedad de la tierra en la provincia de Buenos Aires concluyen, en base a herramientas metodológicas y analíticas novedosas y de gran utilidad, que existió una clara tendencia a la concentración. Los avances obtenidos en la materia constituyen un punto de partida de gran valía para la realización de nuevos estudios, no sólo en una perspectiva histórica de más largo plazo para esta provincia en particular, sino también sobre otras regiones y provincias, para las que no se dispone de información confiable y definitiva, con el objetivo de obtener información sobre las tendencias históricas a nivel nacional. Dadas las dificultades analizadas en la primera parte del trabajo, resultaría decisiva la acción del Estado para preservar y difundir las fuentes catastrales necesarias para el estudio de este tema, que resulta central no sólo desde el punto de vista del análisis histórico, sino también en términos de política impositiva y redistributiva.

---

23 Véase el debate entre E. Basualdo y M. Lattuada (publicado en la *Revista Realidad Económica* Nº 132, mayo-junio de 1995, reproduciendo un artículo anterior publicado en la revista *Ruralia*), y que continuó en otras publicaciones posteriores, respecto de la pertinencia de la comparación de los resultados obtenidos para 1988, con la aplicación de esta metodología, con aquellos disponibles para el año 1958, elaborados con otra metodología. Al respecto, resulta útil cfr. Basualdo (1998).

Bibliografía

Arceo, Enrique y Basualdo, Eduardo, "El impuesto inmobiliario rural en la Provincia de Buenos Aires. La integración de partidas inmobiliarias (ley 10.897) y la elusión fiscal". Buenos Aires, mimeo, febrero 1996.

Barsky, Osvaldo, Lattuada, Mario y Llovet, Ignacio, *Las grandes empresas agropecuarias de la Región Pampeana*, SAGyP, 1987, mimeo.

Barsky, Osvaldo y Pucciarelli, Alfredo, *El agro pampeano. El fin de un período*, Flacso-CBC-UBA, 1997.

Basualdo, Eduardo, Khavisse, Miguel, y Lozano, Claudio, "La propiedad agropecuaria en la Zona Deprimida del Salado", CODESA (Provincia de Buenos Aires)-PNUD, 1988.

Basualdo, Eduardo y Khavisse, Miguel, *El Nuevo Poder Terrateniente*, Ed. Planeta, Buenos Aires 1993.

Basualdo, Eduardo M.; "El nuevo poder terrateniente: una respuesta", *Revista Realidad Económica*, N° 132, Buenos Aires, 1995.

Basualdo, Eduardo y Bang, Joon Hee, *Los grupos de sociedades en el sector agropecuario pampeano. Metodología y criterios para su identificación y análisis*, FLACSO-INTA, Buenos Aires, 1997.

Basualdo, Eduardo, "La concentración de propiedad rural en la Provincia de Buenos Aires: Situación actual y evolución reciente", en Nochteff, Hugo (ed.), *La economía argentina a fin de siglo: fragmentación presente y desarrollo ausente*, Flacso-Eudeba, 1998.

Basualdo, Eduardo, *Estudios de historia económica argentina. Desde mediados del siglo XX a la actualidad*. Buenos Aires: Siglo XXI, 2006.

Basualdo, Victoria, "La distribución de la propiedad de la tierra en la Provincia de Buenos Aires en la década de 1920", tesis de licenciatura, Facultad de Filosofía y Letras, UBA, 2001.

Giberti, Horacio, *El desarrollo agrario argentino*. Buenos Aires: EUDEBA, 1964.

Junta de Planificación Económica de la Provincia de Buenos Aires, "La distribución de la propiedad agraria en la Provincia de Buenos Aires", en *Revista Desarrollo Económico* N° 1, oct-dic. 1988.

Lattuada, Mario, "Una lectura sobre el nuevo poder terrateniente y su significado en la Argentina actual" en *Revista Realidad Económica*, N° 132, Buenos Aires, 1995.

Pucciarelli, Alfredo, "Evolución del proceso de desconcentración de la propiedad rural en la Pampa bonaerense 1920-1980", en *Revista Ruralia*, FLACSO, junio de 1991, Buenos Aires

Slutzky, Daniel, "Aspectos sociales del desarrollo rural en la Pampa Húmeda Argentina", en *Revista Desarrollo Económico* N° 29, vol. 8, abril-junio 1968.

Zangheri, Renato, *Catasti e Storia della propietá terriera*. Torino: Einaudi, 1980.

Victoria Basualdo

Anexos

Cuadro N° 1
Distribución de la superficie territorial por propietarios de más de 2.500 has en la provincia de Buenos Aires. 1923,1958,1980 (en valores absolutos)

	1923		1958		1980	
Escala	**Predios**	**Superficie**	**Predios**	**Superficie**	**Predios**	**Superficie**
2.500-5.000	1.258	4.242.148	861	2.935.170	1.003	3.376.965
5.001-7.500	392	2.345.489	218	1.307.505	184	1.100.511
7.501-10.000	225	1.969.494	93	804.941	73	631.353
10.001-20.000	283	3.931.125	86	1.086.749	38	497.942
Más de 20.000	139	5.396.889	22	639.984	10	353.499
Total	2.297	17.885.145	1.280	6.774.349	1.308	5.960.271
Superf. Media	**7.786**		**5.292**		**4.556**	

Fuente: Barsky, O., Pucciarelli, A., (1997), p. 77.

Cuadro N° 2
Características estructurales de los propietarios rurales de la provincia de Buenos Aires, pertenecientes a la cúpula (más de 2.500 has), 1988.

Indicadores	Propietarios con tierras en un solo partido	Propiet. con tierras en varios part. de una región	Propietarios con tierras en varias regiones
Tipo de producción	Especializada	Medianamente diversificada	Altamente diversificada
Número de propietarios	491	267	536
Principales regiones productivas (% de la respectiva superficie)	1.Ag. del Sur (48%) 2.Invernada (22%) 3.Cría (21%) 4.Lechera (5%) 5. Ag. Del Norte (4%)	1.Ag. del Sur (37%) 2.Cría (35%) 3.Invernada (24%) 4.Ag. del Norte (3%) 5.Lechera (1%)	1.Invernada - Cría (25%) 2.Ag. del Sur - Cría (23%) 3.Ag. del Sur - Inver (14%) 4.Ag. del Norte - Inver (13%) 5.Ag. del Norte - Cría (7%)
Extensión (has)	2.059.781	1.500.358	5.215.892
% de la superficie total	23%	17%	59%
Total	100	100	100
2.500 - 4.999	64	36	17
5.000 - 9.999	24	39	22
10.000 y más	12	25	61
Formas de propiedad (has)			
Total	100	100	100
Persona física	27	13	2
Persona jurídica	16	8	5
Condominios	32	33	12
Grupo económico	1	1	12
Grupo agropecuario	9	17	48
Forma mixta de propiedad	14	28	20
Partidas por propietario			
Total	6,1	12,7	24,0
Persona física	4,3	8,4	7,3
Persona jurídica	5,8	10,3	25,8
Condominios	6,1	11,5	14,1
Grupo económico	9,1	20,7	44,1
Grupo agropecuario	9,8	18,9	40,6
Forma mixta de propiedad	8,2	14,5	14,9
Hectáreas por propietario			
Total	4.195	5.619	9.731
Persona física	4.112	4.471	4.393
Persona jurídica	3.659	4705	7.644
Condominios	4.133	5.382	5.521
Grupo económico	4.545	5.147	17.276
Grupo agropecuario	7.194	7.939	17.136
Forma mixta de propiedad	4.042	5.912	6.075

Fuente: Basualdo (1998).

Nota: La metodología para la clasificación de la producción de los propietarios en términos productivos (tipo de producción especializada, medianamente diversificada y altamente diversificada) proviene de Slutzky (1967).

Victoria Basualdo

Cuadro N° 3
Distribución de los propietarios y la superficie de los propietarios de la cúpula según estrato (1958, 1988 y 1996)

A. Valores

Estratos	1958			1988			1996		
(Hectáreas / propietario)	Prop	Has	Has/ prop	Prop	Has	Has/ prop	Prop	Has	Has/ prop
2.500 - 4.999	861	2.935.170	3.409	799	2.751.846	3.444	740	2.559.420	3.459
5.000 - 7.499	218	1.307.505	5.997	242	1.442.726	5.962	255	1.533.375	6.013
7.500 - 9.999	93	804.941	8.655	92	791.024	8.598	94	799.119	8.501
10.000 - 19.999	86	1.086.749	12.636	108	1.430.625	13.247	107	1.432.740	13.390
20.000 y más	22	639.984	29.091	53	2.359.810	44.525	54	2.396.674	44.383
Total	1.294	6.774.348	5.292	1.294	8.776.031	6.782	1.250	8.721.328	6.977

B. Composición porcentual

Estratos	1958		1988		1996		1996/1958	
(Hectáreas / propietario)	Prop %	Has %	Prop %	Has %	Prop %	Has %	Prop %	Has %
2.500 - 4.999	67,27	43,33	61,75	31,36	59,20	29,35	-8,07	-13,98
5.000 - 7.499	17,03	19,30	18,70	16,44	20,40	17,58	3,37	-1,72
7.500 - 9.999	7,27	11,88	7,11	9,01	7,52	9,16	0,25	-2,72
10.000 - 19.999	6,72	16,04	8,35	16,30	8,56	16,43	1,84	0,39
20.000 y más	1,72	9,45	4,10	26,89	4,32	27,48	2,60	18,03
Total	100,00	100,00	100,00	100,00	100,00	100,00	100,00	100,00

Fuente: Basualdo (1998), quien elaboró los datos en base a Junta de Planificación Económica de la Provincia de Buenos Aires (1988), y al Catastro inmobiliario rural de diciembre de 1988 y de julio de 1996.

Dinámica tecnológica y especialización productiva en la agricultura argentina

Por Sebastián Sztulwark[1]

La agricultura argentina está viviendo un vertiginoso proceso de transformación. Un vector central de este cambio es la dinámica innovativa que se genera en el marco del paradigma postfordista, en cuyo seno se están desarrollando nuevas prácticas productivas, intensivas en el uso de tecnologías de la información y la comunicación (Freeman, 2003).

El primer elemento a considerar es que el carácter transversal (o trans-sectorial) y ciencia-intensivo del nuevo paradigma implica una ruptura de la visión de "lo agrícola" como sector claramente definido y diferenciado del resto de las actividades económicas. Por el contrario, a medida que el desarrollo económico cobra densidad –en esto las tecnologías tienen un papel importante–, la agricultura tiende a fusionar su lógica de producción con los servicios y la industria.[2]

En segundo lugar, se están produciendo cambios en las formas de inserción internacional de las economías y, por lo tanto, en el marco en que se desarrolla la actividad agrícola. La automatización de la actividad industrial, la fragmentación técnica y espacial del ciclo productivo y la conformación de redes de producción, permiten una abrupta descentralización de la actividad productiva ("la desintegración vertical") en el marco de procesos de centralización del comando y del poder económico (Gereffi, 1999; Hardt y Negri, 2000). Sobre esta base se están produciendo importantes transformaciones en los patrones de localización de la actividad económica.

Esta tendencia hacia la "desverticalización" productiva apunta a que,

---

1 Investigador del Instituto de Industria de la Universidad Nacional de General Sarmiento. Este trabajo es parte del programa de investigación "Impactos económicos de la biotecnología sobre sectores agroalimentarios y de la salud en la Argentina", PICT 2002, proyecto 02-13063.
2 Esta tendencia es sólo parcial: la producción agrícola mantiene rasgos específicos, como la influencia del clima y los tiempos biológicos sobre el ciclo productivo.

cada vez más, las tradicionalmente llamadas "economías industriales" reorienten la parte más estandarizada de su industria hacia las economías menos desarrolladas. Este fenómeno se verifica en Estados Unidos, que terceriza una parte de su industria hacia la maquila mexicana o a China; en Europa, que relocaliza su industria hacia el este; o Japón, que desplaza parte de su producción hacia el sudeste asiático. Se trata de un fenómeno dinámico asociado con el costo de los factores productivos y con procesos internacionales de estandarización de la producción.

La tercera tendencia es el ascenso del Asia Pacífico y, en menor medida, de la India, como polos de crecimiento industrial, que exportan a los países de mayores ingresos productos crecientemente diferenciados. Estos fenómenos de industrialización acelerada, cuyo ejemplo paradigmático es China, implican un impulso a la demanda de *commodities* agroalimentarios, energéticos y mineros.

Así, la inserción de la economía argentina en el mercado mundial sobre la base de *commodities* alimentarios, industriales y energéticos, como se ve en el gráfico N°1, tiene que ver con las oportunidades y obstáculos que se derivan de los fenómenos estructurales mencionados.

Gráfico N° 1: Argentina. Exportaciones por grandes rubros. Año 2004

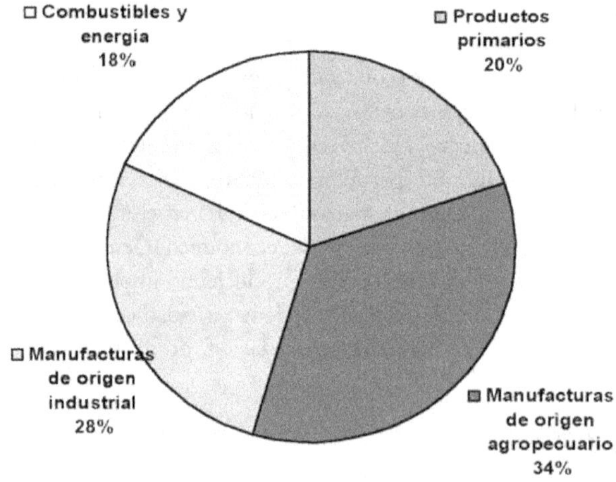

Fuente: elaboración propia sobre la base de datos del INDEC.

De este modo, se está produciendo una redefinición de la división internacional del trabajo, que ya no polariza –como en el pasado– entre países productores de bienes primarios e industriales. Más bien, se asienta en una diferenciación estructural entre aquellos que producen bienes primarios o industriales, frente a otros que se especializan en actividades de base postindustrial, esto es, sobre la base del desarrollo de activos intangibles (Poma, 2000). En un modelo interpretativo de este tipo, *el subdesarrollo se expresaría como la especialización en fases "industriales" o "primarias" de una economía crecientemente postindustrial, en la cual la fase de manufactura deja de ser el centro de la generación de valor.*

Es importante enfatizar que en un marco postfordista el proceso productivo tiende a fragmentarse, principalmente, entre la fase inmaterial, de creación simbólica, y la de manufactura, de transformación física. De esta forma, las economías más desarrolladas tienden a especializarse en las fases de pre y postmanufactura (como I&D, organización, finanzas, ventas, distribución, etc.) pero "tercerizan" la manufactura a zonas económicamente subdesarrolladas (Bianchi y Labory, 2002; Sassen, 20000).

Esta separación de la fase inmaterial del soporte físico de los productos, aunque no es un fenómeno absoluto, es una tendencia. No quiere decir que no haya producción de bienes físicos o que no haya industria en los países desarrollados[3]. Tampoco que en el resto de los países no se desarrollen ideas o que los aspectos simbólicos estén totalmente excluidos del proceso productivo. Pero como tendencia general, a nivel de hipótesis, se puede pensar en una nueva forma de dividir internacionalmente el trabajo (Sztulwark, 2005).

En consecuencia, el fenómeno de la "primarización" de la economía argentina adoptaría un carácter diferente al de la oposición productiva entre bienes industriales y primarios, de acuerdo al esquema tradicional centro-periferia (Prebisch, 1981). Más bien, admitiría casos más complejos y, en algún sentido, más desconcertantes como, por ejemplo, el de las semillas transgénicas: un producto primario de base científica, cuyo proceso productivo está tecnológicamente fragmentado y espacialmente globalizado.

Para pensar la "primarización" de la economía argentina como un

---

3 Por ejemplo, en el modelo alemán o japonés, el desarrollo de los servicios y de la economía inmaterial está relacionado más directamente con la producción industrial, con lo cual el proceso de relocalización productiva asume ritmos y formas diferentes, aunque en el marco de la transición hacia una economía postindustrial (Hardt y Negri, 2000).

problema de desarrollo, resulta indispensable comprender algunos rasgos de la transformación tecnológica actual que afecta la idea misma de "actividad primaria". A continuación se explora este problema, focalizando la discusión en la introducción de cultivos transgénicos en la Argentina.

Las transformaciones de la biotecnología vegetal

El desarrollo de la moderna biotecnología aplicada al campo vegetal representa una verdadera innovación radical, en el marco de un nuevo paradigma productivo. El elemento más novedoso es el desarrollo de un conjunto de técnicas que permiten la modificación dirigida y controlada de un genoma, agregando, eliminando o modificando alguno de sus genes[4] (Díaz, 2003).

Esta posibilidad de "diseñar" genéticamente nuevos productos (en este caso, vegetales) implica una redefinición de las prácticas productivas "primarias", en el marco de una nueva fase del desarrollo capitalista, que impulsa nuevas actividades dinámicas y, a su vez, revitaliza los procesos de productos tecnológicamente maduros (Pérez, 2001).

En el campo propiamente agrícola, una planta transgénica es aquella en la cual se ha introducido uno o varios genes nuevos o en la que se ha modificado la función de algún gen propio. Los materiales genéticamente modificados para la agricultura que tuvieron (hasta el momento) difusión comercial, a nivel internacional, fueron los denominados "de primera generación", aquellos que modifican algunos caracteres productivos de tal forma que disminuyen el riesgo de cosecha del productor[5].

En el caso de la Argentina, la introducción de cultivos transgénicos ha tenido un gran impacto productivo (gráfico Nº 2). En el año 1996, cuando se liberó comercialmente el primer evento transgénico (la soja

---

4 El desarrollo de la moderna biotecnología plantea importantes dilemas éticos. Entre ellos sobresale el rol clave que juegan los fenómenos de naturaleza científica y tecnológica ampliando la frontera de mercantilización hacia terrenos antes inexplorados por el capital.

5 Sin embargo, esta es sólo la primera etapa, ya que se espera la aparición de materiales de "segunda generación", capaces de modificar los caracteres de calidad de los productos, de forma tal de desarrollar alimentos diferenciados y nutracéuticos. Finalmente, una "tercera generación" que apunta a la biorremedación y al cuidado del medio ambiente (Hopp, 2001). Esta revolución genómica, por lo tanto, permite (o promete para el futuro) la obtención de energía, alimentos, fibras, biomateriales y medicamentos a partir de plantas modificadas genéticamente.

RR[6]), la producción de granos era de 40 millones de toneladas. Nueve años más tarde, de la mano de la conformación del nuevo paquete tecnológico[7] centrado en las nuevas semillas modificadas genéticamente, la producción de granos se duplicó, superando los 80 millones de toneladas, de los cuales 39 millones corresponden a la soja transgénica.

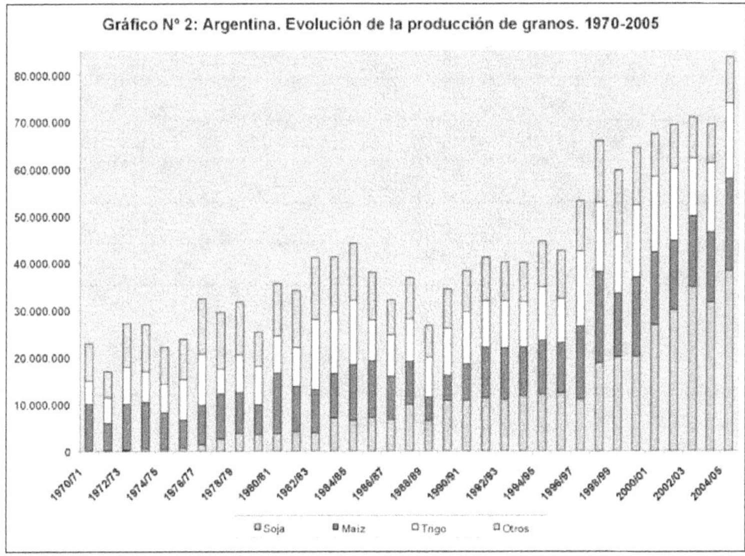

Fuente: elaboración propia sobre datos de SAGPyA.

La impresionante velocidad de adopción de la nueva tecnología, en particular en el caso de la soja (gráfico N°3), llevó a la Argentina a ser el segundo productor mundial de cultivos transgénicos y, de esta forma, ser un actor importante del nuevo modelo de agricultura "postindustrial" que se va afirmando a lo largo del planeta, liderado por Estados Unidos y su área de influencia más inmediata: el resto de América (James, 2003).

6 La soja RR es una semilla a la que se le introdujo un gen que le confiere resistencia al herbicida Round Up Ready (RR), utilizado para el control de malezas.

7 Este paquete tecnológico incluye, por un lado, las semillas transgénicas y el herbicida al que éstas son resistentes. Por otro, nuevas técnicas agronómicas (como la siembra directa y la rotación de cultivos), agroquímicos, fertilizantes y maquinaria agrícola especializada. A su vez, este paquete es complementario a la configuración de estructuras de organización basadas en contratos y la consolidación de nuevos actores a nivel agrícola como los "terceristas" o los *pools* de siembra" (Bisang, 2003).

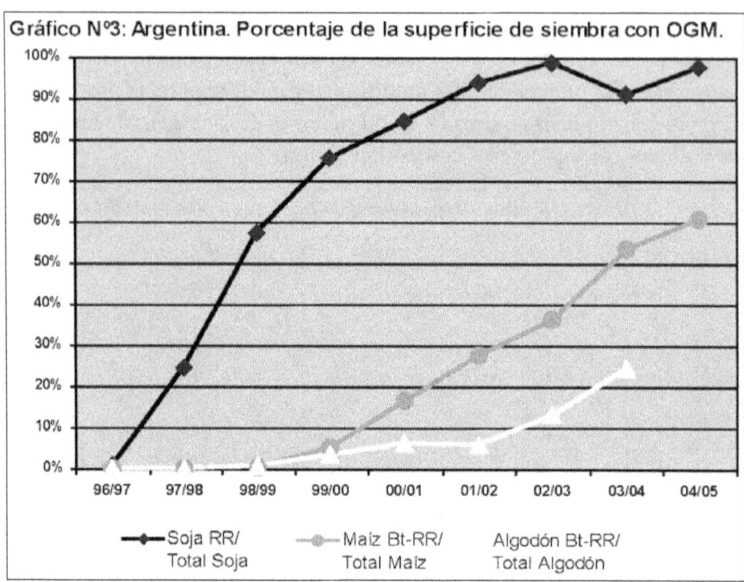

Fuente: elaboración propia sobre datos de ASA.

Esta transformación tuvo un gran impacto sobre las cuentas externas. *Sólo el complejo de la soja* (que incluye el grano y los productos procesados como el aceite y las harinas proteicas) *dio cuenta en el año 2004 de casi un cuarto de las exportaciones totales del país.*

Esta gran expansión de la soja transgénica tuvo que ver, por lo tanto, con el desarrollo de una innovación radical y su difusión internacional durante los años noventa, pero también con condiciones de receptividad específicas del agro argentino, entre las que se destacan: i) las características del espectro de composición de malezas que predomina sobre todo en la pampa húmeda, que volvieron especialmente atractivo al herbicida glifosato para los productores agrícolas argentinos; ii) la configuración de un nuevo modelo de organización de la producción muy relacionado con la conformación de un paquete tecnológico; iii) la existencia de programas de mejoramiento genético establecidos tanto en el sector privado como público, que ayudaron a adaptar rápidamente las nuevas variedades; iv) la rápida respuesta del sector oficial en materia regulatoria y de control[8] y v) el desarrollo desde los años ochenta de una industria aceitera altamente competitiva a nivel internacional, que demanda de manera creciente la producción de semillas oleaginosas (Obschatko, 1997; Bisang, 2003; Gutman y Lavarello, 2003; Trigo *et al.*, 2002).

Ahora bien, lograr una alta velocidad de adopción de cultivos transgénicos no implica necesariamente haber alcanzado una alta capacidad innovativa en el campo de la biotecnología vegetal. Desde este punto de vista, la creación de una semilla modificada genéticamente consta de dos pasos básicos: i) la fase de mejoramiento vegetal, que consiste en la aplicación de técnicas tradicionales de cruzamiento y ii) la fase biotecnológica, derivada de la aplicación de técnicas de manipulación de ADN (en especial, la ingeniería genética).

La relación de estas dos fases es de complementariedad. Una primera "ciencia-intensiva" y otra de producción y difusión a través de un material genético adaptado a las condiciones de clima y suelo de cada territorio. Entonces, un mismo gen que le da a una planta una determinada característica productiva (por ejemplo, resistencia a insectos) tendrá una difusión exitosa sólo si está introducido en un material genético adaptado a condiciones locales. De ahí que el cambio de paradigma productivo no implique la desaparición de la fase tradicional de la producción de semillas, sino su redefinición y adaptación al nuevo paradigma productivo[9].

La soja transgénica y su difusión en la Argentina

El caso de la soja modificada genéticamente (soja RR) es particularmente relevante para analizar el patrón de difusión internacional de un producto del nuevo paradigma y su impacto sobre el desarrollo de la indus-

8 La autorización para la comercialización de un cultivo transgénico está a cargo de la Secretaría de Agricultura, Ganadería, Pesca y Alimentación y se basa en los informes elaborados por sus comisiones asesoras: i) La Comisión Nacional Asesora de Biotecnología Agropecuaria (CONABIA), que evalúa los posibles riesgos que puede causar la introducción del cultivo transgénico en los agroecosistemas; ii) El Servicio Nacional de Sanidad y Calidad Agroalimentaria (SENASA), que evalúa los riesgos potenciales para la salud animal y humana; y iii) La Dirección Nacional de Mercados Agroalimentarios, que determina la conveniencia de la comercialización del material genéticamente modificado de manera de evitar potenciales impactos negativos en las exportaciones argentinas.

9 Esta adaptación incluye la incorporación de técnicas de ADN, como la de marcadores moleculares, al proceso tradicional de mejoramiento vegetal.

tria local. Para el caso de la soja, en la fase biotecnológica el punto de partida fue abordar el problema del control de malezas.[10]

Luego del desarrollo del herbicida glifosato (sumamente eficiente para el control de malezas, pero mortal para la semilla) en 1985 se descubre la existencia de una bacteria del suelo resistente al glifosato. Por lo tanto, al introducir el gen correspondiente de la bacteria en una planta, ésta adquiere una nueva característica que la hace resistente al herbicida. El glifosato, de esta forma, elimina todo lo que está alrededor, menos la planta transgénica, que queda protegida desde su constitución genética.

Esta tecnología, desarrollada por la empresa Monsanto, fue conocida como "Round up Ready" (RR), en la medida que la nueva planta transgénica es tolerante a la aplicación del herbicida Round up (glifosato). La empresa utilizó para el desarrollo de esta innovación radical los recursos propios del postfordismo: elevadas inversiones en I&D, con un fuerte sesgo hacia la investigación básica; una impresionante cantidad de interacciones tanto con organismos de apoyo (universidades y organismos públicos) como con otras empresas y laboratorios privados; y, la compra de empresas como forma "flexible" de acumulación de conocimiento, en el marco de un mercado de capitales de alto dinamismo.

Como queda de manifiesto, la fase propiamente biotecnológica fue realizada en Estados Unidos, por investigadores de instituciones públicas y empresas privadas, lideradas por la multinacional Monsanto. Una vez desarrollado el evento de transformación, sin embargo, resta completar la fase de fitomejoramiento, que implica darle un "vehículo" material al evento para que éste pueda ser efectivamente difundido. La forma en que se desarrolló esta fase para el caso de la soja RR tiene sus propias especificidades.

La soja es un cultivo con respuestas muy marcadas a dos variables ambientales: la longitud del día y la temperatura. Por ello, las primeras variedades importadas (a fines de los años sesenta) debieron ser seleccionadas y adaptadas local y regionalmente, lográndose importantes avances en los principales grupos de madurez. La llegada de las primeras variedades transgénicas (a mediados de los noventa), en cambio, demostró una escasa adaptación local, por lo que las compañías que la importaron debieron

---

[10] Este tema había sido enfrentado durante la "revolución verde" a través de la aplicación de una gran cantidad de agroquímicos, que implicaban problemas relativos al medio ambiente y fuertes costos en la obtención del producto y en su administración y aplicación.

implementar un acelerado programa de cruzas y retrocruzas para la incorporación del gen, con el uso del sistema de estación-contraestación y sobre las líneas de más alto rendimiento y calidad convencionales (Pengue, 2001).

De esta forma, en la fase de fitomejoramiento, se observa que los titulares de las patentes realizaron una política de licenciamiento que permitió que algunas empresas semilleras locales (nacionales o extranjeras) incorporaran el gen RR a sus líneas comerciales (Domingo, 2003).

La explosiva difusión de la soja transgénica en la Argentina tuvo lugar sin tener el control de la fase biotecnológica. El mismo caso se da para los otros eventos biotecnológicos aprobados comercialmente en la Argentina, como en el caso del maíz o el algodón. Es más, *las evidencias sugieren que en este paradigma no es necesario tener capacidades de investigación biotecnológicas para participar en una trama internacional dinámica desde un lugar de usuario de estos avances tecnológicos.*

La transferencia internacional de biotecnología agricola

Los agentes más importantes en la fase biotecnológica son los llamados "gigantes genéticos" (Grupo ETC, 2004): unas pocas empresas transnacionales[11] que operan a escala global y controlan los recursos estratégicos del nuevo paradigma. Otras empresas más chicas, que en muchos casos nacen como desprendimientos de laboratorios de investigación, actúan (en general) bajo el control de estos gigantes como proveedoras de productos o procesos ciencia-intensivos. Estas grandes empresas, a su vez, son productoras de agroquímicos (como, por ejemplo, el glifosato) con lo cual no sólo tienen el control de la fase biotecnológica, sino también la capacidad de armar el paquete tecnológico con el que se vende la semilla transgénica.

Por el lado de los agentes locales, los semilleros realizan la fase de mejoramiento vegetal con técnicas tradicionales. Dado el evento[12] transgénico de-

---

[11] El negocio está concentrado en seis empresas: tres de origen norteamericano (Monsanto, Dow AgroSciences y Dupont) y tres europeas (Syngenta, Bayer y Basf).

[12] Según la CONABIA, el término "evento" se refiere a la construcción de ADN insertada (incluye a los genes de interés, los elementos que controlan su expresión, los genes marcadores de selección y otras secuencias de ADN) o el vector (por ej. plásmido) que la contiene.

sarrollado por los gigantes internacionales, estos actores locales lo adaptan al medio local y luego lo distribuyen a los productores primarios, en el marco de un sistema local de innovación tradicional, de carácter sectorial, con importante protagonismo de organismos públicos de investigación.

Gráfico Nº 4. Flujos de transferencia tecnológica en el caso de la soja RR en la Argentina

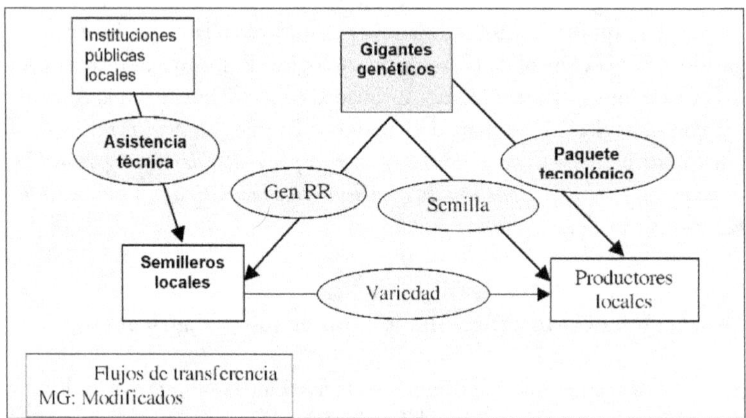

Fuente: Elaboración propia.

El gráfico 4 refleja la forma en que se dio la transferencia de tecnologías de semillas transgénicas a nivel internacional para los eventos biotecnológicos de alto impacto comercial. Lo que se ve es la definición de la división internacional del trabajo que se produce en torno a la agricultura postindustrial. En efecto, como se refleja en el cuadro Nº1, los eventos autorizados por la CONABIA para su liberación comercial pertenecen a esos gigantes genéticos.[13]

---

[13] En el caso de la soja tolerante a glifosato (el evento de transformación 40-3-2), se dio una situación particular. El acceso original al gen RR proviene de una negociación entre Asgrow y Monsanto en los Estados Unidos, a través de la cual Asgrow Argentina accedió al gen para utilizarlo en las variedades que tenía registrada; posteriormente Nidera, al adquirir Asgrow Argentina, accede al gen y le da amplia difusión en el país. De esta forma, cuando Monsanto intentó patentar el gen en la Argentina no pudo hacerlo debido a que el mismo ya estaba "liberado" (Vicien, 2003).

Cuadro Nº1
Eventos aprobados en la Argentina para su siembra, consumo y comercialización

Especie	Característica introducida	Evento de transformación	Solicitante
Soja	Tolerancia a glifosato	"40-3-2"	Nidera
Maíz	Resistencia a lepidópteros	"176"	Ciba-Geigy (Syngenta)
Maíz	Tolerancia a glufosinato de Amonio	"T25"	AgrEvo (Bayer)
Algodón	Resistencia a lepidópteros	"MON 531"	Monsanto
Maíz	Resistencia a lepidópteros	"MON 810"	Monsanto
Algodón	Tolerancia a glifosato	"MON 1445"	Monsanto
Maíz	Resistencia a lepidópteros	" Bt 11"	Novartis (Syngenta)
Maíz	Tolerancia a glifosato	" NK 603 "	Monsanto
Maíz	Resistencia a lepidópteros y tolerancia a glufosinato de amonio	"TC 1507"	Dow AgroSciences
Maíz	Tolerancia a glifosato	"GA 21"	Syngenta

Fuente: Elaboración propia sobre datos de CONABIA.

Lo importante aquí es que los eventos los desarrollan los gigantes. Al mirar el fenómeno por el lado de las patentes, que es una medida de captación de resultados innovativos más amplia que la de eventos liberados comercialmente, se confirma la misma tendencia. Como se ve en el cuadro Nº 2, *menos del 5% de las solicitudes de patentes biotecnológicas en la Argentina corresponden a agentes nacionales.* Esto confirma que en el campo intensivo en conocimiento son las firmas extranjeras las que se constituyen como jugadoras centrales.

Cuadro Nº2.

Solicitudes de patentes biotecnológicas en la Argentina (1998-2002) presentadas ante el Instituto Nacional de la Propiedad Industrial

Año	Número	Empresas		Areas de Aplicación			
		Nacionales	Extranjeras	Humana	Animal	Vegetal	Otras
1998	75	7	68	26	2	20	27
1999	41	-	41	34	1	4	2
2000	101	9	92	36	11	45	9
2001	178	7	171	57	11	95	15
2002	201	5	196	68	23	90	20

Fuente: Foro Argentino de Biotecnología.

Por último, los gigantes genéticos tienen dos formas de llegar al productor local. Una es que desarrollen la fase de biotecnología en la casa matriz y la de fitomejoramiento a través de sus filiales locales y vendan directamente al productor el paquete tecnológico. Otra forma es que traspasen el gen al semillero local, mediante un contrato de licencia de tecnología, para que éste luego las cruce con variedades comerciales adaptadas localmente.

En todo caso, *la implicancia principal es que el centro del dinamismo tecnológico se desplazó del propio productor primario o el semillero local, a firmas transnacionales*, que en su mayoría provienen del campo de la farmacia o la química, y que tienen la capacidad de armar "paquetes" de alta tecnología y, de esta forma, apropiarse de buena parte de las ganancias que se derivan del salto de productividad impulsado por la biotecnología vegetal.

Primarizacion productiva y opciones de desarrollo

El patrón de difusión que tiene la biotecnología agrícola, al menos en la primera etapa de su ciclo de productos, viene dado por la concentración de la generación de innovaciones en un reducido grupo de empresas, focalizadas en cultivos y mercados de clima templado, desde donde se difunden hacia el resto del mundo, vía acuerdos de licencia o a través de sus filiales.

En este marco, la Argentina representa un mercado particularmente atractivo, tanto por sus características naturales como por la existencia de programas locales de mejoramiento y una industria de semillas capaz de incorporar rápidamente los nuevos eventos a las variedades adaptadas a las condiciones agronómicas locales; estos procesos de adaptación tienen lugar en los centros de investigación y desarrollo que tienen las empresas semilleras en el país (Trigo et al., 2002). Al analizar este episodio tecnológico desde el punto de vista de la relación entre especialización productiva y desarrollo económico, sobresalen los siguientes aspectos.

La fase propiamente biotecnológica fue realizada en otro espacio económico generador de innovaciones mayores, esto es, en el marco de un sistema de innovación altamente desarrollado. Una vez realizadas esas innovaciones, se "transfirieron" a otro espacio económico, dotado de condiciones para completar la segunda fase del ciclo productivo: el fitomejoramiento. Esta fase corresponde a una tecnología tradicional, aunque rejuvenecida en el marco del nuevo paradigma, que demanda investigación aplicada, y que actúa como "material" en el cual se incorpora el conocimiento desarrollado en la fase biotecnológica.

De esta forma se va consolidando una división internacional del trabajo al interior de tramas productivas, entre el núcleo o comando de la red (los gigantes genéticos) que se sitúa en las actividades más dinámicas, esto es, aquellas donde existen importantes rentas tecnológicas, y otro conjunto de agentes económicos que asumen un papel más "periférico", de incorporación de estas innovaciones a un soporte "material" para que, luego del proceso de (re) producción primaria, sean comercializadas a nivel global.

En consecuencia, ser exitoso en el nuevo paradigma en la producción de semillas modificadas genéticamente no implica dominar las técnicas biotecnológicas. Importar conocimiento biotecnológico, por lo tanto, no es necesariamente un medio para emprender un proceso de cierre de la brecha tecnológica con un espacio económico más desarrollado. Sin embargo, a diferencia del paradigma anterior, significa ser un usuario capaz de generar productos "de frontera", en tanto la fase de producción es también una fase de reproducción de información contenida en un ser vivo.

La difusión de la soja transgénica en un marco de economía abierta redundó en una estructura de producción agrícola altamente "competitiva" a nivel internacional. Sin embargo, ese nivel de eficiencia se alcanza en una actividad (fase de fitomejoramiento) de menor "calidad" que la biotecnológica, determinando un patrón de especialización productivo "periférico", en la medida que asume un papel de "usuario" dentro del nuevo paradigma tecnológico.

Frente a la emergencia de nuevas modalidades de primarización productiva, la principal opción en términos de desarrollo parece estar asociada con el control y acceso a los conocimientos clave de la agricultura post-industrial. Esto implica, al menos, dos tareas básicas que orienten la acción pública: por un lado, el impulso y fortalecimiento de la capacidad de investigación y desarrollo local en el campo de la biotecnología, para reducir la dependencia de un pequeño conjunto de firmas transnacionales; por otro, una amplia difusión de esos conocimientos científicos y tecnológicos, de modo tal de promover un acceso más democrático y un mayor control social sobre el uso actual y el desarrollo futuro de los recursos básicos del nuevo paradigma productivo.

Bibliografía

Bianchi, P. y Labory, S. (2002): "The economics of intangible", *Working Paper* n. 16/2002. University of Ferrara.

Bisang, R. (2003): "Apertura económica, innovación y estructura productiva: la aplicación de biotecnología en la producción agrícola pampeana", *Desarrollo Económico* - Revista de Ciencias Sociales IDES, Buenos Aires, vol. 43, N° 171.

Díaz, A. (2003): "Biotecnología en industrias de alimentos. Sectores: lácteos, carnes, maíz y derivados, bebidas". Estudio 1.EG.33.7, *Estudios sobre el sector agroalimentario,* Oficina de la CEPAL-ONU, Buenos Aires.

Domingo, O. A. (2003): "La gestión de la propiedad intelectual en el desarrollo de una empresa semillera mediana argentina", documento presentado en el *Simposio OMPI-UPOV* sobre los derechos de propiedad intelectual en el ámbito de la biotecnología vegetal, Ginebra, 24 de octubre.

Freeman, C. (2003): "La naturaleza de la innovación y la evolución del sistema productivo", en Chesnais, F. y Neffa, J. (comp*), Ciencia, tecnología y crecimiento económico*, CEIL-PIETTE CONICET, Buenos Aires.

Gereffi, G. (1999): "International trade and industrial upgrading in the apparel commodity chain", *Journal of International Economics*, 48 (1999), 37–70.

Grupo ETC (2004): "Argentina anuncia que subsidiará a Monsanto", febrero, en web: www.etcgroup.org

Gutman G., Lavarello P. (2003): "La trama de oleaginosas en Argentina", Estudio 1.EG.33.7, Componente B; Préstamo BID 925/OC-AR, *Estudios sobre el sector agroalimentario, CEPAL,* Oficina Buenos Aires.

Hardt, M. y Negri, A. (2000): *Imperio*, Harvard University Press, Cambridge, Masachussets.

Hopp, E. (2001): "Agrobiotecnología. Transgénica y vital", en *Revista Encrucijadas*, UBA, N° 5, Buenos Aires.

James, C. (2003): "Global Status of commercialized transgenic crops: 2003", *Resumen Ejecutivo* N° 30, ISAAA, disponible en web: www.isaaa.org

Obschatko, E. (1997): "Articulación productiva a partir de recursos naturales. El caso del complejo oleaginoso argentino", *Documento de Trabajo* No 74, CEPAL, Buenos Aires.

Pengue, W. (2001): "Expansión de la soja en la Argentina. Globalización, Desarrollo Agropecuario e Ingeniería Genética. Un modelo para armar", *Revista Biodiversidad*, N° 29, Montevideo.

Poma, L. (2000): "La producción de conocimiento. Nuevas dinámicas competitivas para el territorio", en Boscherini y Poma (comp), *Territorio, conocimiento y competitividad de las empresas. El rol de las instituciones en el espacio global*, Miño y Dávila Editores, Buenos Aires.

Prebisch, R. (1981): *Capitalismo periférico. Crisis y transformaciones*, Fondo de Cultura Económica, Buenos Aires.

Sassen, S. (2000): "Nueva geografía política. Un nuevo campo transfronterizo para actores públicos y privado", *Revista Multitudes*, Nº 3, Noviembre.

Sztulwark, S. (2005): "Especialización productiva y subdesarrollo en el paradigma informacional. Una aproximación a partir del paso de las pemillas transgénicas y su difusión en la Argentina", *Trabajo presentado en el XI seminario de Gestión Tecnológica ALTEC 2005*, 25 a 28 de octubre, Salvador, Bahía, Brasil.

Trigo, J., Traxler, G., Pray, C. y Echevería, R. (2002): "Biotecnología agrícola y desarrollo rural en América Latina", Banco Interamericano de Desarrollo, *Serie Informes Técnicos*, RUR-107.

Vicien, C. (2003): "Tendencias en el desarrollo e introducción de materiales genéticamente modificados en el sector agrícola argentino", Estudio 1.EG.33.7, Préstamo BID 925/OC-AR. Pre II *Estudios sobre el sector agroalimentario*, CEPAL Oficina Buenos Aires.

III.
LA ACTIVIDAD INDUSTRIAL Y EL PETRÓLEO

Argentina: la industria que el neoliberalismo nos legó

Martín Schorr[*]

I. Introducción

En el transcurso de la década de los noventa gran parte de la sociedad argentina fue arrasada por el neoliberalismo. En el ámbito industrial, como en tantos otros, el paso del *huracán neoconservador* derivó en la consolidación de muchos procesos regresivos cuya génesis histórica se remonta a la última dictadura militar y que se habían afianzado durante el primer gobierno de la reconquista de la democracia, así como en la emergencia de nuevas problemáticas que, en conjunción con aquéllos, trajeron aparejados serios interrogantes en cuanto al futuro de la actividad.

El objetivo de este trabajo es el de realizar un somero análisis de la trayectoria que ha seguido la industria local en los últimos años. En particular, se intenta aportar algunos elementos de juicio tendientes a establecer si, en un escenario internacional caracterizado por una aceleración de la "mundialización capitalista", la Argentina está en condiciones de resolver tres de los principales legados críticos del "modelo financiero y de ajuste estructural" que estuvo vigente entre 1976 y 2001: regresión industrial, deterioro del mercado de trabajo e inequidad distributiva. O si, por el contrario, para que esto efectivamente suceda es preciso redefinir los lineamientos estratégicos de la política económica y las alianzas sociales que le sirven de sustento. Todo ello, a partir del reconocimiento de, por un lado, el perfil estructural del sector luego de un largo período de vigencia de neo-

[*] Investigador del CONICET y del Área de Economía y Tecnología de la FLACSO. Se agradecen los comentarios de Daniel Azpiazu, Victoria Basualdo, Mariela Bembi y Karina Forcinito a una versión preliminar. Todos ellos quedan eximidos de cualquier responsabilidad en cuanto a los errores y las omisiones que pudieran existir.

liberalismo extremo y, por otro, las características del "modelo nacional-industrial" o de "dólar alto" iniciado en enero del 2002.[1]

Sin duda, el preguntarse por la situación y el destino de la industria doméstica reviste suma relevancia debido a que el avance de este sector constituye una condición de posibilidad del desarrollo socioeconómico en su sentido más amplio. En efecto, la experiencia histórica de la mayoría de los países que lideran la actual fase capitalista indica que el desarrollo industrial resulta decisivo porque sienta las bases para, entre otras cuestiones relevantes, aumentar la riqueza socialmente disponible; avanzar hacia una creciente integración y diversificación de la estructura económica; generar empleo y acceder a mayores niveles de calificación de la fuerza de trabajo; obtener beneficios de distinta índole por incorporación al proceso de producción de tecnologías, bienes de capital y conocimientos; ganar en términos de autonomía nacional; mejorar la distribución del ingreso; etcétera.[2]

II. La industria argentina durante la crucial década de la Convertibilidad

Con posterioridad al estallido hiperinflacionario que signó el fin del gobierno de Alfonsín, y en forma casi simultánea con la asunción de Menem

---

[1] Es indudable que aún no existe en la Argentina un nuevo modelo de acumulación (como lo fueron, en su momento, el agroexportador, el de sustitución de importaciones y el "financiero y de ajuste estructural"). Dicho concepto remite a la existencia de un determinado "estilo" de acumulación y reproducción del capital sostenible y sustentable, y de un conjunto de actores económicos y políticos que aseguren su continuidad y profundización en el tiempo. Es por ello que en lo que sigue, cuando se utilice el término "modelo nacional-industrial" o de "dólar alto" se estará haciendo referencia al particular régimen macroeconómico que se tendió a conformar en el nivel local desde principios del 2002, por lo menos desde la perspectiva de la industria manufacturera.

[2] Como lo ha destacado el recordado y querido Adolfo Dorfman en su clásico estudio sobre la historia de la industria argentina: "Los efectos correctivos de la industrialización se manifiestan en múltiples formas y muy variados niveles. Recordemos que, en su esencia, [la industria] al adquirir proporciones cada vez mayores del producto nacional... incrementa la riqueza del país; provee muy elevada ocupación...; al sustituir importaciones contribuye a aliviar, en parte, el déficit en el balance de pagos que mejora aún más con las exportaciones no tradicionales; al contribuir a la difusión del avance técnico acrecienta la productividad de los factores capital y mano de obra y eleva su nivel general en el país; a partir de la racional explotación de recursos naturales básicos promueve el desarrollo regional corrigiendo la excesiva centralización industrial". Véase Dorfman, A.: *Cincuenta años de industrialización en la Argentina, 1930-1980*, Ediciones Solar, 1983.

(julio de 1989), se empezó a implementar en el país un programa de reformas estructurales sumamente abarcativo.[3] Sin embargo, fue a partir de marzo de 1991 cuando, con la sanción de la Ley de Convertibilidad, el mismo cobró una mayor organicidad respecto de la consolidación de las fracciones de la clase dominante que conformaban el sustento estructural del proyecto sociopolítico neoconservador iniciado *a sangre y fuego* con la dictadura militar de 1976-1983 (un número acotado de grupos económicos y grandes empresas de capital nacional y extranjero, y los acreedores de la deuda externa).[4]

Las políticas mencionadas tuvieron importantes impactos directos e indirectos sobre la industria y un sesgo no muy disímil que las vigentes durante los casi tres lustros precedentes, dados sus efectos desiguales y heterogéneos sobre los diferentes actores y sectores fabriles y sobre la relación del agregado industrial con las restantes actividades económicas. En lo que sigue se plantean en forma sumamente esquemática algunos de los aspectos más salientes del desenvolvimiento manufacturero registrado durante la tercera etapa del "modelo financiero y de ajuste estructural".

. Desindustrialización y reestructuración regresiva del aparato fabril

Luego de la recuperación económica del período 1990-1992, entre 1993 y 2001 el PBI global (valuado a precios constantes) creció aproximadamente un 12%, mientras que el manufacturero declinó alrededor de un 6%.[5]

---

[3] El mismo estuvo basado en las "recomendaciones" de los organismos multilaterales de crédito; se estructuró alrededor de la privatización de empresas públicas, la "desregulación" de los mercados y la apertura comercial y financiera; fue fervientemente apoyado por el *establishment* local; y contó con amplio respaldo de la sociedad.

[4] En relación con esta cuestión, cabe destacar que para los *think tanks* de la "nueva derecha", los "hacedores de política" domésticos y amplias capas del poder económico (local e internacional), el *destino manifiesto* de la Argentina era –y es– el de especializarse en aquellos rubros productivos en los cuales cuenta con probadas ventajas competitivas estáticas (dada su particular "dotación de factores"), como medio para lograr una *adecuada* y *eficiente* inserción en el mercado mundial. Al respecto, no puede prescindirse de la opinión que ha merecido este tipo de interpretaciones de la teoría de las ventajas comparativas para Julio H. G. Olivera: "Resulta evidente pues que quienes juzgan sobre la ineficiencia de nuestras industrias comparando simplemente sus costos reales con los que prevalecen en otros países aplican, seguramente sin proponérselo, principios de comercio colonial y no comercio internacional" (*Economía clásica actual*, Macchi, 1977).

[5] Tales comportamientos se encuentran muy influidos por la aguda crisis económica iniciada a mediados de 1998: siempre considerando los datos a valores constantes, entre 1993 y 1998 el PBI global se expandió casi un 22% y el industrial un 15%, mientras que en el cuatrienio 1998-2001 el primero acumuló una contracción próxima al 8% y el segundo al 18%.

Martín Schorr

A raíz de ello, la incidencia de la industria en el PBI total se redujo de manera considerable, a tal punto que en el año 2001 fue de apenas un 15% (se trata del porcentual más reducido de la serie 1970-2001 –el pico de participación fabril en el producto total se alcanzó en 1974–). Asimismo, a fines de la Convertibilidad la industria argentina tenía un menor tamaño que un cuarto de siglo atrás y un perfil productivo marcadamente diferente –mucho menos denso y articulado– que el vigente durante la sustitución de importaciones, cuando el sector constituía el núcleo dinamizador y ordenador de las relaciones económicas y socio-políticas.

Las evidencias disponibles indican que en numerosos países centrales y en muchos de la periferia se ha venido asistiendo a un proceso de disminución en la gravitación relativa de la industria en el conjunto de la actividad económica. En esta constatación se basan aquéllos que, desde los campos académico, político y empresarial, han impulsado –y se han beneficiado con– el programa desindustrializador desplegado en el nivel local durante la vigencia del "modelo financiero y de ajuste estructural".[6] Sin embargo, estos actores no señalan que el mencionado proceso ha estado estrechamente ligado a la maduración y la "modernización" fabriles, así como a la generación de diversos efectos propulsores por parte del sector manufacturero (para lo cual fueron decisivas las políticas públicas que se formularon e implementaron con vistas a fomentar la generación de ventajas competitivas dinámicas en actividades consideradas como prioridades estratégicas en pos del desarrollo nacional, y los –variables, aunque en algunos casos importantes– grados de autonomía relativa del aparato estatal respecto de las distintas clases sociales y fracciones de clase).[7]

[6] Véase Cortés Conde, R.: *La economía política de la Argentina en el siglo XX*, Edhasa, 2005; Gerchunoff, P. y Llach, L.: *Entre la equidad y el crecimiento. Ascenso y caída de la economía argentina, 1880-2002*, Siglo XXI Editores, 2004; Llach, J.: *Otro siglo, otra Argentina*, Editorial Ariel, 1997; y buena parte de la bibliografía citada en estos trabajos.
[7] Entre otras cosas, esto ha derivado en fuertes aumentos en la productividad por incorporación de una variada gama de tecnologías y bienes de capital que han generado una caída en los precios relativos de los productos industriales *vis-à-vis* los de los servicios, la expansión de distintos tipos de "actividades inmateriales" de naturaleza "cerebro-intensiva" asociada al dinamismo de sectores fabriles de punta, y una creciente participación en los flujos de las manufacturas más dinámicas en el comercio mundial (se trata, en su mayoría, de bienes no basados en recursos naturales y que incorporan una importante densidad tecnológica). La alusión al comportamiento fabril en los países exitosos en la actual fase de desarrollo del capitalismo apunta a captar más cabalmente ciertos rasgos del proceso desindustrializador de la Argentina, y no soslaya que en muchos casos, el "éxito industrial" de tales naciones ha estado asociado con, entre otros factores, un fuerte disciplinamiento de las respectivas clases trabajadoras; la segmentación y la internaciona-

Por el contrario, en la Argentina la desindustrialización proviene de la reestructuración regresiva del aparato manufacturero iniciada a mediados de los años setenta, así como de la pobre *performance* registrada en materia de acumulación de capital en el nivel interno. Sin duda, éstos son los principales factores explicativos del aumento acaecido en los últimos decenios en la brecha que separa a la economía doméstica de la de las naciones mencionadas (estancamiento relativo); fenómeno de suma trascendencia por cuanto se ha dado en forma simultánea con la consolidación de la "globalización", lo cual dificulta sobremanera la posibilidad de revertir el considerable distanciamiento existente en la mayoría de los rubros industriales en materia de competitividad internacional.[8]

La profundización del proceso desindustrializador en nuestro país durante los noventa estuvo estrechamente asociada con la conjunción de distintos factores. Entre los más relevantes se destacan:

• los principales rasgos estructurales de las ramas de mayor dinamismo e importancia de la actividad (agroindustria, petróleo y derivados, siderurgia, química y automotriz). Se trata, en la generalidad de los casos, de mercados altamente concentrados y, particularmente en los noventa, con débiles articulaciones con el resto del tejido fabril, tanto en términos productivos como en lo que se vincula con la generación de empleo;

• el profundo retroceso experimentado por un número considerable de actividades con un elevado grado de desarrollo tecnológico e ingenieril y un importante potencial en lo atinente a la creación de cadenas de valor agregado y puestos de trabajo (en particular, de alta calificación), mu-

---

lización de los procesos productivos, en general hacia países subdesarrollados, en pos de acceder a mano de obra barata y cada vez más precarizada, así como a abundantes recursos básicos como medios para maximizar la tasa de ganancia a escala global; y la "emigración" hacia los señalados ámbitos nacionales de producciones con impactos medioambientales nocivos. Sobre la trayectoria manufacturera de las últimas décadas en los países centrales y en varios de la periferia, véase, entre otros, Amsden, A.: *The rise of "The Rest". Challenges to the west from late-industrializing economies*, Oxford University Press, 2001; Arceo, E.: "La crisis del modelo neoliberal en la Argentina (y los efectos de la internacionalización de los procesos productivos en la semiperiferia y la periferia)", en *Realidad Económica*, Nros. 206 y 207, 2004; y Nochteff, H.: "¿Del industrialismo al posindustrialismo? Las desigualdades entre economías. Observaciones preliminares", en *Realidad Económica*, N° 172, 2000.

[8] La excepción está dada por unas pocas ramas muy ligadas al procesamiento de recursos naturales, con escaso dinamismo en el mercado mundial y poco afincadas en el nivel doméstico en diversos aspectos –creación de eslabonamientos productivos y puestos laborales, generación y difusión endógenas de conocimiento científico-tecnológico, etcétera–).

chas de las cuales, como la producción de bienes de capital, son claves para la articulación de todo sistema industrial;

• el sentido adoptado por la apertura comercial implementada, la cual conllevó, por un lado, una fuerte desintegración de la producción fabril local asociada con el creciente peso de las compras en el exterior de insumos, maquinaria y equipo y/o productos finales por parte de las compañías del sector (que en muchos casos terminaron por ser "maquiladoras" o ensambladoras de partes y piezas importadas y/o comercializadoras de los bienes procedentes del extranjero). Y por otro, el debilitamiento o la desaparición de núcleos estratégicos de la matriz productiva doméstica (sin duda, el caso emblemático lo constituye la industria local de bienes de capital);

• la conformación de una estructura de precios y rentabilidades relativas de la economía que tendió a desalentar la inversión en el ámbito manufacturero, favoreciendo sobre todo a los servicios públicos privatizados y las finanzas;

• la centralidad de la especulación financiera en el proceso de acumulación y reproducción del capital de las compañías y los grupos económicos predominantes en el ámbito fabril; y

• la crisis en la que se vieron inmersos los segmentos empresarios de menores dimensiones, en gran medida como resultado de la orientación que adoptó la política económica y de los sesgos asociados con la "retirada del Estado" en un cuadro estructural de mercados altamente "imperfectos".[9]

. *Deterioro ocupacional e inequidad distributiva*

La instrumentación durante los noventa de un *shock* institucional neoliberal también trajo aparejada la profundización de otros procesos dis-

---

[9] Un tratamiento de todas estas cuestiones se puede consultar en: Basualdo, E.: "Las reformas estructurales y el Plan de Convertibilidad durante la década de los noventa. El auge y la crisis de la valorización financiera", en *Realidad Económica*, Nº 200, 2003; Bisang, R., Bonvecchi, C., Kosacoff, B. y Ramos, A.: "La transformación industrial en los noventa. Un proceso con final abierto", en *Desarrollo Económico*, Vol. 36, número especial, 1996; Katz, J.: *Reformas estructurales, productividad y conducta tecnológica en América Latina*, Fondo de Cultura Económica, 2000; Porta, F. y Bianco, C.: "Las visiones sobre el desarrollo argentino. Consensos y disensos", *Redes, Documento de Trabajo* Nº 13, 2004; y Schorr, M.: "Mitos y realidades del pensamiento neoliberal: la evolución de la industria manufacturera argentina durante la década de los noventa", en AA.VV.: *Más allá del pensamiento único. Hacia una renovación de las ideas económicas en América Latina y el Caribe*, CLACSO/UNESCO, 2002.

tintivos del comportamiento fabril postdictadura militar de 1976-1983: disminución en la cantidad de obreros ocupados, fragmentación y precarización del mercado de trabajo, y regresividad distributiva.

En el transcurso de la década pasada se verificaron aumentos significativos en la productividad laboral que estuvieron relacionados con fuertes aumentos en la intensidad de la jornada de trabajo (es decir, en el grado de explotación de los obreros). Esos crecientes recursos generados por la mayor productividad no tuvieron como correlato incrementos en los salarios sino que, por el contrario, lo que se manifestó fue un deterioro de las remuneraciones de los asalariados (tendencia que afectó fundamentalmente al creciente universo de trabajadores no registrados o "en negro"). La conjunción de ambos procesos, que se articularon con una muy intensa precarización de las condiciones laborales de la mano de obra ocupada (alentada por la vigencia de un amplio *corpus* normativo que promovió la "flexibilización" laboral y de un "ejército de reserva" de magnitudes considerables y crecientes), trajo aparejada una mayor inequidad en la distribución interna del ingreso manufacturero, lo cual indica que los empresarios del sector (en particular, los estratos más concentrados) se apropiaron de los recursos generados por la mayor productividad y las menores retribuciones de los trabajadores.[10]

El desenvolvimiento de las variables mencionadas brinda importantes elementos de juicio para comprender muchos de los acuciantes problemas con los que la Argentina ha ingresado en el Siglo XXI: una elevadísima tasa de desocupación, una considerable segmentación del universo proletario, bajas retribuciones salariales y una profunda regresividad distributiva.

. *Concentración y centralización del capital*

La creciente concentración de la producción en torno de un conjunto reducido de grandes empresas es otro de los rasgos característicos de la evolución industrial durante la tercera fase del "modelo financiero y de ajuste estructural". A tal punto alcanzó este proceso que hacia fines de la

---

[10] En los años noventa la traslación de ingresos desde los obreros hacia los capitalistas industriales fue mucho mayor que la sumamente acentuada y regresiva transferencia de recursos que se había verificado entre 1976 y 1983 (esto es, durante una de las etapas históricas de mayor disciplinamiento de la clase trabajadora argentina). Al respecto, véase Schorr, M.: *Industria y nación. Poder económico, neoliberalismo y alternativas de reindustrialización en la Argentina contemporánea*, Edhasa, 2004.

Martín Schorr

Convertibilidad las cien firmas de mayor tamaño del sector daban cuenta de más de un 50% de la producción total, profundizando una tendencia que se venía manifestando con particular intensidad desde mediados de los años setenta.[11] Se trata del más alto nivel de concentración productiva de la historia argentina contemporánea que, sin embargo, no da cuenta de un fenómeno característico de la economía local en las últimas décadas: el control de un número importante de las principales compañías del país por parte de algunos grupos económicos de origen nacional y extranjero. Así, puede concluirse que son menos de un centenar de grandes actores los que controlan casi la mitad de la producción fabril, lo cual les confiere un ostensible poderío económico (por su peso decisivo en la trayectoria de variables sumamente relevantes: inversión, inflación, tipo de cambio, empleo, balanza comercial, etc.) y, por esa vía, una significativa capacidad de coacción sobre el aparato estatal.

Este incremento en el grado de concentración económica del conjunto del sector manufacturero local se explica por diversos procesos concurrentes, entre los que interesa mencionar cuatro. En primer lugar, por la capacidad que tuvieron las firmas y los conglomerados empresarios predominantes de desempeñarse con cierto grado de autonomía con respecto al ciclo económico interno, así como de crecer por encima del promedio de la industria.[12]

En segundo lugar, la aceleración de la concentración industrial se encuentra estrechamente relacionada con la orientación que asumieron las políticas que "ordenaron" el programa de reformas estructurales que se im-

---

[11] Un análisis de la evolución de largo plazo de la concentración en el sector manufacturero local puede encontrarse en Azpiazu, D.: *La concentración en la industria argentina a mediados de los años noventa*, Eudeba, 1998; y Schorr, M.: "Cambios en la estructura y el funcionamiento de la industria argentina entre 1976 y 2004. Un análisis sociohistórico y de economía política de la evolución de las distintas clases sociales y fracciones de clase durante un período de profundos cambios estructurales", tesis de doctorado, FLACSO, 2005.

[12] Ello se asocia, a su vez, a que estos capitalistas son fuertes exportadores (situación que los diferencia de una parte mayoritaria de los restantes empresarios fabriles), y a que destinan una proporción considerable de su producción al consumo de los estratos de mayor poder adquisitivo de la población (téngase presente que durante el decenio pasado se asistió en la Argentina a un proceso muy acentuado de redistribución regresiva del ingreso). Sobre esto último, consúltese Lindenboim, J., Graña, J. y Kennedy, D.: "Distribución funcional del ingreso en Argentina. Ayer y hoy", CEPED, *Documento de Trabajo* Nº 4, 2005; y Nochteff, H. y Güell, N.: "Distribución del ingreso, empleo y salarios", Instituto de Estudios y Formación de la CTA, 2003.

124

plementó, así como con los ostensibles "vacíos" existentes en materia regulatoria (por caso, en el campo de los servicios públicos privatizados y en lo que atañe a la legislación anti-*trust* y anti-*dumping*). Las evidencias disponibles indican que tales acciones y omisiones estatales tuvieron un claro sesgo a favor del capital más concentrado.[13]

En tercer lugar, el crecimiento diferencial de muchas de las firmas que integran la cúpula del poder económico fabril, en el contexto operativo mencionado, se vincula con que en su propiedad participan capitales que adicionalmente controlan una importante cantidad de firmas (no sólo industriales), muchas de las cuales son líderes en sus respectivos mercados y, que a modo de hipótesis, pudieron hacer extensivo su poder de mercado al ámbito industrial.[14]

Un cuarto y último elemento explicativo se asocia con la magnitud y la naturaleza de la crisis socioeconómica iniciada a mediados de 1998, con su correlato en términos de una elevada "tasa de mortalidad" y/o un profundo debilitamiento estructural de amplias capas del empresariado fabril (principalmente de los segmentos de menores dimensiones), procesos que derivaron en una considerable centralización y concentración del capital.

La mayor oligopolización productiva que se verificó en la industria durante los años noventa se dio a la par de modificaciones relevantes en los liderazgos empresariales. Éstas trajeron aparejado un importante aumento en el grado de extranjerización del sector,[15] lo cual es muy importante por

---

[13] Véase Azpiazu, D., Basualdo, E. y Schorr, M.: "La reestructuración y el redimensionamiento de la producción industrial argentina durante las últimas décadas", Instituto de Estudios y Formación de la CTA, 2000.

[14] En este sentido, puede haber ocurrido que un *holding* empresario subsidiara mediante distintos mecanismos una estrategia de expansión en alguna producción manufacturera a partir de su participación en alguna actividad en la que por la combinación de diversos factores pudiera internalizar altas tasas y masas de ganancia (por ejemplo, los servicios públicos privatizados y/o la especulación financiera).

[15] En cuanto a la intensidad que asumió el proceso de extranjerización en el nivel fabril, de la información proporcionada por la Encuesta Nacional a Grandes Empresas del INDEC se desprende que entre 1995 y 2001 la contribución relativa de las empresas nacionales al valor agregado generado por el conjunto de las más de 300 firmas industriales que integran el panel de las 500 más grandes del país pasó del 30% al 16%, mientras que la de las asociaciones de capital cayó del 12% al 11%. En el mismo período se registró un aumento significativo en la importancia relativa en el interior de esa elite manufacturera de empresas controladas por actores extranjeros: mientras que en 1995 la participación de este tipo de firma en el producto bruto global del señalado universo empresario fue del 58%, en el 2001 ascendió a aproximadamente el 73%.

varias razones, entre las que sobresale el hecho de que muchas decisiones estratégicas para nuestro país se toman fuera de las fronteras nacionales y responden a las lógicas globales de acumulación de las empresas transnacionales.[16]

Si bien la contracara de este aumento en la extranjerización ha sido la contracción registrada en la presencia en la actividad (y en el conjunto de la economía) de los principales grupos empresarios de origen nacional (muchos de los cuales habían venido ejerciendo el liderazgo fabril desde mediados de los setenta), de ello no debería inferirse que tales actores económicos han atravesado un proceso de disolución.[17] En efecto, a partir de la transferencia de varias de sus principales empresas y participaciones accionarias (en particular, en las prestatarias privadas de servicios públicos), muchos de estos grandes capitalistas han recibido cuantiosas sumas de dinero y desplegado tres grandes estrategias (no necesariamente excluyentes entre sí):

• en el ámbito manufacturero han logrado preservar, e incluso incrementar, su ya de por sí significativa participación en ramas sumamente importantes por su aporte a la producción y las exportaciones totales (básicamente, las industrias alimenticia, del petróleo y siderúrgica). De allí que conformen el "elenco estable" de la cúpula exportadora de nuestro país junto con un número considerable de grandes compañías de origen extranjero;[18]

• en un escenario de creciente transnacionalización productiva por parte de firmas y grupos económicos de países periféricos,[19] algunos de estos capitalistas han afianzado su proceso de internacionalización a partir de la adquisición y/o la apertura de nuevas empresas y unidades productivas

---

[16] Tales estrategias no siempre tienen impactos positivos sobre los países receptores en distintos planos: balance de divisas, creación de empleo y eslabonamientos productivos, formación de capital, generación local de desarrollos tecnológicos, características del *stock* de capital reproductivo, distribución del ingreso, etc.. Sobre este tema, consúltese Mortimore, M., Vergara, S. y Katz, J.: "La competitividad internacional y el desarrollo nacional: implicancias para la política de Inversión Extranjera Directa (IED) en América Latina", CEPAL, Serie Desarrollo Productivo, Nº 107, 2001.

[17] De todas maneras, no puede dejar de mencionarse que algunos grupos quebraron y/o debieron afrontar fuertes procesos de reestructuración y achicamiento y/o debieron asociarse con el capital extranjero como "mecanismo de supervivencia" (Alpargatas, Bridas, Corcemar, Massuh, Soldati).

[18] En el listado de las principales firmas exportadoras de la Argentina hay varias pertenecientes a los grupos económicos locales más relevantes con importante presencia en el campo manufacturero: Arcor, Bemberg, Ledesma, Fate/Aluar, Mastellone, Pérez Companc, Techint, Urquía y Werthein (Schorr, M. y Wainer, A.: "Argentina: ¿muerte y resurrección? Notas sobre la relación entre economía y política en la transición del modelo de los noventa al del dólar alto", en *Realidad Económica*, Nº 211, 2005).

[19] Véase UNCTAD: "Firms in developing countries rapidly expanding foreign investment, transnational activities", 2005.

y/o comerciales en otros países (no sólo de América Latina).[20] De todos modos, casi sin excepciones, se trata de "jugadores" marginales en el "tablero" regional y mucho más en el mundial;[21] y

• lejos de viabilizar un incremento en la acumulación de capital en el nivel doméstico, una parte importante de los recursos percibidos ha pasado a engrosar sus abultadísimos activos financieros en el exterior (se trata del segmento empresario que explica el grueso de la ingente fuga de capitales al exterior verificada durante la última década y, más ampliamente, desde fines del decenio de los setenta).[22]

En suma, se trata de actores que han reorientado su estrategia de negocios (en muchos casos, preservando posiciones estratégicas en el nivel fabril) y, por esa vía, han afianzado el proceso de internacionalización comercial, productiva y financiera que venían experimentando desde la última dictadura militar. Todo esto sugiere dos cuestiones relevantes. Primero, que gran parte de sus activos y de sus flujos de ingresos y beneficios globales ha quedado dolarizado, de allí que estos capitales constituyan el núcleo de los ganadores del actual "modelo de dólar alto" y su principal base de sustentación en el plano socio-político e ideológico.[23] Segundo, que los intereses y el

---

[20] Por ejemplo, fuera de la Argentina el grupo Arcor tiene importantes activos en Brasil, Canadá, Chile, Ecuador, EE.UU., México, Perú, Suiza y Uruguay. El conglomerado Techint es propietario de numerosas empresas en el exterior, entre las más relevantes figuran: Dálmine (Italia), NKK Tubes (Japón), Tavsa (Venezuela), Tamsa e Hylsamex (México), Confab Industrial (Brasil), Algoma Tubes (Canadá) y Silcotub (Rumania); además tiene oficinas comerciales y centros de servicios en numerosos países de América Latina, Europa y Asia. También se destacan los casos de los grupos locales Bagó y Roemmers (ambos del sector farmacéutico).

[21] En el listado de las cien empresas más grandes de América Latina en el 2003 sólo hay una "nacional", Tenaris (Techint), siendo mayoritarias las filiales de multinacionales y firmas brasileñas y mexicanas (muchas estatales). En el *ranking* de las cien corporaciones más grandes del mundo correspondiente a dicho año no aparece ninguna argentina; tampoco en el panel de las cincuenta primeras firmas de países en desarrollo (en el que predominan las del sudeste asiático y figuran algunas de Brasil y México). Al respecto, consúltese *América Economía*: "500 mayores empresas de América Latina", Nros. 280/281, 2005; y UNCTAD: *World Investment Report 2005. Transnational corporations and the internationalization of R&D*, 2005.

[22] A fines de la Convertibilidad por cada dólar de endeudamiento externo existía aproximadamente un dólar perteneciente a residentes locales que se había fugado al exterior. Al respecto, consúltese Comisión Especial de la Cámara de Diputados: *Fuga de divisas en la Argentina. Informe final*, Siglo XXI Editores, 2005.

[23] Ello arroja interesantes elementos de juicio para matizar, resignificar y reinterpretar aquellas hipótesis que en las postrimerías de la Convertibilidad plantearon que se trataba de un sector social en franco proceso de retirada porque se encontraba transitando por una etapa de crisis y disolución, situación que solamente se podía resolver con un decidido apoyo estatal (Schvarzer, J.: *Implantación de un modelo económico. La experiencia argentina entre 1975 y el 2000*, AZ Editora, 1999).

proceso de acumulación y reproducción ampliada de esta fracción social se encuentran cada vez más "fronteras afuera" y, en consecuencia, su suerte cada vez más alejada de la del país, lo que la ubica en las antípodas de lo que en principio constituiría una genuina burguesía nacional.[24]

. *La crisis de las PyMEs*

Del aumento registrado en el peso relativo de las principales firmas y grupos económicos dentro de la actividad en un marco agregado de involución sectorial, se desprende que en los noventa una parte mayoritaria del empresariado manufacturero local debió transitar por un sendero crítico, de modo similar a lo que había sucedido bajo el régimen militar de 1976-1983 y durante el interregno alfonsinista.

Al respecto, las evidencias disponibles indican que en la década pasada las PyMEs resultaron sumamente afectadas, en primer lugar, por la orientación que adoptó el proceso de liberalización comercial instrumentado. Al igual que la implementada por Martínez de Hoz, se trató de una apertura de tipo *shock* y con fuertes asimetrías en detrimento de numerosos mercados fabriles en los que estas firmas tenían una participación relevante en la producción y el empleo globales (todo ello, en un contexto de apreciación cambiaria, de discrecional aplicación de los mecanismos anti-*dumping* y de un sistema aduanero sumamente débil y "permeable"). En segundo lugar, por las ostensibles desigualdades que los distintos tipos de compañías tuvieron que afrontar en materia de acceso al crédito y de costo del mismo, lo cual se refleja en el hecho de que las PyMEs debieron enfrentar tasas de interés muy superiores a las abonadas por las grandes firmas y grupos económicos por endeudarse en el mercado financiero local y, más aún, en el internacional. En tercer lugar, por la violación sistemática por parte de las empresas privatizadas de la legislación de "compre argentino" y "contrate nacional" (situación convalidada oficialmente). En cuarto lugar, por la vigencia de una estructura impositiva sumamente regresiva y por la profundización del cuadro de inequidad distributiva característico de la Argentina postdictadura militar de 1976-1983, con el consecuente achicamiento del mercado interno (hacia donde se canaliza el grueso de la producción realizada por las PyMEs de la industria local).

[24] Véase Schorr, M. y Wainer, A.: "A propósito de la crisis del Mercosur. Notas sobre el proyecto de país de la burguesía nacional en la Argentina", en *Realidad Económica*, Nº 215, 2005.

Lo anterior sugiere que los disímiles desempeños registrados a lo largo del decenio pasado en el sector manufacturero estuvieron mucho más vinculados con las características del contexto económico en el que tuvieron que desenvolverse los distintos tipos de empresa y con el funcionamiento estatal, que con diferenciales capacidades microeconómicas de adaptación al "entorno de negocios".

Todo esto se vio potenciado por el tipo de trayectorias previas de los diferentes segmentos empresarios. Así, ante el inicio del programa de reformas neoliberales buena parte de las PyMEs industriales se encontraba en una situación de gran debilidad estructural,[25] mientras que los principales conglomerados empresarios del país contaban con un considerable poderío económico, dado que habían sido beneficiarios directos de los múltiples subsidios estatales al capital concentrado interno que se aplicaron entre 1976 y 1983 y durante el gobierno de Alfonsín, así como de la intensa centralización del capital que tuvo lugar en ambos períodos.[26]

Del conjunto de las consideraciones que anteceden surgen ciertos elementos de juicio en relación con el sentido de la reestructuración económico-social acaecida en la Argentina en el transcurso de los noventa y de la crisis fabril derivada de la misma. El carácter *regresivo* y *heterogéneo* de dicho proceso emerge, sin duda, como su principal manifestación. Ello se visualiza, por ejemplo, en el hecho de que, al tiempo que los actores industriales líderes tuvieron un desenvolvimiento bastante exitoso en el marco de una configuración macroeconómica caracterizada por un ostensible sesgo "antiindustrial" (lo cual les permitió afianzar su presencia en los rubros más relevantes de la trama manufacturera), los trabajadores del sector vieron disminuir en forma considerable su participación en la distribución del ingreso y empeorarse sus condiciones laborales, y numerosas PyMEs sufrieron un profundo deterioro que se manifestó en que muchas desaparecieron y un número importante abandonó la actividad industrial y se vio forzado a encarar costosas y complejas "estrategias de supervivencia".

[25] Fundamentalmente, como producto de la regresiva reconversión fabril verificada de la dictadura militar en adelante y de las características de la aguda crisis sectorial de los años ochenta.

[26] Sobre estas cuestiones, consúltese AA.VV.: *Las PyMEs argentinas. Mitos y realidades*, ABAPPRA-IdePyME, 2004; Katz, J. y Stumpo, G.: "Regímenes competitivos sectoriales, productividad y competitividad internacional", CEPAL, Serie Desarrollo Productivo, Nº 103, 2001; Schorr, M.: "Cambios en la estructura y el funcionamiento de la industria argentina entre 1976 y 2004...", *op. cit.*; y Yoguel, G.: "El ajuste empresarial frente a la apertura: la heterogeneidad de las respuestas de las PYMES", en *Desarrollo Económico*, Vol. 38, número especial, 1998.

En otras palabras, como resultado de las políticas neoconservadoras implementadas durante los gobiernos de Menem y de la Alianza se produjo un doble proceso de transferencia de ingresos: desde el trabajo hacia el capital y, dentro de éste, desde las pequeñas y medianas firmas hacia las de mayor tamaño, en particular hacia las que forman parte de grupos económicos (nacionales y extranjeros). Todo ello, en forma simultánea con un creciente subdesarrollo del país.

III. Algunas consideraciones sobre el desempeño manufacturero durante el "modelo nacional-industrial"

Luego de la nefasta década de los noventa (para la mayoría de los argentinos), desde comienzos del año 2002 *se estaría* ante un nuevo modelo económico, tal como se afirma desde distintos ámbitos (empresarial, político, académico). Parecería existir en el nivel doméstico un amplio consenso acerca de la importancia de contar con un modelo motorizado por los sectores productivos (en particular, la industria) y el empresariado nacional para revertir los procesos de desindustrialización, desarticulación productiva y extranjerización y, por esa vía, empezar a resolver la dramática situación heredada en materia laboral y distributiva, y más ampliamente a recrear un capitalismo nacional.

A juzgar por lo sucedido hasta el presente, para los defensores del "modelo nacional-industrial" la vigencia de un "tipo de cambio real competitivo y estable" (esto es, de un peso devaluado) y una "macro funcionando bien" parecen constituir *en los hechos* condiciones necesarias y *suficientes* para garantizar altas tasas de crecimiento de la producción y el empleo que permitan revertir los mencionados legados críticos del período 1976-2001.[27] De allí que hasta el momento, salvo algunas medidas puntuales, no se vislumbre en nuestro país un programa estratégico de desarrollo económico en general, y productivo en particular.

El comportamiento reciente de la economía y la industria domés-

---

[27] Una visión favorable al actual régimen macroeconómico, así como una estilización del mismo, se puede encontrar en Frenkel, R. y Rapetti, M.: "Políticas macroeconómicas para el crecimiento y el empleo", CEDES/OIT, 2004, mimeo.

ticas parecen darle la razón a aquellos que impulsan y sostienen el "modelo de dólar alto", a tal punto que se estaría transitando el "período de consolidación" del mismo. En ese marco, y a pesar de que la información con que se cuenta no cubre un lapso de tiempo extenso, vale la pena plantear algunas digresiones vinculadas con ciertos rasgos distintivos del "esquema nacional-industrial":

• en virtud del incremento verificado en la productividad del trabajo y, fundamentalmente, de la importante declinación del costo salarial (en pesos y, mucho más aún, en dólares),[28] el crecimiento fabril de los últimos años ha dado lugar a una nueva y fuerte transferencia de ingresos desde los trabajadores hacia los capitalistas, sobre todo hacia los grandes exportadores. Las evidencias disponibles indican que, de no haber sido por los aumentos salariales dispuestos por el gobierno,[29] dicha traslación de recursos hubiera sido bastante más acentuada;[30]

• una proporción importante del empleo generado ha sido "en negro", lo cual merece destacarse por dos razones. La primera es que muchos de los nuevos obreros (y una cantidad considerable de los "viejos") perci-

[28] Entre el cuarto trimestre del 2001 e idéntico período del 2004, la productividad laboral en la industria se incrementó alrededor de un 21% (ello, como resultado de un aumento de la producción próximo al 37% y del orden del 14% en el caso de la ocupación). En ese lapso, el salario promedio nominal de los trabajadores fabriles registrados subió aproximadamente un 68%, mientras que los precios mayoristas crecieron más de un 137% y el tipo de cambio aproximadamente un 197%.

[29] En particular, los incrementos de suma fija en los sueldos del sector privado y las subas del salario mínimo; medidas que recayeron fundamentalmente sobre los trabajadores "en blanco" y que tuvieron un leve "efecto demostración" sobre los "en negro".

[30] En el último tiempo se han escuchado numerosos señalamientos por parte de empresarios fabriles (en particular, aquéllos nucleados en torno de la Unión Industrial Argentina y de la Asociación Empresaria Argentina), e incluso de algunos miembros del gabinete presidencial, en cuanto a las "dificultades" existentes para continuar con la política de aumentos salariales dispuestos por el gobierno. Para estos sectores, los salarios (y los reclamos sindicales por mejoras en los sueldos) deberían quedar "atados" a eventuales incrementos en la productividad de forma de no alterar la rentabilidad del capital y de que no se produzca un aumento en los precios de los bienes elaborados y/o una caída de la inversión. Sobre el particular, cabe traer a colación una de las principales conclusiones del Informe de Inflación del Banco Central de la República Argentina del primer trimestre del 2005: "el importante aumento en el excedente bruto de explotación (la participación del ingreso que no se llevan los asalariados) a nivel agregado, generado por el fuerte cambio en los precios relativos [acaecido desde el abandono de la Convertibilidad], posibilitaría una recomposición salarial sin que necesariamente sea trasladada a precios finales, aun cuando estos aumentos no sean convalidados por una mayor productividad. Ésta es la situación que enfrentan principalmente los sectores productores de transables, los más beneficiados por este cambio en los precios relativos" (disponible en: www.bcra.gov.ar). Véase también Ministerio de Trabajo, Empleo y Seguridad Social: "Trabajo, ocupación y empleo. Trayectorias, negociación colectiva e ingresos", *Serie Estudios*, Nº 2, 2005.

ben un salario que no les permite acceder a una canasta básica de bienes y servicios.[31] Y la segunda cuestión, derivada de la anterior, es que se ha profundizado la segmentación de la clase obrera argentina, con su consiguiente debilitamiento en términos políticos;

• a pesar de que en el nuevo contexto muchas ramas han logrado recuperar parte del terreno perdido tras la crítica situación experimentada durante el decenio pasado, la configuración sectorial de la estructura fabril argentina prácticamente no se ha modificado (fenómeno esperable dado el escaso tiempo transcurrido desde el fin de la Convertibilidad).[32] De esto se sigue la centralidad de encarar una política de redefinición del perfil industrial (no dependiente casi exclusivamente del nivel del tipo de cambio); y cuanto antes tanto mejor, dado que los impactos derivados de una modificación estructural no se manifiestan en forma inmediata, sino que suelen demandar importantes lapsos temporales;

• similares consideraciones surgen del análisis de la evolución de las exportaciones fabriles: siempre de acuerdo con información oficial, entre 2002 y 2004 las ventas al exterior de productos industriales se incrementaron alrededor de un 40%; hacia fines de dicho período las cinco ramas mencionadas en el ítem anterior dieron cuenta en conjunto de casi un 84% del total (en 1993 explicaron un 77% y en el 2001 un 79%). En general, se trata de bienes que, por un lado, presentan un bajo dinamismo en el mercado mundial y una tendencia secular a la caída en sus precios (a lo cual cabe adicionar las fuertes fluctuaciones que éstos suelen experimentar en el corto plazo), al tiempo que están expuestos a bruscas oscilaciones de la demanda; y, por otro lado, en su elaboración se suele utilizar relativamente

---

[31] De acuerdo con la información suministrada por la Encuesta Permanente de Hogares del INDEC (total de aglomerados urbanos), en el cuarto trimestre del 2004 los asalariados industriales no registrados (aproximadamente un 40% del total) percibieron en promedio un salario nominal de $ 397, mientras que la retribución media de los "en blanco" se ubicó en los $ 904 (la media fue de $ 698); en dicho período, el valor de la línea de pobreza para un "hogar tipo" fue del orden de los $ 737. Sin duda, el fenómeno de los "trabajadores pobres por ingresos" (que se manifiesta en la mayoría de los sectores de la actividad económica) constituye un dato ineludible para explicar los motivos por los que a pesar de que en el último tiempo ha crecido la economía y ha caído la desocupación, la distribución del ingreso sigue siendo sumamente regresiva.

[32] De acuerdo con los datos suministrados por el INDEC, en el año 2004 cinco actividades dieron cuenta de alrededor del 65% de la producción fabril realizada en el país (la producción de alimentos y bebidas, la elaboración de sustancias y productos químicos, la refinación de petróleo, la fabricación de vehículos automotores y la manufactura de metales comunes). Dicha participación fue casi idéntica a la registrada en el 2001 y un 9% superior a la de 1993 (cuando se realizó el último Censo Nacional Económico del que se dispone de información).

poca mano de obra. Todo ello, sin mencionar la elevada concentración de las exportaciones sectoriales (en la actualidad menos de cien grandes empresas y grupos económicos explican el 75/80% del total exportado) y que para muchas de las líderes exportadoras, como la mayoría de las agroindustriales, la vigencia de bajas remuneraciones salariales y la concentración del ingreso constituyen un "dato" para su ciclo de acumulación y reproducción ampliada del capital: por cuanto hacen viable un incremento en los saldos exportables disponibles y porque viabilizan una mejora del tipo de cambio real y una mayor tasa de ganancia;

• la mayoría de las –por el momento escasas y costosas– medidas aplicadas en el ámbito fabril ha tendido a favorecer el mencionado perfil de especialización de la producción y las exportaciones sectoriales y, en consecuencia, a las empresas y grupos económicos líderes. Al respecto, se destaca la puesta en práctica de un régimen de promoción de inversiones en bienes de capital destinados prioritariamente a las industrias exportadoras;[33/34]

• la recuperación económica e industrial que se ha venido registrando en el país desde mediados del 2002 ha traído aparejado un incremento considerable en las compras al exterior (particularmente importante en dos rubros claves para el sector fabril: equipamiento e insumos intermedios; pero también de bienes finales).[35] Este dato refleja el achicamiento y la desin-

---

[33] Se trata de un programa de incentivos fiscales que apunta a incrementar la formación de capital en el nivel fabril, en especial, con vistas a la expansión de las exportaciones. Este régimen ha favorecido a un núcleo sumamente reducido de grandes firmas con altas propensiones a exportar (con independencia del nivel del tipo de cambio) y funciones de producción capital-intensiva. Entre las más importantes figuran: Aluar, Siderar, Peugeot-Citroen, Cargill, Siderca, YPF, Fate, Volkswagen, Aceitera General Deheza y General Motors.

[34] Si bien se han instrumentado algunas medidas destinadas al segmento de las PyMEs (bonificación de tasas de interés, aplicación de restricciones a las importaciones en algunas actividades, fomento a la industria del *software*), hasta el presente el grueso de los recursos públicos destinados a subsidiar al sector privado ha sido canalizado hacia las grandes empresas y *holdings* económicos. Al respecto, consúltese Schorr, M.: "Cambios en la estructura y el funcionamiento de la industria argentina entre 1976 y 2004...", *op. cit.*.

[35] Entre los años 2002 y 2004 las importaciones globales se incrementaron casi un 150%, mientras que las exportaciones totales crecieron un 34%. Como resultado de ello, el saldo comercial se contrajo algo más de un 27% (pasó de 16,7 a 12,1 miles de millones de dólares). En el mismo período, el superávit comercial de productos industriales disminuyó un 61% (pasó de 9,3 a 3,6 miles de millones de dólares). Con respecto a esto último, interesa destacar que el saldo global correspondiente al 2004 incluye a ramas altamente superavitarias (industria alimenticia, refinación de petróleo y, en muy menor medida, cuero y derivados, procesamiento de metales básicos y productos de la madera) y a otras con fuertes déficits (maquinaria y equipo, sustancias y productos químicos, equipos y aparatos de radio, televisión y comunicaciones, y vehículos automotores, entre los más importantes).

tegración del tejido manufacturero local verificados en los últimos años y la debilidad relativa de un número considerable de empresarios nacionales *vis-à-vis* sus similares de otros países (por ejemplo, de Brasil). También, demuestra que en ausencia de una radical redefinición del grado de apertura de la economía y de la estructura arancelaria, así como de una política activa de reconstrucción de encadenamientos productivos (cuyos logros, por cierto, no se visualizan sino en el mediano/largo plazo), más temprano que tarde podrían existir presiones tanto por el lado de las divisas (para pagar las importaciones) como por el de los precios de los bienes finales (por el costo de los insumos y/o de los bienes de capital involucrados en el proceso productivo); y

• a pesar de que el sector financiero doméstico ha logrado retornar a cierta "normalidad" tras la salida de la Convertibilidad, son ostensibles las dificultades que enfrenta buena parte de las empresas que operan en el ámbito industrial nacional para acceder a líneas de crédito.[36] Esta situación es particularmente perjudicial para las PyMEs, no así para las firmas y los conglomerados empresariales de grandes dimensiones.[37]

Lo expuesto sugiere que el "esquema nacional-industrial" tiene una orientación mucho más productiva y "pro-empleo" que su antecesor; sin embargo, no se puede soslayar que guarda ciertas similitudes con él en lo que se vincula con sus sesgos implícitos. Hasta el momento, los aspectos salientes del régimen macroeconómico en curso, la naturaleza de las medidas aplicadas en el nivel fabril y la ausencia de una estrategia integral de desarrollo económico e industrial han tendido a favorecer al núcleo más concentrado del capital, en detrimento de las fracciones empresarias de menor tamaño y, fundamentalmente, de los trabajadores.

En la actualidad este carácter *regresivo* y *heterogéneo* de la reactiva-

---

[36] Entre otros factores, esto se relaciona con la ausencia de una estrategia nacional de desarrollo, la inexistencia de una suerte de Banco Nacional de Fomento Productivo e Industrial (esto es, de una entidad de características similares a, por ejemplo, el BNDES brasilero) y con la existencia en el nivel local de criterios de evaluación de préstamos en función de la dimensión y la calidad del patrimonio del solicitante antes que de la naturaleza de los proyectos inversores, así como de cierta aversión empresaria a contraer obligaciones con el sistema financiero doméstico.

[37] Dichas firmas tienen mayor capacidad de fondearse en el mercado financiero internacional y son "sujetos de crédito" en la plaza doméstica. Asimismo, son importantes generadoras de divisas, cuentan con cuantiosos recursos en el extranjero que podrían repatriar y han recibido elevados subsidios estatales en lo que va del "modelo de dólar alto".

ción fabril se encuentra bastante eclipsado por el "*boom* económico-industrial", pero su reconocimiento es de lo más relevante por cuanto expresa una distancia no menor entre algunos argumentos esgrimidos por los defensores del "esquema nacional-industrial" y la realidad. De ello se derivan algunas dudas en cuanto a que la vigencia de un "tipo de cambio real competitivo y estable", una "macro sana" y algunas medidas de política puntuales alcancen para revertir los principales legados críticos del modelo vigente entre 1976 y 2001 sobre el sector manufacturero[38].

IV. Reflexiones finales: la necesaria reindustrialización de la Argentina sobre nuevas e inclusivas bases de sustentación

Como resultado de más de dos décadas de predominio casi hegemónico del neoliberalismo, la Argentina ha ingresado al siglo XXI con un sector fabril caracterizado, entre otras cosas, por un elevado grado de concentración económica y de simplificación productiva; por un reducido coeficiente de integración nacional; por un ostensible retraso relativo *vis-à-vis* un amplio conjunto de países (salvo en algunas ramas puntuales, la mayoría de las cuales se encuentra estrechamente ligada a la explotación de recursos naturales); por una inserción pasiva y subordinada en la división internacional del trabajo y el comercio; y por un deterioro significativo en la situación de los obreros (salarial y ocupacional) y de las PyMEs. De lo expuesto se desprenden varias dudas en cuanto a que el "modelo nacional-industrial", tal como ha sido planteado y ejecutado hasta el presente, sea *suficiente* para revertir semejante cuadro.

Teniendo como "norte" la resolución de los dos problemas más acuciantes de la Argentina contemporánea: el profundo deterioro del mercado de trabajo y la muy regresiva distribución del ingreso, cabe preguntarse ¿cuáles podrían ser algunos de los lineamientos estratégicos básicos de un

---

[38] Lo señalado resulta agravado de considerarse, además, las singularidades del escenario internacional, la naturaleza de los actores socioeconómicos predominantes en el ámbito local, las características de la oferta productivo-exportadora de la industria y las tremendas herencias del *huracán neoconservador* de las últimas décadas (situación social, desindustrialización, altísimos niveles de endeudamiento externo, etc.). Estos temas son abordados en Schorr, M.: *Modelo nacional-industrial. Límites y posibilidades*, Capital Intelectual, 2005.

plan orgánico o sistémico de desarrollo industrial de nuestro país que priorice los objetivos señalados? Las características y los impactos más salientes de la trayectoria sectorial sugieren la necesidad de implementar una suerte de *estrategia en dos tiempos*.[39]

En el *corto plazo* sería auspicioso avanzar sobre varios frentes *en forma simultánea*.

Por un lado, en un mejoramiento significativo en la distribución del ingreso, con la consiguiente "ampliación" del mercado interno. La instrumentación de un *shock* redistributivo no sólo se relaciona con la puesta en práctica de una activa, sostenida y progresiva política de recomposición de los ingresos del conjunto de la clase trabajadora y de combate al empleo "en negro", sino también con la implementación de otras medidas, entre las que se destacan: a) la aplicación de una política de universalización de ingresos; b) una modificación radical en la –actualmente muy regresiva– estructura tributaria; c) la imposición de gravámenes sobre la renta financiera y sobre la generada por los capitales de argentinos en el exterior; d) el incremento de las retenciones a las exportaciones (el mismo debería ser diferencial de acuerdo con las características del producto en cuestión en términos de productividad y competitividad internacional, grado de elaboración, generación de valor agregado y puestos de trabajo, etc.); e) el abaratamiento en el costo de los servicios públicos para las PyMEs; f) la reestatización del sistema previsional; g) la creación de un Banco Nacional de Fomento Productivo e Industrial que otorgue prioridad en la asignación de créditos a las características de las inversiones a financiar (en términos de costos, plazos, etc.); y h) la implementación sostenida de programas de formación y capacitación de la fuerza de trabajo (presente y futura).

Es importante reparar en que el mencionado *shock* no sólo resulta central para reactivar el mercado interno y, en consecuencia, aumentar y diversificar la demanda hacia la industria, sino también para incrementar las exportaciones manufactureras: en muchos casos, sólo a partir de una recu-

---

[39] En lo que sigue no se va a plantear –ni siquiera a esbozar– un Plan Industrial (lo cual excede con creces los objetivos de este trabajo, y sobre todo la capacidad y el conocimiento de su autor), sino tan sólo algunos lineamientos de política que se consideran indispensables dada la situación actual del sector manufacturero argentino y que, naturalmente, deberían formar parte de un programa orgánico o sistémico de desarrollo socioeconómico.

peración de la demanda interna se alcanzarán escalas que permitan sentar las bases para el surgimiento y/o la recuperación y/o la consolidación de procesos sustitutivos de bienes finales, así como avanzar hacia un diferente perfil de las exportaciones.

Por otro lado, sería auspicioso impulsar una profunda modificación de la estructura arancelaria en el marco de una significativa redefinición del grado de apertura de la economía y la industria locales. Ello, a partir de un aumento en los márgenes efectivos de protección de los productos elaborados en las ramas de mayor contenido de ciencia y tecnología, valor agregado y creación de empleo.[40] Todo esto con la finalidad de ir fortaleciéndolos para que, en una segunda etapa caracterizada por una reducción gradual de la protección, puedan enfrentar a la competencia externa e, incluso, colocar parte de su producción en el mercado mundial. Medidas de esta naturaleza deberían articularse con otra igualmente indispensable: la formulación y la implementación de una política de afianzamiento y/o de reconstrucción de ramas estratégicas de la estructura productiva doméstica.[41]

Otro lineamiento estratégico básico de la mencionada política sistémica de reconstrucción industrial del país se relaciona con el establecimiento de medidas que apunten a la regulación del desenvolvimiento de las grandes empresas extranjeras que predominan en el sector manufacturero doméstico (y de varias de capital nacional que tienen una lógica de acumulación que en muchos aspectos es asimilable a la de aquéllas).[42]

---

[40] Esta suba en la protección de determinadas actividades debería ser acompañada por una mejora radical en la aplicación de los mecanismos anti-*dumping* y en el funcionamiento de la Aduana, y por políticas de fomento y/o de promoción a tales sectores.

[41] Esto permitiría, a un mismo tiempo, satisfacer la mayor demanda asociada al *shock* redistributivo con más producción local y menos importaciones, reduciendo las presiones sobre el sector externo; disminuir el excesivo grado de primarización que caracteriza a nuestra industria; y, como resultado de todo lo mencionado, lograr cierta recomposición de la autonomía nacional.

[42] Ello involucra cuestiones de diversa índole como, a título ilustrativo, la creación de un registro de inversiones foráneas; la imposición de restricciones a la remisión de utilidades (básicamente a partir de condicionar tal práctica al cumplimiento de distintas metas de desempeño, tanto cuantitativas como cualitativas); la fijación de niveles mínimos de beneficios que deben reinvertirse en el ámbito interno; el estricto control sobre las prácticas de endeudamiento empresario (en especial, con el exterior) y sobre la fijación de precios de transferencia; el fomento al desarrollo local de actividades de investigación y desarrollo, programas de capacitación de personal y de protección al medio ambiente; la aplicación de cláusulas de transferencia tecnológica (en particular, hacia compañías nacionales); el desarrollo de proveedores domésticos; etcétera.

Asimismo, en el marco de una política integral hacia el sector Py-ME y de desarrollo de nuevas ventajas competitivas por parte del país, sería importante apuntar a incrementar las exportaciones por parte de tales firmas. Esto traería aparejados varios beneficios: produciría un incremento de venta de productos manufacturados al exterior, en especial de aquellos con alto grado de elaboración; contribuiría a la desconcentración de la oferta exportadora local; colaboraría con una reversión de la desindustrialización, así como con la definición de un perfil exportador diferente; y finalmente permitiría restarle poder económico y capacidad de coacción a la elite exportadora actual. Reorientar el perfil exportador hacia rubros industriales más dinámicos en términos internacionales a partir del desarrollo de PyMEs exportadoras es asimismo clave para aminorar los riesgos de que se presenten eventuales "cuellos de botella" en el plano externo, que terminen atentando contra la capacidad de crecimiento sectorial y la posibilidad de redistribuir el ingreso nacional de manera progresiva.[43]

También asociado con las PyMEs, sería indispensable garantizar el cumplimiento efectivo de las leyes de "compre argentino" y de "contrate nacional" (otorgándole a las firmas de menor tamaño un margen de preferencia en precios) no sólo en el ámbito de las compras del sector público, sino también, y fundamentalmente, en el de las empresas privatizadas.

Asimismo, y siempre en una estrategia de corto plazo, sería recomendable fomentar la recuperación nacional de la capacidad científica y tecnológica.

Finalmente, en el marco de una estrategia de desarrollo de cadenas de valor basadas en recursos naturales, debería diseñarse y aplicarse un *set* de medidas que impulse la dinamización de las deterioradas economías regionales.[44]

Ahora bien, siempre dentro de una visión integradora o sistémica, sería alentador que las mencionadas líneas estratégicas se complementaran con otras de *mediano/largo plazo*, entre las que interesa plantear dos.

---

[43] Asociados con el reducido dinamismo de la mayoría de los bienes que integran la oferta exportadora y la vigencia de una matriz industrial muy dependiente de las importaciones.

[44] Una parte importante de las economías regionales se caracteriza por la difundida presencia de pequeños y medianos empresarios, un importante dinamismo en lo que se refiere a la creación de empleo (tanto directo como indirecto), y por presentar un efecto multiplicador para nada despreciable en materia productiva.

La primera se relaciona con la necesaria reconstrucción de las capacidades estatales sumamente debilitadas por el *huracán neoconservador*. Se trata de sentar las bases para el surgimiento y la consolidación de un nuevo tipo de Estado que conduzca activamente los procesos de reindustrialización y de redistribución del ingreso sobre la base del disciplinamiento del capital concentrado interno y a favor de los sectores populares y de las fracciones empresarias de menores dimensiones.

La segunda se vincula con la búsqueda de que la Argentina se integre y complemente en términos productivos con el resto de América Latina (no sólo con los países que integran el Mercosur). La centralidad de una medida de este estilo radica en cuestiones económicas y políticas: agrandar el tamaño del "mercado interno"; avanzar en la definición conjunta de políticas que apunten a un desarrollo productivo regional armónico y sustentable; viabilizar un nuevo patrón de inserción internacional; y permitir que los países del subcontinente puedan posicionarse estratégicamente –no a la defensiva– en el "mundo globalizado" y frente a las múltiples presiones existentes en favor de la concreción de proyectos de penetración imperialista como, por ejemplo, el del ALCA.

Martín Schorr

Bibliografía

AA.VV.: *Las PyMEs argentinas. Mitos y realidades*, ABAPPRA-IdePyME, 2004.
América Economía: "500 mayores empresas de América Latina", Nros. 280/281, 2005; y UNCTAD: *World Investment Report 2005. Transnational corporations and the internationalization of R&D*, 2005.
Amsden, A.: *The rise of "The Rest". Challenges to the west from late-industrializing economies*, Oxford University Press, 2001.
Arceo, E.: "La crisis del modelo neoliberal en la Argentina (y los efectos de la internacionalización de los procesos productivos en la semiperiferia y la periferia)", en *Realidad Económica*, Nros. 206 y 207, 2004.
Azpiazu, D., Basualdo, E. y Schorr, M.: "La reestructuración y el redimensionamiento de la producción industrial argentina durante las últimas décadas", Instituto de Estudios y Formación de la CTA, 2000.
Azpiazu, D.: *La concentración en la industria argentina a mediados de los años noventa*, Eudeba, 1998.
Basualdo, E.: "Las reformas estructurales y el Plan de Convertibilidad durante la década de los noventa. El auge y la crisis de la valorización financiera", en *Realidad Económica*, Nº 200, 2003.
Bisang, R., Bonvecchi, C., Kosacoff, B. y Ramos, A.: "La transformación industrial en los noventa. Un proceso con final abierto", en *Desarrollo Económico*, Vol. 36, número especial, 1996.
Comisión Especial de la Cámara de Diputados: *Fuga de divisas en la Argentina. Informe final*, Siglo XXI Editores, 2005.
Cortés Conde, R.: *La economía política de la Argentina en el siglo xx*, Edhasa, 2005.
Dorfman, A.: *Cincuenta años de industrialización en la Argentina, 1930-1980*, Ediciones Solar, 1983.
Frenkel, R. y Rapetti, M.: "Políticas macroeconómicas para el crecimiento y el empleo", CEDES/OIT, 2004, mimeo.
Gerchunoff, P. y Llach, L.: *Entre la equidad y el crecimiento. Ascenso y caída de la economía argentina, 1880-2002*, Siglo XXI Editores, 2004.
Informe de Inflación del Banco Central de la República Argentina del primer trimestre del 2005. (www.bcra.gov.ar)
Katz, J. y Stumpo, G.: "Regímenes competitivos sectoriales, productividad y competividad internacional", CEPAL, Serie Desarrollo Productivo, Nº 103, 2001.
Katz, J.: *Reformas estructurales, productividad y conducta tecnológica en América Latina*, Fondo de Cultura Económica, 2000.
Lindenboim, J., Graña, J. y Kennedy, D.: "Distribución funcional del ingreso en Argentina. Ayer y hoy", CEPED, *Documento de Trabajo* Nº 4, 2005.
Llach, J.: *Otro siglo, otra Argentina*, Editorial Ariel, 1997.

Ministerio de Trabajo, Empleo y Seguridad Social: "Trabajo, ocupación y empleo. Trayectorias, negociación colectiva e ingresos", Serie Estudios, Nº 2, 2005.

Mortimore, M., Vergara, S. y Katz, J.: "La competitividad internacional y el desarrollo nacional: implicancias para la política de Inversión Extranjera Directa (IED) en América Latina", CEPAL, Serie Desarrollo Productivo, Nº 107, 2001.

Nochteff, H. y Güell, N.: "Distribución del ingreso, empleo y salarios", Instituto de Estudios y Formación de la CTA, 2003.

Nochteff, H.: "¿Del industrialismo al posindustrialismo? Las desigualdades entre economías. Observaciones preliminares", en *Realidad Económica*, Nº 172, 2000.

Olivera, J.: *Economía clásica actual*, Macchi, 1977.

Porta, F. y Bianco, C.: "Las visiones sobre el desarrollo argentino. Consensos y disensos", *Redes*, Documento de Trabajo Nº 13, 2004.

Schorr, M. "Un análisis sociohistórico y de economía política de la evolución de las distintas clases sociales y fracciones de clase durante un período de profundos cambios estructurales", tesis de doctorado, FLACSO, 2005.

Schorr, M. y Wainer, A.: "A propósito de la crisis del Mercosur. Notas sobre el proyecto de país de la burguesía nacional en la Argentina", en *Realidad Económica*, Nº 215, 2005.

Schorr, M.: "Cambios en la estructura y el funcionamiento de la industria argentina entre 1976 y 2004".

Schorr, M.: "Mitos y realidades del pensamiento neoliberal: la evolución de la industria manufacturera argentina durante la década de los noventa", en AA.VV.: *Más allá del pensamiento único. Hacia una renovación de las ideas económicas en América Latina y el Caribe*, CLACSO/UNESCO, 2002.

Schorr, M.: *Industria y nación. Poder económico, neoliberalismo y alternativas de reindustrialización en la Argentina contemporánea*, Edhasa, 2004.

Schorr, M.: *Modelo nacional-industrial. Límites y posibilidades*, Capital Intelectual, 2005.

Schvarzer, J.: *Implantación de un modelo económico. La experiencia argentina entre 1975 y el 2000*, AZ Editora, 1999.

Yoguel, G.: "El ajuste empresarial frente a la apertura: la heterogeneidad de las respuestas de las PYMES", en *Desarrollo Económico*, Vol. 38, número especial, 1998.

Crisis y renacimiento emprendedor en la Argentina: evidencias y algunos interrogantes

Hugo Kantis y Juan Federico[*]

Introducción

En los últimos años se asiste a un creciente interés de académicos y políticos en el proceso de creación de nuevos emprendimientos, que se corresponde con la aparición de abundantes evidencias internacionales acerca de su contribución al crecimiento económico, la generación de puestos de trabajo e innovaciones, el surgimiento de nuevos sectores de actividades de pequeñas y medianas empresas, la regeneración de los tejidos productivos regionales y la canalización de las energías creativas de la sociedad (Kantis y otros, 2002 y 2004, Reynolds y otros 1999, 2000 y 2001; OCDE 1999 y 2001, Audretsch y Thurik 2001). Para los países en desarrollo juega además un papel fundamental en el tránsito hacia una economía más diversificada.

El propósito de este artículo es explorar el comportamiento del proceso de creación y destrucción de empresas en la última década, especialmente en el sector manufacturero y comparar el grado de fertilidad empresarial de la sociedad argentina con respecto a un conjunto de países de diverso perfil. Este análisis de la dinámica de empresas es principalmente un análisis PyME, pues la estructura de empresas está fundamentalmente concentrada en las MIPyMEs (micro y pequeñas empresas).[1] Según datos del Observatorio de la Dinámica del Empleo y Empresas del Ministerio de Trabajo, Empleo y Seguridad Social, en el sector manufacturero, las MiPy-

[*] Investigadores-docentes del Programa de Desarrollo Emprendedor. Instituto de Industria, Universidad Nacional de General Sarmiento.

[1] Se define como PyME a aquellas empresas con más de 5 ocupados y menos de 200, en tanto que el conjunto de MIPyMEs (micro y pequeñas empresas), incluye también a aquellas empresas que ocupan menos de 5 ocupados.

MEs representaban el 93% de las empresas en 2005, en tanto que las Py-MEs alcanzan el 43% de las empresas. Este estudio se basa en información secundaria de diversas fuentes elaborada en investigaciones realizadas en el marco del Programa de Desarrollo Emprendedor de la Universidad Nacional de General Sarmiento.[2]

En la primera sección se presenta de manera resumida el enfoque conceptual sobre el proceso emprendedor para identificar, desde una visión sistémica, los principales factores estructurales, culturales, económicos y sociales que influyen sobre la creación de empresas. Luego, en la segunda sección se analiza la dinámica de nacimientos y cierres de empresas en la Argentina en el período 1996-2005 en base a datos estadísticos de la Dirección General de Estudios y Formulación de Políticas de Empleo del Ministerio de Trabajo y elaboraciones propias. De esta manera, se busca caracterizar el fenómeno de fertilidad empresarial a partir de estos datos y de su comparación con estadísticas similares de otros países.[3] Finalmente, se presenta un conjunto de reflexiones en torno de recomendaciones de políticas que podrían fortalecer el proceso de surgimiento y desarrollo de nuevas empresas en Argentina.

1. El proceso de creación de empresas desde una visión sistémica

El surgimiento y desarrollo de empresas es un fenómeno complejo y multidimensional. En consecuencia, su análisis requiere adoptar un enfoque holístico, es decir, que incluya a los principales factores sociales, culturales, institucionales y económicos que definen la arena en la que nacen las empresas (Buame, 1992). El proceso de creación de organizaciones (Gartner, 1988) tiene como punto de partida la identificación de una oportunidad de negocio, que luego de ser conceptualizada y validada, es materializada mediante la movilización de un conjunto de recursos que dan lugar a un nuevo emprendimiento, incluyendo aquellos que significan la creación

---

[2] Esta presentación se basa en parte en los resultados de un conjunto de estudios realizados en el marco del acuerdo entre la Agencia Internacional de Cooperación Japonesa (JICA) y la Universidad Nacional de General Sarmiento (UNGS) sobre el desarrollo empresarial en la Argentina (Kantis y otros, 2003).

[3] La elección del período de estudio 1996-2005, obedece principalmente a que las Estadísticas del Observatorio de la Dinámica de Empresas y Empleo del MTEySS se comenzaron a realizar a partir de esa fecha.

de una nueva empresa, ya sea por un nuevo empresario o bien de una persona con antecedentes empresariales previos.

El proceso emprendedor incluye distintas etapas y eventos al interior de las mismas cuyo resultado es el nacimiento de empresas y de emprendedores. Las etapas son la gestación del proyecto empresario (el surgimiento de la motivación y las competencias para emprender, la identificación de la oportunidad/idea de negocio, la elaboración del proyecto); el lanzamiento de la empresa (la decisión final de emprendedor y el acceso/organización de los recursos) y la gestión de los primeros años de vida de la empresa (el ingreso en el mercado, la resolución de los problemas de la supervivencia y el despegue de la firma).

Gráfico Nº 1: Esquema del sistema de desarrollo emprendedor (SDE)

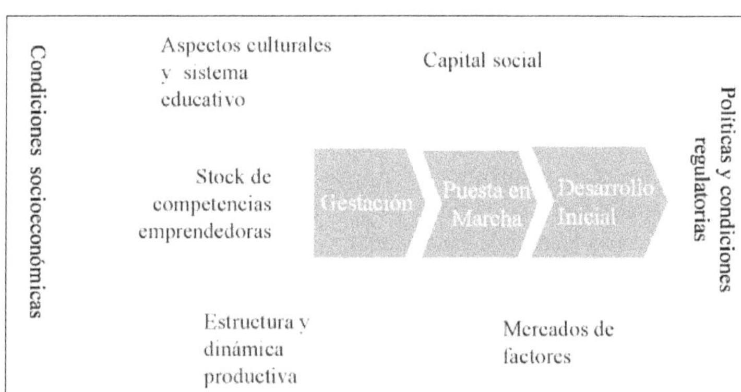

Fuente: Kantis y otros, 2004

Sobre el proceso emprendedor y sus eventos inciden distintos factores que están interrelacionados entre sí.[4] Estos factores pueden agruparse, en forma simplificada, en las siguientes grandes categorías:

• Condiciones socioeconómicas generales. Este factor agrupa aquellos aspectos vinculados con la estructura y dinámica socioeconómica que influyen sobre el proceso emprendedor. El nivel de ingresos de la pobla-

---

[4] Este marco de análisis parte del desarrollado en el Proyecto BID/DBJ/UNGS (Kantis y otros, 2002) y su reelaboración en el estudio BID-FUNDES Internacional (Kantis y otros, 2004).

ción, por ejemplo, incide sobre el estado de la demanda, mientras que su nivel cultural afecta su perfil de consumo a la vez que ambos factores acaban influyendo sobre la cantidad y tipo de oportunidades de negocios. También se incluyen distintas variables macroeconómicas, tales como la tasa de crecimiento del producto, los precios relativos o la tasa de inflación, que afectan, en particular, el espacio (tamaño y perfil) de oportunidades de negocios (Gibb y Ritchie, 1982). Asimismo, la estructura social, por ejemplo el peso de la clase media de la cual surge la mayoría de los emprendedores, condiciona el proceso de creación de empresas (Kantis y otros, 2004).

• Aspectos culturales y sistema educativo. La cultura es el conjunto de normas y valores de una sociedad. Distintos aspectos culturales tales como la valoración social del emprendedor, las actitudes frente al riesgo de fracasar y la presencia de modelos de rol constituyen factores culturales que inciden sobre la formación de vocaciones para emprender. Asimismo, el sistema educativo (en sus diferentes niveles) influye sobre la cultura y sobre la formación de vocaciones y competencias para emprender de la población estudiantil.

• Estructura y dinámica del sistema productivo. La estructura productiva, su perfil sectorial, regional y según tamaño de empresa inciden sobre la experiencia laboral de las personas, su acceso al conocimiento técnico y a las redes de relaciones necesarias para el emprendimiento. Mason (1997) destaca el rol de las empresas como yacimientos/incubadoras de nuevas firmas. A su vez, la concentración regional de la industria en torno a un territorio puede ser generadora de áreas con culturas más proclives a la empresarialidad y con mayor presencia de modelos de rol. Por último, la tasa de crecimiento de los distintos sectores/mercados y la magnitud de las barreras a la entrada existentes, también influyen, principalmente en el volumen y la calidad de las oportunidades para iniciar nuevas empresas y en la formación de competencias de los potenciales emprendedores.

• Stock de competencias emprendedoras (aspectos personales). Esta categoría se refiere a la disponibilidad de competencias para emprender en la población (propensión a asumir riesgos, tolerancia al trabajo duro, búsqueda de lucro, capacidad de control, capacidad de organización, flexibilidad, vitalidad, habilidades sociales). Por definición, el stock de competencias incide sobre todos los eventos del proceso emprendedor. Este factor está influido a su vez por otros factores ya enunciados, tales como la cultura y el sistema educativo, por ejemplo, o el perfil de las mismas empresas, cuyas características inciden en la formación de vocaciones y competencias para emprender.

• Redes y capital social. La existencia de redes sociales, institucionales y de negocios puede facilitar el acceso a las oportunidades y a los recursos necesarios para emprender. Este concepto coincide en buena medida con alguna de las definiciones existentes de capital social.[5] La importancia de este factor para el desarrollo emprendedor es reconocida en diversos estudios que destacan su rol en la identificación de oportunidades y la movilización de recursos para emprender, y en el apoyo a la gestión, entre otros aspectos (Johannisson y Monsted, 1997). En el campo de la economía industrial y de la innovación es posible reconocer tanto los aportes de la escuela nórdica (Hakan Hakanson, 1990; Lundvall, 1992) hasta enfoques más recientes acerca de sus implicancias para el desarrollo industrial (Lall, 2002). Las redes y el capital social se ven asimismo influidos por la existencia de ambientes socioeconómicos diversos. Una estructura social muy inequitativa erosiona las bases de confianza entre los distintos segmentos que componen la población afectando las bases de capital social. Este aspecto debe ser visto desde una doble perspectiva referida al grado de desarrollo de capital social existente en una sociedad (el ambiente) y a la actividad de los emprendedores para el desarrollo de las mismas, respectivamente. El estudio del proceso emprendedor requiere tomar en cuenta ambas dimensiones. Los emprendedores pueden ser más o menos propensos a tejer redes como resultado de su formación, el microclima sociocultural en el que operan o la propia necesidad de desarrollar el emprendimiento, pero el resultado de esa actividad podrá verse más o menos facilitada por el capital social existente a nivel general.

• Condiciones de los mercados de factores. Influye sobre el acceso a los recursos financieros; la disponibilidad de trabajadores calificados; la oferta de servicios profesionales (contadores, consultores, etc.); el funcionamiento de los mercados de abastecimiento de materias primas y proveedores de materiales; las condiciones de la infraestructura, incluyendo la red vial, las telecomunicaciones, etc. Un adecuado funcionamiento de estos

---

[5] Conjunto de normas, valores y relaciones informales de cooperación y confianza entre los actores, que ayudan a reducir los costos de transacción.

mercados es muy importante tanto para el lanzamiento de la empresa como para el desarrollo temprano de la firma.

• Políticas y condiciones regulatorias. Esta categoría incluye el conjunto de normas y políticas públicas que inciden sobre el ambiente económico y, en particular, en la creación de empresas (impuestos, normativa de registración, de acceso a los mercados, etc.). En un sentido amplio, las regulaciones pueden afectar directa o indirectamente al conjunto de los demás factores (política educativa, industrial, de competencia, mercado de factores, etc.). Desde esta óptica, el proceso emprendedor está inserto en contextos regulatorios que inciden sobre la formación de competencias, la existencia y acceso a las oportunidades de negocio, a los recursos y a la formalización de la empresa.

Los elementos anteriores (eventos del proceso emprendedor y factores que inciden sobre los mismos) definen un sistema integrado por diferentes componentes, insumos y resultados en términos de actividad emprendedora o de creación de empresas.[6] En este sentido, es posible definir el Sistema de Desarrollo Emprendedor (SDE) como el conjunto de elementos y factores que contribuyen o por el contrario, obstaculizan el nacimiento y desarrollo de emprendedores y de empresas.[7][8] Presentado este marco conceptual, el artículo se focalizará en analizar el comportamiento

[6] Están compuestos de partes que interactúan (Ackoff, 1961); cuenta con entradas –inputs– (recursos, ideas, información, etc.) y salidas –outputs– (la actividad emprendedora, un nuevo emprendedor o empresa). Sus límites son arbitrarios (Simon, 1962). A partir de un cierto punto del conocimiento, los componentes y su estructura comienza a ser considerado como una caja negra en la cual se conocen las transformaciones de las entradas en salidas pero no su estructura interna (Ashby, 1956).

[7] La principal diferencia entre el sistema de desarrollo emprendedor y el sistema de innovación consiste en el foco último de interés, en el output de uno y otro sistema: las innovaciones en un caso y el nacimiento de emprendedores y de empresas en el otro. Desde esta perspectiva el sistema de innovación y el sistema de desarrollo emprendedor poseen múltiples puntos de contacto. Para ilustrar las diferencias basta un ejemplo, un sistema de innovación muy dinámico puede estar basado en la actividad innovadora de grandes corporaciones o aun del sector público y no necesariamente en el surgimiento de empresas innovadoras a la vez que un sistema de desarrollo emprendedor puede ser muy fértil pero estar basado en emprendimientos poco intensivos en investigación y desarrollo.

[8] Otras adaptaciones al concepto de sistema nacional de innovación pueden encontrarse en el caso de Lall (2002) quien define el sistema nacional de aprendizaje industrial como aquel en el cual sus componentes interactúan en forma sistemática influyendo en el desarrollo de las capacidades de las empresas existentes. Comprende la estructura de incentivos (políticas comerciales, industriales y tecnológicas; el contexto macroeconómico, el sistema regulatorio), los mercados de factores y el sistema institucional de apoyo a las empresas.

del sistema de desarrollo emprendedor en términos de sus resultados, es decir, de la dinámica y fertilidad del proceso de creación y muerte de empresas, tanto en términos cuantitativos como en la consideración de su perfil de dinamismo. Los factores que componen el Sistema de Desarrollo Emprendedor aportan elementos para comprender esta dinámica aunque su consideración excede el alcance de este trabajo.

2. Una década de creación y muerte de empresas en la Argentina[9]

Una primera mirada a las estadísticas sobre el número de empresas existentes al inicio y al final del período 1996-2005 parece indicar que la base empresarial argentina se encuentra estancada. A mediados de 1996 se contaban en total unas 413.000 empresas, en industria, comercio y servicios, siendo el número total en el segundo trimestre de 2005 cercano a las 417.000 empresas.[10] En cuanto al tamaño de las nuevas empresas, en general se trata de un fenómeno circunscripto a las empresas de menor tamaño. De hecho, un 66% de las nuevas empresas nacen como microempresas y un 31% como PyMEs. Sin embargo, más allá de las diferencias entre tamaño y sectores, la evolución del stock de empresas entre 1996 y 2005 es el resultado de una dinámica de creación y muerte que registra tres subperíodos bien diferenciados. Un primer tramo corto de signo positivo que se extiende hasta 1998, un segundo período largo claramente negativo como consecuencia de la recesión y posterior crisis del modelo de convertibilidad que llega hasta mediados de 2003, y un tercer tramo de recuperación vigorosa desde entonces hasta la actualidad. Primero se comenta el comportamiento verificado en la segunda mitad de los 90's y luego la evolución registrada a la salida de la crisis.

[9] La información en la cual se basa esta sección surge de los informes elaborados por la Dirección General de Estudios y Formulación de Políticas de Empleo del Ministerio de Trabajo, Empleo y Seguridad Social (véase Observatorio de Empleo y Dinámica Empresarial en Argentina).

[10] Se excluye de estas estadísticas a las empresas del sector primario (actividades vinculadas con la producción agropecuaria, la pesca, la silvicultura, así como las actividades extractivas).

2.1. La segunda mitad de los '90s

A nivel general la segunda mitad de los años '90 estuvo caracterizada por un proceso de destrucción neta de empresas. El total de empresas en industria, comercio y servicios cayó de 413.000 a mediados de 1996 hasta un valor cercano a las 395.000 en 2001, es decir, que en términos anuales se destruyeron unas 3.400 empresas. En este contexto, el sector industrial ha experimentado caídas muy significativas que obedecieron, por un lado, a las fuertes presiones competitivas que se registraron desde el comienzo del período y por otro, a la muy intensa recesión de los últimos años.

<table>
<tr><td align="center">Algunas cifras ilustrativas</td></tr>
<tr><td>La industria redujo su stock de empresas de 58.000 en 1995 a 53.000 en 2000. Contrastando con esta situación el stock de empresas de transporte y almacenamiento aumentó de 17.000 a 24.800 con una creación anual media de casi 3.000 empresas y una destrucción de 2.000. El sector de computación casi se duplicó pasando de 1.000 empresas a casi 1.900.</td></tr>
</table>

Fuente: Kantis y otros, 2003.

Por el contrario, algunos sectores de servicios como transporte y almacenamiento y computación tuvieron una fertilidad empresaria muy superior. En ambas actividades la creación de nuevas empresas fue significativa y más que compensó la elevada mortandad verificada, registrándose un incremento en el stock de empresas que revelan que al interior del mundo empresarial se verifica una importante heterogeneidad de comportamientos. El caso de los servicios de transporte y almacenamiento se explica en gran medida por el efecto combinado de varios factores: menores regulaciones, aumento en el uso por parte de la población de los servicios de taxis y remises, externalización del servicio de logística por las grandes empresas, todo ello sumado a la necesidad de una masa importante de la población de encontrar una salida laboral en el contexto de fuerte reestructuración económica con expulsión de empleo verificado en los '90. Los servicios de computación también se expandieron, partiendo de una base empresaria muy reducida y acompañando el crecimiento del parque informático, estimulado a su vez por la demanda de las familias y de las empresas en un contexto de apertura con tipo de cambio bajo y fuerte cambio tecnológico.

A nivel geográfico prácticamente todas las provincias registraron saldos netos negativos de creación de empresas durante la segunda mitad de la década del '90.[11] Asimismo, el proceso de creación de empresas estuvo muy concentrado en pocas provincias guardando correspondencia con la estructura espacial preexistente. Alrededor del 80% corresponde a Buenos Aires (29,8%), Ciudad de Buenos Aires (28,1%), Santa Fe (11,3%) y Córdoba (10,2%).

Si se compara la evolución de las tasas de creación y destrucción con la tasa de crecimiento del PBI se arriba a una conclusión relevante. Mientras la tasa de destrucción de empresas aumentó en aquellos períodos de mayor caída del PBI, la tasa de creación registra un comportamiento pro-cíclico, aunque no lineal. En los períodos de crecimiento de la economía, la tasa de creación de empresas crece ligeramente más que el producto al principio y luego se frena, en cambio, en los períodos de crisis, la respuesta de la tasa de creación es mucho más negativa, exagerando el ciclo en los períodos de recesión.[12]

Gráfico Nº 2: Comparación de la evolución de la creación y destrucción de empresas, con la evolución del PBI en la segunda mitad de los '90 (1996=100)

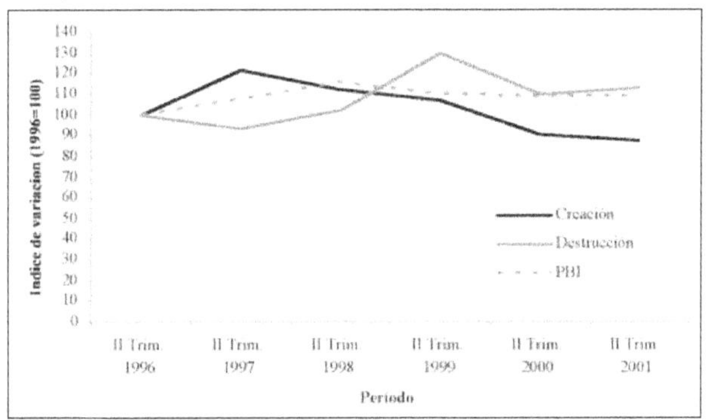

Fuente: Elaboración propia en base a INDEC y Observatorio de Empleo y Dinámica Empresarial -DGEyEL - MTEySS.

[11] La excepción fueron Chubut, Santa Cruz y Tierra del Fuego, con tasas muy elevadas de nacimiento –a partir de una base empresarial previa pequeña– superiores a las tasas de destrucción también significativas (mayores al 10% anual en todos los casos).

[12] Es muy posible que la primera reacción en la tasa de creación de empresas, luego de los períodos de crisis, se explique por la acumulación de lanzamientos de emprendimientos que estaban programados y que debieron postergarse hasta que las condiciones mejoraron.

En el caso de la industria manufacturera la tasa de creación de empresas se comporta de manera similar, tanto en el período de crecimiento como en la caída de la economía y la tasa de destrucción de empresas crece significativamente a partir de la caída de la economía.

Gráfico N° 3: Comparación de la evolución de la creación y destrucción de empresas industriales con la evolución del PBI en la segunda mitad de los '90s

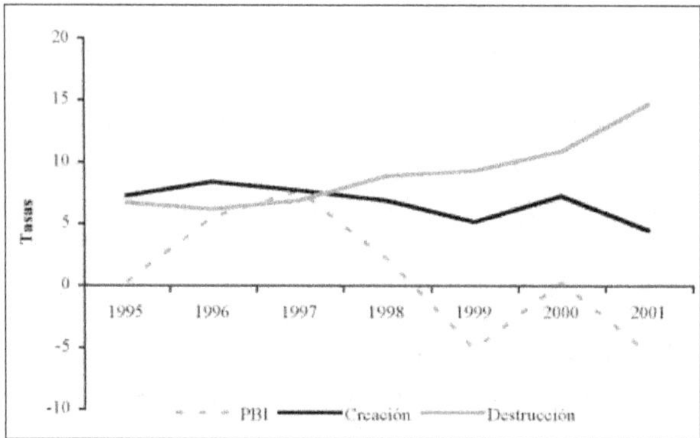

Fuente: Kantis y otros (2003).

A pesar del contexto, es posible identificar la presencia de un pequeño segmento de nuevas empresas, fundamentalmente pequeñas y medianas, muy dinámicas que nacieron en el período y consiguieron sobrevivir y crear poco más de la mitad del empleo generado por las nuevas empresas de su generación. En efecto, en la industria el 55% del empleo de las nuevas empresas sobrevivientes en 2001 estaba explicado por el 11% de las mismas. Otros estudios destacan que se trata de emprendedores dinámicos cuyos principales factores de éxito han sido su capacidad para combinar el conocimiento técnico adquirido en la universidad, con otras competencias necesarias para emprender desarrolladas en su experiencia laboral previa (por ejemplo, la capacidad de negociación, de comunicación, de trabajo en equipo), conformando equipos emprendedores para la gestación de proyectos de empresa basados en la diferenciación comercial con respecto a la competencia y, en menor medida, la innovación (Kantis y otros, 2004).

En suma, la dinámica de nacimientos y cierres de empresas muestra que ha existido un comportamiento heterogéneo entre sectores como el manufacturero y ciertos servicios ligados al consumo interno y, por otro, de actividades como el transporte a través de la aparición de microempresas de subsistencia. Del mismo modo se observó un dinamismo importante en sectores nuevos ligados al software y la informática. De todas formas, el saldo del período a nivel global ha sido negativo, reflejando que la creación de empresas acompañó en forma exagerada la fase descendente de la economía, y de manera no automática los períodos de expansión de la década del 90. En este contexto, la industria manufacturera fue el sector que mayores dificultades presentó para generar un volumen de nuevas empresas que fuera capaz de compensar la fuerte destrucción de firmas registrada en el período. Aun en el tramo más expansivo de la economía, la creación neta de empresas industriales fue muy moderada. Este comportamiento deficitario de la industria fue común a todas las ramas manufactureras.[13] Durante la crisis del modelo de convertibilidad, las tasas de creación de empresas en general y en el sector industrial en particular, se desplomaron y las de destrucción crecieron significativamente, profundizando la tendencia que venía observándose desde los años de recesión.

2.2. La recuperación posterior a la crisis

La recuperación de la economía que se observa a la salida de la crisis del modelo de convertibilidad se está traduciendo en una significativa reversión de la dinámica negativa observada en la segunda mitad de los '90s. La misma se apoya en un fuerte incremento de la creación de nuevas empresas, cuyo número creció en mayor medida que el PBI, especialmente en los últimos dos años. Sin embargo, esta recuperación de la cantidad de nuevas empresas apenas logra compensar la destrucción registrada en la segunda mitad de los '90.

---

[13] La única excepción fue la rama de reciclamiento de desperdicios y desechos, actividad muy pequeña con menos de 100 empresas existentes. Entre las que se destacaron por una tasa de natalidad significativamente mayor al promedio aparecen prendas de vestir: 10,2% y fabricación de maquinaria de oficina, contabilidad e informática: 14,1% que fueron también las más afectadas por fuertes procesos de destrucción de empresas (13,9% y 14,9%, respectivamente).

Gráfico Nº 4: Comparación de la evolución de la creación y destrucción de empresas con la evolución del PBI en los últimos 10 años (1996=100)

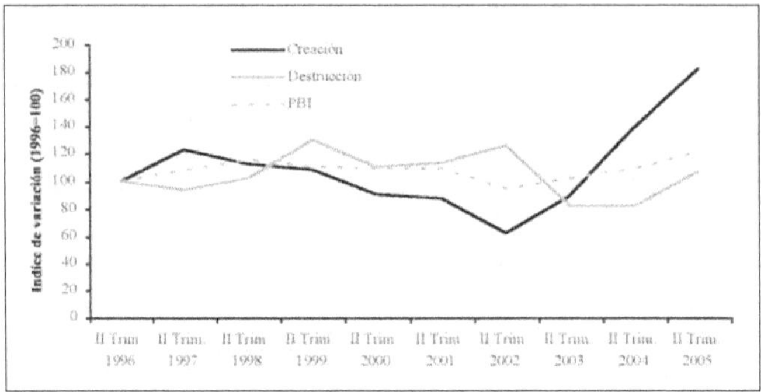

Fuente: Elaboración propia en base a INDEC y Observatorio de Empleo y Dinámica Empresarial -DGEyEL - MTEySS.

Si se consideran los flujos de nacimientos y cierres de empresas del sector manufacturero solamente, se observa también la recuperación a partir del 2002 en el flujo de nuevas empresas, aunque la misma es menor que la observada a nivel general, reflejando de cierto modo las mayores barreras a la entrada de este sector en comparación con los sectores de comercio y algunos servicios. Asimismo se destaca que, como se dijo anteriormente, el punto de partida para esta recuperación fue más bajo, evidenciándose que fue este sector el que peor desempeño relativo tuvo durante la segunda mitad de la década del '90.

Gráfico Nº 5: Comparación de la evolución de las tasas de nacimientos de empresas en los últimos 10 años Industria vs. Nivel general (1996=100)

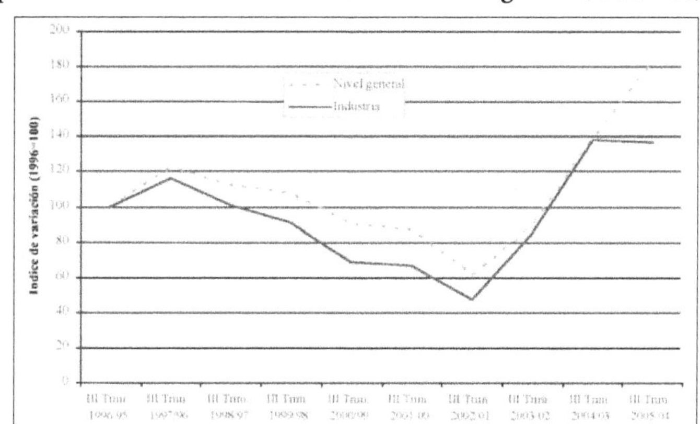

Fuente: Elaboración propia en base a Observatorio de Empleo y Dinámica Empresarial -DGEyEL - MTEySS.

En términos de cantidad de empresas, la recuperación registrada a partir de 2002 se tradujo en un crecimiento del stock de firmas industriales en 1.300 firmas por año en promedio. No obstante ello, todavía no se recuperaron los niveles de mitad de la década del '90. En efecto, en 1995 existían unas 58.000 empresas industriales que descendieron a un piso de 46.000 en 2002 y se elevaron a unas 50.000 en 2005.

Gráfico Nº 6: Evolución del número de empresas industriales (1995-2005)

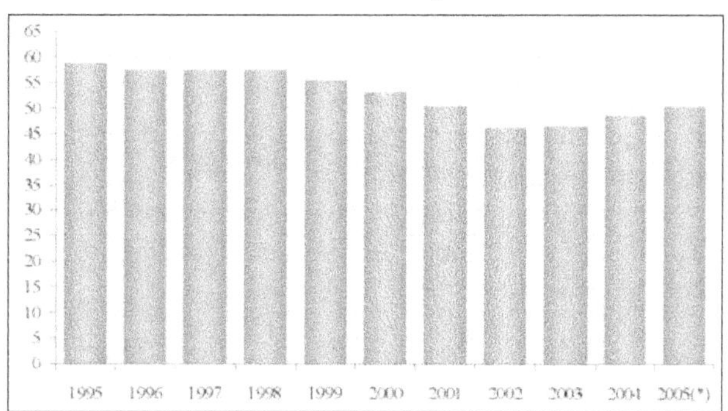

Fuente: Observatorio de Empleo y Dinámica Empresarial -DGEyEL - MTEySS.
Año 2005 cifras provisorias.

155

En resumen, si bien se carece hasta el momento de cifras desagregadas por sector y localización geográfica, las estadísticas de creación y destrucción de empresas posteriores a la crisis de fines de 2001, muestran un importante cambio en la dinámica empresarial, especialmente en la industria, revirtiéndose la destrucción neta registrada en la segunda mitad de los '90, aunque apenas logra compensar el nivel de empresas de esos años.

Este cambio de la tendencia observada en la dinámica de creación y cierre de empresas permite plantear nuevos interrogantes que ameritan la realización de estudios en mayor profundidad. ¿En qué medida este "renacer empresarial" obedece solamente a razones coyunturales relacionadas con la recuperación de la economía después de tantos años de recesión y crisis, o se trata, por el contrario, de un cambio más estructural en las condiciones mismas del proceso de creación de nuevas empresas? ¿Qué porcentaje de la creación de nuevas empresas responde al "reciclado de recursos"[14] observado en los '90, y qué porcentaje constituye una ampliación de la base empresarial más innovadora y una emergencia de nuevos sectores y actividades? ¿Se trata, por ejemplo, de capacidades empresariales reprimidas durante el período anterior y que bajo las nuevas condiciones macroeconómicas encuentran nuevos espacios de oportunidades para desplegarse, o por el contrario, expresa la conjugación de un cambio en las condiciones económicas y socioculturales hacia un sistema más proemprendedor, con la aparición de una nueva camada de empresarios jóvenes capaces de aprovechar las nuevas oportunidades de negocios? Finalmente, ¿en qué medida este flujo de nuevas empresas está contribuyendo a ampliar la base de emprendedores en el interior del país, disminuyendo la concentración geográfica observada en los '90? ¿Cuáles son las perspectivas de supervivencia, crecimiento y desarrollo de estas nuevas empresas creadas con posterioridad a la crisis? Al respecto, un estudio reciente aporta algunas señales optimistas en este último sentido, destacando la existencia de un conjunto de empresas jóvenes (menos de 7 años de antigüedad) dinámicas en la creación de empleo cuyas estrategias de diferenciación en el mercado, internacionalización de la producción y gestión de la innovación, las diferenciaban del res-

[14] Por la expresión reciclado de recursos se entiende a los procesos que se dieron con frecuencia en la década del '90 donde una vez que la empresa quebraba, se distribuían los activos de la misma entre sus empleados, quienes en muchos casos comenzaban una nueva empresa a partir de la disponibilidad de algunas maquinarias específicas.

to de las empresas (Kantis y Federico, 2006). Sin embargo, este estudio se limitó a un conjunto de empresas manufactureras de las principales ramas industriales, careciéndose de estudios que permitan obtener conclusiones definitivas para el conjunto más amplio de las empresas.

3. La comparación con estadísticas internacionales y el problema en la Argentina

En la sección anterior se ha analizado la dinámica de la creación y destrucción de empresas teniendo como marco de referencia el stock de empresas preexistentes. Sin embargo, las investigaciones internacionales utilizan además otra medición para dimensionar el fenómeno de la creación de empresas, dividiendo la cantidad de nuevas empresas que se crean sobre el total de la población económicamente activa. La ventaja de este segundo tipo de medición es que permite apreciar mejor el grado de fertilidad empresarial de una población en comparación con otros países. Por el contrario, la primera forma de cálculo puede arrojar resultados similares pero que esconden diferencias estructurales. Una cantidad de nuevas empresas más pequeña en un período (numerador) dividida por un stock de empresas preexistentes también más pequeño (denominador) puede resultar en una tasa de creación de empresas similar a la de otros países con un mayor grado de desarrollo empresarial y productivo. De esta manera, la comparación podría estar ocultando la existencia de problemas de baja fertilidad acumulados históricamente. La segunda medida, en cambio, calcula qué porcentaje de la población que se encuentra en condiciones de crear una nueva empresa, efectivamente lo hace, considerando el fenómeno emprendedor desde la perspectiva del desarrollo de recursos humanos y capacidades emprendedoras. A continuación se muestran los resultados de ambas comparaciones.

3.1. Medición comparada sobre el stock de empresas preexistentes

Un ejercicio de comparación internacional utilizando la tasa de creación de empresas como proporción del stock de empresas existentes, muestra que para el promedio de la segunda década del '90, la Argentina se ubicaba por debajo de varios de los otros países pero no muy lejos del promedio de los mismos. Una situación semejante se verifica al observar la tasa de mortalidad, medida también como proporción del stock de empresas.

Gráfico Nº 7: Tasas de creación y destrucción de empresas como proporción del stock de empresas
Comparación Internacional Total Empresas – Tasas promedio segunda mitad de los '90.

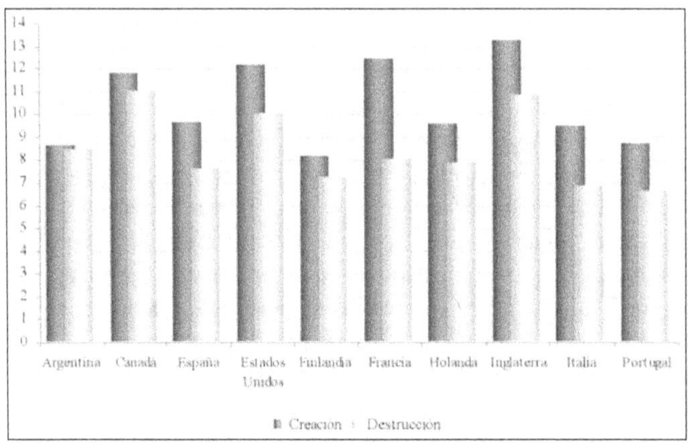

Fuente: Elaboración propia en base a OECD y EUROSTAT.

Los contrastes son mayores al considerar al sector manufacturero, a cuyos efectos se tomó el mejor bienio para la Argentina en términos de su dinámica de creación de empresas (1995-96). Aun así se observa que el saldo neto de creación de empresas industriales fue negativo e inferior a un promedio de países de la OCDE. La tasa de destrucción, por el contrario, no registró valores muy diferentes a los demás países, evidenciando que el resultado negativo de la dinámica de creación y cierre de empresas manufactureras obedece en mayor medida a déficit en la tasa de creación de firmas.

Cuadro Nº 1: Comparación internacional – Industria manufacturera
(tasa anuales promedio sobre el stock de empresas, 1995-1996)

País	Tasa de creación bruta	Tasa de destrucción bruta	Saldo neto
Inglaterra	20,0	13,8	6,2
Finlandia	9,7	4,9	4,8
Holanda	8,9	7,3	1,6
Portugal	10,2	8,9	1,3
Canadá	11,6	10,4	1,2
Estados Unidos	8,5	8,2	0,3
Francia	9,4	9,5	-0,1
Promedio países seleccionados de OCDE	11,1	9,0	2,1
Argentina	9,2	9,5	-0,3

Fuente: Kantis y otros (2003).

Si se toman los datos correspondientes al período posterior a la salida de la crisis de 2001 para el total de empresas, se observa que la tasa de creación bruta de empresas en relación con el stock de firmas existentes fue similar o incluso algo superior a la registrada en países más desarrollados, evidenciando la importante recuperación del flujo de nuevas empresas a la salida de la crisis. De igual forma que en el período anterior, la tasa de destrucción mantiene niveles similares al de otros países.

Cuadro N° 2: Comparación internacional – Total empresas (tasa anuales promedio sobre el stock de empresas)

País (año)	Tasa de creación bruta	Tasa de destrucción bruta	Saldo neto
Inglaterra (2004)	9,9	9,8	0,1
Japón (2001-04)	11,8	12,6	-0,8
Noruega (2004)	12,5	4,4	8,1
Escocia (2003)	16,1	16,4	-0,3
Canadá (2003)	13,5	12,2	1,3
Estados Unidos (2004)	20,8	4,6	16,2
Brasil (2000)	17,2	11,1	6,1
España (2005)	12,2	8,2	4,0
Argentina (2005)	14,3	8,5	5,8

Fuentes: Argentina: DGEyEL – MTEySS. Canadá: Statistics Canda. Japón: Bureau of Statistics. España: DIRCE-INE. Reino Unido: Small Business Statistics. Estados Unidos: Bureau of Labor Statistics. Noruega: Statistics Norway. Escocia: Scottish Enterprise. Brasil: Cadastro de Empresas, IBGE.

En resumen, la comparación de las tasas de creación y destrucción de empresas muestra que aun en el mejor período de la década del '90, la Argentina registró tasas de natalidad ligeramente más bajas que el promedio, traduciéndose en un saldo neto de destrucción de empresas. La tasa de mortandad, en cambio, se ubicó dentro del promedio. La imagen cambia cuando se observan cifras más actuales. En este caso, tanto la tasa de natalidad como la de mortalidad se encuentran cercanas a las observadas en otros países, dando muestras de la recuperación en los niveles de nacimientos de empresas verificada a la salida de la crisis de fines de 2001 y 2002. Tal como fuera señalado en la sección anterior, la industria viene participando muy activamente en esta recuperación de la base empresarial PyME.

3.2. Medición comparada sobre la población activa

Hasta aquí la comparación internacional se basó en el indicador de cantidad de nuevas empresas respecto de la base de empresas existentes. En esta sección se consideran las tasas de nacimiento de empresas medidas como proporción de la población activa.

Gráfico Nº 8: Comparación internacional de las tasas de creación de empresas (sobre la población económicamente activa)

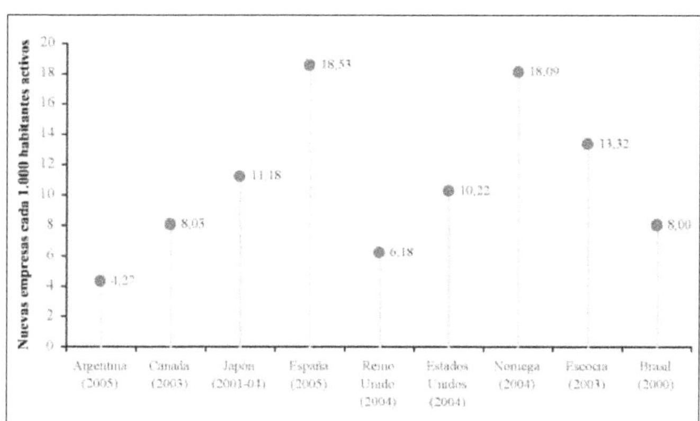

Fuente: Ídem anterior. Estadísticas de la población económicamente activa, LABORSTAT, OIT, y Statistics Scotland para el caso de Escocia.

El gráfico anterior muestra que aun en un período de elevada creación de empresas como es la actualidad, la fertilidad empresarial de la población argentina sigue siendo muy inferior a la internacional no sólo con respecto a países desarrollados sino también en relación con Brasil, cuyo índice es casi el doble del argentino. Por su parte, cifras correspondientes al bienio 1995-1996 para la industria manufacturera muestran una diferencia más acentuada respecto de otros países (Kantis y otros, 2003).

Gráfico N° 9: Comparación internacional de las tasas de creación de empresas industriales (sobre la población económicamente activa). Años 1995-1996

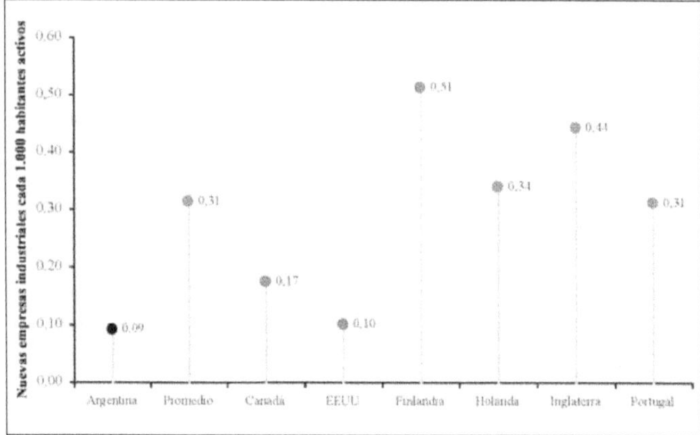

Fuente: Kantis y otros (2003).

Esta información retrata un problema estructural que consiste en la menor capacidad relativa de la sociedad y la economía argentina, durante las últimas décadas, para convertir sus recursos humanos en una base empresarial más amplia, moderna y con potencial de generación de nuevos puestos de trabajo. El renacer emprendedor verificado en los últimos años, que aún debe consolidarse, no alcanza de todas formas los niveles de creación de empresas de otros países. Estos resultados contrastan con otras mediciones como las del *Global Entrepreneurship Monitor* (IAE, 2005) que indica que la población argentina está entre las más emprendedores del planeta. Evidentemente existe una brecha muy importante entre la intención y las acciones llevadas a cabo para emprender y su concreción en nuevas empresas sustentables y dinámicas.

En resumen, medido desde sus resultados el sistema de desarrollo emprendedor argentino –aun en los períodos de elevada natalidad de empresas– presenta debilidades. Lo anterior lleva a pensar en la naturaleza estructural del fenómeno de la baja fertilidad empresaria argentina y a preguntarse acerca del rol que están cumpliendo en la actualidad los diferentes factores que influyen sobre el sistema de desarrollo emprendedor, descriptos en la primera sección de este artículo. En particular, es importante reflexionar acerca de la contribución que se está realizando desde el sistema educativo con el objetivo de desarrollar en la población un conjunto más amplio de habilidades y capacidades emprendedoras, no sólo para incrementar las vocaciones emprendedoras entre los jóvenes, sino también para que sean capaces de recorrer el proceso que permite crear y desarrollar empresas. Pero sin dudas existen limitaciones en otros aspectos estructurales tales como la distribución del ingreso, el funcionamiento del sistema de innovación, la inexistencia de redes de apoyo, el acceso a financiamiento y las regulaciones, entre otros (Kantis y otros, 2002a).

4. Comentarios finales y recomendaciones de política

El estudio de la dinámica de nacimiento y muerte de empresas durante los últimos 10 años indica que los '90 han dejado un saldo negativo en términos de creación neta de empresas, especialmente en el sector industrial, y que sólo en los últimos años posteriores a la crisis comienza a verificarse un proceso de fuerte recuperación de la base empresarial. Aunque todavía no logra compensar la destrucción previa, abre nuevas expectativas con respecto a sus características y perspectivas a futuro.

Sin embargo, aun en los años de fuerte crecimiento de la economía, la proporción de la población activa que ha conseguido crear una nueva empresa es muy inferior a la de otros países, revelando la existencia de un problema estructural de baja fertilidad empresarial. También en este caso los déficit son especialmente más acentuados en la industria.

Dado el carácter estructural del problema de la débil fertilidad empresarial argentina, no parece que el mismo pueda revertirse si no se adopta una estrategia de desarrollo emprendedor deliberada y sostenida en el largo plazo. El cambio de contexto económico abre nuevas oportunidades de negocios y define un escenario auspicioso que requiere ser complementado con acciones concretas para fomentar el nacimiento de nuevos emprendedores que las exploten. Estas acciones concretas deben abordar el fenómeno desde una perspectiva integral donde se incluyan iniciativas deliberadas que afecten los distintos factores que influyen sobre el sistema de desarrollo emprendedor. Si bien la definición de propuestas es un esfuerzo que excede el alcance de este artículo, pueden mencionarse algunas acciones que deberían estar dirigidas, por ejemplo, a:

1. Fomentar la ampliación de la base de emprendedores, especialmente en los distintos niveles de enseñanza.

2. Apoyar e impulsar el desarrollo de capacidades y redes de contacto para apoyar a los nuevos empresarios.

3. Reducir las barreras para la gestación de nuevos negocios.

4. Fortalecer y adaptar la política de innovación para que promueva el nacimiento de emprendedores con potencial de crecimiento e innovación.

5. Promover la articulación entre las instituciones de apoyo a emprendedores para aumentar la escala e impacto de sus acciones y establecer incentivos para la ampliación de las iniciativas.

6. Fomentar e incentivar la capacitación de los recursos humanos pertenecientes a las instituciones de apoyo a emprendedores.

7. Establecer nuevos instrumentos financieros para facilitar el acceso al capital.

8. Promover formas asociativas entre emprendedores e inversores privados y fondos de capital de riesgo.

Es tan importante ensanchar la base de potenciales emprendedores con capacidades para crear una empresa como que nazcan proyectos empresarios con capacidad de sobrevivir e impactar. Ello no es sencillo para quienes diseñan las políticas debido a que, por ejemplo, no existe un perfil sectorial nítido de los emprendimientos más dinámicos. Sin embargo, en el caso argentino es muy limitada la presencia de nuevas firmas de sectores basados en el conocimiento, que en otros países ocupan un lugar destacado entre las empresas dinámicas. Éste es un aspecto de relevancia para el diseño de una estrategia de desarrollo emprendedor, que debe tener particularmente en cuenta la necesidad de incluir acciones orientadas a promover la creación y desarrollo de nuevas empresas en sectores basados en el conocimiento. Las universidades pueden jugar un papel destacado a tal efecto a través del trabajo con sus graduados y estudiantes avanzados, al igual que las demás instituciones del sistema científico y tecnológico.

Acciones de este tipo pueden parecer muy ambiciosas, pero las evidencias internacionales indican que son cada vez menos los países que encaran los nuevos desafíos del desarrollo y que carecen de ellas.

Bibliografía

Ackoff, R (1961) "Systems, organizations, and interdisciplinary research", en Donald P. Eckamn (ed), *Systems: research and design*. Actas del primer simposio de sistemas celebrados en el Case Institute of Technology, páginas 26-42. John Wiley & Sons, New York.

Ashby, W. Ross (1956), "An introduction to cybernetics", Chapman & Hall, London.

Audretsch, D. y Thurik, R. (2001), "Linking entrepreneurship to growth", OECD Directorate for Science, Technology and Industry Working Paper 2001/2.

Buame, S. (1992), "Stimulation of Entrepreneurship: An Interactive Approach". European Small Business Seminar.

Gartner, W. (1988); "Who is an Entrepreneur? That is the wrong question". *American Journal of Small Business*, vol. 12(4), pp. 11-32.

Gibb, A. y Ritchie, J. (1982); "Understanding the process of starting small business", *European Small Business Journal*, Nº 1, pp. 26-46.

Hakansson, H y Snehota I (1990), "No business is an island: the network concept of business strategy", *Scandinavian Journal of Management*.

IAE - Instituto de Altos Estudios – Universidad Austral (2005); *Global Entrepreneurship Monitor.* Informe Argentina.

Johannisson, B y Mönsted, M. (1997) "Contextualizing Entrepreneurial Networking - The Case of Scandinavia". *International Studies of Management and Organization*, Vol. 27, Nº 3, Fall 1997, pp 109-136.

Kantis, H. Ishida, M y Komori, M. (2002), "Empresarialidad en economías emergentes: Creación y desarrollo de nuevas empresas en América Latina y el Este de Asia". Banco Interamericano de Desarrollo, Departamento de Desarrollo Sostenible, División de Micro, Pequeñas y Medianas Empresas.

Kantis, H. con la colaboración de Ventura, J., Gatto, F. y Federico, J. (2002a), "Empresarialidad en economías emergentes: Creación y desarrollo de nuevas empresas en América Latina y el Este de Asia". Informe Argentina. Banco Interamericano de Desarrollo, Departamento de Desarrollo Sostenible, División de Micro, Pequeñas y Medianas Empresas.

Kantis, H. (coord.), "Estudios sobre el Desarrollo Empresarial en la República Argentina. La creación de empresas en la Argentina y su entorno institucional". Buenos Aires: UNGS-JICA, 2003.

Kantis, H, Angelelli, P. y Moori Koenig, V. (2004), "Desarrollo Emprendedor. América Latina y la Experiencia Internacional". Editorial Nomos (Colombia), Editorial Temas (Argentina).

Kantis, H. y Federico, J. (2006), "Estudio de Estrategias Empresariales y Generación de Empleo Productivo". Subsecretaría de Programación Técnica y Estudios Laborales, Ministerio de Trabajo, Empleo y Seguridad Social.

Lall, S. (2002) "Social Capital and Industrial Transformation", *Working Paper,* Number 84, Oxford University.

Lundvall, B.A (1992), National Innovation Systems.

Mason C, (1997), El financiamiento de las pequeñas y medianas empresas en Hugo Kantis (ed). *Desarrollo y Gestión de PyMEs: Aportes para un debate necesario.* Universidad Nacional de General Sarmiento.

OCDE (1999); Fostering Entrepreneurship. Paris: OCDE.

OCDE (2001); "Entrepreneurship, Growth and Policy", OECD DSTI/IND (2001)1.

Reynolds, P., Camp, S., Bygrave, W., Autio, E. y Hay, M. (1999), *Global Entrepreneurship Monitor: Executive Report.* Kauffman Center for Entrepreneurial Leadership/Babson College/London Business School.

——— (2000), *Global Entrepreneurship Monitor: Executive Report.* Kauffman Center for Entrepreneurial Leadership/Babson College/London Business School.

——— (2001), *Global Entrepreneurship Monitor: Executive Report.* Kauffman Center for Entrepreneurial Leadership/Babson College/London Business School.

Simon, H. (1962), "The architecture of complexity". Proceedings American Philosophical Society, 106,6 (dic. 1962), pp. 467-482.

La consolidación del poder empresario en la Argentina. El sector petrolero durante la convertibilidad y ante el "nuevo modelo" post-crisis

Ricardo Ortiz[*]

Introducción

A principios de los años noventa se produjeron profundas transformaciones en el sector energético argentino, como consecuencia del proceso de privatizaciones y desregulación que involucró a casi toda la economía local. En dicho contexto se hizo explícito también el cambio de paradigma bajo el cual se establecía la política energética, y particularmente la que incidía sobre la evolución del sector petrolero. Dicha modificación en la visión sobre la política petrolera rompía con la perspectiva que se había sostenido durante décadas y que concebía al petróleo y al gas como recursos naturales no renovables, y en consecuencia, como bienes estratégicos que debían mantenerse bajo el dominio del Estado nacional. Esa mirada fue cuestionada bajo el impulso del neoliberalismo que promovió la noción de que el petróleo debía considerarse una "commodity", es decir, una mercancía que podía y debía comercializarse sin que fuera necesaria ninguna consideración sobre su cuidado presente y futuro.

En este trabajo se expondrán las principales características de este proceso, enfocándolas en relación con la estructura de los mercados, el perfil sectorial, las estrategias empresarias y el desempeño de las grandes firmas. Ello tiene consecuencias, necesariamente, en la conformación de nuevos liderazgos empresarios y en la incidencia de éstos en la determinación de las políticas impulsadas durante la década del noventa y con posterioridad a la crisis del año 2001.

[*] Sociólogo, Docente de la Carrera de Sociología de la Facultad de Ciencias Sociales, Universidad de Buenos Aires. E-mail: ricky_ortiz@hotmail.com

Ricardo Ortiz

1. Privatización de activos públicos y regulación privada

La sanción de las leyes de Emergencia Económica y de Reforma del Estado en 1989 dio inicio al proceso de desregulación y privatización de los hidrocarburos que se implementó fundamentalmente a través de decretos del Poder Ejecutivo Nacional. Entre ese año y 1993 (cuando se privatizó YPF[1]) las transferencias de propiedad de empresas energéticas (electricidad, gas y petróleo) realizadas desde el Estado Nacional hacia el sector privado involucraron un monto de U\$S 19.454 millones.[2]

El proceso de desregulación que acompañó la transferencia de activos planteaba, entre otros objetivos, promover el establecimiento de mecanismos de mercado para el funcionamiento del sector de los hidrocarburos, evitar la integración de la propiedad de las empresas resultantes del proceso privatizador y lograr el alineamiento de los precios locales con los internacionales, según se expresaba en los decretos respectivos. Para ello, se previó la separación y venta de un conjunto de activos de YPF antes de su privatización (refinerías, oleoductos, terminales y plantas de despacho, equipos de perforación y de transporte) y asociaciones con privados en actividades *upstream* (exploración y explotación en Areas Centrales y Marginales) y *downstream* (transporte, refinación y comercialización).

En la práctica, sin embargo, la implementación de estas medidas produjo resultados contrapuestos a los previstos para justificar la desregulación. Así, al observar la distribución de aquellos bienes de YPF entre las firmas privadas que los adquirieron, se evidencia que se benefició un selecto sector de grupos económicos locales y empresas trasnacionales que ya operaban en dicho mercado (véase cuadro N° 1). En efecto, todas las empresas mencionadas en el cuadro N° 1 habían sido contratistas de YPF antes de su

---

[1] Para la privatización de YPF se utilizó un mecanismo que implicaba transferir una serie de activos que eran propiedad de YPF (yacimientos petroleros y gasíferos, oleoductos, gasoductos, refinerías, buques, entre otros) y mantener otros en manos de la empresa. Aquellos que mantuvo YPF fueron transferidos al sector privado mediante la venta de acciones de la firma en las bolsas de Buenos Aires y Nueva York en 1993. El Estado nacional y las provincias con yacimientos petroleros se reservaron una parte de las acciones, y se le otorgó una participación del 10% a los trabajadores mediante el "Programa de Propiedad Participada". Durante la segunda mitad de la década de los noventa, todas estas participaciones fueron vendidas, y en 1999 Repsol adquirió la totalidad de las acciones de YPF. Un pormenorizado análisis de las transformaciones ocurridas en el sector petrolero argentino hasta 1993, puede encontrarse en Kozulj y Bravo (1993).

[2] Un mayor detalle sobre este y otros aspectos que se enuncian en este trabajo puede consultarse en Ortiz y Schorr (2002).

privatización y aprovecharon la desestatización de dichos activos para integrarse vertical u horizontalmente con los nuevos bienes adjudicados.

Cuadro Nº 1:
Participación de los principales grupos económicos argentinos en la privatización de los mayores activos de YPF

Activos privatizados	Empresas / Grupos económicos					
	Perez Companc	Soldati	Bridas	Astra	Tecpetrol (Techint)	Pluspetrol
Areas Centrales	*	*	*	*	*	*
Areas Marginales	*	*	*	*	*	*
Refinería San Lorenzo	*	*				
Refinería del Norte	*			*		*
Destilería Dock Sud		*				
Oleoductos del Valle	*		*	*	*	*
Interpetrol		*				
Terminales Marítimas Patagónicas	*		*	*	*	
Transporte marítimo (buques)				*		

Fuente: Elaboración propia en base a información de la Secretaría de Energía y del Área de Economía y Tecnología de FLACSO/Argentina.

Este aspecto merece resaltarse, porque a pesar de los objetivos declamados en cada una de las privatizaciones (aumentar la "eficiencia" de los distintos sectores, y de la cadena energética en su conjunto, a partir de la promoción del "libre" juego de las "fuerzas del mercado") se promovió, en los hechos, por acción u omisión estatal, un mercado energético fuertemente concentrado y altamente integrado en términos verticales y horizontales, en el cual las mismas empresas participan en los distintos eslabones de la cadena energética (generación y/o transporte y/o distribución y/o comercialización de gas natural y/o petróleo y/o energía eléctrica).[3] Esto co-

---

[3] Por ejemplo, Perez Companc participó de casi todas los eslabones de la producción de energía: producción petrolera y gasífera, transporte por ductos y por mar, refinación, distribución y comercialización. El grupo Techint extrae el gas que luego transporta hasta su mayor emprendimiento industrial, Siderca, que tiene como uno de sus principales insumos dicho fluido. Quienes adquirieron acciones de YPF en

bra suma relevancia porque el precio oficialmente desregulado "en boca de pozo" (antes de entrar al sistema de transporte) tiene un papel decisivo en la determinación de las tarifas finales de gas y energía eléctrica; lo que incrementa al poder de mercado acumulado por las firmas con posiciones dominantes.

Se avanzó así hacia la reconfiguración de los principales actores presentes en el sector energético, en un camino en el cual se fueron dejando a un lado las prescripciones originales de los decretos desreguladores, en especial, aquellas destinadas a incorporar nuevos actores al mercado y a evitar una nueva integración vertical de los activos estatales previamente desintegrados. Este derrotero, particularmente influido por la capacidad de *lobby* de los grupos empresarios locales, fue característico en las relaciones entabladas entre el Estado nacional y los adjudicatarios de las empresas privatizadas durante los años noventa.[4]

Es decir que como resultado de las modalidades específicas que asumieron los procesos de privatización y desregulación en el mercado de petróleo argentino, si bien la producción de petróleo crudo creció casi un 40% entre 1992 y 2001 (pasando de 32,2 millones de m³ a 45 millones de m3 –con un pico de 49 millones de m³ en 1998–) y la de gas natural un 121% entre 1993 y 2001, se incrementaron fuertemente los niveles de concentración económica. En el mismo período, los seis principales grupos productores (YPF, Perez Companc, Tecpetrol, Chevron-San Jorge, Astra y Bridas-Amoco) aumentaron su participación del 75% al 82% del total del petróleo obtenido, sosteniendo, prácticamente inalterable en el tiempo, la muy alta concentración de la producción presente desde principios de la década.

En cuanto a los derivados del petróleo, cuatro empresas dominan el mercado nacional de naftas, gas oil y otros combustibles líquidos, a las que se agregaron otras en forma marginal en distintos momentos o ámbi-

1993 (Perez Companc y Soldati, entre otros) también obtuvieron grandes beneficios financieros al vender su participaciones minoritarias a Repsol cinco años más tarde a un precio un 136% más alto de lo que habían pagado originalmente (y esto, sin contabilizar los dividendos distribuidos por YPF a partir de los U\$S 4.337 millones ganados entre 1993 y 1998).

[4] En las diversas actividades sometidas a privatización, se renegociaron continuamente tarifas, criterios de actualización de las mismas, metas y plazos de inversión, siempre en un sentido que beneficiaba económicamente a las firmas privatizadas y en detrimento de consumidores y usuarios. Al respecto, véase Azpiazu, D. y Schorr, M. (2001).

tos geográficos. YPF, Shell y Esso (a las que desde 1994 se sumó Eg3 –a su vez comprada por Petrobras en el año 2001–), dominan más del 90% del mercado de las naftas, venden alrededor del 80% del total agregado del kerosene, el 90% del gas oil y, en promedio, más del 80% del fuel oil. Dichas firmas controlan también más del 80% del mercado de lubricantes y de las bocas de expendio en la Argentina.

Así, puede concluirse que la desestatización de activos y la desregulación no sólo no tendió a producir una desconcentración de la propiedad de medios de producción, sino que por el contrario, reforzó el poder de las empresas preexistentes, constituyendo un poderoso oligopolio privado que a partir de la concentración de la oferta maneja discrecionalmente la evolución de los precios de los distintos derivados en el mercado local.

Como consecuencia de ello, en un período extremadamente corto de tiempo, los actores económicos mencionados precedentemente realizaron no sólo enormes ganancias patrimoniales, sino también reforzaron su poder económico asentado sobre su presencia en el conjunto del sector energético. Así, entre 1991 y 1996 el grupo Perez Companc logró aumentar su facturación un 97%; un 337% sus ganancias netas (y por el mayor incremento respecto de la facturación, aumentó su rentabilidad), y su patrimonio neto un 84%. Pero el caso más notable es el del grupo Astra, que en un período de cinco años multiplicó ocho veces su patrimonio, siendo vendida en 1996 a la empresa española Repsol.

2. Precios "desregulados"

A partir de las reformas neoliberales los precios del petróleo y sus derivados no están sujetos a ningún tipo de regulación oficial (al margen de las modificaciones en las respectivas cargas impositivas) desde fines de 1990. La evolución de los precios durante la década de los noventa ha sido diferencial, según se trate de combustibles de uso preponderantemente intermedio (como el gas oil y el fuel oil) o de uso preponderantemente final (como las naftas y el kerosene). Los precios de estos últimos se han incrementado relativamente respecto de los primeros –en especial el fuel oil–, debido principalmente al carácter de ambos mercados: mientras que las demandas de las naftas y el kerosene están muy atomizadas y dispersas en el tiempo, en las demandas de los combustibles de uso intermedio pesan más las compras mayoristas, ya que se trata de insumos para el transporte, el agro y la producción de electricidad (Ortiz, R., 2000); es decir, que existe mayor concentración de la demanda y, por lo tanto, se incrementa el poder de negociación de los precios.

En términos generales, la fijación de precios está determinada por el valor de los insumos, pero sobre todo por las estrategias de las firmas líderes del oligopolio. Así, cuando se produjeron fuertes caídas en el precio internacional del petróleo crudo (cayó un 55% entre diciembre de 1996 y el mismo mes de 1998) no se verificó un comportamiento de la misma magnitud en los precios internos de los combustibles sin impuestos: la nafta común disminuyó un 5,6%; la nafta especial, un 9,3%; el gasoil, un 8,5%; el kerosene un 11,5%; mientras que el fuel oil no registró cambios en el mismo período. Esta situación derivó en que, por ejemplo, entre 1991 y 2001 el gasoil sin impuestos en la Argentina se elevara un 27% respecto de la evolución del precio internacional del petróleo crudo y también de los precios pagados por este combustible en otros mercados del mundo.

A diferencia de algunos otros sectores industriales en los que el efecto combinado de la desregulación de los mercados y la apertura de la economía operó como "disciplinador" de los precios domésticos, en el ámbito de los derivados del petróleo no se lograron los objetivos proclamados con la liberalización de las fuerzas del mercado y la privatización de la empresa líder. Intentando justificar esta evolución disociada, desde las empresas que operan en el mercado local se afirma que habitualmente las reducciones en el precio del petróleo se transmiten con mayor lentitud hacia el valor de los derivados que sus incrementos. Sin embargo, en el caso argentino, pareciera que esa transmisión se realiza por canales que se encuentran especialmente "obturados" por distintos obstáculos.

Lo notable del caso argentino es que dichas barreras han sido resultado principalmente de la falta de interés por parte del Estado para orientar el desarrollo de un mercado en el cual la desregulación no significara el traslado pleno de la capacidad regulatoria directamente a las manos de los más poderosos actores privados, sino que distribuyera ese poder entre los diversos agentes sociales y económicos presentes en el sector (incluyendo a los consumidores). Entre los principales limitantes estructurales y normativos pueden destacarse:

- el pronunciado grado de concentración de la oferta y de la infraestructura física para el acopio y transporte de combustibles[5];
- los altos costos para ingresar en el mercado (algunos de ellos, producto de restricciones legales)[6];
- contratos de larga duración entre las refinadoras y los comercializadores minoristas (vigentes durante toda la década del noventa), que dificultaban el ingreso de nuevas firmas al último eslabón de la cadena hidrocarburífera, entre otros.

Dado que el mercado es evidentemente "imperfecto" desde la perspectiva ortodoxa, la liberalización plena de las fuerzas de la oferta y la demanda ha derivado en una profundización de los efectos perniciosos de tales imperfecciones (en otras palabras, a pesar de lo que señalan los defensores del neoliberalismo, la desregulación en mercados fuertemente concentrados no puede conducir sino a la profundización de las llamadas "imperfecciones de mercado"). El ejercicio pleno y abusivo del poder oligopólico de mercado por parte de las firmas líderes, la falta total de regulación antimonopólica sobre el mercado y su escaso grado de exposición real a la competencia externa, derivaron en cambios sustantivos en la estructura de precios y rentabilidades relativas de la economía, en favor de aquellas áreas y grupos privilegiados –por acción u omisión– por las políticas de privatización y desregulación realizadas.

En suma, si bien el alineamiento y la convergencia de los precios domésticos con los internacionales constituyeron objetivos centrales de la política de desregulación del mercado petrolero y de las distintas fases de la cadena sectorial, la privatización y "desmonopolización" de la actividad, la libre disponibilidad del crudo y la eliminación de toda regulación de precios, permitieron consolidar en este sector un mercado fuertemente oligopolizado, donde se ejerció (y se sigue ejerciendo) el abuso de posiciones dominantes por parte de las principales empresas.

---

[5] Los oleoductos, tanques de almacenamiento, terminales portuarias y de bombeo están fuertemente concentrados en manos de YPF, Shell, Esso y Petrobras.

[6] El requisito básico para ser importador es el de ser sujeto pasivo del Impuesto a la Transferencia de los Combustibles (ITC), lo que exige haber comercializado el año anterior a la solicitud de inscripción un monto mínimo no menor a 100.000 m^3, que se convierte en una seria limitación a la incorporación de nuevos agentes. Por otro lado, las empresas comercializadoras debe acreditar un patrimonio mínimo de elevado nivel, a lo que se agrega el pago del ITC en forma previa a la venta del derivado.

3. Producción y exportaciones de petróleo crudo y gas

El nuevo diseño del mercado dio lugar, paralelamente, a un fuerte incremento de la producción de petróleo y gas, previamente mencionado, seguido de un importante crecimiento en las exportaciones de dichos productos, sin industrializar. Entre 1993 y 2004 (es decir, desde la privatización de YPF), las exportaciones de petróleo crudo crecieron mucho más rápidamente que la producción de dicho combustible, pasando del 16% al 35% del total de la extracción anual (y llegando al 41% en el año 1996),[7] y más aún crecieron las exportaciones de gas a partir de 1997 (véase gráfico Nº 1) pasando del menos del 2% de la producción al 14% del total de la extracción anual en 2004.

Gráfico Nº 1:
Producción y exportaciones de petróleo y gas, 1993-2004
(base producción y exportación de petróleo y producción de gas 1993=100 y base exportación de gas 1997=100)

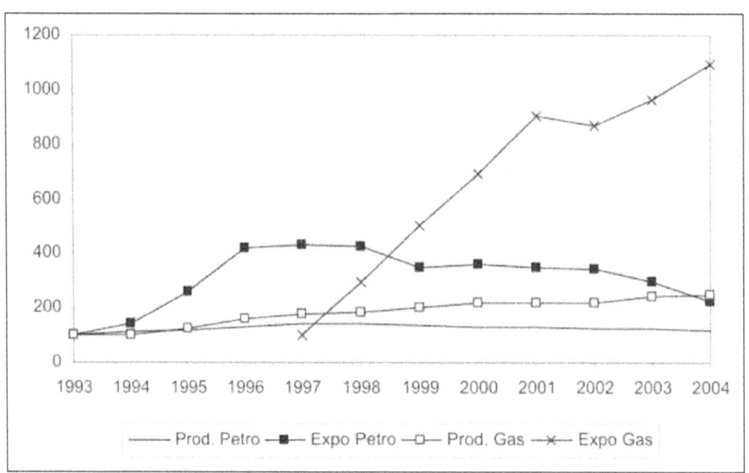

Fuente: Elaboración propia sobre la base de datos de la Secretaría de Energía.

[7] Es decir, al menos uno de cada tres barriles de petróleo crudo que se extraen, se exporta. La contracara de esta situación se manifiesta en el aumento de las importaciones de productos refinados.

La desregulación permitió, asimismo, la "libre disponibilidad" del crudo y la posibilidad de que las empresas dejaran en el exterior hasta el 70% de las divisas obtenidas por las exportaciones. Así, los mayores beneficiarios de estas políticas han sido las empresas exportadoras, en detrimento del posible aumento de la ocupación y del valor agregado que podrían obtenerse para el conjunto de la industria por la exportación de productos refinados, y no simplemente del crudo sin elaborar. Ello permitió que las principales empresas presentes en el sector (tanto productoras de crudo como refinadoras, e integradas[8]), incrementaran sus beneficios provenientes del comercio exterior muy rápidamente: el saldo de la balanza comercial total de las siete empresas pasó de U$S 3.082 millones en el período 1993-1995 a U$S 8.769 millones en 1996-1999.[9]

De tal evolución puede inferirse un comportamiento orientado a fortalecer el comercio exterior del conjunto de las firmas estudiadas, que contrasta con lo sucedido con el conjunto de la industria argentina durante la década pasada.[10] Aunque partían de niveles bajos, las exportaciones de petróleo crudo crecieron el 400% entre 1992 y 2001, y las de gas, más de 1.100% sólo entre 1997 y 2001. Como consecuencia de este patrón de desenvolvimiento productivo, la relación reservas/producción pasó de 13 años (en 1990) a menos de 9 años a fines de 2001. Esto es muy importante si se considera, por un lado, el carácter no renovable del recurso en cuestión y, por otro, lo reducido de las tareas exploratorias por parte de los actores privados del sector,[11] ya que se requieren altas inversiones asociadas con riesgos elevados.

---

[8] Se trata de siete firmas, entre las cuales hay una integrada (YPF), dos refinadoras (Esso y Shell), y cuatro productoras de crudo (Tecpetrol –del grupo Techint–; Chevron/San Jorge; Bridas/Amoco; y Perez Companc –este último, también participa en refinación–). A partir del año 2002, con la compra de Perez Companc, Petrobras también se convierte en una firma integrada.

[9] El impacto fue diferencial entre las firmas mencionadas: mientras YPF aumentó su saldo positivo en casi el 90%, Techint (Tecpetrol) lo hizo cuatro veces, Perez Companc cinco veces, Bridas/Amoco seis veces, y Chevron/San Jorge veintitrés veces respecto del monto del primer período. Shell pasó de una balanza comercial deficitaria a una superavitaria, y el único caso que mantuvo el nivel de su balanza fue el de Esso (sólo creció un 2,15%).

[10] Ortiz, R.y Schorr, M. (2001).

[11] Al respecto, consúltese Herrero (1999).

4. La industria refinadora: tendencias en la producción y el empleo

Ciertas consideraciones adicionales pueden realizarse analizando algunos indicadores relativos a la rama industrial vinculada con la refinación del petróleo y la producción de derivados (véase cuadro Nº 2).

Cuadro Nº 2:
Indicadores de la industria refinadora argentina (rama 23), 1991-2000
(índice base 1993=100)

	I	II	II	IV	V=I/II	VI=III/II	VII=V/IV
Años	Volumen físico de la producción	Ocupación anual	Horas trabajadas	Salario por obrero	Productividad de la mano de obra	Relación horas trabajadas/ obreros	Relación productividad/ salario
1991	94,9	177,7	181,1	68,9	53,40	101,91	77,51
1992	99,2	127,8	137,2	97,5	77,62	107,36	79,61
1993	100,0	100,0	100,0	100,0	100,00	100,00	100,00
1994	98,0	73,3	70,0	102,1	133,70	95,50	130,95
1995	92,1	70,9	66,5	112,7	129,90	93,79	115,26
1996	93,5	69,0	65,2	115,8	135,51	94,49	117,02
1997	102,1	66,9	62,2	113,9	152,62	92,97	133,99
1998	107,3	67,9	64,6	116,1	158,03	95,14	136,11
1999	107,9	68,4	65,6	119,1	157,75	95,91	132,45
2000	108,2	62,7	59,3	123,2	172,57	94,58	140,07

Fuente: Elaboración propia sobre la base de datos del INDEC.

A lo largo de la década de los noventa, el volumen físico de la producción evolucionó con altibajos, elevándose hacia fines del período (menos de un 10% con respecto a 1993). La ocupación disminuyó en forma abrupta, como consecuencia, principalmente, de la privatización de YPF, que pasó de ocupar casi 50.000 trabajadores antes de su desestatización a unos 7.000 al finalizar el decenio; el saldo es que en el año 2000 la ocupación en la rama industrial era el 35% de la existente en 1991. Las horas trabajadas acompañaron la caída de dotación de la fuerza de trabajo empleada, siendo al final del período el 33% de las existentes diez años antes. Por ende, la jornada media de trabajo cayó un 7%.

En cuanto a la productividad media de la mano de obra, creció el 223% entre 1991 y 2000, y más del 72% a partir de 1993. Pero si se considera la evolución de la productividad horaria (volumen físico de la producción sobre horas trabajadas), los índices pasan a ser de 52,4 en 1991; 100 en 1993; 143,4 en 1996 y 182,5 en 2000, lo que implica un incremento de casi el 250% entre el inicio y el fin de la década. Por último, la relación productividad/salarios, que explica la distribución interna del ingreso industrial, revela una creciente apropiación del excedente por parte del sector empresarial (aumenta un 40% desde 1993, y el 80% desde 1991). En síntesis, los principales indicadores muestran un acentuado proceso de incremento en la explotación de la mano de obra a lo largo de los años noventa, desarrollo que se ve afirmado en su evolución desde la privatización de YPF en 1993.[12]

5. Los beneficios empresarios

Llegados a este punto es interesante considerar cómo impactó todo el proceso de desregulación y de privatización en las cuentas de las empresas. A fin de considerar los niveles de rentabilidades a los que han accedido los principales grupos empresarios argentinos como resultado del aprovechamiento de las ventajas privadas promovidas desde el Estado, se comparan dichos beneficios con los obtenidos por los principales grupos petroleros del mundo (véase cuadro Nº 3).

[12] La caída en algunos indicadores, como por ejemplo el de la ocupación y el de las horas trabajadas, es particularmente más fuerte en esta rama que en el conjunto de la industria argentina en el período estudiado. Respecto de la caída de la ocupación en las empresas privatizadas, puede consultarse Duarte (2001). Otro aspecto relevante a la hora de analizar los efectos de la privatización de YPF es la desestructuración social originada por la desocupación en algunas localidades en las cuales el empleo en YPF era el principal sostén de las familias: por ejemplo, Cutral-Có y Plaza Huincul, en Neuquén, y Gral. Güemes, en Salta.

Ricardo Ortiz

Cuadro Nº 3:
Rentabilidades comparadas de empresas petroleras, 1994-2001
(utilidades/ventas)

Empresa	1994	1995	1996	1997	1998	1999	2000	2001
YPF	12,81	15,96	13,76	14,27	10,54	7,23	14,19	10,03
Shell CAPSA	8,99	8,49	6,48	5,26	6,27	2,24	-7,95	-5,53
Esso SAPA	6,06	1,72	-5,31	-0,10	4,23	-2,53	-8,45	-4,40
EG3	5,15	3,80	2,30	1,96	4,77	0,24	-5,89	-
Astra	15,14	13,20	17,31	12,95	-2,18	4,90	4,10	-
Perez Companc	16,86	16,79	27,7	22,27	15,66	27,25	18,31	6,0
Tecpetrol (Techint)	12,29	12,44	12,75	14,02	9,26	15,99	21,53	28,14
Petrobras Energía	-	-	-	-	-	-	-	7,63
Promedio de la "cúpula empresaria" argentina	*5,62*	*5,82*	*4,27*	*4,67*	*3,5*	*4,2*	*2,1*	*1,0*
Amoco (EEUU)	6,87	6,88	8,81	8,52	3,89	5,61	8,02	4,57
British Petroleum (G.B.)	4,76	3,11	5,70	6,49	4,77			
Elf-Aquitaine (Francia)	-0,02	2,42	3,00	4,00	1,67	7,58	6,03	8,3
ENI (Italia)	6,41	7,61	7,72	8,43	8,21	8,94	11,82	13,7
Exxon Corporation (EEUU)	5,12	6,00	6,43	7,03	6,38	4,92	7,61	7,3
Mobil Corporation (EEUU)	2,98	3,67	4,17	5,61	3,68			
Occidental Petroleum (EEUU)	-0,39	4,90	6,61	8,62	5,50	5,89	11,57	8,25
Petrobras (Brasil)	3,39	5,62	2,62	7,76	7,71	5,93	19,82	18,6
Petróleos de Venezuela S.A.	9,09	11,92	13,28	12,84	5,35	12,89	13,44	s.d.
Repsol (España)	4,08	4,63	4,30	3,93	4,71	4,5	5,31	5,06
Royal Dutch Shell (Gran Bretaña/Holanda)	6,61	6,30	6,93	6,05	0,4	8,15	8,53	8,03
Texaco (EEUU)	2,80	2,05	4,53	5,71	1,87	3,36	4,97	11,6

Nota: la "cúpula empresaria" refiere a las mayores 200 firmas de la Argentina medidas por su facturación, sin considerar los bancos y las aseguradoras. A partir de 2001, Petrobras Argentina incluye EG3.
Fuente: Elaboración propia en base a Bussiness Week, Bloomberg. Memorias y Balances de las empresas y datos del Área de Economía y Tecnología de FLACSO/Argentina.

Si bien se trata de firmas de distinto tamaño, los datos permiten realizar una aproximación a la *performance* seguida por las mismas en cuanto a su capacidad para generar ganancias a partir de su volumen de negocios. Las empresas argentinas muestran los más altos niveles de ganancias netas en relación con las ventas, como resultado de su inserción en mercados –como se ha visto– oligopólicos o protegidos natural o normativamente de la competencia externa. Así Repsol-YPF duplica o triplica las rentabilidades de las firmas internacionales de mayor tamaño (como Exxon-Mobil, BP-Amoco o Royal Dutch Shell) durante la mayor parte de la década de los noventa. En el caso de empresas que han diversificado sus inversiones en toda el área de la energía y en otros sectores sometidos a privatización (como Perez Companc y Astra), los indicadores son incluso más altos y llegan a superar el 20% anual. Se advierte que estos niveles son inalcanzables incluso para grandes petroleras de propiedad estatal como Petrobrás, ENI o Petróleos de Venezuela, cuyas rentabilidades pueden superar el 10% anual; y están muy lejos del resto de las firmas privadas, ya que sólo dos de ellas saltan esa barrera (Occidental Petroleum en 2000 y Texaco en 2001).

Por otra parte, es importante contrastar también el desempeño de las petroleras nacionales en relación con el promedio obtenido por la "cúpula empresaria" argentina, teniendo en cuenta que se trata de compararlas con el grupo de firmas que señalan, en cierta forma, las características del conjunto de la economía local, por el peso que tienen en el producto y la inversión en nuestro país. Entre 1994 y 1998, de las siete petroleras argentinas siempre hay cinco que logran rentabilidades mayores a las del conjunto de la elite económica nacional (e incluso pueden llegar a ser tres, cuatro o cinco veces más altas). Por último, aun en períodos de recesión (como el que se inició en 1998), los niveles de utilidades en relación con la facturación pueden mantenerse por sobre los del conjunto de la economía local, lo que expresa la capacidad de muchas de estas firmas para lograr cierta autonomía relativa del ciclo económico interno.

6. Estrategias empresarias: extranjerización e internacionalización

A partir de lo expuesto hasta aquí, es posible realizar algunas apreciaciones acerca de las estrategias seguidas por las principales empresas que actúan en el sector de los hidrocarburos.

Hasta la venta de YPF, los más grandes actores privados (grupos económicos locales y empresas trasnacionales) se involucraron en el proceso de privatizaciones, que en términos del conjunto de la economía argentina permitió consolidar altísimas rentabilidades para aquellas empresas que resultaron de la desestatización, y para las firmas que invirtieron en dichos activos.[13] Lo mencionado también es válido para el sector energético, especialmente para las empresas petroleras y gasíferas (en los distintos eslabonamientos de la cadena). Es decir, al elevado crecimiento de las ganancias patrimoniales anteriormente mencionado, las firmas operadoras en gas y petróleo sumaron la capacidad de obtener las más altas rentabilidades de la economía, y también la posibilidad de operar en un mercado totalmente desregulado que cristalizaba las nuevas relaciones de fuerzas económicas resultantes del proceso mencionado.

En una segunda fase (1994-1995), de reordenamiento empresario y reformulación de estrategias por parte de los actores privados, se produjeron fusiones de empresas de mediano rango que buscaron consolidar su presencia en la refinación y comercialización (es el caso de la creación de Eg3).

La etapa siguiente (1996-2002) se perfila a partir del impulso al proceso de internacionalización de las operaciones de las firmas, lo que implicó "despegar" en la medida de lo posible sus intereses económicos de la evolución del mercado interno e incrementar las exportaciones de petróleo crudo y el gas sin procesar. Al mismo tiempo se profundizó la concentración y centralización del capital en el sector, a partir de varias operaciones de fusiones y adquisiciones. Entre las más importantes, se encuentran la seguidilla de compras de la española Repsol: en 1996, adquirió el control del grupo Astra; en 1997, a través de esta última, compró el 45% de Pluspetrol, y obtuvo el paquete mayoritario de Eg3; en 1998 aumentó su participación en Refinería del Norte; y en 1999 compró YPF. Otras operaciones importantes realizadas por petroleras internacionales fueron también la adquisición de Bridas por parte de la norteamericana Amoco en 1997; la adquisición de Petrolera San Jorge por la estadounidense Chevron, en 1999; y las compras por parte de Petrobras de Eg3 en 2001 y de Perez Companc en 2002. Dicho proceso de centralización del capital y extranjerización de activos se produjo prácticamente sin que los organismos de control (entre ellos la Comisión Nacional de Defensa de la Competencia) pusieran límites a la concentración de los mercados. Ello es particularmente importante de destacar por los efectos –reales o potenciales– que se derivan de dichas

---

[13] Azpiazu, D. y Schorr, M. (2001).

operaciones sobre la estructura y el funcionamiento del mercado petrolero, del conjunto del sector energético, y de una amplia gama de actividades productivas de tipo energo-intensivas. Sólo en 1999, cuando Repsol adquirió YPF, la CNDC dictaminó que Repsol debería desprenderse de algunos activos, lo que sólo se produjo a principios de 2001, cuando transfirió Eg3 a la brasileña Petrobras.

En cuanto a las actividades internacionales, las principales firmas comenzaron a adquirir reservas en otros países de la región. Así es que desde mediados de la década, Perez Companc, Tecpetrol, Pluspetrol, Astra y el grupo Soldati pasaron a operar yacimientos de hidrocarburos en Bolivia, Perú, Ecuador, Brasil, Colombia y Venezuela, siguiendo el camino emprendido por YPF, que poco tiempo atrás había comenzado a extraer gas y petróleo en diversos países del mundo. El objetivo manifiesto por parte de las firmas era la diversificación de sus actividades, con la consiguiente disminución de los riesgos, y el incremento de sus reservas disponibles.

7. Comentarios finales: la defensa de las rentas extraordinarias luego de la devaluación

La salida a la profunda crisis del año 2001 se definió a través de la devaluación del tipo de cambio y la pesificación de las deudas bancarias en dólares, lo que implicó que se modificaron los precios y las rentabilidades relativas del conjunto de la economía y se redistribuyeron recursos entre los distintos agentes económicos. En ese contexto, se abría la posibilidad de limitar las ganancias extraordinarias que implicaba la devaluación para los sectores exportadores y para los formadores de precios (características que poseen las empresas del sector petrolero), teniendo en cuenta, entre otras cuestiones, que la crisis de la convertibilidad pauperizó a un enorme conjunto de asalariados y desocupados y era necesario redistribuir aquellos recursos extraordinarios entre estos últimos.

Una de las normas aprobadas a principios del año 2002 (la Ley 25.561), facultaba al Poder Ejecutivo a regular transitoriamente los precios de insumos, bienes y servicios críticos a fin de proteger los derechos de los usuarios de una eventual distorsión del mercado o de acciones de naturaleza monopólica u oligopólica. La Ley de Emergencia Económica permitía también que el Poder Ejecutivo fijara retenciones a las exportaciones; otros decretos habilitaron a la Secretaría de Energía a determinar los volúmenes de producción petrolera y gasífera, fijar los límites de precios y establecer cupos de producción nacional de petróleo crudo que deben ser dedicados al abastecimiento del mercado doméstico, etcétera.

De todas maneras, y a pesar de la batería de posibilidades en manos del gobierno para redistribuir las rentas extraordinarias obtenidas por el sector, el *lobby* de las empresas logró impedir el cumplimiento efectivo de varias medidas, limitarlas en su ejecución o simplemente que el gobierno diera marcha atrás en su implementación. Además de las presiones directamente realizadas sobre distintas instancias del Estado (Secretaría de Energía, Ministerios de Economía y de Planificación, Comisión de Energía de ambas Cámaras del Poder Legislativo, entre otras) se sumó la fuerte actividad remarcadora de precios sobre todo en las ventas minoristas de combustibles. Resulta altamente plausible pensar que de igual manera que lo habían realizado durante la década del noventa, el acuerdo para aumentar precios fuera una de las prácticas más frecuentes; sólo que en el 2002 se lo utilizó como herramienta de presión y negociación ante los tibios intentos por regular algunos segmentos del mercado hidrocarburífero.

La secuencia de los hechos permite confirmar esta suposición: a principios del año 2002 el gobierno había decidido imponer retenciones del 20% al conjunto de las exportaciones del sector (gas, petróleo y derivados), pero en menos de un mes estas medidas se convirtieron en retenciones del 20% únicamente a las exportaciones de petróleo crudo[14]; las retenciones a las exportaciones de gas (como se vio anteriormente, las ventas externas más dinámicas de los últimos años) desaparecieron en el derrotero de idas y vueltas del *lobby* petrolero. Cuando las firmas petroleras amenazaron con suspender el suministro de gas licuado de petróleo durante el invierno en la región patagónica, el gobierno redujo la tasa que pagan por las exportaciones de dicho fluido (GLP) del 20% al 5%. En junio de 2002 el gobierno impuso limitaciones a las exportaciones de crudo por tres meses, a fin de incrementar la producción interna de gas oil; pero un mes después, suspendió dicha limitación, y las retenciones a la exportación de gas oil también se redujeron del 20% al 5%.

---

[14] Sólo en el año 2004, y debido al fuerte incremento del precio del petróleo que amenazaba trasladarse a los precios internos de los combustibles, el gobierno nacional resolvió aumentar las retenciones –exclusivamente– al petróleo crudo para estabilizar el mercado interno.

Por otra parte, tampoco se utilizaron los fondos provenientes de las retenciones para equilibrar el profundo deterioro en los ingresos de los asalariados, los desocupados o los jubilados. Entre los años 2002 y 2004, las exportaciones de petróleo representaron un monto de más de U$S 6.500 millones, y las de gas natural U$S 977 millones; si bien una parte de ellas fueron retenidas por el Estado nacional, la composición del gasto estatal implicó mantener un lugar privilegiado para el pago de la deuda externa a los organismos financieros internacionales y para las transferencias internas al capital concentrado local.

En síntesis, luego de la más profunda y duradera crisis económica y social de la que se tenga registro en la Argentina, el sector hidrocarburífero logró mantener, gracias al poder económico obtenido durante la década previa, una gran parte de las rentas extraordinarias producto de la devaluación. Si a eso se suman los beneficios obtenidos vía la pesificación de las deudas bancarias en dólares (de las cuales se hizo cargo el Estado a través de la emisión de bonos), nuevamente se verifica que a pesar del cambio de las administraciones gubernamentales algunas fracciones del poder económico siguen siendo obteniendo enormes ganancias aun cuando se modifique el marco económico en el que realizan sus actividades. En cuanto a las rentabilidades (ganancias netas en relación con la facturación –en pesos–) obtenidas en el contexto de la crisis y su salida, basta mencionar los casos de YPF (17%, 22% y 24%, en 2002, 2003 y 2004 respectivamente); Tecpetrol (51%, 18% y 13% para los mismos años); Petrobras (7,1% en 2003 y 10% en 2004), mientras que Shell y Esso revirtieron las fuertes pérdidas que arrastraban por la recesión. Además, los exportadores petroleros y gasíferos mantienen el privilegio de dejar en el exterior el 70% de las divisas provenientes de las exportaciones.

A pesar de ello, es posible acotar y restringir el campo de acción de las empresas si se toma la decisión política de avanzar en un proceso de redistribución progresiva de la riqueza. Para ello, pueden tomarse algunas medidas, como las siguientes:

1. En general: modificar la política de gastos del Estado, para que las retenciones no se destinen a fortalecer al poder económico, sino para reparar las consecuencias sociales de la implementación de las políticas neoliberales de los últimos treinta años (principalmente en lo que refiere a salarios, jubilaciones, salud y educación); también formular un marco regulatorio integral para la energía y crear un ente de control unificado para su monitoreo. Además, la legislación vigente de Defensa de la Competencia proporciona elementos su-

ficientes como para ejercitar activamente los instrumentos regulatorios disponibles, y la Secretaría de Defensa de la Competencia y del Consumidor podría –y debería– haber actuado desde hace ya largos años. En el artículo 1º de la ley de Defensa de la Competencia se prohíben aquellos actos o conductas "que tengan por objeto o efecto limitar, restringir, falsear o distorsionar la competencia o el acceso al mercado o que constituyan abuso de una posición dominante en un mercado, de modo que pueda resultar perjuicio para el interés económico general". En ese marco, entre las conductas definidas como restrictivas de la competencia (artículo 2) se señalan, por ejemplo, la de "fijar, concertar o manipular en forma directa o indirecta el precio de venta, o compra de bienes o servicios"; la de "fijar, imponer o practicar, directa o indirectamente, en acuerdo con competidores o individualmente, de cualquier forma precios y condiciones de compra o de venta de bienes". Sin duda, la conducta de las firmas líderes del oligopolio petrolero se ha inscripto en los comportamientos que se consideran como potencialmente atentatorios de la competencia. Sin embargo, a pesar de la sospecha fundada de la sistematicidad del abuso de posición dominante en el mercado por parte de las principales petroleras locales, muy poco se ha hecho en beneficio del "interés público" privilegiando, en este caso por omisión, los intereses de las grandes firmas del sector.

2. En particular: derogar los decretos desreguladores y aplicar la Ley de Hidrocarburos, lo que permitirá desintegrar los activos energéticos en manos de los privados; auditar las reservas (ya que no hay datos independientes sino sólo lo que comunican las empresas); restringir las exportaciones; eliminar el privilegio sectorial que permite dejar en el exterior el 70% de las divisas generadas por las exportaciones; fijar el precio de gas "en boca de pozo" en función de los costos internos, y no del precio internacional; realizar modificaciones impositivas (por ejemplo, que el Impuesto a la Transferencia de los Combustibles pase a ser un porcentaje del precio de venta y no un monto fijo, ya que en la actualidad, cuando suben los precios de los combustibles el monto que es apropiado por el Estado no varía, y por ende, el aumento es absorbido únicamente por los privados). Por último, cabe destacar que Enarsa (la empresa estatal de hidrocarburos creada por la administración Kirchner) debería convertirse en una empresa testigo en el mercado, fijando precios de los combustibles a favor de los usuarios y consumidores, realizando la gestión de las áreas que dejarían los privados si se aplicara la Ley de Hidrocarburos y efectuando las auditorías de las reservas, en la recuperación del enfoque de los recursos energéticos como bienes estratégicos a cargo de la Nación.

Bibliografía

Azpiazu, D. y Schorr, M. (2001): "Desnaturalización de la regulación pública y ganancias extraordinarias", en revista *Realidad Económica*, N° 184, Buenos Aires.

Basualdo, E. (2000): *Concentración y centralización del capital en la Argentina durante la década del noventa*, FLACSO/IDEP/Universidad Nacional de Quilmes, Buenos Aires.

Calleja, G. (2002): "La emergencia económica, los petroleros y el presidente Duhalde", en revista *Realidad Económica*, N° 185, Buenos Aires.

Costallat, K. (s/f): *Efectos de las privatizaciones y la relación Estado-sociedad en la instancia provincial y local: el caso Cutral Có - Plaza Huincul*, Cuaderno CEPAS N° 7, Centro de Estudios de Política, Administración y Sociedad – Asociación de Administradores Gubernamentales, Buenos Aires.

Dobrusin, A. y Kozulj, R. (1994): "Gas Natural: racionalidad regulatoria vs. racionalidad privada", en revista *Desarrollo y Energía*, vol. III, N° 5, Instituto de Economía Energética, Fundación Bariloche, San Carlos de Bariloche, Río Negro.

Duarte, M. (2001): "Los efectos de las privatizaciones sobre la ocupación en las empresas de servicios públicos", en revista *Realidad Económica*, N° 182, Buenos Aires.

Herrero, D. (1999): "Reservas y exportación de petróleo: ¿sigue la Argentina una estrategia óptima de desarrollo?", en revista *Realidad Económica*, N° 163, Buenos Aires.

INDEC (2002): *Grandes empresas en la Argentina 2000*, Buenos Aires.

Kozulj, R. (2002): *Balance de la privatización de la industria petrolera en Argentina y su impacto sobre las inversiones y la competencia en los mercados minoristas de combustibles*, CEPAL, Serie Recursos Naturales e Infraestructura N° 46, Santiago de Chile.

Kozulj, R. (1994): "La evolución del sector petrolero desde la desregulación: Inversión pública y rentabilidad privada", en revista *Desarrollo y Energía*, vol. III, N° 5, Instituto de Economía Energética, Fundación Bariloche, San Carlos de Bariloche, Río Negro.

Kozulj, R. (1993): *El nuevo marco regulatorio y la privatización de Gas del Estado: ¿acceso abierto o acceso cerrado?*, Instituto de Economía Energética asociado a la Fundación Bariloche, San Carlos de Bariloche, Río Negro.

Kozulj, R. y Bravo, V. (1993): *La política de desregulación petrolera argentina. Antecedentes e impactos*, Centro Editor de América Latina, Buenos Aires.

Ortiz, R. (2000): *La desregulación y privatización en el mercado argentino de combustibles líquidos en los años noventa*, ponencia presentada en las XVII Jornadas de Historia Económica, Asociación Argentina de Historia Económica/Universidad Nacional de Tucumán, 20 al 22 de septiembre de 2000, San Miguel de Tucumán.

Ortiz, R. y Schorr, M. (2002): *La reconfiguración del poder económico en el sector de los hidrocarburos durante la década del noventa y sus consecuencias en la salida de la Convertibilidad*, ponencia presentada en las V Jornadas de Sociología, organizadas por la Carrera de Sociología de la Facultad de Ciencias Sociales, Universidad de Buenos Aires, 11 al 15 de noviembre de 2002, Buenos Aires.

Ortiz, R. y Schorr, M. (2001): "El comercio exterior de las grandes empresas industriales durante la década de los noventa", en *Época* Revista Argentina de Economía Política, año 3, número 3, Buenos Aires.

Pistonesi, H. (1995): *Experiencia de privatización en el sector energético argentino*, Instituto de Economía Energética IDEE asociado a la Fundación Bariloche, S.C..de Bariloche, Río Negro.

Proyecto "Privatización y Regulación en la Economía Argentina" (1999): *Privatizaciones en la Argentina. Regulación tarifaria, mutaciones en los precios relativos, rentas extraordinarias y concentración económica*, Documento de Trabajo Nº 7, FLACSO/SECYT-CONICET, Buenos Aires.

Proyecto "Privatización y Regulación en la Economía Argentina" (1998): *Privatizaciones en la Argentina. Marcos regulatorios tarifarios y evolución de los precios relativos durante la convertibilidad*, Documento de Trabajo Nº 4, FLACSO/SECYT-CONICET, Buenos Aires.

Sánchez Albavera, F. y Altomonte, H. (1997): *Las reformas energéticas en América Latina*, CEPAL, Serie Medio Ambiente y Desarrollo, Nº 1, Santiago de Chile.

Vettier, T. (1993): *Nómina y características de las actuales compañías de transporte y distribución de gas natural en la Argentina, después de la privatización de Gas del Estado S.E.*, Instituto Argentino de la Energía "General Mosconi", IAE, Comisión de Gas, Buenos Aires, octubre 1993.

IV.
Servicios de infraestructura: transporte y telecomunicaciones

¿Por qué te quedás en vía muerta?: las políticas ferroviarias de los '90 y el debate acerca del futuro de los ferrocarriles

Ruth Felder[1]

> *¿Por qué te quedas en vía muerta?*
> *No sé por qué vas hacia ese lugar*
> *donde todos han descarrilado.*
>
> No te animás a despegar, Charly García.

Introducción

En los últimos años, los ferrocarriles han sido noticia en numerosas oportunidades, tanto por su calamitoso estado y las sucesivas renegociaciones contractuales entre los concesionarios y los gobiernos, como por los anuncios del gobierno de Kirchner acerca de la recuperación de la red ferroviaria y los esfuerzos de diversos grupos sociales, políticos y sindicales que han estado luchando por recuperar el tren como medio de transporte y por revalorizar su rol social, económico y político. Para que la recuperación de los ferrocarriles trascienda el plano de las intenciones, es importante tener en cuenta el tipo y la magnitud de los cambios políticos, legales, institucionales, económicos y técnicos ocurridos en los '90 en el marco del discurso 'antiferroviario' (y antiestatista), ya que la reversión de los mismos es bastan-

---

[1] Socióloga y magíster en Administración Pública, Universidad de Buenos Aires, master y candidata al doctorado en Ciencia Política, Universidad de York, Toronto, Canadá. Principales áreas de trabajo e interés: ajuste y reformas estructurales en la Argentina; globalización económica e instituciones financieras internacionales. Dirección electrónica a: <u>ruth_felder@hotmail.com</u> o <u>rfelder@yorku.ca</u>

te más compleja que el viraje discursivo. Requiere también responder a la pregunta: ¿qué ferrocarril para qué país? Para establecer los objetivos y prioridades de recuperación de la red es necesario definir si se priorizará la rentabilidad de los operadores ferroviarios (como se planteó en los '90), si los trenes estarán al servicio de sectores productivos específicos (por ejemplo, proveyendo transporte barato para los grandes productores y exportadores agrícolas) o si cumplirán funciones sociales y de integración territorial. Si bien la reflexión acerca de los patrones de desarrollo del país excede ampliamente los límites de este artículo, la discusión de algunos aspectos claves de la historia ferroviaria reciente puede contribuir a esta reflexión. Con este objeto, aquí se mencionará muy brevemente el papel que tuvo el ferrocarril en función de los patrones históricos de desarrollo del país, para luego analizar el proceso de privatización y algunos de los principales problemas de la gestión privada. Para terminar, se revisará la situación actual, prestando atención a las iniciativas de recuperación del medio ferroviario. De los muy diversos enfoques teóricos y ejes temáticos posibles, el trabajo se centrará particularmente en la dimensión política de la privatización, enfatizando el rol que, por acción u omisión, ha jugado el Estado en relación con el sector. Esta perspectiva permite reconocer la complejidad de la privatización y el carácter conflictivo de la gestión privada y, por lo tanto, pone en cuestión el supuesto de que la privatización sería una solución rápida y definitiva para los problemas de la gestión estatal de los servicios públicos. Por otra parte, permite ir más allá de las explicaciones que atribuyen las dificultades y problemas actuales a meras cuestiones técnicas, a la incapacidad de gestión y control de los actores involucrados en la prestación y regulación de los servicios o a la persistencia de corrupción. Sin negar la incidencia de estos problemas, la mirada política nos permite recordar que la reforma del Estado en general, y las privatizaciones en particular, implicaron una profunda redefinición de las relaciones de poder entre distintos grupos sociales que no ha dejado de generar luchas y tensiones por imponer puntos de vista y prioridades más o menos favorables a distintos actores.

2. Auge y declinación del ferrocarril

El transporte ferroviario comenzó a desarrollarse en nuestro país en la segunda mitad del siglo XIX cuando los ramales comenzaron a extenderse desde el puerto de Buenos Aires hacia diferentes regiones del país, jugando un importante papel en la expansión de relaciones sociales capitalistas y en la consolidación de un esquema de desarrollo cuyo eje principal era la exportación de productos agrícolas y ganaderos. Buena parte de la red se desarrolló desordenada y aceleradamente como producto de iniciativas privadas fuertemente respaldadas por el Estado.[2] El ferrocarril constituyó una actividad rentable para sus propietarios privados (mayoritariamente británicos) hasta la crisis económica mundial de 1930, cuando los altos costos de mantenimiento de una red envejecida combinados con la creciente competencia del transporte automotor y la declinación del modelo de desarrollo basado en la exportación de productos agropecuarios redujeron notablemente los beneficios.[3] A esto se le sumó la presión ejercida por capitales relacionados con la industria automotriz y petrolera (mayoritariamente estadounidenses) que pujaron por desplazar al ferrocarril de su lugar de privilegio y la sanción de una Ley de vialidad en 1932 que favoreció la construcción de caminos y el desarrollo del transporte automotor.[4]

Esta crisis culminó en 1947, con la controvertida decisión del gobierno de Juan D. Perón de estatizar los ferrocarriles británicos a cambio del pago de una compensación a las empresas. La estatización expresó las contradicciones del nuevo patrón de desarrollo capitalista basado en la sustitución de importaciones y el uso intensivo de fuerza de trabajo. Por una parte, la compensación pagada a los operadores privados muestra un innegable apoyo estatal a los capitales británicos que vieron compensadas sus pérdidas. Por otra parte, el ferrocarril en manos del Estado se convertiría en un instrumento fundamental de la reorientación del desarrollo en el país. Desde entonces, el transporte ferroviario barato constituiría una forma implícita de subsidio a la producción agropecuaria que favorecería la transferencia de ingresos hacia la industria, y parte del salario indirecto de los trabajadores que usaban masivamente este medio de transporte.

[2] Como plantea Ortiz (1958) en su clásico trabajo acerca de la historia del ferrocarril, el apoyo se tradujo en el otorgamiento de garantías sobre el capital invertido, en la cesión gratuita de tierras linderas a las vías, en la exención de impuestos sobre la importación de materiales destinados a la construcción, así como en la privatización de algunos ramales altamente rentables que hasta la década de 1890 habían estado en manos del Estado. El apoyo estatal y la rentabilidad del negocio contribuyeron a la sobresaturación ferroviaria de las zonas agropecuarias más ricas y a un exceso de capital invertido que se traduciría en tarifas más altas y que, finalmente, haría más difícil la rentabilidad del sector.

[3] Peña (1973).

[4] Schvarzer (2000).

Ruth Felder

A partir de la década del '60, el ferrocarril sufrió una paulatina degradación, que puede medirse en la falta de inversión e incorporación de tecnología, la reducción de la extensión de la red, la obsolescencia del material rodante y la decreciente cantidad de pasajeros y cargas transportados. El deterioro se agravó cuando, en el marco de la última dictadura militar, la empresa estatal Ferrocarriles Argentinos sufrió un proceso de endeudamiento y pérdida de capital acompañado por el levantamiento de ramales, la suspensión de servicios de pasajeros, el cierre de talleres y el despido de una parte considerable del personal. La recuperación de la democracia en 1983 estuvo acompañada por una severa crisis económica, en cuyo marco ganaron legitimidad perspectivas contrarias a la gestión estatal de servicios públicos. El imperativo de reducción del gasto y la imposibilidad de realizar las inversiones necesarias para mejorar el funcionamiento de los servicios aceleró el deterioro de los servicios, a la vez que dio lugar a los primeros proyectos de incorporación de capital privado en las empresas públicas (Arango, 1990). La oposición política y social a estos planes hizo imposible su concreción hasta después de la crisis hiperinflacionaria de 1989 y la asunción del gobierno por parte de Carlos Menem, durante cuya gestión el discurso privatizador se puso a la orden del día.

3. La decisión de privatizar

En 1989, Ferrocarriles Argentinos era considerada por el nuevo gobierno como el ejemplo que mejor expresa el déficit y la ineficiencia.[5] Esta caracterización del sector se daba en una coyuntura económica crítica en la que la estabilización económica, la creación de oportunidades de negocios que atrajeran capitales y la necesidad de mostrar la voluntad política de llevar adelante transformaciones estructurales resultaban prioritarias[6] y en el marco de un clima ideológico de auge de perspectivas neoconservadoras que veía en la intervención del Estado el origen de la crisis económica y el mayor obstáculo para el desarrollo y que proponía la apertura al mercado

---

[5] Menem y Dromi (1990).

[6] Para un análisis de los objetivos de las privatizaciones ferroviarias, véase Müller (1994). Una defensa de estas prioridades y una justificación de las 'desprolijidades' de los procesos de privatización pueden verse en Makón (1994).

como solución universal para mejorar la calidad de los servicios, reducir el gasto público y dinamizar la economía, entre muchos otros beneficios.[7]

Los primeros pasos del proceso de privatización se basaron en lo establecido por la Ley de Reforma del Estado y el Decreto-Plan 666/89 de Reestructuración Ferroviaria que contemplaban la apertura al capital privado y una fuerte racionalización y reducción de gastos. Este plan inicial restringía los alcances de la privatización a algunos sectores específicos de la red ferroviaria y guardaba gran distancia con la transferencia al sector privado o a las provincias o con el abandono de todos los servicios que se concretaría en menos de cinco años.

Durante estos cinco años, el número de ramales sujetos a privatización se fue redefiniendo sobre la marcha en función de prioridades que no siempre estuvieron ligadas con el funcionamiento del sistema ferroviario.[8] A las primeras convocatorias a licitación que ofrecían el Ramal Rosario-Bahía Blanca y luego el servicio de cargas del ex ferrocarril Urquiza, en octubre de 1990, se sumaron los servicios de cargas de ex ferrocarril Mitre, por una parte, y del San Martín y el remanente del ex ferrocarril Sarmiento por otra[9] en el marco de la denominada "Segunda Etapa de la Reforma del Estado", que disponía ampliar y acelerar la privatización de las principales empresas públicas.[10] En noviembre de 1991 se difundió un nuevo cronograma de privatización, cuyo fin explícito era facilitar el equilibrio de las cuentas fiscales, eliminando del presupuesto a las empresas públicas antes de finalizar 1992.[11] Este cronograma preveía llamar a licitación en febrero de 1992 para conceder los servicios interurbanos de cargas del Roca y del Belgrano. Mientras el primero fue transferido a un operador privado en 1993, no hubo empresas interesadas en hacerse cargo del segundo. En 1997 el gobierno aceptó la propuesta de la Unión Ferroviaria, el mayor sindicato del sector, que se haría cargo del mismo a cambio de un subsidio estatal.

Por otra parte, en marzo de 1991, una prolongada medida de fuer-

---

[7] Sobre los fundamentos ideológicos de las reformas y las perspectivas neoconservadoras, véase Schamis (1993) y Brodkin y Young (1993).

[8] Müller (1994).

[9] Los tramos correspondientes al San Martín y los remanentes del Sarmiento se concedieron conjuntamente. En el caso de este último, la mayor parte de la traza había sido incluida en el corredor Rosario-Bahía Blanca, que en ese momento estaba en proceso de licitación.

[10] Decreto 2074/90.

[11] Declaraciones del ministro Cavallo (Diario *Página* 12, 13-11-91).

za de trabajadores ferroviarios sirvió de detonante para que el gobierno anunciara la privatización de los servicios metropolitanos de pasajeros y de las líneas de subterráneos, ofreciendo un subsidio estatal a quienes se hicieran cargo de la operación de los ramales.[12] Este subsidio, que cubriría tanto los gastos de funcionamiento como las inversiones necesarias para el mantenimiento y renovación de la infraestructura y las instalaciones, se justificaba en la necesidad de hacer compatible la prestación de un servicio imprescindible, el mantenimiento de tarifas razonables y la perspectiva de una rentabilidad que despertase el interés empresario. De esta manera se reafirmaba la voluntad política de achicar el rol del Estado y de atraer el interés empresario, aun en abierta contradicción con el objetivo de reducción del gasto público que fue una de las justificaciones privilegiadas de las privatizaciones. A diferencia de lo que sucedió en el caso de los servicios de larga distancia donde hubo pocos interesados, la oferta de subsidios estatales atrajo un número mayor de empresas y resultó en innumerables conflictos durante el proceso de licitación y transferencia a los operadores privados.

Uno de los aspectos más controvertidos de la reestructuración de los ferrocarriles fue la clausura o transferencia a las provincias de los servicios de pasajeros interurbanos. En abril de 1992, el gobierno nacional explicaba que la inclusión de los servicios de pasajeros reducía las posibilidades de la privatización, ya que agregaba un costo que volvía a los ramales poco atractivos para potenciales operadores privados.[13] A la vez, decidía que el Estado nacional no debía seguir financiando estos servicios e invitaba a las provincias a hacerse cargo de la operación y financiamiento de los mismos. Los servicios que no fueran aceptados por las provincias serían clausurados. Las fuertes protestas de los gobiernos provinciales, los sindicatos

---

[12] Seccionales de la Asociación de Señaleros y de La Fraternidad (que agrupa a los maquinistas) protagonizaron una huelga que se extendió por más de 45 días en demanda de salarios atrasados. Esta medida se fue extendiendo hasta paralizar el funcionamiento de casi todos los servicios metropolitanos de pasajeros (sobre el tema, véase los trabajos de Lucita, 1999 y Cena, 2003). Cabe señalar que la privatización de los servicios metropolitanos había sido anticipada en el "Memorandum de Entendimiento para la Reestructuración de Ferrocarriles Argentinos" firmado por el gobierno y el Banco Mundial en 1990 (aprobado por Decreto 2740/90), en el que el primero se comprometía a reducir drásticamente el personal de FF.AA. y el Banco apoyaría y supervisaría la reestructuración a cambio de otorgar préstamos para financiarla. Sin embargo, el tema no se había anunciado públicamente hasta el momento de la huelga.
[13] Decreto 532/92.

ferroviarios, numerosos legisladores y personalidades públicas sólo lograron postergar por unos meses la decisión. Así, en marzo de 1993, se canceló buena parte de los trayectos. Algunas provincias asumieron la gestión de los restantes, manteniendo servicios de muy baja calidad, que en algunos casos funcionaron de manera intermitente, lo hicieron por un corto período o dejaron de funcionar completamente.

Como señalamos al principio, la reestructuración de los ferrocarriles no fue la mera implementación de un plan inicial y coherente sino un proceso político cuyos alcances y objetivos se fueron redefiniendo en función de diversas prioridades y coyunturas políticas y de la participación de distintos actores favorables y contrarios a la privatización. Esta dinámica explica en buena medida el hecho de que, en general, las condiciones de presentación de las ofertas y los criterios de prestación del servicio se fueran redefiniendo en función de la necesidad de profundizar la reforma del Estado, las urgencias fiscales, la intención de ofrecer mayores ventajas para atraer al capital privado, desarticular los conflictos con los trabajadores del sector y la oposición de amplios sectores sociales a algunos de los aspectos del proceso.

4. El funcionamiento de los servicios privatizados

Según los contratos originales, los operadores de los servicios de larga distancia debían hacerse cargo del conjunto de actividades necesarias para el funcionamiento de los ramales, incluyendo el mantenimiento y las inversiones. A la vez, debían pagar un canon al Estado por el uso de las instalaciones y materiales (que siguen siendo propiedad de este último). A lo largo de los años de concesión, las empresas incumplieron sistemáticamente los planes de inversión y otras cláusulas contractuales y acumularon deudas por falta de pago del canon y de las multas correspondientes a estas infracciones.[14] Paradójicamente, el incumplimiento –que en varios casos alcanzó dimensiones suficientes como para que, según lo dispuesto por los contratos, debiera anularse la concesión– se convirtió en un instrumento que sirvió para instalar en la agenda pública la necesidad de renegociar los

---

[14] Para un análisis general del desempeño económico de los operadores privados y una discusión sobre las perspectivas y limitaciones del desarrollo ferroviario, véase Schvarzer (2000).

contratos. Ante la posibilidad de tener que pagar el costo político de admitir el fracaso del modelo de privatización ferroviaria, desde 1994 el gobierno hizo suya la posición favorable a la adaptación de los contratos a las necesidades y posibilidades empresarias. En 1995, cuando todavía no se había terminado de transferir la totalidad de los ramales a los operadores privados, se planteó también la necesidad de renegociar los contratos de los servicios metropolitanos de pasajeros. Contribuyó a esto el hecho de que algunos adjudicatarios comenzaran a reclamar condiciones contractuales más ventajosas luego de haber ganado las licitaciones pero antes de tomar posesión de los servicios. En 1997, se formalizó el comienzo de las renegociaciones.[15] Hacia 1999, se completó la revisión de los contratos, la cual convalidó la pobre gestión de los operadores privados, reduciendo las obligaciones de inversión, aceptando los incumplimientos, la reducción de la longitud de los ramales en uso, y el deterioro de los bienes que, recordemos, siguen siendo propiedad del Estado. En el caso de los servicios metropolitanos también se extendían los plazos de concesión a cambio de que los operadores realizaran inversiones adicionales que serían financiadas mediante aumentos en los precios de los pasajes. Los nuevos contratos formalizaron la prioridad de los intereses empresarios y el abandono del rol orientador del desarrollo de la red por parte del Estado.

La situación no cambió mayormente con la asunción de Fernando de la Rúa en 1999. Las empresas demandaban condiciones contractuales más ventajosas y el gobierno estuvo dispuesto a aceptar las demandas empresarias, en un intento por mostrarse confiable ante el mundo empresario y de evitar que algunas de las empresas abandonaran los ramales de larga distancia. En esta tónica, se comprometió a ratificar las renegociaciones iniciadas por el gobierno anterior, haciendo caso omiso de los incumplimientos y las deudas empresarias. Por otra parte, durante este período, el agravamiento de la crisis fiscal llevó a que el Estado pagara los subsidios a los operadores de los servicios metropolitanos de manera muy irregular mientras, por efecto de la recesión económica y el desempleo, la cantidad de pasajeros disminuía considerablemente. En consecuencia, se multiplicaron los reclamos empresarios, se paralizaron las obras destinadas al mantenimiento y decayó aún más la calidad del servicio. En este escenario, el Estado autorizó importantes aumentos tarifarios

---

[15] Decreto 543/97. Sobre la renegociación de los servicios de pasajeros, véase Gutiérrez (1998).

que supuestamente permitirían eliminar los subsidios, producir ahorros fiscales y financiar inversiones. La decisión generó tal grado de malestar social y político (incluyendo varias presentaciones judiciales) que los mismos no llegaron a aplicarse.

5. El fin de la Convertibilidad. Las privatizaciones en cuestión

El final de la Convertibilidad estuvo acompañado por el anuncio de una revisión general de todos los contratos de servicios públicos.[16] La complejidad de la ecuación constituida por masivos incumplimientos de los contratos, demandas empresarias de ajustes de tarifas que les permitieran mantener los niveles de ingresos de los años anteriores respaldados por los gobiernos de los países de origen de varias de las empresas y del Fondo Monetario Internacional y el impacto que aumentos de tarifas significativos tendrían sobre los usuarios, entre otros problemas, han convertido a estas renegociaciones en una de las 'herencias' más conflictivas, y aún irresueltas, de los '90. A poco de iniciarse la revisión de los contratos, los concesionarios de los servicios de pasajeros presentaron diagnósticos que explicaban la crisis y el deterioro de los ferrocarriles en términos del impacto de la devaluación, la caída de la demanda y el atraso en el pago de los subsidios por parte del Estado. Sobre esta base, demandaban aumentos tarifarios y mayores subsidios. En el caso de los servicios de cargas, las empresas reclamaban la suspensión de la aplicación de sanciones y de la obligación de pago del canon mientras durara la renegociación de los contratos, la eliminación de topes tarifarios, la pesificación de las obligaciones contractuales y el aporte de un seguro de cambio que les permitiera hacer frente a su deuda externa.[17] La repuesta del gobierno fue la declaración de la 'emergencia' de la prestación de los servicios ferroviarios de pasajeros y de subterráneos en el Área Metropolitana de Buenos Aires.[18] La emergencia implicó la suspensión de los planes de inversiones y la presentación de programas de mantenimiento de emergencia por parte de los concesionarios, la anulación de los aumentos tarifarios pendientes de aplicación y la suspensión del régimen de

[16] Según lo dispuesto por la Ley de económica, 25.561.
[17] Azpiazu y Schorr (2003).
[18] Decreto 2075/02.

sanciones hasta tanto éste fuera reformulado.[19] También se aumentaron los montos de los subsidios estatales que cobran los concesionarios.[20] A principios de 2003, inspecciones realizadas por el organismo de regulación (la CNRT, Comisión Nacional de Regulación del Transporte) sobre el funcionamiento de los ramales metropolitanos tuvieron enorme repercusión política. El organismo alertaba acerca de falencias serias en materia de seguridad, mantenimiento, cumplimiento de criterios técnicos, calidad y frecuencia de los servicios. Frente a estos cuestionamientos, la Jefatura de Gabinete de Ministros realizó su propia evaluación de la red con colaboración de uno de los sindicatos del sector y otro tanto hizo la Auditoría General de la Nación.[21] El reconocimiento del estado calamitoso de los servicios no tuvo mayores consecuencias prácticas, porque la emergencia ferroviaria decretada previamente había suspendido la aplicación de sanciones.

Néstor Kirchner, aun antes de asumir como presidente, criticó fuertemente la destrucción de los ferrocarriles ocurrida durante los '90, y tanto él como funcionarios de su gobierno se han manifestado a favor de que el Estado recupere un rol protagónico en la reconstrucción y el desarrollo de la red ferroviaria, a la vez que han advertido que no se tolerarían incumplimientos contractuales. Hasta el momento, se han vuelto a poner en marcha varios trayectos de pasajeros de larga distancia,[22] cuya operación está a cargo de consorcios privados o empresas estatales provinciales y que funcionan en condiciones muy precarias por el mal estado de la infraestructura. Por otra parte, se anunció el Plan de Inversiones Ferroviarias, por el cual el Estado aportaría recursos que servirían para rehabilitar estos servicios de larga distancia y para aumentar los subsidios que reciben los conce-

---

[19] Como señalaba la Auditoría General de la Nación, a mediados de 2004, el incumplimiento de esta reformulación ha implicado la ausencia de un marco de penalidades que castigue los incumplimientos (diario *Clarín*, 24-6-04).

[20] Resoluciones 511/02 y 103/03 del Ministerio de la Producción y Resoluciones 295/04 y 410/04 del Ministerio de Planificación. Estos nuevos subsidios, otorgados durante la presidencia de Eduardo Duhalde y aumentados por el actual gobierno, corresponden al reconocimiento de mayores costos ocasionados por el cambio de la situación económica del país luego de la devaluación. Es importante notar que este reconocimiento convierte a los concesionarios ferroviarios en privilegiados respecto de otras empresas de servicios públicos cuyos reclamos de aumentos tarifarios todavía no han sido satisfechos.

[21] Diario *Página 12*, 20-0-2-03; 22-02-03 y 25-02-03.

[22] Mediante el Decreto 1261/04, el gobierno decidió que el estado nacional recupere la facultad de disponer de los servicios de pasajeros de larga distancia, facultad que había sido transferida a las provincias en 1993.

sionarios de los ramales metropolitanos con el fin de que éstos los tradujeran en mejoras.[23] El gobierno también ha aportado fondos para resolver situaciones críticas y permitir que los servicios de cargas y metropolitanos sigan funcionando.[24]

En junio de 2004, se decidió rescindir el contrato de concesión de la ex línea metropolitana San Martín a causa de las deficiencias del servicio prestado por la empresa Metropolitano.[25] La rescisión se concretó en enero de 2005, y desde entonces el servicio es administrado por una Unidad de Gestión Operativa conformada por otros tres consorcios que operan servicios en el área metropolitana de Buenos Aires.[26] También en junio de 2004, se anunció la convocatoria a licitación para reprivatizar el servicio de cargas del ferrocarril Belgrano, ante el fracaso de la gestión de la Unión Ferroviaria. Luego de varias postergaciones ocasionadas por la falta de interés privado o por las excesivas demandas de los pocos interesados, la iniciativa fue dejada de lado.[27]

Mientras tanto, siguieron desarrollándose las renegociaciones de los contratos con los concesionarios, cuyos lineamientos contrastan notoriamente con los anuncios de reversión de las políticas ferroviarias de los '90. En el caso de los servicios de cargas, el Estado se haría cargo de financiar las inversiones más importantes mientras que los concesionarios sólo realizarían obras de mantenimiento. Los planes de inversión, sin embargo, serían propuestos y administrados por las empresas. Se prevé también perdonar los incumplimientos empresarios y adaptar el monto de canon que las empresas deben pagar al Estado a la evolución del negocio. En el caso de los servicios metropolitanos, el Estado seguiría financiando las inversiones pero tendría un rol más activo en las obras que se realizan.[28]

---

[23] Diario *Página 12*, 19-02-04 y 27-02-04.

[24] Por ejemplo, en abril de 2004, el gobierno canceló una deuda que tenía la empresa Metropolitano con un proveedor, permitiendo así que la empresa contara con locomotoras imprescindibles para el funcionamiento de las líneas que tenía a su cargo. En mayo, se anunció que el Estado realizaría inversiones para recuperar vías del ramal que opera la empresa Ferroexpreso Pampeano, que habían sido dañadas por una inundación en 2001. Cabe señalar que la primera empresa cuenta con un aporte estatal para realizar las inversiones y la segunda tiene la obligación contractual de realizar las inversiones necesarias para mantener las vías.

[25] Decreto 798/04.

[26] Diario *Página 12*, 25-06-04; 02-07-04.

[27] Diario *Página 12*, 22-06-04; *La Nación*, 01-10-04; *El Cronista*, 10-06-05.

[28] *Página 12*, 01-09-04; *Clarín*, 06-09-04 y 13-10-04.

6. Comentarios finales

La revisión de la historia más reciente sugiere líneas de continuidad y también puntos de ruptura con las políticas en materia de ferrocarriles llevadas a cabo durante los '90. Por una parte, los anuncios de inversiones por parte del Estado contrastan con la despreocupación por la suerte de los ferrocarriles (pero no la de las empresas ferroviarias) demostrada durante los '90. Por otra parte, el financiamiento estatal no es suficiente para revertir la lógica de funcionamiento de los ferrocarriles impuesta a principios de los '90, en la medida en que nada indica que con mayores recursos, los mismos concesionarios que durante la década del '90 fueron protagonistas del desguace de los ferrocarriles, se comprometerán con la revitalización de los mismos.

Una alternativa a este esquema no puede limitarse a seguir subsidiando a estos operadores, sino que debería romper con la lógica de las concesiones que mantienen a los trenes presos de criterios de rentabilidad empresaria, incompatibles con la posibilidad de que el ferrocarril brinde servicios accesibles y de calidad y funcione como instrumento de articulación socioterritorial. Una hipotética reestatización de los ramales (que por ahora parece estar lejos de la voluntad del gobierno, más allá de unas pocas situaciones particulares) no garantiza por sí sola que se revierta el proceso de decadencia del ferrocarril, ni que las necesidades de la mayoría de los usuarios primen por sobre el interés de las empresas proveedoras y contratistas. Por eso es que imaginar alternativas deseables para el ferrocarril debería incluir alguna forma de democratización de la prestación que permita no sólo que se mejoren las condiciones técnicas de funcionamiento sino que también se definan los objetivos sociales estratégicos de los ferrocarriles. Aunque esto parece sólo una expresión de deseos, son auspiciosos los esfuerzos de diversos grupos de trabajadores y ex trabajadores ferroviarios, de asociaciones de usuarios, de habitantes de localidades que trabajan por la recuperación de los trenes y que han vuelto a poner sobre el tapete la dimensión pública y social de los mismos.

Bibliografía

Azpiazu, D. y Schorr, M., *Crónica de una sumisión anunciada: las renegociaciones con las empresas privatizadas bajo la Administración Duhalde.* Siglo XXI, Buenos Aires, 2003.

Brodkin, E. y Young, D., "El sentido de la privatización: ¿qué podemos aprender del análisis económico y político?" En Kamerman, S. y Kahn, A. (comps.) *La privatización y el Estado benefactor.* Fondo de Cultura Económica, México, 1993.

Cena, J. C., *El ferrocidio.* La rosa blindada, Buenos Aires, 2003.

Gutiérrez, A., "Crónica de una renegociación anunciada. La historia 'no oficial' de la concesión de los servicios ferroviarios suburbanos de pasajeros". En *Realidad Económica* Nº 158, Buenos Aires, agosto-septiembre, 1998.

Lucita, E., *La patria en el riel: un siglo de lucha de los trabajadores ferroviarios.* Ediciones del Pensamiento Nacional, 1999.

Müller, A., "Tras la privatización: Las perspectivas del medio ferroviario argentino". En *Desarrollo Económico. Revista de Ciencias Sociales,* Nº 134, vol. 34, Buenos Aires, julio-septiembre de 1994.

Ortiz, Ricardo, *El ferrocarril en la economía argentina,* Editorial Cátedra Lisandro de la Torre, Buenos aires, 2da. ed. 1958.

Peña, Milcíades, *La clase dirigente argentina frente al imperialismo,* Ediciones Fichas, Buenos Aires, 1973

Schamis, H. "Economía política conservadora en América Latina y Europa Occidental: los orígenes políticos de la privatización". En Muñoz G., Oscar (ed.), *Después de las privatizaciones: Hacia el estado regulador,* CIEPLAN, Santiago de Chile, 1993.

Schvarzer, J., "Los ferrocarriles de carga en Argentina. Problemas y desafíos en vísperas del siglo XXI." En Borri, M, Rofman, A. y Cesilini, S. *Privatizaciones e impacto en los sectores populares.* Editorial de Belgrano, Buenos Aires, 2000.

Fuentes documentales citadas
Auditoría General de la Nación, *Transporte terrestre: muestra de las principales auditorías sobre órganos de control y empresas adjudicatarias de procesos de privatización. Síntesis y conclusiones.* 1993-2003. Disponible en Internet http://www.agn.gov.ar/informes/Informe%20Final%20Transporte%20Terrestre.pdf

Makón, M. *El proceso de privatización en Argentina,* Mimeo, IX Conferencia Internacional Anual de Administración Financiera, 1994.

Memorandum de Entendimiento. Reestructuración de Ferrocarriles Argentinos (FA), mimeo, 1990.

Menem, C. y Dromi, R., *Reforma del Estado y transformación nacional,* Editorial

Ciencias de la Administración, Buenos Aires, 1990.
Leyes, decretos y resoluciones varias.
Diarios *Clarín*, *El Cronista*, *La Nación* y *Página 12*, varias ediciones.

Reformas que quedan a mitad de camino. El Sistema de Infraestructura Vial en la Argentina 1990-2005

*Julieta Pesce**

El presente trabajo intenta reflejar los cambios más importantes que se sucedieron en el sistema de infraestructura vial en los últimos quince años. Para ello, se realiza un breve recorrido de la historia del mismo y sus diferentes modalidades, haciendo hincapié en las principales reformas acaecidas desde la privatización de buena parte del servicio –y los distintos modos de gestión– que tuvieron lugar a lo largo de esos años. De este modo, tras analizar el proceso de concesión de los corredores viales nacionales, se observa que, a pesar de la posibilidad de cambio y mejora que podría haberse plasmado en el llamado a licitación efectuado en 2003 –respecto del sistema previo–, el intento finalmente quedó a mitad de camino en cuanto a la posible implementación de modificaciones radicales en el tipo de gestión y, en buena medida, siguieron reproduciéndose algunos de los vicios de antaño tales como la debilidad regulatoria, la contravención de leyes esenciales y/o la escasa claridad o indefinición en cuanto a las formas bajo las que se dieron por concluidas –según correspondía– las concesiones originales.

Así, a partir del estudio de las principales características del sistema de rutas y caminos vigentes en el país, se realizará un análisis algo más exhaustivo de las concesiones viales por peaje que tuvieron lugar a comienzos de los años noventa, producto de las reformas implementadas por el neoliberalismo en la forma de prestación del servicio. Luego, se estudiará el funcionamiento de las nuevas concesiones viales otorgadas en el año 2003, para concluir, siempre de modo conciso, con la presentación de algunas reflexiones finales.

* Licenciada en Ciencia Política. Becaria del CONICET. La autora agradece los valiosos comentarios realizados por Daniel Azpiazu. Naturalmente, se lo exime de toda responsabilidad en cuanto a los errores u omisiones existentes.

Julieta Pesce

1. Antecedentes y características actuales del sistema en su conjunto

Por lo general suele afirmarse, con acierto, que el desarrollo de la infraestructura refleja la historia económica de un país, en donde quedan de manifiesto los momentos de expansión y crisis, la presencia y el retiro del Estado o el resultado de la puja entre intereses contrapuestos. En particular, el desarrollo de la infraestructura concerniente al transporte, y más aún, el desarrollo de las rutas y caminos, suele vincularse más estrechamente con las demandas de la producción, la distribución de bienes y servicios y con la necesidad de evitar el aislamiento y facilitar la comunicación interzonal, incluyendo a aquellas áreas más alejadas de los centros urbanos.

Históricamente, durante más de la mitad del siglo pasado, el financiamiento de la red troncal de caminos nacionales, tanto en materia de la construcción de nuevas obras como de mantenimiento de las existentes, provenía de la aplicación de un gravamen sobre los combustibles, lubricantes y cubiertas. En la década de los años treinta, y a fin de planificar y administrar el desarrollo de este sector, fue creado un sistema troncal de caminos nacionales, junto con dos instituciones claves: la Dirección Nacional de Vialidad (en adelante, DNV), que desde ese momento se transformaría en la encargada de proyectar, construir y conservar la red vial; y el Fondo Nacional de Vialidad, de suma importancia fundamentalmente en lo relativo al financiamiento de la construcción de nuevas obras. De todas maneras, a pesar del destino inicial de los montos recaudados, los déficits fiscales registrados por el Estado nacional, particularmente en la segunda mitad de los años ochenta, derivaron en que una porción considerable de los recursos que tradicionalmente se orientaba a la infraestructura del sistema vial, fuera desviada hacia otros ámbitos a fin de paliar los desequilibrios en las cuentas públicas acentuando, cada vez más, los niveles de desinversión en el sector. Esta situación de creciente desatención tuvo su máxima expresión en el bienio 1989-1990, cuando la participación de la DNV en la distribución de los fondos recaudados en concepto de impuestos a los combustibles se redujo en un 12% en relación con el promedio de los cinco años anteriores; lo que derivó en la agudización del estado crítico de las rutas nacionales transformándose, además, en uno de los argumentos centrales esgrimidos para justificar la privatización de parte significativa de la infraestructura vial construida con fondos públicos.

En ese delicado contexto fueron sancionadas las leyes de Reforma del Estado y de Emergencia Económica, que marcaron un punto de inflexión en la historia de los servicios públicos, en general, y del sistema vial en particular.[1] En el caso del sector vial, tras promoverse su explotación por capitales privados, fueron reformuladas las condiciones para su transferencia en concesión, establecidas hasta ese momento por la Ley de Peaje de 1967. En este sentido, la Ley de Reforma del Estado introdujo un aspecto novedoso por cuanto autorizó la entrega en concesión de obras realizadas con fondos públicos para su posterior mantenimiento, rehabilitación y explotación por parte del sector privado. De esta manera, se produjo un cambio esencial ya que dejaba de regir la obligación de construir nuevos tramos de rutas para poder comenzar a percibir las correspondientes tarifas de peaje.

Ante esta nueva situación la DNV, a instancias del PEN, inició un programa de reconversión vial basado en la descentralización, la desregulación y la concesión de la red nacional de caminos, mediante el cual se ordenó la transferencia al ámbito provincial de algunas de las rutas nacionales y se establecieron nuevos lineamientos para los tramos que quedaron bajo su esfera. Así, la DNV pasó a ser un organismo descentralizado a cargo de la administración de la Red Troncal Nacional de caminos y, dentro de ella, la Red Federal de Autopistas. Por último, también fueron definidos los tramos que serían concesionados para la explotación privada, lo cual motivó el desarrollo de sistemas de gestión alternativos a fin de poder administrar los diferentes tramos de la red a cargo de la DNV.[2]

Entre los sistemas de gestión de la Red Troncal Nacional que quedaron bajo la supervisión de la DNV, a partir de 1990 y hasta la actualidad,

[1] La última de estas leyes, que anuló una serie de importantes subsidios, reintegros impositivos y transferencias, dispuso además que la DNV recibiría fondos directamente del Presupuesto de la Nación y declaró en emergencia la prestación de totalidad de los servicios públicos, y especialmente, del servicio vial, debido a que las rutas nacionales se encontraban "intransitables". Por su lado, la Ley de Reforma del Estado, clave en la reestructuración estatal, estableció la intervención de las empresas públicas, fijando las condiciones generales para la privatización y la concesión de sus activos; al tiempo que otorgó importantes márgenes de acción al Poder Ejecutivo Nacional (en adelante, PEN) para determinar qué ámbitos se privatizarían, y en qué tiempo se efectuaría el traspaso al capital privado.

[2] El criterio de definición utilizado para otorgar en concesión a empresas privadas la construcción, el mantenimiento y la explotación de ciertas rutas, se basó en la estimación internacionalmente aceptada que considera que el financiamiento del sistema de peaje resulta factible si existe un Tránsito Medio Diario Anual (TMDA) superior a los 2.000/2.500 vehículos en las rutas pavimentadas. De esta manera, aquellos tramos con una densidad de tránsito menor continuaron bajo la esfera de la DNV o bien fueron financiados mediante modalidades alternativas.

pueden mencionarse los de rehabilitación y mantenimiento; y los sistemas de mantenimiento de rutina. En los primeros, el contratista ejecuta las obras necesarias para reponer la capacidad estructural de la calzada, quedando a cargo del mantenimiento de rutina de la ruta, y brindando un nivel adecuado de servicio a los usuarios de la misma. A esta modalidad pertenecen los sistemas de concesiones con peaje, las concesiones sin peaje (corredores con financiamiento privado, C.O.T.) y los contratos de recuperación y mantenimiento (C.Re.Ma.). Por otro lado, continúan vigentes las contrataciones de la DNV a las empresas constructoras para la ejecución o conservación de tramos específicos, siendo el Estado el responsable por las intervenciones futuras necesarias para reponer la capacidad estructural de la calzada (sistemas de mantenimiento de rutina). Como parte de esta modalidad se pueden mencionar el mantenimiento por contrato (km./mes), el mantenimiento por convenio (Transferencia de Funciones Operativas, T.F.O) y el mantenimiento por administración. Finalmente, también existen otro tipo de convenios o sistemas de gestión, tales como los utilizados en los tramos de la Red Troncal Nacional que no se encuentran gestionados con algún sistema de mantenimiento y rehabilitación y requieren la ejecución de obras puntuales.[3]

En este trabajo se analizará la evolución y los resultados obtenidos de las *concesiones con peaje* realizadas a comienzos de los años noventa (modalidad que abarca casi el 25% de la Red Troncal Nacional) y el proceso de transformaciones acaecido hasta el presente en una parte importante de los tramos de la Red Vial Nacional re-adjudicados a nuevos consorcios. Dicho análisis resulta fundamental por las consecuencias que dejó la reprogramación del sistema vial en su conjunto al modificar tanto el funcionamiento como los orígenes de los recursos de la DNV, y al incorporar el financiamiento privado en los tramos de la red concesionada. Teniendo en cuenta la extensión territorial del país, la disposición de sus caminos (menos desarrollados e interconectados en la región patagónica y sur del país) y la disparidad en las condiciones para transitarlos, probablemente también hubiera sido acertado plantear una reformulación integral del sistema, tendiente a su enriquecimiento. Ello, considerando su directa vinculación con factores tales como el (desigual) desarrollo regional, o la evolución del comercio y de la economía en su conjunto (e incluso, el incremento del turismo).

---

[3] Para más información sobre estas modalidades consultar CEP (1998), y la página de la DNV www.vialidad.gov.ar.

Así, si bien algunos de estos factores fueron tenidos en cuenta en términos formales, en los hechos, se desvirtuó completamente esa suerte de "subsidio cruzado" que se daría a partir de la reorientación de los ingresos provenientes de los tramos privatizados, a partir del cobro de canon a los consorcios (debido a que parte de la rentabilidad que percibirían por la explotación del servicio, se produciría gracias a la infraestructura provista por el Estado, entregada en concesión) hacia el resto de los trayectos, a cargo de la DNV, menos desarrollados y "rentables" (por sus bajos niveles de tránsito). Tal como se verá a lo largo del trabajo, los preceptos acordados originalmente fueron alterados y la DNV no sólo no aumentó sus ingresos sino que, paradójicamente, los disminuyó, desfinanciándose el mantenimiento de aquellos tramos que quedaron a su cargo.

En este sentido, resulta indispensable volver el análisis sobre lo ocurrido con un sector particular de la Red Troncal Nacional, como son las concesiones por peaje, por tratarse de una cuestión vital a la hora de comprender más acabadamente lo ocurrido en un nivel más general, es decir, en el sistema vial en su conjunto (sobre todo si se tiene en cuenta que se trata de un sector tradicionalmente vinculado a la administración estatal y cuya reformulación reflejó, en tiempos y formas, los cambios de concepción establecidos en la Ley de Reforma del Estado en cuanto a sus funciones y capacidades).

2. El sistema de las concesiones viales con peaje
2.1 Las primeras concesiones

La concesión de los corredores viales constituyó, junto con la privatización de ENTel y la de Aerolíneas Argentinas, uno de los primeros pasos del importantísimo y acelerado programa de privatizaciones llevado a cabo en la Argentina a comienzos de los años noventa por la Administración Menem, en el marco de lo dispuesto por la Ley de Reforma del Estado sancionada en 1989.

En septiembre de 1990 fueron concesionados 18 corredores viales con una extensión aproximada de 9000 km de rutas nacionales (el 25% del total de la red total de caminos y el 32% de la red nacional pavimentada) que conectaban las principales áreas productivas y urbanas con puertos y puentes internacionales, y concentraban más de las dos terceras partes del tránsito vehicular. La explotación fue adjudicada a 13 concesionarios[4] conformados mayoritariamente por grandes empresas constructoras que, en la generalidad de los casos, se habían desempeñado como antiguas contratistas del Estado; entre otras, de la Dirección Nacional de Vialidad (DNV). De algún modo, esta característica –común en los ganadores– se explica por los propios pliegos de la licitación, donde no se convocó a licitación pública internacional y sólo fueron congregadas aquellas empresas que estuvieran inscriptas en el Registro Nacional de Constructores. De este modo, quedaron fijados al menos dos condicionantes para los oferentes: sólo podrían participar empresas constructoras, cuyos consorcios propietarios fueran de origen local.

Al igual que en otras privatizaciones, el criterio de adjudicación estuvo definido, en primer lugar, por el monto del canon ofrecido (ganaría el mayor) y, en segundo término, por el ritmo y tipo de inversiones propuesto.

En los contratos de concesión se fijó un período de 12 años (a partir del 1º de noviembre de 1990) bajo la modalidad onerosa (con la excepción de un único corredor subvencionado –el Nº 6–) y se estableció la obligación de (como mínimo) repavimentar íntegramente el corredor a cargo de las empresas adjudicatarias y de efectuar distintos tipos de obras, según plazos y prioridades diferentes. En tal sentido, fueron confeccionados dos indicadores de calidad: el Índice de Estado y el Índice de Serviciabilidad Presente, con el propósito de reflejar la calidad del pavimento, y el grado de transitabilidad de las rutas. A fin de supervisar el cumplimiento de los contratos fue creado en 1992 el Órgano de Control de las Concesiones Viales, que entró en funciones en mayo de 1993 (dos años y medio después del inicio de las concesiones).

En principio, se estableció un sistema de tarifas diferenciales según el tipo de vehículo, que pretendía reflejar el respectivo costo medio implícito de mantenimiento de las rutas. La tarifa básica inicial se fijó en US$ 1,5 cada 100 km., y se dispuso que sería ajustada mensualmente se-

---

[4] En rigor, los corredores originalmente concesionados fueron veinte (con una extensión aproximada de 10.000 km.), pero en este trabajo quedarán exceptuados del análisis el corredor Nº 15 (finalmente transferido al ámbito provincial y reprivatizado); y el corredor Nº 19 (quedó desierta la licitación). Tampoco se analizará lo sucedido con el corredor Nº 29 (ruta 22), concesionado en 1995 (sobre este caso, consúltese Zambón, 2003).

gún un índice combinado que ponderaba en un 40% las variaciones del índice de precios mayoristas, en un 30% las del índice de precios al consumidor y en igual proporción la evolución de la cotización del dólar estadounidense. En el marco de, en ese entonces, fuertes tendencias hiperinflacionarias, las tarifas sufrieron subas importantes, aumentando casi el 70% entre noviembre de 1989 y febrero de 1991. Por este motivo, el 23 de enero de 1991 fue suspendido el cobro de peaje en todas las rutas concesionadas, siendo reanudado el 1º de abril –en paralelo al lanzamiento del Plan de Convertibilidad–; previo ajuste (hacia abajo) en el nivel de los mismos.

En este contexto, se llevó a cabo la primera renegociación de los contratos en la que se dispuso la ampliación del plazo de concesión por un año y se fijó una nueva tarifa básica de US$ 1 cada 100 km. La misma sería ajustada con montos escalonados fijos (a partir de los cuales pasaría de un valor medio de US$ 1 a US$ 1,35 los 100 km.) y con actualizaciones periódicas que se realizarían trasladando el 80% de las variaciones de la tasa del mercado interbancario de Londres –tasa LIBOR, asociada, al menos desde la teoría ortodoxa, al costo de capital– aplicable una vez por año a partir de 1992 hasta el final de la concesión. Es importante destacar que estos mecanismos de indexación tarifaria estaban en clara contravención con lo establecido en la Ley de Convertibilidad (vigente entre abril de 1991 y enero de 2002), en donde expresamente se prohibía cualquier tipo de actualización periódica de los peajes (así como de las restantes tarifas).

Asimismo, a modo de compensación por las rebajas tarifarias establecidas y la suspensión del cobro por algo más de dos meses –a fin de implementar el Plan de Convertibilidad–, se dejó sin efecto el régimen oneroso de las concesiones y las empresas se vieron eximidas del pago al Estado del canon estipulado (lo cual representaba un monto aproximado de US$ 900 millones[5]). De este modo, quedó desvirtuado uno de los puntos clave de la licitación, ya que el monto del canon ofrecido había sido la variable determinante a la hora de adjudicar las concesiones. Esta tergiversación de las pautas originarias se agudizó aún más cuando, en paralelo a la anulación del régimen oneroso de la explotación, se determinó el pago de compensaciones indemnizatorias por parte del Estado nacional a los consorcios (las mismas estaban destinadas a subsidiar a los concesionarios por

---

[5] Ya que las ofertas variaron entre los US$ 45 y los US$ 85 millones anuales en el agregado (véase Abdala y Spiller, 1999).

la no percepción de tarifas durante el período mencionado y por la retracción de sus ingresos derivada de la reducción tarifaria). A partir de ello se generó un doble perjuicio fiscal ya que el Estado no sólo dejó de percibir la suma de dinero originariamente pactada por la explotación –de un bien que le pertenecía–, sino que además, debía desembolsar un promedio anual (en su primer año de implementación) de US$ 64 millones a fin de no "alterar la ecuación económico-financiera" original de los contratos.[6]

El escenario resulta aún más desalentador al considerar que los subsidios provenían del presupuesto asignado a la Dirección Nacional de Vialidad, por lo que se sumaba un nuevo perjuicio: el desfinanciamiento de las rutas que no estaban concesionadas –las de menor tránsito vehicular–, a cargo de la DNV (más del 75% de la Red Nacional de Caminos), cuyo presupuesto ya se había visto seriamente perjudicado por no participar desde 1990 de la distribución del impuesto a los combustibles.

Por último, en la readecuación contractual se establecieron otros beneficios para las empresas tales como la modificación de los plazos para la concreción de las obras, el desplazamiento temporal de los índices de calidad exigidos en cada caso y la autorización de indexar los precios de las construcciones según la variación de diversos factores (materiales y equipos, mano de obra, variaciones en los aranceles, etcétera).

Tanto los contenidos como la forma en la que se llevó a cabo esta primera renegociación contractual, marcaron los ejes que conformarían, algún tiempo después, el segundo proceso renegociador iniciado en el año 1995 y culminado en el 2001. El factor de mayor peso (según el argumento oficial) para llevar a cabo esta nueva instancia renegociadora fue la necesidad fiscal de reducir al máximo las compensaciones indemnizatorias que engrosaban el déficit y limitaban la capacidad de financiar las obras públicas. También se advertía sobre la necesidad de realizar nuevas obras debido al aumento de tránsito registrado –sobre todo en el corredor Nº 18, producto de un mayor nivel de comercio con Brasil–, que se realizarían según los mayores ingresos obtenidos por los concesionarios.

De esta manera, se fijaron los puntos de los contratos a ser modificados (eliminación de las compensaciones indemnizatorias, aumento del

---

[6] Esta ecuación se había formulado en el contexto hiperinflacionario de los años 1989/1990, en donde la tasa de riesgo país para cualquier tipo de inversión era muy superior a la predominante a partir de la vigencia del Plan de Convertibilidad. No obstante, estos criterios iniciales se vieron inalterados.

plazo de concesión, introducción de nuevas obras y posible incremento tarifario), aunque en una primera etapa, este segundo proceso renegociador pudo ser completado sólo para el corredor Nº 18, paradójicamente el único que no percibía compensación indemnizatoria debido al elevado volumen de tránsito registrado en los primeros años de explotación. El resto de los corredores, tras la firma de diversas actas acuerdo y resoluciones en las que no se vislumbraron cambios importantes (con excepción del Régimen de Subsidio al Transporte –véase más adelante–), lograron que sus reclamos fueran contemplados seis años después, con la firma de una serie de decretos que modificaron sustancialmente los contratos vigentes hasta entonces.

La Administración De la Rúa pretendió regularizar los atrasos en los pagos correspondientes a los ajustes de las compensaciones y los subsidios a las rebajas tarifarias fijadas en la primera renegociación, intentando solucionar la falta de ejecución de las obras acordadas sin establecer extensiones en los plazos de explotación. En tal sentido, se fijaron –por decreto– modificaciones sobre tarifas y compensaciones indemnizatorias, disponiéndose una nueva fórmula de indexación que, de todos modos, no llegó a efectivizarse. También fueron especificadas obras adicionales que deberían ejecutar los concesionarios.

Por otro lado, se mantuvo vigente el esquema de subsidios al transporte instaurado en 1999 por el gobierno de Menem y que pretendía dar respuesta a los reclamos sectoriales que enfatizaban el peso relativo de las tarifas de peaje en su estructura de costos. Allí, se establecieron descuentos tarifarios de entre la tercera y la quinta parte del valor –según el tamaño de los vehículos–[7]. Como contraparte, el Estado se comprometió a abonar las diferencias de los montos no percibidos por las empresas producto de estas rebajas y, en tal concepto, les otorgaría "compensaciones indemnizatorias" por un monto cercano a los $ 500 millones –a abonarse entre el 2000 y el

---

[7] En rigor, el esquema de subsidios comenzó "tímidamente" en julio de 1999 cuando se decidió abaratar (entre un cuarto y un tercio de su valor) la tarifa original que debían abonar los camiones transportistas de determinadas mercaderías. Meses más tarde, este beneficio se hizo extensivo a todos los camiones y ómnibus en lo que se denominó el "Régimen de Subsidio Temporario al Transporte" con descuentos de entre la tercera o la quinta parte del valor de la tarifa, dependiendo del tamaño de los vehículos. Este régimen, varias veces prorrogado, permaneció vigente hasta su finalización en junio de 2001 –aunque los subsidios tarifarios siguieron presentes, de allí en más, bajo otras modalidades– y fue acompañado por una serie de resoluciones complementarias que agregaron nuevos porcentajes de descuento a las tarifas de peaje que debía abonar el transporte de carga.

2003–. Posteriormente esta suma fue reestructurada en un nuevo cronograma de pagos y engrosada a $ 900 millones –a pagarse entre septiembre de 2001 y octubre de 2003–.[8]

En síntesis, a partir de estos dos procesos modificatorios de los contratos originales fueron alterados drásticamente los principios rectores del llamado a licitación. Por ejemplo, en la primera renegociación la aplicación de los ajustes fue renegociada cada año, en un contexto de importante discrecionalidad, donde la constante alteración de los contratos mediante decretos y resoluciones resultó viable en términos jurídicos por tratarse de concesiones otorgadas por decreto, y no a partir de la sanción de una ley específica. De esta manera, cada vez más se fue perdiendo la posibilidad de aplicar un mecanismo regular y previsible, con un criterio uniforme entre los distintos corredores.

Ahora bien, la discrecionalidad con la que fueron implementados los diferentes criterios de subsidios –heterogéneos incluso entre corredores– provocó una disímil evolución de las tarifas, ya que se vieron alterados significativamente los fundamentos de clasificación de las mismas vigente hasta ese momento, según el tipo de vehículo (bajo el criterio "paga el que usa"[9]). De esta manera, y a fin de analizar la evolución de la *tarifa media* de peaje en el conjunto de los corredores viales nacionales, fue necesario definir dos subperíodos (delimitados por la puesta en práctica del Régimen de Subsidio al Transporte) en los que se aplicaron metodologías diferentes para calcular, respectivamente, el valor de la tarifa media ponderada.[10]

En el primero de ellos (abril de 1991/septiembre de 1999) dicha tarifa se incrementó nominalmente casi un 70%, ubicándose muy por encima de los índices más representativos de la economía tales como el Índi-

---

[8] Finalmente, desde el inicio de la concesión y hasta octubre de 2001, el Estado abonó a las concesionarias más de mil ciento cincuenta millones de pesos/dólares en concepto de pago de compensaciones indemnizatorias.

[9] Es decir, se modificó el criterio rector mediante el cual se abonaban tarifas diferenciales según la categoría del vehículo; y se alteró la cantidad de "tarifas básicas" –los "coeficientes"– que debía abonar cada vehículo según su categoría (favoreciendo al transporte de carga, con un abaratamiento en sus costos que fueron absorbidos fiscalmente).

[10] Se entiende por *tarifa media* cada 100 km. a la suma de los valores fijados para todas las estaciones de peaje pertenecientes a cada uno de los corredores, en relación con su respectiva extensión en km. El carácter de "ponderado" se define en función del volumen de tránsito (consúltese metodología y evolución tarifaria, en Azpiazu y Pesce, 2003).

ce de Precios al Consumidor (IPC, que se incrementó un 53,2% en el período), el Índice de Precios Internos al por Mayor (IPIM, lo hizo en un 12,5%) y el Índice del Costo de la Construcción (ICC). En el segundo período estudiado (octubre de 1999/diciembre de 2001) la tarifa media del sector experimentó una caída pronunciada, que llegó a representar en términos nominales más del 50% de su valor anterior a la implementación de los subsidios, lo cual, ante un escenario de relativa estabilidad en los principales índices de la economía (sólo se registró una pequeña deflación para el período en cuestión que fue del 2,6% en el IPC; 2,8% en el IPIM y 3,6% en el ICC) significó que la tarifa media de peaje también ha decrecido sustancialmente en términos reales.

En tal sentido, no puede soslayarse la activa participación estatal en materia de subsidios por cuanto estos montos se vieron paulatinamente incrementados a fin de cubrir la "brecha" correspondiente a la consiguiente disminución en las tarifas de peaje, sin afectar la "ecuación económico-financiera" original de los concesionarios, lo que evidenció aún más las distorsiones introducidas en el sistema de tarifas erosionando los criterios fundantes del mismo. Efectivamente, las compensaciones indemnizatorias constituyeron, salvo excepciones, el segundo componente más importante de los ingresos totales de las empresas concesionarias (en el año 2001 las mismas duplicaron los ingresos por peajes). En términos agregados, entre el inicio de las concesiones y octubre de 2001, los ingresos por compensaciones representaron más de la tercera parte del ingreso total de las concesionarias (es decir, en once años de concesión los ingresos por peaje fueron de $/US$ 2.780 millones, mientras que los ingresos por compensaciones fueron de $/US$ 1.152 millones). Como contraparte de estos ingresos, los tramos concesionados no se vieron exigidos a mejorar considerablemente la calidad del servicio prestado.[11]

En otro orden, en paralelo al desarrollo de la segunda renegociación contractual y de la implementación del Régimen de Subsidio al Transporte, fue establecido en diciembre de 2000 un nuevo sistema de financiamiento para la construcción y mantenimiento de las rutas nacionales (el

[11] En el año 1988 –dos años antes de concretarse las concesiones– el Índice de Estado medio de las rutas transferidas al capital privado era de más de 6 puntos, es decir, superior al exigido al conjunto de las rutas concesionadas para casi la totalidad del plazo de la concesión (Azpiazu y Pesce, 2003).

Régimen para la promoción de la participación privada en el Desarrollo de Infraestructura) para el que fue creado un Fondo Fiduciario cuyos montos, asignados por el Estado nacional, no podrían destinarse al pago de compensaciones o subsidios de los concesionarios viales. De todos modos, algún tiempo después esta limitación fue descartada cuando se estableció un nuevo esquema de rebajas tarifarias –en reemplazo del Régimen de Subsidio al Transporte– y la creación de una tasa sobre el gasoil de $0,05 por litro,[12] cuya recaudación sería destinada a un fondo vial que serviría para compensar a los concesionarios por la disminución de las tarifas y para financiar obras de mantenimiento en los corredores –concesionados o no–, y otras obras de infraestructura.

Finalmente, en el año 2001 fue creado el Sistema de Infraestructura de Transporte (SIT), hacia donde se dispuso que fuera reorientado lo recaudado mediante la tasa sobre el gasoil. Este sistema, varias veces modificado, distribuiría fondos a una parte de la red vial, de la red de ferrocarriles y también al sistema de transporte automotor. Sin embargo, en el período octubre de 2001-octubre 2003 (cuando culminaron las antiguas concesiones) a pesar de los destinos tan diversos establecidos en las normas que fijaron los criterios de asignación de los recursos, la recaudación del fondo sirvió para financiar, mayormente, el pago de las compensaciones indemnizatorias (hacia donde se destinó casi el 60% del total de los fondos –incluyendo algunas obras–).

En virtud de este nuevo factor –y aun considerando la disminución del ingreso percibido vía tarifas– las empresas concesionarias han registrado muy elevados niveles de rentabilidad que (con excepción del bienio inicial) han sido superiores a los obtenidos por la cúpula empresaria argentina (las 200 empresas de mayor facturación del país) e incluso se han ubicado por encima del las firmas privatizadas que integran dicha elite (tal como sucedió en el año 1994).[13]

---

[12] Más adelante, se dispuso que la tasa se calcularía en función de un porcentaje (18,5%) sobre el precio sin impuesto de cada litro (luego se elevó al 20%). En este mismo decreto (Nº 802/01) se creó una tasa vial de $ 0,75 cada 100 km., cuya aplicación no llegó a concretarse.

[13] A modo de ejemplo, la tasa de rentabilidad sobre ingresos (utilidades/ingresos) entre 1991 y 2001 fue de 7,1%, la cual más que duplicó a la obtenida por el promedio de la cúpula empresaria. Por otro lado, la tasa de ganancia respecto del patrimonio neto fue, para el mismo período, de más del 17%, nivel que superó holgadamente al registrado para el conjunto de las 500 empresas más grandes del país.

De esta manera, se observa que, tanto las recurrentes renegociaciones contractuales, así como los montos de las compensaciones indemnizatorias concedidos a los consorcios, no hicieron más que mantener inalterada la ecuación económico-financiera original de los concesionarios, dando como resultado la obtención de tan elevados –para nada " justos" ni "razonables"– niveles de rentabilidad. Asimismo, con tan notables márgenes de beneficio y atento a la escasa "proporcionalidad" existente entre las tarifas (en realidad, en este caso, subsidios mediante, los ingresos) y el valor económico del servicio, también se vio desvirtuado uno de los principales preceptos de la Ley de Peaje en donde se sostenía que "el nivel de las tarifas no podrá exceder el valor económico medio del servicio ofrecido". Algo similar sucedió con lo establecido en la Ley de Reforma del Estado, en donde se preveía "asegurar necesariamente (que) la eventual rentabilidad de la concesión no exceda una relación razonable entre las inversiones efectivamente realizadas por el Concesionario y la utilidad neta obtenida por la Concesión" y se mencionaba que la ecuación económico-financiera de los concesionarios "deberá ser estructurada en orden de obtener un abaratamiento efectivo de la tarifa o peaje a cargo del usuario".

Por el contrario, las características propias del "mercado" (monopólico, demanda *cuasi* cautiva, reserva de mercado, inexistencia de caminos alternativos) y las acciones/omisiones oficiales conllevaron un menor –sino nulo– riesgo empresario que el que se desprendería de casi cualquier otra actividad económica. De este modo, se observó en todo este período una importante transferencia de recursos hacia las empresas que se dio tanto desde los usuarios (vía tarifas) como de la sociedad en general (a partir de la los crecientes subsidios otorgados).

2.2 Devaluación, renegociación contractual y nuevas concesiones.

En diciembre de 2001 Fernando De la Rúa renunció a la presidencia inmerso en una profunda crisis política, social y económica. A partir de allí, la crisis institucional se agudizó y, tras la sucesión de cinco presidentes, finalmente, la asamblea Legislativa designó al senador Eduardo Duhalde como presidente de la Nación. Al poco tiempo fue sancionada la Ley de "Emergencia Pública y Reforma del Régimen Cambiario" que dispuso la devaluación del peso y la creación de una Comisión de Renegociación de los contratos con las empresas privatizadas.[14]

En el marco de esta nueva instancia renegociadora, se decidió mantener el sistema de subsidios otorgado a las concesiones viales a fin de contrarrestar los menores ingresos por tarifas. Por su parte, los consorcios solicitaron la ampliación del plazo contractual de la concesión, la reprogramación de los planes de inversión, el incremento de los fondos provenientes del Fondo Fiduciario y la implementación de una fórmula de ajuste del monto percibido.

Con la asunción del doctor Néstor Kirchner a la presidencia el 25 de mayo de 2003, la Comisión renegociadora se transformó en una "Unidad de Renegociación y Análisis" de los contratos, a cargo conjuntamente de los Ministerios de Economía y de Planificación. La nueva administración decidió respetar la fecha de finalización de los contratos para la mayoría de los corredores (30 de octubre de 2003) y re-licitar los tramos una vez caducada la concesión. De todas maneras, hasta el momento no existen mayores definiciones sobre el tratamiento que tuvieron los incumplimientos y ciertas demandas de los concesionarios cuyos contratos finalizaron en 2003.

La nueva convocatoria fue realizada para seis corredores en donde se agruparon los 17 anteriores (exceptuando los corredores 18 y 29, únicos casos en los que se concretaron algunos aspectos de la etapa renegociadora postdevaluación) bajo una modalidad de explotación que contemplaba el pago de canon en cinco de ellos, y la percepción de subsidio estatal en el restante.

El llamado a licitación presentó algunos "errores de diseño" –probablemente producto de la premura con la que fue organizado el proceso– que terminaron condicionando la estructura y funcionamiento de las nuevas concesiones. Por ejemplo, la convocatoria fue dirigida sólo a empresas de carácter nacional y no se estableció un Marco Regulatorio específico para la explotación de las rutas nacionales. Por otro lado, se permitió la presentación de empresas que participaron en los consorcios a cargo de las concesiones previas, que se encontraban paralelamente evaluando el grado

[14] Entre los artículos más sobresalientes de la ley se dispone, entre otros puntos, la eliminación de la dolarización de las tarifas y la prohibición de su indexación. Asimismo, a la hora de renegociar con las empresas debían ser considerados aspectos novedosos tales como el impacto de las tarifas en la competitividad de la economía y en la distribución del ingreso, la calidad del servicio y los planes de inversión, el interés de los usuarios y los niveles de rentabilidad de las empresas.

de cumplimiento real de sus obligaciones contractuales con el Estado, ante el cual, casi sin excepción debían dar cuenta de severas y múltiples faltas.

En los flamantes contratos –aprobados nuevamente por decreto y no por ley– se estableció un plazo de explotación de 5 años y se mantuvieron los subsidios para el transporte de cargas. Como parte de la modalidad de recaudación y reparto a seguir, se dispuso que el total de lo abonado por cada uno de los concesionarios sería depositado en el Fondo Fiduciario, y luego redistribuido según lo que correspondiente a cada concesión (porcentajes de canon o subsidio) en un sistema integrado de Caja Única.

Asimismo, las empresas podrían solicitar incrementos en sus ingresos en caso de registrarse variaciones en sus estructuras de costos (cuando las mismas superaran el 5%), calculadas según un "Parámetro de Revisión" compuesto en partes iguales (50% de ponderación cada uno) por las variaciones en el Índice de la Construcción (ICC) y en el Coeficiente de Variación Salarial (CVS)[15]. De este modo, se deduce que a pesar de la posibilidad que brindó el llamado a licitación de los nuevos corredores para superar las limitaciones y los errores cometidos durante las concesiones previas, este objetivo terminó por quedar subordinado a otras urgencias de corto plazo. Dicha particularidad en parte es explicada por la falta de una revisión integral de las antiguas concesiones (aún no concretada) en el marco de la renegociación postconvertibilidad, en donde deberían haber sido considerados, entre otros aspectos, los (in)cumplimientos en las inversiones, los niveles de calidad comprometidos, los montos desembolsados por el Estado en materia de subsidios, etcétera.

3. Reflexiones finales

A partir de lo analizado a lo largo del trabajo, se observa que entre las consecuencias más significativas surgidas de las primeras concesiones y de las constantes renegociaciones contractuales entabladas, se pue-

---

[15] Es interesante mencionar que al brindar esta posibilidad de ajuste se estaría desatendiendo lo establecido en el artículo 4ª de la Ley de Emergencia Económica sancionada en 2002, en donde explícitamente se mantienen derogadas "con efecto a partir del 1° de abril de 1991, todas las normas legales o reglamentarias que establecen o autorizan la indexación por precios, actualización monetaria, variación de costos o cualquier otra forma de repotenciación de las deudas, impuestos, precios o tarifas de los bienes, obras o servicios".

den mencionar los elevadísimos costos sociales (transferencia de recursos vía tarifas, notablemente incrementadas en el primer período); fiscales (supresión del canon y pago de subsidios por parte del Estado –con el consecuente desabastecimiento de los fondos provenientes de la DNV–); y el retraso en la ejecución de las inversiones previstas y de los índices de calidad estipulados. Como contraparte, y en paralelo al desfinanciamiento estatal, los concesionarios han obtenido ganancias extraordinarias, que no tuvieron como contraparte un mejoramiento significativo en la calidad de las rutas (según el Índice de Estado, los tramos concesionados mantuvieron el mismo estatus de calidad "regular", en el que se encontraban antes de su entrega en concesión, pero con un costo mucho más alto para el Estado).

Así, al no tener en cuenta esta situación, en las nuevas concesiones fue el Estado (es decir, la sociedad toda y los usuarios de este servicio en particular) el que asumió el déficit de obras producto de los incumplimientos registrados, debiendo realizar nuevas obras (se calcula que producto de los incumplimientos registrados, el Estado se comprometió a invertir $ 500 millones a fin de ejecutar las inversiones que no hicieron los concesionarios[16]), mientras que los nuevos concesionarios sólo deberían responder por obras de mantenimiento y rutina.

En síntesis, si bien el nuevo esquema de concesiones presenta algunos avances con relación a su predecesor, tales como que ahora es el Estado el que determina qué obras se necesita realizar (lo que le permite una participación activa y decisiva en la planificación en infraestructura); este intento, sin embargo, quedó a mitad de camino, ya que, por ejemplo, se desestimó la posibilidad de recuperar las rutas por parte del Estado (con el control total sobre una herramienta estratégica en términos de precios relativos y competitividad que esto traería aparejado). En esta línea, sería alentador que pudiera revertirse parte de la fragmentación y heterogeneidad de la estructura actual del sistema, intentando desarrollar aquellos segmentos no tan rentables económicamente y evaluando la complementariedad con otros sistemas de transporte (particularmente el ferrocarril). De este modo, podrían fomentarse (en paralelo a la evolución de la economía) caminos alternativos que reviertan, al menos parcialmente, la distribución

[16] Véase *Clarín* 18/10/03.

territorial "radial" (con centro en Buenos Aires) de los tramos más desarrollados.[17]

Asimismo, en su afán por continuar con su manejo en manos privadas, el Estado permitió que participaran en –e incluso ganaran– la nueva licitación empresas –una vez más, las grandes constructoras– sobre las cuales la Comisión de Renegociación (y posteriormente la UNIREN) no se habían expedido en términos de incumplimientos –y, por ende, las correspondientes multas– por las gestiones pasadas. En tal sentido, hubiera sido auspicioso en primer lugar, haber concretado el "debido proceso" de la revisión integral de los respectivos contratos, respetando lo dispuesto en la Ley de Emergencia Económica e incluyendo en el análisis aspectos tales como los desempeños empresarios de los concesionarios, los niveles de incumplimientos registrados por las empresas y la calidad del servicio prestado.

Ello hubiera facilitado y "transparentado" aún más el proceso licitatorio llevado a cabo a fines de 2003 y, probablemente, hubiera permitido realizar un mejor esquema licitatorio tras haber aprendido de los "errores pasados", tomando en consideración las objeciones realizadas al respecto por los especialistas, las asociaciones de usuarios y priorizando, esta vez sí, los reclamos generalizados de la población.

[17] Esto, dado que los mayores niveles de tránsito se registran en las principales rutas que conectan las distintas zonas con los centros urbanos y comerciales más importantes del país, así como con los puertos con mayor movimiento (por ej. Buenos Aires y Santa Fe) y los accesos a los pasos fronterizos con los países limítrofes. Vale mencionar que en los últimos años, tanto la morfología como la distribución espacial de los caminos no ha variado sustancialmente, extendiéndose en su mayoría hacia la región noreste y noroeste y, en menor medida hacia el sur de la provincia de Buenos Aires y La Pampa –quedando algo rezagada la región patagónica–.

Bibliografía

Abdala, M. y Spiller, P.: *Instituciones, contratos y regulación en Argentina*, Ed. Temas, Buenos Aires, 1999.

Arza, C. y González García, A.; "Transformaciones en el sistema vial argentino. Las concesiones por peaje", Documento de Trabajo Nº 3 del Proyecto "Privatización y Regulación en la Economía Argentina", (BID 802/OC-AR PID Nº:PMT-SID0035), FLACSO-Sede Argentina, Buenos Aires, febrero de 1998.

Arza, C., Azpiazu, D. y Pesce, J.: *"Evolución de las tarifas de peaje en los corredores viales nacionales. Antecedentes normativos y consideraciones metodológicas"*, Área de Economía y Tecnología de la FLACSO, Buenos Aires, marzo 2002, mimeo.

Auditoría General de la Nación: Documentos Técnicos, Informes de Auditoría y Resoluciones varias.

Azpiazu D. y Pesce, J.; "La privatización del sistema vial en la Argentina. ¿Errores de diseño o desmedidos privilegios para una fracción del poder económico local?"; documento de trabajo Nº 11 del Área de Economía y Tecnología de la FLACSO; Ed FLACSO, Buenos Aires, mayo 2003.

Azpiazu, D. (comp.): *Privatizaciones y poder económico. La consolidación de una sociedad excluyente,* FLACSO/UQui /IDEP, Buenos Aires, 2002.

Azpiazu, D. y Schorr, M.: "Asignaturas pendientes para una nueva administración de gobierno. La regulación de los servicios públicos", en *Revista Realidad Económica,* Nº 195, Buenos Aires, 2003.

Azpiazu, D. y Schorr, M.: "Privatizaciones en la Argentina. Desnaturalización de la regulación pública y ganancias extraordinarias", en *Revista Realidad Económica,* Nº 184, Buenos Aires, 2001.

Azpiazu, D. y Schorr, M.: *Las renegociaciones de los contratos con las empresas privatizadas bajo la Administración Duhalde. Crónica de una sumisión anunciada.* Ed. Siglo XXI/FLACSO, Buenos Aires, 2003 .

Azpiazu, D.: "La infraestructura vial en Argentina: debilidades regulatorias y normativas en el contexto de la posprivatización" en Scelza Cavalcanti, B. (coord.), Peci, A., Azpiazu, D., Moraes Zouain, D., Djima Amouzou, K., Saravia, E. y Cassio Ignarra, J.: "Políticas regulatorias en el área de transportes: experiencia internacional", Fundación Getulio Vargas, Río de Janeiro, julio 2002.

Azpiazu, D.: "Las renegociaciones contractuales en los servicios públicos privatizados. ¿Seguridad jurídica o preservación de rentas de privilegio?", en *Revista Realidad Económica,* Nº 164, Buenos Aires, 1999.

Azpiazu, D.: *Las privatizaciones en la Argentina. Diagnóstico y propuestas para una mayor equidad social,* CIEPP/OSDE, Buenos Aires, 2003.

Azpiazu, D.: *Las privatizadas ayer, hoy y mañana (tomos I y II)* Ed. Capital Intelectual, colección Claves para Todos, Buenos Aires, abril de 2005.

Basualdo, E. M.: *Concentración y centralización del capital en la Argentina durante la década de los noventa. Una aproximación a través de la reestructuración económica y el comportamiento de los grupos económicos y los capitales extranjeros,* FLACSO/Editorial UNQUI/IDEP, Colección Economía Política Argentina, Buenos Aires, 2000

CEP: "Infraestructura. Una reseña de los años '90", Centro de Estudios para la Producción, Secretaria de Industria, Comercio y Minería, Buenos Aires, 1998.

Dirección Nacional de Vialidad: información suministrada en la página web www.vialidad.gov.ar

FIEL: "La regulación de la competencia y de los servicios públicos. Teoría y experiencia argentina reciente", Fundación de Investigaciones Económicas Latinoamericanas, Buenos Aires, 1999.

Gerosi, L., Rima, J. C. y Yanes, L.: "El peaje en los caminos (o el camino hacia tasas de ganancia siderales)", en *Revista Realidad Económica,* N° 98, Buenos Aires, 1991.

Montes de Oca, L.: *Peajes: 2003-2018. Un negocio ilegal de 7000 millones de dólares,* Editorial A.M. Gráfica, Buenos Aires, 1997.

Polo, C.: "Servicio vial en Corredores con peaje. El valor económico del servicio vial y el ahorro para los usuarios", Buenos Aires, febrero de 1999 (mimeo).

Schorr, M.: "Las renegociaciones contractuales del gobierno de la Alianza con las empresas privatizadas: polarización del poder económico y agudización de la crisis de las PyME", en *Revista Realidad Económica,* N° 178, Buenos Aires, 2001.

Secretaría de Obras Públicas de la Nación: "Beneficio del usuario en los corredores viales nacionales", Buenos Aires, 1998.

Unidad de Coordinación de Fideicomisos e Infraestructura (UCOFIN), información suministrada en su página web; www.ucofin.gov.ar

Vispo, A.: *Los Entes de Regulación. Problemas de diseño y contexto. Aportes a un necesario debate en la Argentina de fin de siglo,* Grupo Editorial Norma/FLACSO, Buenos Aires, 1999.

Zambón H.: "El peaje en las rutas argentinas. El caso del corredor 29"; en *Revista Realidad Económica,* N° 194, 2003.

El desarrollo de las telecomunicaciones en la Argentina y los desafíos para la universalizacion de los servicios[1]

Karina Forcinito

En los últimos tres lustros, los servicios de telecomunicaciones se constituyeron en un consumo de creciente importancia en las sociedades capitalistas y, paralelamente, en insumos estratégicos, de uso difundido, para el desarrollo de las economías nacionales y su inserción internacional. En la Argentina de fines de los años ochenta, el sector –principalmente en manos del Estado– experimentaba un fuerte déficit de inversión y altos niveles de demanda insatisfecha derivados de los crecientes desequilibrios en las finanzas públicas. En este contexto, el gobierno de corte neoliberal encabezado por el presidente Menem privatizó la Empresa Nacional de Telecomunicaciones (ENTel) –que operaba monopólicamente– e instrumentó un esquema regulatorio fuertemente transigente con las prestatarias como pretendido modo de resolución de la problemática situación.

Dicho esquema promovió, a elevados costos en términos internacionales, un importante proceso de inversión, orientado crecientemente hacia los segmentos más rentables del mercado, más no la universalización de los servicios. Esta última depende en gran medida de un componente de la regulación estatal orientado a asegurar la igualdad de trato o el acceso no discriminatorio a los servicios por parte de los usuarios. Implica que el estado tiene la obligación de garantizar precios accesibles para todos los habitantes del país, considerando las diversas situaciones geográficas, sociales

[1] La autora desea agradecer los valiosos comentarios de Daniel Azpiazu a versiones preliminares del presente artículo que fueron presentadas en el marco de las Jornadas organizadas por el Plan Fénix en vísperas del Segundo Centenario. Una estrategia de Desarrollo con Equidad, Proyecto estratégico de la Universidad de Buenos Aires, realizadas del 2 al 5 de agosto de 2005 así como en las X° Jornadas Interescuelas/Departamentos de Historia, que tuvieron lugar entre el 20 al 23 de septiembre del mismo año.

y culturales que los diferencian. Es decir que introduce criterios de integración social y regional, a contrapelo de la lógica capitalista, por tratarse de un servicio público asociado con derechos ciudadanos fundamentales.[2] La universalización como acción estatal específica asume mayor importancia en los casos en los cuales se opta por un modelo regulatorio que no promueve la competencia, por el lado de la oferta, y cuando las desigualdades geográficas y económicas son elevadas, por el lado de la demanda. Ambos atributos caracterizan el caso argentino, sin embargo dicho componente de la regulación fue omitido por el estado y, por lo tanto, la universalización dependió fundamentalmente de la política tarifaria y de la introducción de competencia por precios –aún pendiente- en la Argentina.

A casi quince años de la privatización de ENTel, el presente artículo se propone hacer un balance de los principales resultados alcanzados mediante dicha estrategia para el desarrollo del mercado nacional de telecomunicaciones así como aportar algunos lineamientos generales de política para el desarrollo de la actividad y la universalización de los servicios. Para ello se presentan, en primer término, los parámetros fijados por el Estado con la privatización para el funcionamiento del mercado, en materia de diseño de su estructura; política tarifaria y regulación de la transición a la competencia. En segundo término, se caracteriza la dinámica asumida por el mercado a partir del análisis de la evolución de los precios, la cobertura de los servicios y el patrón de competencia durante el período estudiado. Y por último, se establecen lineamientos de política orientados a promover el desarrollo del sector, con énfasis en la universalización de los servicios.

1. La estructuración del mercado argentino de telecomunicaciones a partir de la privatización de Entel

La privatización de ENTel, así como la del resto de las empresas estatales, fue realizada a partir de la sanción de las Leyes de Reforma del Estado (Ley Nº 23.696) y de Emergencia Económica (Ley Nº 23.697) a mediados de 1989. En este contexto, el marco regulatorio para la prestación

---

[2] Por lo general, la universalización de los servicios se ha procurado a partir de la implementación de subsidios cruzados entre tipos de servicios y/o de usuarios y/o regiones durante la prestación monopólica y a partir de subsidios directos durante la vigencia de regímenes competitivos.

de los servicios de telecomunicaciones, así como de la mayor parte de los servicios públicos, fue establecido mediante "Decretos de Necesidad y Urgencia" y en ausencia de regulación antimonopólica, de defensa del consumidor y un órgano regulador específico, que se constituyó y comenzó a funcionar con posterioridad a la transferencia de la propiedad de los activos estatales al sector privado.[3] El Pliego de Bases y Condiciones para la privatización de ENTel definió la estructura de mercado y propiedad del capital que caracterizaría originariamente a la prestación privada de la actividad en la Argentina. Al respecto, estableció que los consorcios que resultaran adjudicatarios de las dos sociedades en que fue subdividido el monopolio estatal gozarían de un período de exclusividad en la prestación del servicio básico de telefonía.[4] Dicho período se extendería por siete años, desde noviembre de 1990 –cuando se transfirió la empresa estatal al capital privado– hasta noviembre de 1997, y podía ser prorrogado, de cumplirse con ciertas metas en la prestación del servicio, por tres años más, hasta noviembre del año 2000.

Durante dicho lapso las Licenciatarias del Servicio Básico telefónico (en adelante, LSB) podrían operar sin exposición a la competencia los servicios de corta y larga distancia, tanto nacional como internacional. El resto de los servicios de telecomunicaciones serían prestados en competencia y las LSB no verían restringida su participación en dichos mercados, como recomienda la literatura y la experiencia en la materia para evitar que desplieguen su poder monopólico en segmentos contiguos, sino que operarían a través de empresas de propiedad compartida durante la vigencia de la reserva de mercado. Consecuentemente, a cada LSB le fue asignada una región del país específicamente para la prestación monopólica de los servicios de llamadas locales y de larga distancia nacional –las adjudicatarias serían Telecom Argentina S.A. en la zona norte y Telefónica de Argentina S.A. en la zona sur– y se creó, además, una empresa "satélite" (de propiedad compartida entre estas mismas empresas) únicamente para a la prestación del servicio de telefonía, el de transmisión de datos y el de télex a escala internacional –que luego sería Telintar S.A.– también en condiciones

---

[3] Oszlak, Felder, y Forcinito (2000), entre otros.

[4] En la Argentina, se entiende por servicio básico telefónico a la provisión de enlaces fijos de telecomunicaciones que forman parte de la red telefónica pública o que están conectados a dicha red y la provisión por estos medios del servicio de telefonía urbana, interurbana e internacional de voz viva.

de exclusividad. Una vez finalizado el período de explotación monopólica, el servicio básico sería prestado en competencia, y las LSB podrían competir entre sí y con terceras empresas dentro y fuera del ámbito geográfico al que debían restringir su operatoria durante la vigencia de la reserva temporaria de mercado.

Por último, el gobierno habilitó a las LSB a explotar la prestación de los servicios de télex y transmisión de datos a nivel nacional, radio móvil marítimo y otros servicios no incluidos en la definición del servicio básico telefónico –entre los que se destacaba, por su potencialidad de crecimiento y carácter sustitutivo de la telefonía fija, la telefonía móvil celular– bajo un régimen de competencia (no entre las LSB) en un mercado que no restringía la entrada de otros operadores. Para ello, se crearon dos empresas "satélites" adicionales de propiedad compartida entre las LSB: Startel S.A., como prestataria de los servicios de télex y transmisión de datos a nivel nacional y radio móvil marítimo, y Miniphone SA. proveedora de telefonía móvil con tecnología celular (primera generación) que pasó a competir con Movicom (la única empresa existente desde 1984) en el Area Metropolitana de Buenos Aires (en adelante, AMBA).

Este diseño originario de la estructura de mercado y de la propiedad del capital presentaba fuertes inconsistencias con vistas a la ulterior apertura a nuevos operadores, establecida formalmente en el Pliego de Bases y Condiciones para la privatización de ENTEL. En la medida en que promovía la integración vertical y horizontal de las empresas, en lugar de la separación de los segmentos competitivos de los monopólicos, y además, agregaba (en lugar de separar) la prestación de los servicios de corta distancia y de larga distancia –en un contexto en el que estos últimos admitían crecientes grados de competencia–: promovía implícitamente la monopolización en cada una de las regiones en que se dividió el territorio nacional.

Cabe agregar que con independencia de las ventajas y desventajas que planteaba este diseño originario de la estructura del mercado y de la propiedad del capital, la implementación de fuertes controles antimonopólicos a las prácticas y actos de concentración efectuados por las empresas adjudicatarias –y/o sus vinculadas societariamente– resultaba un componente regulatorio estratégico para promover la transición del monopolio a la competencia oligopólica. A pesar de ello, dicho componente, que debía complementarse con los clásicos instrumentos de la regulación activa durante el período de exclusividad, fue omitido por el Poder Ejecutivo Nacional.

1.1. La regulación tarifaria

En materia de formación de precios se adoptó el sistema de precios tope o *price-cap*[5] bajo la influencia de un contexto internacional caracterizado por el auge de la regulación por incentivos. Este mecanismo tiene la ventaja de transferir, aunque sea parcialmente, las ganancias de eficiencia obtenidas por las empresas reguladas mediante reducciones en términos reales de los precios y tarifas finales. En el caso argentino, la aplicación de este mecanismo regulatorio fue desvirtuada. A continuación se describe la forma mediante la cual el estado obstaculizó dicha posibilidad de transferencia de ingresos a partir de la reglamentación específica de cada uno de los componentes del esquema tarifario mencionado.

El primero de los componentes del sistema de precios tope, el nivel base de los precios, fue establecido mediante un importante incremento en términos reales, muy superior al experimentado por los costos de producción, con anterioridad a la transferencia de los activos al capital privado. Hipotéticamente, esta decisión del gobierno procuró asegurar el apoyo empresario a una de las primeras y principales experiencias privatizadoras.

Posteriormente, en el marco del segundo mandato presidencial de Menem, dicho nivel tarifario base fue redefinido frente a la finalización del período de exclusividad mediante un rebalanceo tarifario que resultaba estratégico con vistas a la introducción de competencia en el mercado. Esta medida constituyó un cambio relativo de los precios de las tarifas urbanas con relación a las de larga distancia nacionales e internacionales y de las residenciales en relación a las comerciales de forma tal de que teóricamente reflejaran los costos de prestación respectivos. Es decir que se encareció el servicio residencial con relación al comercial y el urbano con relación al interurbano nacional e internacional. En efecto, en la medida en que se reducían las tarifas del servicio que primero quedaría expuesto a la competencia –como es el de llamadas de larga distancia– así como aquellas correspondientes al seg-

---

[5] El mecanismo *price cap* determina el nivel de precios base –sujeto a revisiones periódicas– y lo afecta por algún mecanismo de indexación que posibilite su evolución simétrica con el resto de los precios de la economía, en primer término, y por un coeficiente (de signo negativo) de productividad orientado a promover la disminución real de los precios y con ello la transferencia, al menos parcial, de los incrementos de productividad a los usuarios, en segundo. Las ventajas principales de dicho mecanismo consisten en que facilita la gestión reguladora al determinarse la evolución de los precios y no los precios mismos, incentiva la eficiencia microeconómica y garantiza precios reales decrecientes para los usuarios a lo largo del tiempo.

mento de usuarios con mayores posibilidades de migración de operador –como son los clientes comerciales– el rebalanceo concedía a las LSB la posibilidad de afrontar la competencia bajo el resguardo que suponía el haber conseguido cobrar tarifas más elevadas a la porción más cautiva de su clientela (los usuarios residenciales, especialmente en lo concerniente al servicio urbano).

El segundo de los componentes del sistema de precios tope, las cláusulas de ajuste tarifario, sufrió diversas modificaciones desde su diseño original, oficiando como mecanismo indexatorio y, adicionalmente, como seguro de cambio frente al riesgo devaluatorio en el marco de la vigencia del Plan de Convertibilidad. Estas modificaciones además se realizaron, del mismo modo que la determinación de los precios base, en el marco de procesos decisorios que excluyeron a los usuarios y consumidores cautivos.

En una primera etapa, el valor del pulso telefónico, expresado en moneda local, se ajustó según la evolución del índice de precios al consumidor doméstico (IPC). Durante la hiperinflación que tuvo lugar en la Argentina entre 1989 y 1990, el precio de la divisa (dólar estadounidense) creció muy por encima de los precios domésticos (según el índice de precios al consumidor) y entonces se modificó la cláusula de ajuste original reemplazándola por un índice combinado entre la evolución del IPC, con una ponderación del 60%, y del tipo de cambio –en relación con la moneda estadounidense–, con una ponderación del 40%.

Posteriormente, con la sanción de la Ley de Convertibilidad (marzo de 1991), quedó prohibida explícitamente la aplicación de toda cláusula de ajuste periódico de precios en la economía doméstica.[6] Sin embargo, se recurrió a un artilugio legal y se expresó el valor del pulso telefónico en dólares estadounidenses pasando a ajustarse semestralmente según la evolución del índice de precios al consumidor (CPI) de los Estados Unidos.[7/8]

---

[6] El Plan de Convertibilidad (Ley N° 23.928 de 1991), que logró recuperar la moneda como unidad de cuenta mediante el anclaje por ley del peso al dólar a un tipo de cambio fijo ($1=US$1) bajo un régimen de caja de conversión, prohibía todo mecanismos de indexación de precios en su artículo 10.

[7] La indexación de las tarifas, realizada ilegalmente en el marco de la Ley de Convertibilidad, les permitió a las licenciatarias del servicio básico telefónico apropiarse de aproximadamente 8000 millones de pesos/dólares entre 1991 y 2000 según Azpiazu y Schorr (2003).

[8] Según el Decreto 2585/91: "la ley de convertibilidad constituye un obstáculo legal insalvable por el que quedan sin efecto las disposiciones del mecanismo de actualización automática del valor del pulso telefónico. En función de ello es conveniente expresar el valor del pulso telefónico en dólares estadounidenses, ya que es legalmente aceptable contemplar las variaciones de precios en otros países de economías estabilizadas, como, por ejemplo, los Estados Unidos de América".

El tercero de los componentes del sistema de precios tope, el coeficiente de eficiencia, fue establecido –sin mediar metodología alguna sobre su adecuada determinación[9]– en un nivel igual a cero para los primeros dos años y con niveles crecientes, del 2% y del 4%, progresivamente, para los años subsiguientes involucrando a todos los servicios de telecomunicaciones.[10] Más tarde, sin embargo, sólo se aplicó para las llamadas de larga distancia (nacionales e internacionales) cuyas tarifas disminuirían de todos modos por la presión competitiva de los sistemas *call back, call reverse,* tarjetas prepagas, etc. entre otros mecanismos. A partir del año 2000, la rebaja pasó a aplicarse únicamente a las comunicaciones urbanas dado que se supuso que las de larga distancia bajarían con el efecto de la competencia.

1.2. La regulación de transición a la competencia

Las inconsistencias originales tanto en el diseño de la estructura de mercado y de propiedad del capital, como en la fijación de las reglas de juego para la formación de los precios, fueron agravadas por la política de transición a la competencia oligopólica. A continuación se analizan sintéticamente los rasgos que caracterizaron dicho componente de la regulación desde marzo de 1998, cuando se definieron las primeras condiciones de apertura del mercado, hasta mediados de 2005, una vez superado el peor momento de la crisis del régimen de convertibilidad.

Las primeras condiciones de transición a la competencia en el mercado argentino fueron impulsadas por el gobierno de Menem mediante el Decreto 264/98. Dicha norma, además de extender por dos años el período de exclusividad de las LSB, impulsó una apertura restringida y discrecional del mercado de telefonía básica urbana y de larga distancia (nacional e internacional) a dos nuevos conglomerados integrados por grandes empresas poseedoras de redes de telefonía móvil y televisión por cable preexistentes en el país liderados por CTI Móvil y Movicom-Bell South mediante un mecanismo de adjudicación directa a todas luces carente de legitimi-

---

[9] Cabe destacar que cuando los precios base se fijan en niveles muy elevados en relación con los costos, las disminuciones generadas por la aplicación de dichos coeficientes resultan superfluas.

[10] Dichos porcentajes resultan insuficientes si se considera que los incrementos de la productividad, medidos en cantidad de líneas telefónicas en servicio por ocupado, alcanzaron el 417% entre 1991 y 1999.

dad jurídica. Por último, también mediante dicha norma, el gobierno licitó doce habilitaciones para la prestación de telefonía con el sistema PCS (segunda generación de telefonía móvil y sustituto próximo de la telefonía fija) las cuales fueron adjudicadas sin excepción a cuatro grandes firmas oligopólicas preestablecidas en el sector. De este modo, específicamente mediante el Decreto 264/98, el gobierno de Menem premió las estrategias de integración horizontal y vertical que tanto las LSB como CTI Móvil (Grupo Agea-Clarín) habían desplegado con vistas a la finalización del período de exclusividad[11] y promovió la conformación de un oligopolio de dos actores principales con predominio regional (Telecom. Argentina SA en el norte del país y Telefónica de Argentina SA en el sur) y dos subalternos (CTI Móvil en el Interior del país y Movicom Bell South en el AMBA).

A partir de la nueva configuración estructural del mercado establecida en 1998, la posibilidad de que se desarrollara una dinámica relativamente competitiva entre los cuatro operadores pasó a depender únicamente de las reglas de juego que se establecieran para regular la transición de la situación de monopolio a otra de competencia oligopólica. Dichas reglas fueron instituidas de un modo deficitario, es decir inoperante, considerando las ventajas de precedencia de las empresas incumbentes[12] y las barreras artificiales a la entrada impuestas a través de la regulación.

En septiembre de 2000, el gobierno de la Alianza (UCR y Frepaso), liderado por el presidente De la Rúa, modificó las reglas de juego que regirían en el proceso de apertura, mediante la sanción del Decreto 764/2000. Esta nueva política, actualmente en vigencia, generó algunas rupturas respecto de la impulsada por la gestión previa que involucraron ciertas mejoras en el es-

---

[11] Consúltese Schorr (2001).

[12] Se trata de ventajas que detentan los ex operadores monopólicos sobre la base de los "derechos adquiridos" durante el período de exclusividad en la prestación de los servicios, que dan lugar a una asimetría estructural en las capacidades tecnológicas, comerciales (basadas en el conocimiento de los hábitos de consumo de los usuarios) y financieras (fundadas en el proceso de acumulación llevado a cabo durante la vigencia de los derechos de exclusividad), entre las operadoras preestablecidas y las potenciales ingresantes en el marco de un proceso de transición hacia una estructura de mercado oligopólica. Se trata de una asimetría que constituye, por sí misma, una significativa barrera a la entrada de nuevos oferentes al mercado, y que opera independientemente de si existen –o no– restricciones legales al ingreso al mismo. Es decir que, una vez otorgada la propiedad de las redes en condiciones monopólicas de explotación, el proceso tendiente a introducir competencia en el mercado requiere asegurar –mediante la instrumentación de distintos mecanismos regulatorios– condiciones equitativas para la competencia entre infraestructuras a fin de garantizar la competencia efectiva en servicios. Cf. Herrera (1996).

quema regulatorio. Entre ellas se destacan: la eliminación de los requerimientos de capital y de patrimonio para acceder a una licencia nacional de telecomunicaciones –que obstaculizaban innecesariamente el ingreso de nuevos operadores–; la determinación de la obligatoriedad de la reventa de servicios –que antes no existía–; el arrendamiento de las facilidades esenciales a precios regulados cuando fuera técnicamente posible y el establecimiento de condiciones menos discriminatorias de interconexión así como la disminución de los precios correspondientes. La nueva normativa redujo los incentivos a la innecesaria duplicación de la red de telefonía pública y disminuyó, además, los niveles de ambigüedad regulatoria existentes en el Decreto 264/98 que operaba, en la práctica, a favor de las empresas preestablecidas. No obstante, algunas de dichas mejoras en los mecanismos regulatorios no tuvieron reglamentación posterior, hecho que neutralizó los efectos positivos mencionados.[13]

En relación con la política tarifaria, sin embargo, se evidencian continuidades más que rupturas: la gestión De la Rua no revisó, y tampoco modificó la estructura de precios relativos establecida mediante el polémico rebalanceo tarifario, ni el mecanismo de ajuste basado en el índice de precios de los Estados Unidos, aspectos que como fuera mencionado resultaban estratégicos con vistas a la apertura. En continuidad con la etapa previa, tampoco se estableció la obligatoriedad de instrumentar la portabilidad de los números telefónicos (necesaria para que la reventa de servicios resulte eficaz) y el sistema de selección del operador de larga distancia por marcación directa por parte usuarios y clientes, mecanismos centrales de asistencia a la entrada en corta y larga distancia.

La comprensión de la situación del mercado de telecomunicaciones desde principios de 2002 requiere tomar como punto de partida la crisis terminal del régimen de convertibilidad a fines de 2001 y la nueva situación macroecónomica vigente desde entonces.[14] El cambio en los precios relativos y la caída, no compensada, del poder adquisitivo de la población produjo un achicamiento en el tamaño del mercado doméstico de telecomunica-

[13] Entre ellas se destacan la desagregación del lazo local, recurso provisto monopólicamente cuyo uso debe compartirse como única alternativa para llevar servicios a sectores residenciales, o la línea compartida con los nuevos entrantes para prestar servicio de internet por banda ancha; etcétera.

[14] En términos macroeconómicos, luego de una etapa de sobrerreacción del tipo de cambio frente a la nueva situación de flotación (sucia) de la moneda local, la nueva paridad cambiaria se estabilizó a una relación de un dólar igual a tres pesos argentinos desde inicios de 2003. Con cierto rezago, esta devaluación fue acompañada de un incremento del IPC del 56% (desde diciembre 2001 a marzo del 2005) y del IPIM de 45% en igual período.

ciones que tendió a favorecer aún más la concentración de la oferta. Asimismo, se produjo la pesificación y desindexación de las tarifas de los servicios públicos, incluyendo los de telecomunicaciones, a partir de la sanción de la Ley de Emergencia Pública y Reforma del Régimen Cambiario (Ley Nº 25.561) que, además, estableció el inicio de un importante proceso de redefinición de las relaciones contractuales entre las empresas privatizadas y el estado a partir de nuevos criterios.[15] Esta Ley estableció que las respectivas renegociaciones –llevadas a cabo, durante la gestión Duhalde, por el Ministerio de Economía– debían considerar "el impacto de las tarifas en la competitividad de la economía y en la distribución de los ingresos; la calidad de los servicios y los planes de inversión, cuando ellos estuviesen previstos contractualmente; el interés de los usuarios y la accesibilidad de los servicios; la seguridad de los sistemas comprendidos; y la rentabilidad de las empresas".

Sin embargo, tanto los acotados plazos estipulados originariamente para llevar a cabo dicho proceso de revisión y renegociación (actualmente postergados hasta diciembre de 2005) como las primeras decisiones impulsadas en la materia, anunciaron el estrecho carácter que asumiría, en los hechos, la redefinición contractual. Dicha negociación quedó prácticamente reducida a la evolución de las tarifas durante la emergencia, a la exigencia a las empresas de condiciones mínimas de calidad en la prestación de los servicios y a la resolución de los diferendos con las empresas en el marco de los Tribunales Arbitrales del Banco Mundial.[16/17]

---

[15] En relación con el mercado de telecomunicaciones se incluyó únicamente en la renegociación en virtud de su carácter de servicio público a la telefonía básica, es decir por enlaces fijos, excluyendo –erróneamente– a la inalámbrica y a diversos servicios de valor agregado que también presentan actualmente características de servicios públicos.

[16] En el contexto del cambio de régimen macroeconómico, las empresas Telefónica de Argentina SA y France Telecom (accionista de Telecom Argentina SA), así como numerosas firmas argentinas privatizadas, iniciaron demandas judiciales contra el Estado Nacional, por la violación de los contratos mediante la pesificación y desindexación de las tarifas, ante el CIADI (Centro Internacional de Solución de Diferendos), tribunal arbitral establecido por el Banco Mundial. Cabe agregar que estas demandas se encuentran indirectamente ligadas al problema del fuerte endeudamiento externo asumido por las empresas durante la década de la convertibilidad (1991-2001) como modo principal de financiamiento de sus operaciones.

[17] Para ello se ampararon en los Tratados Bilaterales para la Promoción y Protección de Inversiones Extranjeras firmados por la Argentina y los diversos países de origen de dichas empresas durante la década de los noventa. Los mismos implicaron en la práctica que las empresas extranjeras pudieran demandar al Estado nacional ante tribunales internacionales como el del Banco Mundial, eludiendo el sistema judicial nacional. Cf. Azpiazu (2005, tomos I y II).

A pesar de las fuertes amenazas y presiones ejercidas por el Fondo Monetario Internacional, las empresas telefónicas y los gobiernos de los países de origen de las firmas, el gobierno liderado por Duhalde no accedió a los incrementos de tarifas finales aunque tampoco hizo efectivas las decisiones emergentes del análisis de las diversas dimensiones establecidas por la Ley de "Emergencia Pública y Reforma del Régimen Cambiario" para guiar la revisión de los contratos.[18] De este modo, atentó contra la transparencia del proceso renegociador desde sus inicios restándole credibilidad, poder político y consecuentemente eficacia. La renegociación de los contratos quedó inconclusa, y fue transferida al nuevo gobierno que asumió el 25 de mayo de 2003.

Con la asunción del presidente Kirchner se inicia una segunda etapa del proceso de renegociación contractual, actualmente inconclusa, que estuvo fuertemente signada por los avatares de la renegociación de la deuda externa pública argentina –en cesación de pagos desde principios de 2002– y de la crítica situación social interna. Con relación a las telecomunicaciones, la actual gestión impidió los incrementos tarifarios y promovió diversas medidas hacia el sector. Entre las principales se destacan, en primer lugar, la rescisión del contrato entre el Estado nacional y la compañía Thales Spectrum (Francia) para la administración y control de un recurso público no reproducible de carácter esencial como es el espectro radioeléctrico, en virtud de la acumulación de irregularidades diversas por parte de la misma. En segundo lugar, la firma de una carta de entendimiento provisoria con las LSB orientada a mantener congeladas al tarifas telefónicas en mayo de 2004 con vigencia hasta diciembre del mismo año[19]. En tercer lugar, el gobierno paralizó –de hecho– la aplicación de los mecanismos de asistencia a la entrada de nuevos operadores previstos en la normativa vigente, por caso la portabilidad de números telefónicos, la implementación del sistema de selección por marcación del operador larga distancia[20], la

---

[18] Al respecto véase Azpiazu y Schorr (2003).

[19] En el marco de dicha carta se acordó con las LSB el mantenimiento de la estructura tarifaria vigente, el desarrollo de servicios solidarios y la transferencia a las tarifas de todo nuevo impuesto o variación en los existentes. En diciembre de 2004 venció la Carta de entendimiento entre el gobierno y las LSB sin que mediaran resoluciones a las controversias vigentes y, consecuentemente, Telefónica de Argentina reactivó el pleito en el CIADI contra el Estado argentino.

[20] Finalmente, a principios de marzo de 2005 el Ministerio de Economía (mediante la Resolución N° 75) puso en marcha la selección por marcación del operador de larga distancia y desreguló paralelamente los precios de esas llamadas. Se espera que esto incremente el costo de las llamadas de larga distancia internacional, especialmente en los tramos en los que existe bajo nivel de competencia, que se encontraban pesificadas desde la devaluación de principios de 2002.

implementación del servicio universal[21], la reglamentación de la desagregación del lazo local, etcétera.

En relación con este último aspecto, quizás una de las medidas más nocivas implementada por omisión, en principio durante el gobierno de Duhalde pero continuada por el de Kirchner, es la ausencia de intervención de la autoridad regulatoria en los casos en los cuales los acuerdos de interconexión entre las empresas incorporan el mecanismo de indexación de los consiguientes cargos por el coeficiente de estabilización de referencia (CER) –coeficiente que varía en función del movimiento del índice de precios finales de la economía doméstica–. Dicho coeficiente, creado por el gobierno con posterioridad a la devaluación de enero de 2002, actúa indexando los costos de los competidores de las LSB que tienen las tarifas finales del servicio básico telefónico congeladas por decisión gubernamental, es decir erosionando sus ganancias en favor de dichas prestatarias.

En un contexto en el cual resulta altamente costoso en términos políticos indexar las tarifas finales, esta situación constituye un nuevo privilegio otorgado a las LSB que no guarda ninguna correspondencia con la evolución de los costos de reposición de dichas facilidades (por otro lado, de realizarse dicho ajuste, debería ser en función de la evolución de los costos incrementales de largo plazo que es lo que establece el Reglamento de Interconexión vigente).[22] Cabe destacar, además, que esta medida asimétrica y discriminatoria tiene el efecto de neutralizar cualquier política de asistencia a la entrada y contribuye claramente a promover la duplicación de redes ineficiente en términos sociales, desvirtuando la regulación de transición a la competencia impuesta por la normativa vigente.

Por último, la gestión Kirchner admitió la compra de la firma Movicom por parte de Unifon (empresa de telefonía móvil de Telefónica de Argentina) que dio lugar al surgimiento de Movistar a pesar de los mayores grados de concentración en la oferta, especialmente en el AMBA, que dicha adquisición conlleva (Telefónica de Argentina SA pasó a controlar el

[21] Dicha "omisión" ha permitido que las empresas cobraran a los usuarios 350 millones de pesos acumulados desde noviembre de 2000 hasta la actualidad, sin haber realizado el aporte correspondiente al Fondo ligado al servicio universal. Es decir que la inacción ha continuado desde la gestión de De la Rúa hasta la vigente.

[22] Esta nueva decisión oficial asimétrica a favor de las empresas preestablecidas originó diversas presentaciones administrativas y judiciales por parte de los nuevos entrantes, que aún no han tenido una resolución.

45% del mercado de teléfonos móviles del país y acotó fuertemente la competencia en telefonía pública).

En síntesis, al promediar el período presidencial, la actual gestión, si bien ha mantenido formalmente la regulación de transición a la competencia impuesta por el gobierno de De La Rúa, ha incurrido en un conjunto de acciones y omisiones que desvirtúan el esquema de incentivos implícitos en dicha normativa. Por caso, no aplicó el control antimonopólico a los actos de concentración, paralizó la aplicación de los mecanismos de universalización de los servicios y de asistencia a la entrada vigentes (con la salvedad de la selección por discado del operador de larga distancia que acaba de ser instrumentado aunque de un modo controvertido),[23] habilitó "de hecho" la indexación de los cargos de interconexión a la red de telefonía pública en un contexto de congelamiento de tarifas finales, entre las principales medidas.

2. La dinámica del mercado: un balance de los resultados de la privatización de ENTel

En la presente sección se caracteriza la dinámica asumida por el mercado a partir del análisis de la evolución de la cobertura de los servicios por parte de las empresas, la trayectoria de los precios fijados por el estado y del patrón de competencia durante el período estudiado. Cabe destacar que dicha dinámica es comprendida como producto de la articulación entre la regulación estatal y las estrategias de las empresas con dominancia económica, elementos abordados en la primera sección.

En relación con la primera de las dimensiones de análisis, cabe destacar que el modelo regulatorio emergente de la privatización de la ENTel ha permitido una fuerte expansión de la cobertura de los servicios telefónicos en la Argentina. Las líneas telefónicas fijas en servicio pasaron de 3,24 a 8,08 millones en el período 1991-2005, presentando un incremento del 149%, según información del INDEC. Asimismo, la cantidad de abona-

[23] El tipo de instrumentación de la selección del operador por discado deja cautivo nuevamente a los usuarios y clientes de las empresas en la medida en que requiere suscripción previa. Es decir que las empresas no tienen obligación de aplicarlo unilateralmente como debería ser, informando sobre las opciones disponibles y el modo de uso.

dos de telefonía móvil en servicio ascendía a 14,54 millones en marzo de 2005 habiendo crecido en el último año un 74,5% según la misma fuente. Esto significa que la teledensidad que era de 10 teléfonos cada 100 habitantes cuando se privatizó ENTel, ha alcanzado un nivel de 62 teléfonos por cada 100 habitantes en la actualidad.[24] Asimismo, ha crecido notablemente el acceso a Internet con un promedio mensual de 1,7 millones de usuarios residenciales y 130 mil organizaciones en el año 2004, según información del INDEC. Estas tendencias nacionales coinciden con las que se evidencian a nivel internacional. Cabe destacar que la telefonía pública ha tenido un desarrollo muy inferior a la privada. A marzo de 2005, los teléfonos públicos instalados ascienden a 140,5 mil en todo el país. Sin embargo, esta escasa cobertura de la telefonía pública tuvo como complemento la fuerte expansión de la semipública mediante la red de locutorios que las LSB desarrollaron fundamentalmente en los grandes centros urbanos. Conjuntamente con la expansión de la cobertura del servicio se produjo la modernización de la red telefónica pública nacional llevando el grado de digitalización de la misma del 13% al 100% en la actualidad.

En cuanto a la evolución de los precios regulados, la segunda dimensión analítica propuesta, cabe destacar dos grandes etapas. La primera remite al breve período que va desde julio de 1989, momento en el que asume el gobierno de Menem, hasta noviembre de 1990, cuando se transfiere la ENTel al capital privado. Durante dicho período, el índice de precios del servicio telefónico se incrementó en 86 veces (mientras el nivel general de precios de la economía lo hizo en 31,7 veces) según el INDEC. Estos porcentajes revelan el fuerte incremento en términos reales promovido por la administración previa a la privatización.

Durante la segunda etapa mencionada, que va desde la privatización de ENTel en noviembre de 1990 hasta junio de 2004, la evolución del valor de la canasta telefónica correspondiente a los servicios residencial y público[25] evidencia un incremento del 13% en términos reales según la misma fuente. Esta evolución de largo plazo pone de manifiesto que los usuarios no se beneficiaron con reducciones en los precios, como preveía el

---

[24] La distribución territorial de la teledensidad presenta fuertes niveles de heterogeneidad a favor de los grandes centros urbanos.

[25] Dicha canasta incluye el servicio básico telefónico urbano e interurbano nacional e internacional, telefonía móvil y pública en el Área Metropolitana de Buenos Aires.

sistema de precios tope aplicado, sino que experimentaron incrementos en términos reales, a pesar de que la productividad del sector creció fuertemente como producto de la modernización y la política de despidos implementada por el estado y las empresas.[26] Al desagregar la evolución de los precios dentro de esta segunda etapa por subperíodos, es posible observar, en primer lugar, que la canasta de telecomunicaciones que estima el INDEC incrementó su valor en un 158% durante la vigencia del régimen de convertibilidad (marzo de 1991-diciembre de 2001) mientras el índice de precios al consumidor de la economía lo hizo en un 56,4%. Y en segundo lugar, que dicha evolución se invierte en el período postdevaluación: mientras el valor de la canasta telefónica se incrementó en un 6,5% desde enero de 2002 hasta junio de 2004, el índice de precios al consumidor lo hizo 47,5%.[27]

En síntesis, a partir de estas evidencias en materia de cobertura y precios –y considerando que de haberse transferido los incrementos de eficiencia las tarifas finales deberían haber experimentado caídas en términos reales a lo largo del tiempo– es posible inferir que la regulación del mercado de telecomunicaciones emergente de la privatización promovió la modernización pero, paralelamente, la apropiación de niveles extraordinarios de ganancias sobre el capital invertido por parte de las empresas adjudicatarias de ENTel.[28]

En cuanto al patrón de competencia, la tercera dimensión analítica propuesta, cabe destacar que la incidencia de los nuevos entrantes en la disputa por el mercado nacional de telefonía fija ha sido escasa a casi seis años del inicio de la apertura del mercado, a pesar de las numerosas licencias otorgadas y registradas por la Comisión Nacional de Comunicaciones. Telefóni-

---

[26] La cantidad de líneas telefónicas por ocupado de las LSB, clásico indicador de productividad física en el sector, creció en un 417% en el período 1990-1999. Cf. Abeles (2001).

[27] En cuanto a los servicios comerciales, si bien no existe información oficial, se dispone de evidencia que indica que las tarifas medias han experimentado una importante disminución. Por caso, según FIEL las tarifas comerciales disminuyeron un 28,32% entre 91-98. Cabe destacar que en el mismo período el índice de precios al consumidor se incrementó en un 60,7%, influenciado en gran medida por el aumento de los precios y tarifas de los servicios públicos privatizados. Cf. FIEL (1999).

[28] Según Azpiazu, en estrecha relación con la política tarifaria implementada por el Estado, las LSB internalizaron ganancias por aproximadamente 6500 millones de pesos/dólares entre 1991 y 2001 y distribuyeron el 75% de dicho monto entre los accionistas bajo la forma de pago de dividendos. Cf. Azpiazu (2005, tomos I y II).

ca de Argentina y Telecom Argentina conservan el 90% de las líneas fijas en funcionamiento. En el servicio de tele fonía local, las incursiones de Telefónica de Argentina SA en la zona norte del país (explotada por Telecom Argentina durante la etapa monopólica) y de Telecom en la zona sur (explotada previamente por Telefónica de Argentina SA) han sido muy reducidas. El mercado de telefonía pública también continúa fuertemente controlado por las LSB. Las ex empresas monopólicas concentran, además, más del 80% de los abonados al servicio de larga distancia nacional e internacional. El único competidor relevante que enfrentaron en estos últimos servicios, la firma Movicom-Bell South, fue absorbida recientemente por Telefónica de Argentina. En el interior del país, el principal competidor continúa siendo CTI Móvil. El mercado nacional de telefonía móvil se encontraba dividido entre la entonces futura Movistar (fusión entre Movicom y Unifón) que concentraba un 42% de los abonados; Telecom Personal con un 30% y CTI Móvil con un 28% en diciembre de 2004. Esta evidencia permite sostener a modo de hipótesis que, por un lado, los costos de migración resultan muy elevados para los usuarios y consumidores y desalientan el traspaso pero, fundamentalmente, que existe, con una alta probabilidad, algún tipo de pacto de no agresión entre las LSB que opera al amparo de mecanismos de regulación que las protegen artificialmente de la competencia.

3. Aportes a la discusión pública sobre la regulación económica de las telecomunicaciones en la Argentina con vistas a la universalización

En oligopolios concentrados y diferenciados, como los característicos a nivel mundial en el campo de las telecomunicaciones, a pesar de la existencia de importantes barreras a la entrada, la amenaza de los rivales potenciales restringe el arco de decisiones posibles –en materia de precios, trayectorias tecnológicas, etc.– del oligopolio individual.[29] De allí que el oligopolio no maximice beneficios en el sentido marginalista: la preocupación principal de las empresas líderes consiste, en estos casos, en la exclusión de nuevas firmas más que en la captación de los consumidores, y esto puede redundar en la fijación de un límite superior, por ejemplo, al establecimien-

---

[29] Robinson (1973).

to de los precios.[30] Además teniendo en cuenta que "...la experiencia ha demostrado que añadir sólo un operador más no crea necesariamente las condiciones de una competencia de precios agresiva sino que, por el contrario, hace muy fácil que el operador establecido y el concurrente concierten algún tipo de acuerdo, que permita al nuevo operador ofrecer módicos descuentos (aproximadamente, 15%) con respecto a los precios del operador establecido en el caso de algunos servicio (por ejemplo, larga distancia e internacional en rutas populares), sin alterar esencialmente por ello la estructura general de precios del operador establecido."[31] Y consecuentemente que "Los duopolios o tripolios no han sido normalmente capaces de garantizar "todos" los beneficios de la competencia; precios más bajos, más selección para el consumidor y mayor innovación".[32]

Entonces, una regulación estatal que preserve los derechos elementales de acceso al servicio público de telecomunicaciones, por un lado, e incentive la prestación de los mismos en condiciones de eficiencia social y sustentabilidad ambiental resulta esencial. Esto último requiere, a la vez, incentivar el aprovechamiento de los recursos existentes, la inversión y la competencia lo más ampliamente posible, impidiendo paralelamente el abuso de la posición dominante por parte de las empresas líderes.[33]

La experiencia de regulación económica del mercado argentino de telecomunicaciones constituye, en muy diversos sentidos, un caso inédito en tanto ha tendido a promover, a diferencia de lo que sugiere la literatura especializada en el tema y otras experiencias nacionales, fuertes asimetrías regulatorias que favorecen a las empresas preestablecidas en lugar de a los potenciales ingresantes. En este sentido, a más de cinco años de haber finalizado el período de exclusividad, si bien se ha producido una notable ex-

---

[30] No se trata, sin embargo, de precios asemejables a los de la competencia perfecta, como sostendría la teoría de los "mercados disputables", sino de precios *oligopólicos*.

[31] Cf. UIT (2002, pág. 47).

[32] Cf. UIT (2002, pág. 47).

[33] La función regulatoria del Estado debería tender a conciliar, en un modelo como el adoptado en la Argentina a partir de la privatización de ENTel, el incentivo a invertir de los preestablecidos, permitiéndoles obtener una rentabilidad razonable sobre su inversión en activos esenciales con la obligación de compartirlos con los otros operadores para que tenga lugar la competencia oligopólica, mediante el uso de mecanismos de asistencia a la entrada. Este propósito resulta de difícil alcance dado que, por un lado, los consumidores prefieren comprarles todos servicios a una sola empresa y, por otro lado, los segmentos donde tienen incidencia la competencia son fundamentalmente Internet y el mercado de larga distancia, el local continúa presentando escasos niveles de competencia.

pansión del servicio y mejoras parciales en la regulación, los costos sociales asociados a la misma han resultado y aún resultan excesivos, además de haber sido y ser afrontados principalmente por los usuarios residenciales y la población que aún no puede acceder al servicio.

Consecuentemente, los principales desafíos regulatorios en el corto y mediano plazo consisten, en términos generales, en regular la prestación de los servicios públicos privatizados por ley nacional –teniendo en cuenta los principios generales desarrollados en el artículo de Carolina Nahón que forma parte del presente apartado– y promover la sanción de una Ley de Telecomunicaciones y de Medios de Comunicación que promueva el desarrollo nacional de estas actividades con vistas a la universalización[34]. A partir de esta regulación marco y en términos más específicos, resulta necesario: en primer término, desconcentrar la oferta y controlar estrictamente y sancionar los abusos de posición dominante (entre los que se destacan la implementación de subsidios cruzados, la indexación de los cargos de interconexión; la discriminación en la calidad de la interconexión, etc.). En segundo término, revisar y determinar los precios base del sistema de precios tope para todos los servicios regulados, así como los cargos de interconexión a las facilidades esenciales, en función del comportamiento de los costos correspondientes y de los coeficientes de eficiencia, considerando los incrementos de la productividad del trabajo acumulados. En tercer término, revisar la correcta aplicación del principio de neutralidad tributaria desde la privatización hasta la actualidad; aplicar el control parcial de precios a los servicios móviles y a todos aquellos servicios de valor agregado que puedan considerarse servicios públicos. En cuarto término, implementar los mecanismos de asistencia a la entrada de nuevos operadores para optimizar el uso de las redes (el sistema de selección por marcación directa en larga distancia; la portabilidad numérica; la reglamentación de la desagregación del bucle local; entre los principales). En quinto término, instrumentar los mecanismos de financiamiento y la prestación del servicio universal y garantizar niveles mínimos de inversión orientados a disminuir las desigualdades regionales y sociales en la cobertura de los servicios. En sexto término, minimizar los requerimientos de importaciones del sector a

---

[34] Esto requiere, consecuentemente, no renovar los TBI o hacerlo únicamente si es posible preservar la autonomía y soberanía del Estado Nacional para actuar en relación a las empresas transnacionales que operan en territorio argentino.

partir de la promoción de la producción nacional de equipos y otros insumos relevantes. Por último, dotar de capacidades reales de regulación a la agencia reguladora de las telecomunicaciones y establecer sistemas de información de carácter público para facilitar el control social tanto de las empresas reguladas como del regulador.

Bibliografía

Abeles, M.: "La privatización de Entel: Regulación estatal y ganancias extraordinarias durante la etapa monopólica" en ABELES, M., FORCINITO, K. Y Schorr, M.: *El oligopolio telefónico argentino frente a la liberalización del mercado. De la privatizaciónn de ENTel a la conformación de los grupos multimedia.* Universidad Nacional de Quilmes- IDEP- Flacso. Buenos Aires, 2001.

Azpiazu, D. y Schorr, M.: *Crónica de una sumisión anunciada. Las renegociaciones con las empresas privatizadas bajo la Administración Duhalde.* FLACSO/Siglo XXI/IDEP. Buenos Aires, 2003.

Azpiazu, D.: *Las privatizadas: ayer y hoy.* (tomos I y II), Colección Claves para Todos, Editorial Capital Intelectual, Buenos Aires, mayo 2005.

Felder, R. y López, A.: "La regulación estatal. ¿Servicio público o fallas de mercado? Algunas reflexiones sobre los criterios de regulación", en *Revista Realidad Económica*, Nº 163, Buenos Aires, abril-mayo 1999.

Fiel: *La regulación de la competencia y de los servicios públicos. Teoría y experiencia argentina reciente*, Buenos Aires, 1999. Capítulo 11, "Privatización, regulación y competencia en telecomunicaciones".

Forcinito, K.: "La política de liberalización del mercado argentino de telecomunicaciones: ¿introducción de competencia o consolidación de posiciones dominantes?", en Abeles, M., Forcinito, K. y Schorr, M.: *El oligopolio telefónico argentino frente a la liberalización del mercado. De la privatizaciónn de ENTel a la conformación de los grupos multimedia.* Universidad Nacional de Quilmes-IDEP-Flacso. Buenos Aires, 2001.

Herrera, A.: "Nuevo marco regulatorio y privatización de telecomunicaciones en Nicaragua", CEPAL, Serie de Reformas Públicas, *Documento de Trabajo* Nº 41, 1996.

Nochteff, H.: "Los senderos perdidos del desarrollo. Elite económica y restricciones al desarrollo en la Argentina", en AZPIAZU, D. y NOCHTEFF, H.: *El desarrollo ausente. Restricciones al desarrollo, neoconservadorismo y elite económica en la Argentina. Ensayos de Economía Política.* FLACSO-TESIS, Buenos Aires, 1994.

Oszlak, O., Felder, R. y Forcinito, K.; "Capacidad de regulación estatal en la Argentina", U.B.A., Facultad de Ciencias Económicas, Maestría en Administración Pública, *Documento* Nº 4, abril de 2000.

SCHORR, M.: "La centralización del capital: consolidación del oligopolio telefónico y grupos multimedia", en Abeles, M., Forcinito, K. y Schorr, M.: *El oligopolio telefónico argentino frente a la liberalización del mercado. De la privatizaciónn de ENTel a la conformación de los grupos multimedia.* Universidad Nacional de Quilmes- IDEP- Flacso. Buenos Aires, 2001.

La regulación de servicios públicos: ¿quién dijo que todo está perdido?

*Carolina Nahón**

El presente trabajo se propone contribuir con el desarrollo de una propuesta de prestación y regulación de servicios públicos de infraestructura en la Argentina de principios de siglo XXI. En este sentido, no impulsa un ciclo invertido al programa privatizador de los noventa en términos de propiedad de los servicios sino que, en su lugar, identifica aquellas atribuciones que –aún frente a la prestación privada– necesariamente subsisten bajo responsabilidad estatal.

En las primeras dos secciones se repasan las principales transformaciones sufridas por el Estado argentino en la materia. Para ello, se revisan sus papeles de prestador –consolidado luego de las nacionalizaciones de los años cuarenta– y de regulador –consumado como efecto del programa de privatizaciones de los noventa–. La sección central de este estudio está dedicada a presentar una propuesta de regulación de la prestación de servicios públicos, ya sea que su operación se encuentre privatizada, concesionada o en manos del Estado. Específicamente, se propugna la sanción –por ley– de un régimen nacional de servicios públicos y organismos reguladores. En las reflexiones finales, se evalúa el margen –en términos de viabilidad y conveniencia– para la reestatización de algunos de los servicios privatizados.

Antes de seguir avanzando, cabe una breve aclaración conceptual. En este artículo se utilizan de modo indistinto los conceptos de "servicio público" y "servicio público de infraestructura". Esto es así puesto que los servicios públicos aquí contemplados –tanto como sus pares de infraestruc-

* Área de Economía y Tecnología, Facultad Latinoamericana de Ciencias Sociales (FLACSO) Argentina. Becaria del Consejo Nacional de Investigaciones Científicas y Técnicas (CONICET). Se agradecen los valiosos comentarios de Daniel Azpiazu, Victoria Basualdo, Karina Forcinito y Cecilia Nahón a versiones preliminares de este trabajo, a quienes se exime de toda responsabilidad por los errores u omisiones que pudieran existir. Para comunicarse con la autora: cnahon@flacso.org.ar.

tura– constituyen eslabones estratégicos para el desarrollo económico, son bienes intermedios de utilización difundida en el resto del sistema productivo y permiten la integración territorial de la producción en todo el país (Forcinito y Nahón: 2005: 2).

Asimismo, según la tradición francesa –a la que aquí se adhiere– los servicios públicos son aquellos servicios de utilidad pública con características de red cuya garantía de prestación corresponde en forma indelegable al Estado nacional.[1] Por medio de un régimen jurídico especial, el Estado puede optar entre la prestación directa –esto es, proveyendo el servicio por sí mismo– o la prestación indirecta –ya sea vía concesión (delegación temporaria de la prestación), privatización (venta de activos) o cualquier otra forma mixta definida al efecto–. Debido a que el Estado posee la titularidad o *publicatio*, en cualquiera de estos casos, debe velar porque los servicios sean prestados en forma regular, uniforme, general y continua. El programa privatizador se propuso –justamente– dar por tierra con la perspectiva francesa y adoptar –en su lugar– la perspectiva sajona del *public utility*. Bajo este enfoque, la intervención estatal no sólo se aleja de su histórica responsabilidad por la prestación, sino que –al limitarse al ejercicio del poder de policía– se desliga simultáneamente de la planificación del desarrollo. En consecuencia, según lo sugiere Mairal (1993), los servicios públicos se convierten en "industrias reguladas".

Antecedentes I. Estado empresario (1930/1989)[2]

La concepción liberal del Estado vigente desde la independencia hasta la crisis de los años treinta fue acompañada de una intervención estatal "esporádica" en la economía. Aunque limitada, esta experiencia funcionó como

---

[1] Entre ellos, se incluyen los servicios de telecomunicaciones; agua potable y desagües cloacales; transporte y distribución de gas natural y en redes; producción, transporte y distribución de gas envasado; generación, transmisión y distribución de energía eléctrica; transporte ferroviario (de pasajeros y de carga), por vías fluviales y por caminos; servicios postales, aeroportuarios y transporte aerocomercial. Para ampliar sobre la noción de servicio público que se incluye a continuación, véase: Ariño Ortiz (1996), Gordillo (1998) y Mairal (1993).

[2] La presente sección se nutre, principalmente, de Ugalde, 1983; a quien pertenecen los conceptos de "intervención esporádica", "reguladora" y "generalizada" con que se caracteriza la ingerencia estatal en la economía en los subperíodos contemplados dentro de la etapa 1930/1989.

antecedente del ciclo ascendente en materia de participación estatal que, consolidado luego de la llegada del peronismo al poder, se extendió, no sin matices, hasta una vez iniciado el programa de privatizaciones en los años noventa.

En un primer momento, este renovado papel del Estado se justificó en las perturbaciones que sufrió la economía local por efecto de la crisis de 1930 y, posteriormente, se amparó en la herencia que legó la segunda guerra mundial, al afectar seriamente el comercio exterior argentino. Con el fin de garantizar la seguridad nacional y la integración regional, el Estado comenzó a intervenir en los campos financiero y cambiario, y en los mercados de productos básicos de forma que la acción estatal adoptó progresivamente un tinte "regulador".

A partir de la segunda posguerra, la Argentina –al igual que la mayoría de los países del mundo occidental– acogió la propiedad estatal como modalidad por excelencia para la prestación de servicios públicos esenciales. De esta manera, se inició un período de "intervención generalizada" del Estado, plenamente funcional al modelo de acumulación vigente (industrialización por sustitución de importaciones) y al sistema político en ciernes (de derechos sociales y políticos para las masas recientemente incorporadas al mercado de trabajo). Durante esta etapa, la creciente y diversificada intervención en la economía utilizó a la propiedad pública como medio para el impulso centralizado de sectores básicos, la promoción del progreso técnico, la acumulación de capital y la distribución del ingreso.

Las compañías de servicios públicos de propiedad privada que existían en el país fueron nacionalizadas (gas, electricidad, agua, transporte y telecomunicaciones) y, en muchos casos, integradas en corporaciones mayores (Empresa Nacional de Energía y Empresa Nacional de Transporte, entre otras). Asimismo, fueron creadas bajo propiedad estatal empresas de provisión de bienes manufacturados (siderurgia, defensa y –en menor medida– petroquímica).

En este contexto, y debido a su interpenetración con la estrategia de desarrollo vigente, las empresas públicas asumieron –de hecho y de derecho– funciones regulatorias de envergadura.[3] Asimismo, y pese a los su-

---

[3] En este sentido, las tarifas de los servicios públicos se convirtieron en instrumentos para el control de la inflación, sus demandas de insumos al resto del sistema productivo comenzaron a funcionar como instrumentos anticíclicos, su política laboral progresivamente fijó estándares para el mercado de trabajo en su conjunto y la inversión estatal se convirtió en un instrumento clave para la promoción del desarrollo regional (Forcinito y Nahón, 2005: 2).

cesivos intentos de clarificar la distribución de responsabilidades entre la administración central y sus empresas, "casi todas las funciones del Estado en relación con los servicios de infraestructura se realizaban en la misma institución operadora; de forma que, en lo sustancial, ésta definía también la política sectorial, efectuaba la regulación y realizaba las acciones de promoción de servicios que se estimaran necesarias" (Melo, 1997: 144). El programa de privatizaciones pretendió –justamente– quebrar esta concentración de funciones de operación, gerenciamiento y control en el Estado, de forma de abrir el "mercado" al capital privado, limitando –tanto como sea posible– la intervención estatal.

Antecedentes II. Estado regulador (1989/2005)

La abrupta ruptura del patrón de acumulación de capital implementada por la dictadura militar 1976/1983 y los sucesivos fracasos de los planes económicos de la administración radical 1983/1989 (que, vale recordar, culminaron en un estallido inflacionario inédito) actuaron como caldo de cultivo para que la "incapacidad estatal" para la gestión de empresas –y uno de sus correlatos: el abultado déficit fiscal– fuesen utilizados como argumentos públicos para acabar, definitivamente, con el Estado empresario[4]. Sin embargo, tal como lo sugiere Oszlak (1997: 21) "la decisión de minimizar al Estado no respondió únicamente a las exigencias técnicas de su crisis fiscal" sino –en su lugar– a la nueva correlación de fuerzas entre los grupos económicos (locales y transnacionales) y los funcionarios estatales, en el marco de la creciente globalización de las relaciones económicas y políticas.[5]

De esta manera, la privatización no se restringió a la venta o trans-

[4] Además de la perspectiva fiscalista, convergieron argumentaciones de corte filosófico (que impulsaron un Estado "mínimo", concentrado –exclusivamente– en las funciones insustituibles); económico (según las que el papel productivo le corresponde al sector privado en función de su mayor "eficiencia relativa") y financiero (centradas en la recurrente incapacidad del sector público de realizar inversiones en la expansión e innovación tecnológica de los servicios; así como en las ventajas relativas del sector privado en el acceso al crédito) (ILPES, 1997: 217).

[5] Para un análisis del programa privatizador desde un enfoque que realza su papel como artífice de la conciliación entre actores económicos internos y externos, y entre estos tomados conjuntamente y la administración Menem, véase: FLACSO, 2002.

ferencia de empresas públicas al sector privado sino que involucró un programa integral de reformas que, al trastocar los límites Estado/mercado, contribuyó a generar "un cambio en los valores, cultura y expectativas sobre la actividad pública" (Feigenbaum y Hening, en Oszlak, 1997: 24). Hacia 1989, los efectos de la crisis económica terminaron de quebrar el modelo de acumulación y el acuerdo social básico que, durante más de cuarenta años, habían sostenido elevados márgenes de intervención del Estado en la economía. En este contexto, se esperaba que la venta de las empresas públicas, y específicamente de aquellas de servicios públicos, "acabara con la inflación, la crisis del sector externo, el exceso de burocracia y la falta de productividad" (López y Felder, 1999: 24). Así, las privatizaciones de los años noventa representaron un espejo invertido de las nacionalizaciones de los años cuarenta: (se suponía) venían a resolver la crisis de desarrollo económico que aquejaba al país.

La confianza en que reducir el papel del Estado solucionaría todos los déficits asociados a la prestación pública de servicios instauró un sentimiento de urgencia que no sólo permitió que la privatización privilegiara prioridades político - económicas de corto plazo, sino que –incluso– posibilitó que el gobierno se apartase de las principales recomendaciones de la teoría y práctica internacional en la materia.[6] En este sentido, se omitió definir una política regulatoria acorde con las dimensiones del programa que se estaba llevando a cabo. Indirectamente, se concedió capacidad regulatoria a un pequeño pero diversificado número de agentes económicos, de forma que –en adelante- la regulación pública "sería plenamente funcional a la lógica de acumulación y reproducción del capital de los grandes conglo-

---

[6] Algunos de los principales elementos en los que la experiencia argentina se desvió de las recomendaciones internacionales en la materia son: a) haber avanzado en casi todos los casos –salvo en los sectores gasífero y eléctrico– por medio de decretos del Poder Ejecutivo Nacional y no por leyes del Congreso de la Nación; b) no haber respetado en casi ninguna de las privatizaciones –salvo en el sector de aguas y desagües cloacales– la precedencia temporal sugerida por la literatura según la cual es deseable sancionar en forma previa al inicio de operaciones de la empresa privatizada el marco regulatorio y crear el ente respectivo; c) no haber propiciado el saneamiento previo de las empresas a privatizar y/o concesionar, posibilitando la subvaluación de activos con altísimos costos hundidos financiados por el Estado nacional; d) no haber propiciado la difusión de la propiedad por medio de la segmentación de las empresas a privatizar y/o concesionar, e incluso, haber definido patrimonios mínimos muy elevados como requisito para poder participar de las licitaciones, configurando importantes "barreras al ingreso"; e) haber omitido la restricción temporal de la reventa de acciones; y, por último, haber ofrecido plazos extensos de concesión y previsto amplias posibilidades de prórroga de los mismos (Azpiazu, 2002: 12/13 y 88).

merados locales y extranjeros" (Azpiazu, 2001: 86/87), operadores de los flamantes *public utilities*.

A continuación, se presentan algunos de los elementos que explican la débil institucionalidad regulatoria emergente del programa de privatizaciones local.

Diseño de los organismos reguladores*.* La política de privatización avanzó sin explicitar criterios sobre el funcionamiento esperado de los servicios públicos; ni –incluso– sobre las prioridades en términos de objetivos, misiones y funciones de los organismos de regulación y control (Azpiazu, 2002: 24 y 88). Como efecto, la protección estatal de usuarios y consumidores presentes y futuros fue (y es) insuficiente. Con excepción de los servicios en que se privatizó por ley (gas y electricidad), los restantes marcos sectoriales poco o nada han reglamentado en términos de defensa del consumidor. Asimismo, la ley en la materia (24.240) –tardíamente sancionada– es de aplicación supletoria para los servicios públicos domiciliarios con legislación y organismos de control específicos (art. 25).[7] En este sentido, si bien la inclusión de los derechos de tercera generación en la Constitución reformada de 1994 (protección de usuarios y consumidores –art. 42–) marcó un hito, en la práctica, no logró expropiar los derechos adquiridos de los prestadores, emanados de sus respectivos contratos de concesión (normas de naturaleza jurídica inferior).

Regulación del componente activo*.*[8] El abandono de los criterios de tarifación propios del Estado empresario fue uno de los principales componentes del programa privatizador. En adelante, las tarifas debían definirse en función de los "costos individuales de prestación" de forma de garantizar una rentabilidad empresaria "justa y razonable". Sin embargo, con el fin de volver atractivas las licitaciones, el régimen tarifario –en lugar de lo prescripto- habilitó contextos operativos de nulo riesgo y excepcionales tasas de

---

[7] Esto implica que las prescripciones de la Ley de Defensa del Consumidor son aplicables a los servicios públicos sólo en aquellos aspectos no regulados por la normativa específica. De esta manera, se permite la superioridad de hecho de decretos y resoluciones (sectoriales) de menor estatus jurídico respecto de una ley nacional.

[8] Por medio de la regulación del componente activo el Estado se propone controlar (total o parcialmente) la fijación de precios, garantizar la universalización de los servicios básicos y pautar niveles de calidad adecuados. De esta manera, existe una relación directa entre una apropiada regulación de este componente y aspectos tales como la competitividad de la economía, la eficiencia en la prestación de los servicios y cuestiones de naturaleza distributiva (Forcinito y Nahón, 2005: 10).

retorno.[9] Asimismo, en la mayoría de los servicios, se prohibieron los subsidios cruzados, configurándose –con la sola excepción del sector de agua y saneamiento– una jerarquización inapropiada del principio de universalización. La regulación de la calidad es otro de los aspectos débilmente contemplados. En este sentido, en los sectores en que se pautaron umbrales o criterios de calidad, las exigencias se mostraron fácilmente accesibles y, pese a esto, muchas de ellas fueron incumplidas.

Regulación del componente antimonopólico.[10] Se corroboran profusos vacíos normativos en materia de defensa de la competencia. La falta de difusión de la propiedad durante las ventas y licitaciones alentó la concentración del capital desde el principio del proceso (cfr. nota al pie 6). Asimismo, tan sólo en los servicios privatizados por ley (gas y electricidad) se adoptaron restricciones específicas en resguardo de la competencia.[11] En términos de normativa de aplicación general, se convalidó la vigencia del Decreto Ley de Defensa de la Competencia (22.262) dictado por el gobierno de facto en 1980 y que –a la luz de las transformaciones en curso– carecía de las herramientas necesarias para afrontar la envergadura del proceso privatizador en curso (Botto, 2005: 25). Peor aún, la ley que tardíamente (1999) la reemplazó (25.156), si bien incorporó el control previo de fusiones y adquisiciones, es imprecisa respecto de su incumbencia sobre los servicios públicos previamente privatizados y regulados por normativas específicas (cfr. nota al pie 18). Este conjunto de omisiones normativas permitió un profundo y precipitado proceso de concentración y centralización en la economía argentina en general y en los servicios públicos en particular (Nochteff y Soltz, 2003: 7).

[9] En el período 1993/2001 la rentabilidad promedio sobre ventas de las empresas privatizadas que forman parte de las 200 firmas más grandes del país (cúpula económica) se elevó a 9,7%. De esta forma, fue casi tres veces superior al promedio registrado por esas 200 empresas (3,6%) y más de doce veces mayor que la obtenida por el subconjunto de firmas líderes no vinculadas con los procesos de privatización (0,7%).

[10] Esta dimensión regulatoria involucra tanto la configuración de las estructuras de mercado y de propiedad del capital de los servicios públicos como el control sobre las conductas de los actores con posiciones dominantes (Forcinito y Nahón, 2005: 10).

[11] Se trata de la prohibición de fusiones y adquisiciones entre grupos con participación en los distintos eslabones de las cadenas gasífera y eléctrica, desintegrados durante el proceso de privatización. Nótese que –de todas formas– estas restricciones se volvieron más laxas y permisivas en los decretos reglamentarios (1738/92 –gas– y 1398/92 –electricidad–).

Carolina Nahón

Propuesta. Reformulación de las funciones de un Estado heredado

Como se desprende del diagnóstico precedente, una de las principales omisiones del proceso privatizador fue la falta de diseño de un esqueleto normativo con competencia sobre la totalidad de servicios públicos sujetos a privatización. En su afán por el Estado mínimo, el programa privatizador arrasó con su propia "función de producción": la estructura normativa e institucional necesaria para hacer frente a sus nuevas responsabilidades (Oszlak, 1997: 40). De esta forma, se considera que la primera (e ineludible) pieza a modificar, con el fin de restituirle al Estado su papel en materia de servicios esenciales es la sanción –por ley del Congreso– de un régimen nacional de servicios públicos y organismos reguladores.

La privatización o concesión de los servicios públicos –es decir, la separación de las funciones de operación de aquellas de regulación y control– no implica que el Estado deba simultáneamente desentenderse de la responsabilidad por su provisión efectiva. Debido a las características mono u oligopólicas de estos sectores, sus significativas externalidades y al uso intensivo de bienes públicos no sólo persisten funciones irrenunciables que el Estado debe continuar desarrollando sino que –incluso– sobrevienen nuevas tareas que inexorablemente debe asumir. Para ello, es imperioso instituir organismos específicos responsables de la promoción, la regulación y el control, que no descuiden –en aras de la prevalencia técnica– los aspectos sociales, económicos y jurídicos que en este flamante papel del Estado son tanto o más relevantes que en el anterior (Melo, 1997: 144/150 e ILPES, 1997: 12 y 128).[12]

¿Cuál es la meta que orienta la intervención del Estado en los servicios de infraestructura? La acción regulatoria debería estar enfocada a alinear la conducta del sector privado con los intereses sociales o colectivos (Corrales, 1998: 356). "Esta responsabilidad lo obliga no tan sólo a regu-

---

[12] Se incluye una digresión respecto de la especificidad del concepto de "regulación social" en relación con la noción de "regulación económica" (Majone y la Spina, 1993: 227). Esta última actúa sobre la determinación de precios, la prevención del monopolio y el control de la calidad de la prestación; esto es, sobre lo que aquí se ha denominado componentes activo y antimonopólico de la regulación. Por su parte, la regulación social –se supone– "tiende a corregir una amplia gama de efectos colaterales o características externas de las actividades económicas", tales como la salud, el ambiente, la seguridad del trabajador, los intereses de los consumidores y los derechos de ciudadanía. Sin embargo, la regulación social no posee entidad propia: su escisión respecto de su par económica responde a una creación teórica orientada a legitimar un aspecto olvidado en los procesos de privatización de los países en desarrollo. Léase: la regulación económica es social por definición.

lar y promover competencia, también lo urge a mirar hacia adelante, a proyectar tendencias, a evaluar las decisiones de las empresas y anticipar si sus compromisos de desarrollo tienen destino cierto" (ILPES, 1997: 16). Para ello, el Estado debe asumir dos papeles diferenciales: por un lado, definir reglas y normas; por el otro, supervisar y fiscalizar su cumplimiento.

Al impulsar la sanción de una ley marco en materia de servicios públicos se pretende –justamente– otorgarle contenido a este nuevo papel que debe ocupar el Estado. Para ello, se propone dejar asentados principios generales (de aplicación intersectorial) para la provisión de servicios públicos en el país, con independencia de la modalidad –pública, privada o mixta– de prestación. De esta forma, se disiente con el principio jurídico de prevalencia de la ley especial (marcos regulatorios sectoriales) por sobre la general (régimen de servicios públicos, ley de defensa de la competencia y del consumidor); y, en su lugar, se asume que la sanción de una ley marco posibilita reunir en sí misma las ventajas de la regulación por rama de actividad (entes sectoriales) y aquella de nivel general ("superente").[13] El enfoque adoptado, al promover la creación de entes específicos enmarcados en una ley de carácter general, favorece la especialización de los reguladores e impide la consolidación de grandes estructuras burocráticas. Paralelamente, contribuye con la coherencia regulatoria, el aprovechamiento de las economías de escala y la reducción del riesgo de captura del organismo regulador, tal como (se supone) lo haría un único ente de regulación intersectorial (Dourojeanni y Jouravlev, 2003: 269).

A continuación, se incluyen algunas de las temáticas inexcusables para el régimen nacional de servicios públicos y organismos reguladores.[14]

---

[13] Diversos países hacen descansar la regulación sectorial de servicios públicos en leyes de carácter general, que actúan como principios de referencia (marco) para los respectivos sectores. Entre ellos: Brasil (Ley 8987 de 1995), Colombia (Ley 142 de 1994), Costa Rica (Ley 7593 de 1996), Italia (Ley 481 de 1995) y Panamá (Ley 26 de 1996).

[14] Algunas de las sugerencias recopiladas de aquí en adelante provienen de un esfuerzo colectivo realizado, durante el año 2003, desde el Área de Economía y Tecnología de la FLACSO - Argentina. En el marco de un convenio con el Ministerio de Planificación Federal, Inversión Pública y Servicios se trabajó en la redacción de dos proyectos de ley: Régimen Nacional de Servicios Públicos y Régimen Nacional de Organismos Reguladores de Servicios Públicos. El primero de ellos –con algunas modificaciones– fue elevado en agosto de 2004 por el Poder Ejecutivo a consideración del Congreso de la Nación. Desde el momento en que se hizo público, ha concitado un cúmulo de reacciones adversas desde los más diversos ámbitos: empresas prestadoras, sus accionistas y gobiernos de los países de origen; organismos internacionales (BM y FMI) y *think tanks* o centros de estudio locales (CEMA, IERAL y FIEL, entre otros); e –inclu-

Noción de servicio público. En sentido inverso a la noción de *public utility* adoptada por el programa privatizador, un régimen de carácter general como el que aquí se propone debería tomar como punto de partida la perspectiva francesa del *service public* (cfr. páginas 1 y 2). Bajo este enfoque, toda concesión supone un "privilegio" en favor del prestador y, por consiguiente, sus alcances deben ser "interpretados con carácter restrictivo" (Cincunegui, 1997: 781 y Gordillo, 1998: VI-26, respectivamente). Esto implica asumir que "el prestador no podrá reclamar ni atribuirse ningún privilegio, beneficio adicional o accesorio que no esté expresamente contemplado en el pliego" (Proyecto de Ley de Régimen Nacional de Servicios Públicos, 2004: artículo 18).[15]

La licitación pública se considera ineludible como modalidad para el otorgamiento de una concesión. A este efecto, debería incluirse en el pliego un plazo preciso de finalización (7) y su respectiva imposibilidad de prórroga (13). En caso de controversia entre las partes, debe "predominar la interpretación más favorable a los intereses de usuarios y consumidores" (20, n). Asimismo, como efecto del carácter público que entabla toda concesión, la dilucidación de conflictos debe quedar sometida a la jurisdicción y legislación nacional (9, e).[16]

Diseño de los organismos reguladores. Es conveniente –pese a su inviable retroactividad– regular algunos aspectos que, si bien no tendrán aplicación inmediata sobre los servicios públicos ya privatizados, dejarán formalmente definidos principios generales en la materia. Entre ellos, la necesaria creación por ley nacional de todo nuevo organismo regulador y el

---

so– desde el propio gobierno nacional que, luego de haberlo impulsado, no fomentó con suficiente compromiso su tratamiento. El proyecto fue girado a siete comisiones de la Cámara de Diputados, ninguna de las cuales emitió dictamen hasta febrero de 2006, momento en que –transcurridos dos años parlamentarios sin que obtuviese media sanción– el proyecto caducó, tal como surge del artículo 1 de la Ley 13.640. Su articulado completo puede consultarse en el sitio oficial del Congreso (www.hcdn.gov.ar), bajo el expediente: 0043-PE-04.

[15] En adelante, las referencias al proyecto de Régimen Nacional de Servicios Públicos se consignarán de la siguiente forma: "(número de artículo, número de inciso)".

[16] La relevancia de esta cláusula radica en que, durante el período 1992/2004, el país firmó y ratificó por ley 58 Tratados Bilaterales para la Promoción y Protección de Inversiones Extranjeras (TBI). Su vigencia –que debería ser denunciada– equipara jurídicamente a los inversores privados (de los países signatarios) con la Argentina (como Estado soberano). De esta forma, expone al país a ser juzgado por tribunales de jurisdicción internacional –como el CIADI y la UNCITRAL– para la resolución de diferendos o controversias con el capital privado.

cumplimiento de la correspondencia temporal indicada en los manuales privatizadores: diseño del marco regulatorio sectorial, creación del ente regulador, armado de los pliegos licitatorios y privatización (9, 34 y 35).

Entre las reformas que podrían aplicarse sobre los entes existentes, la definición de los criterios de funcionamiento esperados de los servicios es fundamental. En esta dirección, es necesario asumir el carácter no neutral del Estado –en este caso– por intermedio de sus organismos de regulación y control, de manera tal que –en adelante– resguarden los derechos del Estado nacional, de las provincias, de los usuarios y consumidores, y de la sociedad en su conjunto. En último término, se pretende que la prestación de los servicios coadyuve al desarrollo económico nacional, a la innovación tecnológica y a la distribución equitativa del ingreso. Para ello, los organismos deberían asumir funciones administrativas y de gestión, regulatorias (reglamentarias), de fiscalización y control, judiciales (de última instancia) y de defensa de la competencia (se volverá sobre este asunto).

En el marco de tales funciones, los organismos deberían tener injerencia en la elaboración de los pliegos (10) y evaluación de las ofertas (11), en la intervención cautelar de los servicios (33), en el ajuste de tarifas (23), en la extinción de los contratos (27) y en sus eventuales renegociaciones (24 y 26). Más allá de estas tareas, en las que actuarían como asesores privilegiados del Poder Ejecutivo, los entes deberían ser responsables de la sustanciación de audiencias públicas (obligatorias para ciertos temas –36–), de la aplicación de multas por incumplimiento (31), de la recepción y tramitación de reclamos ante las empresas operadoras y/o los entes de regulación (26, e), de garantizar el acceso público a la información sobre la prestación de los servicios (20, c) y, por supuesto, de todas aquellas funciones que impliquen el control del cumplimiento de la normativa por parte de los prestadores.

Respecto de la estructura funcional, si bien se sugiere crear entes sectoriales (en lugar de un "superente") se estima necesario establecer interdependencias y sólidas articulaciones entre los organismos responsables de la regulación de sectores vinculados (tales como gas y electricidad) e –incluso– evaluar la viabilidad de crear un ente regulador de la energía (Azpiazu, 2002: 300). Asimismo, a los efectos de evitar la "cooptación bifronte" (Vispo, 1999: 229/230) debería garantizarse la autarquía financiera y la autonomía funcional de los organismos. En este aspecto, es fundamental que elaboren sus respectivos presupuestos (financiados por el Tesoro de la Nación) y no puedan ser intervenidos por el Poder Ejecutivo Nacional. Sus autoridades deberían ser elegidas conforme criterios de idoneidad e independencia (respecto de los consorcios operadores y del poder político) por medio de concursos públicos de oposición y antecedentes. Asimismo, es aconsejable que actúen como funcionarios públicos con dedicación exclusiva durante un período de no más de cuatro años (renovable por única vez) y que gocen de intangibilidad en sus remuneraciones.

Respecto de la defensa del consumidor se establece el efectivo cumplimiento de las prescripciones de la Ley 24.240 y de la Constitución Nacional. Una vez más, se adhiere al carácter "principiológico" de la normativa (en este caso) de defensa del consumidor y, por tanto, no sólo se asume su aplicación no supletoria a los servicios públicos, sino también su prevalencia por sobre las disposiciones particulares de la normativa sectorial. En caso de controversia entre las disposiciones de la Ley de Defensa del Consumidor y la de servicios públicos, debería primar el criterio fundante de esta última: "la interpretación más favorable a usuarios y consumidores". En igual sentido lógico, se asume la responsabilidad de los entes en materia de protección de los derechos de tercera generación incorporados en 1994 a la Constitución Nacional: salud, seguridad e intereses económicos; información adecuada y veraz; libertad de elección, y condiciones de trato equitativo y digno (art. 42). Asimismo, debería asegurarse la participación de usuarios y consumidores, y de las provincias interesadas en los Directorios de los organismos de control; y contemplarse la inclusión de representantes de los trabajadores en tales organismos (34).[17]

Regulación del componente activo. La determinación de nuevos criterios tarifarios es fundamental para redefinir las pautas regulatorias heredadas del programa privatizador. Para ello, se impulsa un sistema tarifario "justo, razonable y transparente" que, "en un marco de sustentabilidad del servicio, minimice su costo total, contemple la equidad social, las prioridades en cuanto al crecimiento sectorial y regional, la protección de la competencia y el desarrollo de la pequeña y mediana empresa" (5, i).

---

[17] Existe un debate irresuelto respecto de los alcances de la participación de usuarios, consumidores y provincias interesadas en los organismos de control que garantiza la Constitución Nacional (art. 42). Sin embargo, cabe destacar que la Convención Constituyente de 1994 –según se desprende de su diario de sesiones– impuso un umbral mínimo a partir del cual el legislador puede definir el nivel de inserción. De esta forma, queda habilitado para legislar en más –y convalidar su inclusión en los Directorios– pero no en menos, tal como ocurre actualmente.

La configuración de niveles tarifarios compatibles con la sustentabilidad de los servicios pretende garantizar la prestación continua y afirmar su calidad, seguridad y operación eficiente (21, a). Asimismo, por medio del principio de justicia y razonabilidad de las tarifas se incorpora la noción de riesgo empresario. De esta forma se aspira a "ofrecer al prestador que obre en forma diligente y eficiente la oportunidad [no la garantía] de obtener un ingreso suficiente para satisfacer los costos directos e indirectos del servicio y la posibilidad de lograr una rentabilidad razonable sobre el capital propio invertido". A los efectos de zanjar toda duda respecto de los alcances de esta razonabilidad, se explicita que debe entenderse como "aquella similar a la alcanzada, en condiciones operativas equiparables, en otras actividades semejantes y de riesgo similar en el ámbito nacional e internacional" (21, b).

Cuando se alude a la transparencia del sistema tarifario y se le exige que contemple la equidad social y el crecimiento sectorial y regional, se está adhiriendo al precepto de que "la tarifa sea la mínima media posible y contemple su distribución entre usuarios y consumidores de forma de alentar el desarrollo económico y la máxima equidad social" (21, c). Sin embargo, la inclusión de subsidios cruzados puede no ser suficiente. La previsión normativa de un "servicio solidario" para las prestaciones de primera necesidad (agua y saneamiento, electricidad, gas y servicio básico telefónico en algunas localidades) a usuarios residenciales de escasos recursos es ineludible. Al respecto, se propone el financiamiento compartido por parte de los restantes usuarios y consumidores, el Estado nacional y las empresas prestadoras (22). Los alcances de la tarifa solidaria (en monto a pagar y cantidades del servicio a percibir) y los eventuales beneficiarios deberían ser definidos por los respectivos marcos regulatorios sectoriales (y sus reglamentaciones).

Finalmente –en función de la experiencia previa– se impone la fijación del régimen tarifario en moneda nacional (9, c), la prohibición de todo ajuste automático de las tarifas (23) y, en los casos en que se considere apropiada su modificación, la expresa consideración de los "costos reales incurridos y previstos", y las "tasas de rentabilidad obtenidas y programadas sin utilizar, en ningún caso, como elementos de juicio, índices ajenos a la economía local" (23 y 26).

Existen diversos argumentos para justificar que la provisión de servicios de infraestructura se encuentre complementariamente regulada por precios y por calidad (Dourojeanni y Jouravlev, 2003: 258/259). En primer lugar, puesto que las posibilidades de competencia son limitadas, el prestador mono u oligopólico sujeto a regulación de precios tiene motivaciones para prestar un servicio de calidad inferior al que se deriva del precio máximo autorizado por el regulador. Asimismo, y debido a las asimetrías de información entre el regulador y el prestador, con frecuencia éste último se sentirá inclinado a reducir la calidad de los servicios que presta, de forma tal de auto asignarse aumentos encubiertos de precios. Debido a la presencia de especificidades sectoriales, la regulación de la calidad no puede ser incluida más que como principio rector en una ley marco. Así, es responsabilidad de las regulaciones específicas de cada sector adoptar criterios propios para el control de calidad, capaces de evitar que la regulación de precios se vuelva ineficaz.

Pese al auge de posturas liberales respecto del papel del Estado, persiste casi indiscutida la noción de que las decisiones relativas a la expansión de los servicios de infraestructura deben tomarse con consideración de sus amplias repercusiones económicas y sociales de mediano y largo plazo (Born, 1997: 25). En este sentido, se propone recuperar para el Estado nacional el papel de planificador integral del desarrollo en materia de infraestructura, involucrándose –en grados y formas variables según las particularidades sectoriales– en la definición de las pautas de expansión e inversión de los servicios (6).

Regulación del componente antimonopólico. Las concesiones futuras (o la renovación de las existentes) no deberían concretarse sin antes definir –sujeto a las posibilidades técnicas y operativas sectoriales– estructuras de prestación que contemplen la desintegración vertical y/u horizontal de los servicios. En esta misma lógica, deberían garantizarse la ausencia de barreras al ingreso y el derecho irrenunciable del Estado a controlar la capacidad financiera y la estructura de propiedad de los postulantes y de los consorcios ganadores (9, g y 16, e, q y r). En definitiva, se trata de que la propia normativa (ley general y marcos sectoriales) garantice la solvencia de los prestadores y evite que los consorcios operadores –mediante fusiones y/o adquisiciones– modifiquen la estructura del mercado definida previamente a su privatización y/o desarrollen prácticas lesivas de la competencia.

En relación con las concesiones vigentes, el aspecto de mayor envergadura es, sin embargo, saldar la controversia respecto de qué organismo –el Tribunal Nacional de Defensa de la Competencia (TNDC) y/o los entes de regulación sectoriales– debe asumir la responsabilidad por la defensa de la competencia en los servicios públicos. Hasta el momento, según la Ley de Defensa de la Competencia (25.156), es su autoridad de aplicación –es decir, el TNDC– quién debería velar con *exclusividad* (art. 16) y/o con *atribuciones compartidas* (art. 59) por el control antimonopolio.[18] Paralelamente, en los dos únicos sectores regulados por ley –electricidad y gas– se prescribe la atribución de sus dos respectivos entes de regulación –ENRE y ENARGAS– en la materia (lo que, naturalmente, colisiona con la exclusividad prescripta para el TNDC en el referido artículo 16).

Esta imprecisión en la asignación de responsabilidades podría resolverse por medio de la asignación de atribuciones complementarias a ambos institutos –TNDC y entes– en materia de defensa de la competencia. Para ello, se propone exceptuar a los servicios públicos de la nómina comprendida en las prescripciones del artículo 59 de la Ley 25.156, mantener tal como está su artículo 16 y explicitar, en toda la normativa afectada, la expresa atribución de los entes de regulación sectoriales en la defensa de la competencia. A los efectos de evitar que la co-responsabilidad (cuyo alcance debería definirse por medio de la reglamentación de la ley marco) genere problemas de coordinación entre las agencias, se propone que el TNDC sea la autoridad de aplicación primaria y que los entes se constituyan en parte interesada cuando la materia en cuestión sea de su competencia sectorial.

Suponiendo resuelta la asignación de responsabilidades entre los institutos responsables de la defensa de la competencia, sigue pendiente la efectiva creación del TNDC. A pesar de que han transcurrido más de seis años desde la promulgación de la ley permanece en funciones la antigua Comisión Nacional de Defensa de la Competencia, creada como autoridad de aplicación de la normativa de defensa de la competencia precedente (Decreto Ley 22.262). Aun cuando la Comisión es un ente desconcentrado, sus autoridades no fueron nombradas según lo prescripto por la ley vigente ni gozan de la autonomía necesaria para asumir su función.

---

[18] Por medio del artículo 59 de la Ley 25.156 "queda derogada toda atribución de competencia relacionada con el objeto finalidad de esta ley otorgada a otros organismos o entes estatales". En el artículo 16 se especifica que en esos casos (es decir, cuando existan entes estatales que regulan actividades específicas) el TNDC "previo al dictado de su resolución, deberá requerir a dicho ente estatal un informe opinión fundada sobre la propuesta de concentración económica en cuanto al impacto sobre la competencia en el mercado respectivo o sobre el cumplimiento del marco regulatorio respectivo".

Carolina Nahón

Reflexiones finales. ¿Hay margen para la reestatización?

El proceso de privatizaciones –como una de las piezas fundamentales del plan económico de la administración Menem– redefinió el papel del sector público en la Argentina, limitando su intervención en materia de servicios públicos a la regulación y el control. En este sentido, las palabras del ex ministro de Justicia Rodolfo Barra respecto del rol previsto por la reforma del Estado para los entes reguladores, resultan contundentes: "Deberían denominárselos entes des-reguladores, ya que deben terminar de desmontar el aparato regulatorio contra-mercado construido a partir de los treinta. Deberíamos tender más a la desaparición de algunos de estos entes que a su crecimiento, en la medida en que la actividad sobre la que inciden retorne al pleno mundo del mercado" (Diario *Clarín*, 24/11/98).

Doce años después de iniciado el programa privatizador, los efectos inmediatos de la crisis de la convertibilidad fueron superados sin que mediaran decisiones estructurales –en términos de propiedad o modalidad de prestación, regulación y control– sobre el tipo de intervención estatal deseable en la materia. En este sentido, aún frente al inédito margen que auguraba la Ley de Emergencia Pública y Reforma del Régimen Cambiario (25.561) en términos de posibles reordenamientos en la relación Estado-empresas prestadoras-ciudadanía, a más de cuatro años de su sanción, el proceso de renegociaciones permanece en curso. Y, peor aún, su carácter integral (o re-regulatorio) y los principios rectores que debían regirlo quedaron en el olvido. De esta manera –salvo en contadas excepciones– la renegociación de contratos quedó prácticamente relegada al aspecto tarifario con el fin de compensar (presiones empresarias mediante) la pesificación –desdolarización- de las tarifas y la (ratificación de la) prohibición de indexación contemplada en la Ley de Emergencia.

En este contexto, ¿cuál es el margen para la reestatización? ¿Implicaría un regreso del Estado empresario o –más bien– un nuevo ciclo de apropiación privada de recursos públicos? La experiencia indica que repetir la historia en sentido inverso, esto es, desandar el camino de la privatización hasta llegar al punto de inicio (Estado empresario), además de inviable, no parece ser la mejor opción para todos los sectores. Frente al veloz cambio tecnológico, el alto nivel de especialización actual y la enmohecida capacidad institucional del Estado, la opción por la reestatización debe ser estudiada con prudencia. La decisión debe tomarse *caso por caso*, teniendo en cuenta las especificidades estructurales de los sectores en la presente constelación de recursos (impactos sociales y económicos de su prestación; requerimientos de inversión y subsidios), la situación económico-financiera de las firmas prestatarias (deuda en moneda extranjera, atraso tecnológico relativo) y las capacidades estatales para afrontar las "nuevas" responsabilidades.

Para concluir, se incluye un breve repaso *caso por caso* de los servicios que –se considera– deberían permanecer o regresar a la órbita estatal. En línea con los parámetros internacionales, la prestación del servicio de *correo postal* y el control del *espectro radioeléctrico* –reestatizados por la administración Kirchner– deberían permanecer en manos del Estado por razones de integración territorial y seguridad nacional, respectivamente.

La reestatización del servicio de provisión de *agua y saneamiento* –una vez consumada la rescisión por "culpa del concesionario" (Aguas Argentinas)– resulta una elección acertada por múltiples motivos.[19] Por un lado, debido a las especificidades estructurales del sector: es decir, un monopolio natural con altos requerimientos de inversión y costos elevados de difícil recuperación (costos hundidos). Por otra parte, en términos de impactos sociales, el acceso a los servicios de agua y saneamiento es un derecho humano básico para la subsistencia con efectos sobre la salud pública que el Estado debe garantizar. A su vez, las capacidades estatales para hacerse cargo del servicio no parecen estar en cuestión desde el momento en que los trabajadores de la empresa poseen el 10% de las acciones de la nueva sociedad (Decreto 304, art. 2) y el Estado nacional retiene el *know how* adquirido durante la conducción de Obras Sanitarias de la Nación (1912/1993). Por último, también justifican la opción por la reestatización, la deficiente prestación del servicio durante los trece años de gestión de Aguas Argentinas (en términos de calidad, universalización y seguridad jurídica, entre otros), su crítica situación económico-financiera (producto de la abultada deuda tomada en moneda extranjera durante la convertibilidad), los considerables daños medioambientales y la infructuosa renegociación contractual con el gobierno nacional.

---

[19] Se deja aquí a un lado la discusión respecto de la conveniencia –o no– de crear una sociedad anónima de capital mayoritariamente estatal (Aguas y Saneamientos Argentinos –AySA–) en lugar de una sociedad del Estado. Para ampliar sobre este asunto, consultar las versiones taquigráficas de las Reuniones plenarias del Congreso de la Nación Nros. 5ª (3ª Sesión Ordinaria –Especial- 22/03/06) y 7ª (5ª Sesión - Ordinaria de Tablas- 5/04/06) en: www.hcdn.gov.ar . Para profundizar sobre la conveniencia de la prestación pública de este servicio, véase: Vickers y Yarrow, 1991: 464 y ss. Respecto de los incumplimientos de la gestión de Aguas Argentinas, consúltese: ETOSS, 2003.

En igual sentido, en el mediano/largo plazo, no deberían permanecer en manos privadas los *ferrocarriles* –en aras de la integración nacional y por sus ineludibles requerimientos de subsidios– y las *fuentes energéticas* –puesto que son recursos estratégicos no renovables con capacidad de formar los precios del conjunto de la economía y de permitir o limitar el desarrollo económico del país–. En este último sector, en lo inmediato, es ineludible la sanción de un régimen nacional de hidrocarburos, capaz de velar por la recuperación de los niveles de exploración, la explotación sustentable de las cuencas y la independencia energética.

Finalmente –y más allá de las situaciones particulares de cada sector– debe aspirarse a la concreción de un marco general que regule la provisión de servicios públicos a nivel nacional con independencia de la modalidad elegida para su prestación (pública, privada o mixta). Lamentablemente, sin el suficiente apoyo oficial, el proyecto de Régimen Nacional de Servicios Públicos aquí discutido perdió estado parlamentario en febrero de 2006. Pese a esto, ¿quién dijo que todo está perdido?

Bibliografía

Ariño Ortiz, Gaspar (1996), *La regulación económica*, Abaco / Universidad Austral-CERE, Buenos Aires.

Azpiazu, Daniel (2001), "Las privatizaciones en la Argentina. ¿Precariedad regulatoria o regulación funcional a los privilegios empresarios?", *Revista Ciclos*, Instituto de Investigaciones de Historia Económica y Social, Facultad de Ciencias Económicas, UBA, año XI, Vol. XI, Nº 21, Buenos Aires, (pp. 85-99).

Azpiazu, Daniel (2002), *Las privatizaciones en la Argentina. Diagnósticos y propuestas para una mayor competitividad y equidad social*, CIEPP/OSDE, Buenos Aires.

Born, Paulo Henrique (1997), "Consideraciones sobre el sector eléctrico brasileño", ILPES, *Diseño estratégico e infraestructura básica*, Naciones Unidas, Santiago de Chile.

Botto, Andrea Paula (2005), "Las organizaciones y la lucha por los derechos de los consumidores: ¿mito o realidad? La regulación de los servicios públicos en Argentina y Brasil", *tesis de maestría*, Sociología Económica, Instituto de Altos Estudios Sociales, UNSAM, Buenos Aires.

Cincunegui, Juan Bautista (1997), "Las inversiones en servicios públicos prestados por empresas privadas", *La Ley*, Tomo A, Buenos Aires.

Convención constituyente (1994), *Diario de Sesiones*. Página web:
http://www1.hcdn.gov.ar/dependencias/dip/Debate-constituyente.htm#Art.%2042

Corrales, María Elena (1998), "La regulación en períodos de transición: el caso de los servicios de agua potable y saneamiento en América Latina", Barrionuevo, Arthur y Lahera, Eugenio (eds.), *¿Qué hay de nuevo en las regulaciones? Telecomunicaciones, electricidad y agua en América Latina*, CLAD/EUDEBA, Buenos Aires.

Dourojeanni, Axel y Jouravlev, Andrei (2003), "Regulación de servicios de agua potable", El Colegio de México, Colegio Nacional de Agua, *Agua para las Américas en el Siglo XXI*, México DF.

ETOSS (2003), "Informe sobre el grado de cumplimiento alcanzado por el contrato de concesión de Aguas argentinas S.A", Nota UNIREN, Nº 73, 15 de agosto.

FLACSO (2002), *El proceso de privatización en Argentina. La renegociación con las empresas privatizadas*, *Página 12*, Universidad Nacional de Quilmes e Instituto de Estudios sobre Estado y Participación, Buenos Aires.

Forcinito, Karina y Nahón, Cecilia (2005), "La fábula de las privatizaciones: ¿vicios privados, beneficios públicos? El caso de la Argentina (1990-2005)", Grupo de Trabajo en Economía, Observatorio Argentino, *New School University*, Buenos Aires. Página web: http://www.argentinaobservatory.org/documents.asp?refid=18&id=5&status=1

Gordillo, Agustín (1998), *Tratado de Derecho Administrativo*, Fundación de Derecho Administrativo, tomo II, Buenos Aires.

Carolina Nahón

ILPES (1997), "Diseño estratégico e infraestructura básica. Análisis comparativo", ILPES, *Diseño estratégico e infraestructura básica*, Naciones Unidas, Santiago de Chile.

López, Andrea y Felder, Ruth (1999), "Servicios públicos privatizados. La regulación estatal ¿servicio público o fallas de mercado? Algunas reflexiones sobre los criterios de regulación", *Revista Realidad Económica*, IADE, Nº 163, Buenos Aires (pp. 20-41).

Mairal, Héctor (1993), "La ideología del servicio público", *Revista Argentina de Derecho Administrativo*, Nº 14, Buenos Aires, (pp. 359-437).

Majone, Giandomenico y la Spina, Antonio (1993), "El Estado regulador", *Revista Gestión y Política Pública*, Vol. II, Nº 2, Caracas (pp. 197-261).

Melo, José Ricardo (1997), "El Estado y el desarrollo de la infraestructura", ILPES, *Diseño estratégico e infraestructura básica*, Naciones Unidas, Santiago de Chile.

Nochteff, Hugo y Soltz, Hernán (2003), "Aspectos de la defensa de la competencia en la Argentina", *Documento de Trabajo,* Nº 12, FLACSO, Buenos Aires.

Oszlak, Oscar (1997), "Estado y sociedad: ¿nuevas reglas de juego?", *Revista Reformas y Democracias*, CLAD, Nº 9, Caracas, (pp. 7-60).

Poder Ejecutivo Nacional (2004), *Proyecto de Ley de Régimen Nacional de Servicios Públicos*, Expediente Nº 0043-PE-04, 24/08/2004, Buenos Aires. Página web: www.hcdn.gov.ar .

Ugalde, Alberto (1983), "Las empresas públicas en la Argentina. Su magnitud y origen", *Documento de Trabajo,* CEPAL, Nº 3, Buenos Aires.

Honorable Congreso de la Nación (2006), *Versiones taquigráficas,* Reuniones plenarias Nros. 5ª (3ª Sesión Ordinaria –Especial– 22 de marzo) y 7ª (5ª Sesión –Ordinaria de Tablas– 5 de abril). Consultar en: www.hcdn.gov.ar.

Vickers, John y Yarrow, George (1991), *Un análisis económico de la privatización*, Fondo de Cultura Económica, México.

Vispo, Adolfo (1999), *Los Entes de Regulación. Problemas de diseño y contexto. Aportes a un necesario debate en la Argentina de fin de siglo*, Grupo Editorial Norma/ FLACSO, Buenos Aires.

Diarios citados
Diario *Clarín*, 24/11/98.

Normativa citada
Ley de Normas para la Tramitación de Asuntos a Consideración del Congreso Nacional (13.640)
Decreto Ley de Defensa de la Competencia (22.262)
Decreto reglamentario Ley 24.065 (1398/92)
Decreto reglamentario Ley 24.076 (1738/92)

Ley de Defensa de la Competencia (25.156)
Ley de Defensa del Consumidor (24.240)
Ley de Emergencia Pública y Reforma del Régimen Cambiario (25.561)
Decreto de constitución de Agua y Saneamientos Argentinos Sociedad Anónima (304/06)
Dispõe sobre o regime de concessão e permissão da prestação de serviços públicos previsto no art. 175 da Constituição Federal, e dá outras providências (Brasil, Ley 8.987)
Ley de la Autoridad Reguladora de los Servicios Públicos (Costa Rica, Ley 7.593)
Ley de Régimen de los servicios públicos domiciliarios y de otras disposiciones (Colombia, Ley 142)
Ley del Ente Regulador de los Servicios Públicos (Panamá, Ley 26)
Norme per la concorrenza e la regolazione dei servizi di pubblica utilità. Istituzione delle Autorità di regolazione dei servizi di pubblica utilità, (Italia, Ley 481).

V.
El financiamiento del desarrollo

La experiencia liberalizadora reciente y el financiamiento del desarrollo

*Mariano Borzel**

Introducción

Luego del contundente y anunciado fracaso de la reforma financiera implementada durante el último cuarto de siglo bajo el paraguas del neoliberalismo, asistimos al desafío de repensar el funcionamiento de nuestro sistema financiero a los efectos de transformarlo en una herramienta puesta al servicio del desarrollo económico y social. En el presente artículo se analizan sintéticamente los sucesos más relevantes de la dinámica financiera reciente y sus vínculos con el contexto internacional, a la vez que se identifican algunos de los factores a considerar respecto de la promoción del crédito desde una perspectiva de largo plazo, que incluya a los sectores habitualmente excluidos de los mercados financieros. La estructura del trabajo se organiza de la siguiente manera. En la primera parte se comentan las principales transformaciones de las finanzas mundiales de las últimas décadas. Luego se analiza la adaptación de la Argentina al nuevo contexto y los rasgos centrales de la dinámica financiera de la convertibilidad. Se concluye con algunos comentarios vinculados al financiamiento del desarrollo en nuestro país.

La transformación de las finanzas mundiales

La crisis de valorización del capital devenida del agotamiento del esquema de acumulación vigente desde la salida de la Segunda Guerra Mun-

* Lic. en Economía (UBA). Investigador del Centro de Economía y Finanzas para el Desarrollo de la Argentina (CEFID-AR).

dial –que se expresó en la caída de la tasa de ganancia de fines de los años sesenta– es la causa principal de la transformación monetaria y financiera de los últimos treinta años. En este marco, el proceso de globalización actual, como señala Hirsch (1997: 13-14), se presenta como la "estrategia decisiva del capital como solución a la crisis del fordismo; es decir, que la liberalización radical del tránsito de mercancías, servicios, dinero y capital debe re-crear las condiciones para una renovada racionalización de la producción capitalista y del trabajo [...]".

La decisión norteamericana de eliminar unilateralmente la convertibilidad del dólar en agosto de 1971 puede ser considerada como el punto de partida para el quiebre del esquema de tipos de cambio fijos establecido por el Acuerdo de Bretton Woods.[1] La liberalización de las finanzas norteamericanas y el posterior período de subas en las tasas de la FED le darían forma al nuevo paradigma económico de neto corte monetarista, impulsado desde la academia por exponentes "ortodoxos" como Milton Fridman. Según Arceo (2001: 35), "la nueva política ofertista procura un aumento de la rentabilidad del capital en su conjunto, detener la eutanasia de los rentistas, eliminar una política de bajas tasas de interés que, se sostiene, tiende a expandir el crédito y estimular la inflación, favorecer el ahorro y una más adecuada asignación de recursos mediante la desregulación de los mercados [...]".

En otro nivel, la significativa liquidez mundial y el movimiento constante hacia la desregulación de los mercados financieros verificado en las naciones centrales tuvieron como resultado un crecimiento dramático en la volatilidad de los precios (tipos de cambio y tasas de interés) en la mayoría de los países desarrollados. En este contexto surgen nuevos mercados e instrumentos para proteger a los inversores de los cambios en los precios relativos,[2] adquiriendo una relevancia significativa en el manejo de las finanzas los inversores institucionales y los fondos mutuos y de pensión. Aparecen herramientas de financiación empresaria como los *comercial papers* (títulos emitidos por empresas para financiar capital de giro) y se desarrollan los mecanismos de *securitización* (posibilitan que los bancos colo-

---

[1] El análisis de los sucesos que rodean a la salida del *Bretton Woods* puede ser consultado en Arceo (2001).
[2] Los mercados de derivados se expanden como respuesta a la demanda de cobertura de los agentes privados y las instituciones financieras, disconformes con los niveles de riesgo asumidos en las distintas operaciones.

quen en el mercado activos que permanecían en los balances como un derecho a cobrar en el largo plazo).

La pérdida de importancia relativa de los instrumentos de intermediación más tradicionales (como los depósitos a la vista o los préstamos bancarios) determinó la implementación de una serie de cambios en la regulación de las instituciones financieras –que hasta el momento se había basado fundamentalmente en la utilización de encajes sobre los depósitos–. La proliferación de otras fuentes de financiamiento de la actividad bancaria había generado un vacío regulatorio, sobre todo en cuanto al manejo de la liquidez agregada, que, según se sostenía, podría poner en riesgo la estabilidad de los sistemas bancarios[3].

Con el Acuerdo de Basilea de 1988 los países del G10 establecieron nuevas normas regulatorias para atacar los problemas vinculados al incremento del riesgo y reducir, además, una fuente de desigualdad competitiva entre los bancos que participaban del negocio financiero internacional. Ella se derivaba del hecho de que las entidades estadounidenses operaban con una mayor proporción de capital propio que las europeas y las japonesas, que lo hacían fundamentalmente con recursos de terceros (lo que en los hechos resultaba menos costoso e introducía una ventaja significativa para las últimas). La solución resultante, que también fue adoptada por los bancos que no operaban internacionalmente[4], consistió en la implementación de un requisito mínimo de capital aplicado sobre los activos (ponderados por riesgo). A través de los coeficientes de capital se solucionarían los problemas de riesgo moral de la anterior regulación ya que ahora los bancos pasarían a arriesgar su propio capital, tornándose más cautelosos en el otorgamiento de los créditos. De esta forma, se argumentaba, se verificaría una mejora de la estabilidad del sistema bancario en su conjunto. Según Wierz-

---

[3] En esta coyuntura se incorpora la noción del riesgo moral para quitar sustento teórico a la utilización de redescuentos como mecanismo de gestión de las crisis sistémicas (tiende a considerarse que existe una situación de riesgo moral cuando una entidad bancaria lleva adelante una política crediticia "laxa" sabiendo que el banco central es, en definitiva, el garante de las operaciones en última instancia). Es preciso notar que este concepto restringe indirectamente la utilización de los redescuentos como apoyo financiero para la realización de proyectos de mayor envergadura, en los que el capital privado no suele involucrarse dadas las dificultades que enfrenta para apropiarse de las externalidades derramadas al conjunto de la sociedad, tanto en términos de empleo como de distribución del ingreso y desarrollo regional, para citar algunos casos.
[4] A fines de la década del noventa, el FMI y el Banco Mundial consideraban que la adhesión al Acuerdo era el elemento principal a la hora de evaluar la solidez financiera de los países miembros.

ba y Golla (2005: 49), "los estándares de Basilea representan la clase de regulación prudencial aceptable por los partidarios de la liberalización, pues aseguran que las fuerzas del mercado (los tenedores de capital) determinen el monto de préstamos que los bancos pueden otorgar y el destino de los mismos [...]". En este nuevo esquema, la salud del sistema pasó a estar determinada por la de cada banco de manera individual y perdieron importancia, cuando no desaparecieron, las herramientas macroprudenciales para el resguardo de la estabilidad financiera del sistema, como los requerimientos y normas de liquidez, los techos a las tasas pasivas y los límites directos a la expansión crediticia (Wierzba y Golla, 2005).

La transformación de las finanzas argentinas

En sintonía con el proceso de liberalización y desregulación internacional, a mediados de la década del setenta se verifica en Argentina un conjunto amplio de transformaciones que acompañan el pasaje del anterior régimen de Industrialización por Sustitución de Importaciones (ISI), con fuerte injerencia estatal en el manejo de la economía, a un modelo comandado casi con exclusividad por los mecanismos de asignación basados en el "libre juego" de la oferta y la demanda.

Las principales características de las finanzas domésticas en este nuevo patrón de acumulación pueden ser identificadas en contraposición a las políticas utilizadas durante el paradigma previo, que estuvieron basadas, entre otras, en: la utilización de restricciones al libre flujo de capitales; el manejo autónomo de la cantidad de dinero de la economía, del crédito y de la tasa de interés; la existencia de un banco central que garantizaba la seguridad del sistema financiero a través de su función de prestamista de última instancia (PUI), que regulaba la competencia al interior del sector bancario y que, en la mayor parte del período, establecía límites estrictos para la presencia de la banca transnacional. Entre las medidas que sobresalen en el nuevo esquema de acumulación aparecen el régimen de inversiones extranjeras directas de 1976, que le otorgaba al inversor extranjero igualdad de trato respecto del inversor nacional, la eliminación de casi todas las restricciones a los movimientos de capitales transfronterizos y la Ley de Entidades Financieras 21.526 de 1977, que permitió la realización de una gama de operaciones fuertemente reguladas hasta ese entonces y liberalizó por completo la tasa de interés.

Los partidarios de este nuevo enfoque sostenían que la elevación resultante de las tasas reales de interés generaría un efecto positivo sobre el ahorro y la acumulación de capital de la economía. Más allá de que la evidencia no establece vínculos robustos entre la tasa de interés y el ahorro, la experiencia argentina nos muestra que a partir de la liberalización y desregulación de la economía comienza un período de fuerte endeudamiento externo e inestabilidad, acompañado por una menor tasa de acumulación de capital y una mayor volatilidad de la actividad económica doméstica. De todas formas, y sin rendirse ante la evidencia, los proponentes de la liberalización atribuyeron los magros resultados del experimento a una dosis insuficiente de la medicina (por ellos) recetada.

Es así que luego de la "década perdida" de los ochenta nuestro país se encamina hacia la profundización de las medidas otrora adoptadas, aunque en este caso lo hace bajo el paraguas de las recomendaciones emanadas del "Consenso de Washington", de inicios de la década. En lo macroeconómico, la reforma de las finanzas estuvo basada en la apertura indiscriminada de la cuenta capital y en el mantenimiento de un tipo de cambio fijo garantizado por la Ley de Convertibilidad –uno de los pilares fundamentales utilizados para enfrentar la inflación de precios–, que restringió la utilización de las herramientas habituales del Banco Central. Esto último redundó en la imposibilidad de implementar políticas monetarias anticíclicas[5] y en severos límites para el otorgamiento de redescuentos por parte de la Autoridad Monetaria.

Adicionalmente, como parte de una estrategia que apuntaba a ganar el apoyo de la comunidad financiera, no deben dejar de mencionarse la reforma del régimen de seguridad social[6] y las privatizaciones de las empresas públicas. En este proceso algunos bancos tuvieron un rol clave como agentes financieros en la adquisición de las empresas involucradas y hasta forma-

---

[5] A los fines estrictamente didácticos, en un contexto de apertura indiscriminada de la cuenta capital y tipo de cambio fijo, una baja de las tasas de interés por parte del banco central (expansión de la liquidez de la economía) redunda en una caída de los rendimientos relativos de los instrumentos financieros domésticos. Ante ello, algunos inversores intentarán llevar sus fondos hacia el exterior y presionarán sobre el tipo de cambio. Dado que el Banco Central se encuentra fuertemente comprometido con la paridad cambiaria deberá adquirir los pesos ofrecidos por el público (a cambio de dólares), revirtiéndose de esta forma la expansión monetaria inicial. Es por ello que a menudo se sostiene que, en este tipo de esquemas, las autoridades pierden autonomía para el manejo de las variables monetarias.

[6] Con la consiguiente conformación de las administradoras de fondos de jubilaciones y pensiones (AFJP).

ron parte de los paquetes accionarios. Pasado el primer momento de la ena-jenación, los bancos financiaron la operatoria corriente de este segmento de firmas, que contaba con rentas monopólicas asociadas al control de ciertos mercados o espacios territoriales. Por otro lado, con la constitución de las AFJP el sistema financiero pasó a manejar una amplia masa de recursos –de largo plazo– que anteriormente eran captados por el Estado, aunque, desde el punto de vista de su administración, no se observó una tendencia a cana-lizar los fondos hacia proyectos productivos; por el contrario, en su mayoría fueron colocados en activos financieros de carácter especulativo a los efectos de maximizar el retorno privado de las inversiones.

El exagerado optimismo respecto de los beneficios de la integración irrestricta con los mercados internacionales redundó en una elevada expo-sición a los acontecimientos externos y en un significativo incremento de la volatilidad de la economía. Los períodos de elevada liquidez internacio-nal solían traducirse en mayores niveles de crédito doméstico, bajas tasas de interés y acumulación de reservas internacionales. En contraposición, las crisis de los países emergentes, como la del Tequila (1994), la Asiática (1997) o la Rusa (1994), estuvieron generalmente asociadas con caídas de los depósitos y del nivel de actividad. La volatilidad contribuyó a explicar el cortoplacismo de los depósitos[7] y créditos del sistema bancario y se man-tuvo en línea con la composición de los flujos ingresados del exterior, fuer-temente sesgada hacia los de cartera[8] –precisamente los más procíclicos[9] y volátile–. Dicha dinámica habría influido sobre las condiciones de finan-ciamiento de largo plazo de la economía y, por ende, sobre la formación bruta de capital.

Otro de los rasgos de las finanzas de los noventa se presenta bajo la forma de una significativa dolarización de los contratos financieros –asocia-da a la posibilidad de realizar indistintamente transacciones financieras en pesos y dólares–. La ausencia de regulaciones respecto de tales prácticas era coherente con la búsqueda constante de credibilidad ante los mercados; cualquier mención normativa al respecto hubiera sido considerada como

---

[7] Su plazo promedio jamás superó los 47 días.

[8] Un 64% de las entradas netas de fondos totales entre 1992 y 1998 correspondió a flujos de portafolio. Un 55% (USD 74.477 millones) del total ingresado se destinó a la adquisición de bonos.

[9] Aparecen cuando las cosas marchan bien y se retiran en contextos desfavorables, precisamente cuando las necesidades de liquidez de la economía aumentan.

una señal de debilidad del régimen de convertibilidad. En este sentido, si bien los bancos pudieron "calzar" la moneda de denominación de sus activos y pasivos, fue imposible eliminar el riesgo asociado a que la mayoría de los deudores obtuvieron préstamos en dólares a pesar de contar con ingresos en pesos. A su vez, las señales de los precios relativos (tipo de cambio sobrevaluado) colaboraron para que la mayor parte del financiamiento se destinara a los sectores productores de bienes y servicios no comercializables a nivel internacional (aquellos que no cuentan con ingresos en dólares).[10] De esta forma se verificó un incremento significativo del riesgo cambiario implícito para las operaciones denominadas en dólares, que se materializaría con la devaluación de la moneda (en diciembre de 2001 un 79% del crédito total estaba constituido en moneda extranjera).

Respecto de la estructura del sistema bancario, con la nueva regulación y la apertura al capital extranjero se produjo un reacomodamiento de las participaciones relativas de los distintos tipos de entidades del sistema, verificándose un importante número de fusiones y cierres de bancos, así como una significativa concentración del capital bancario en manos del capital transnacional (fundamentalmente luego de la crisis del Tequila). De esta forma, en el período que transcurre entre 1991 y 2001 el número de bancos foráneos pasa de 31 a 39. El proceso tuvo como grandes perdedores a la banca pública y cooperativa. En el primer caso, la cantidad de entidades disminuyó de 35 a 13, mientras que en el segundo pasó de 44 a 2. La contrapartida de esto se presentó bajo la forma de una fuerte concentración de los depósitos y créditos. Por ejemplo, la banca extranjera, que en diciembre de 1990 explicaba el 5% de los préstamos y el 17% de los depósitos, a fines de 2001 contribuía con el 49,3% y el 52,4% respectivamente.

El nuevo esquema de incentivos influyó claramente en la extranjerización de la estructura bancaria al favorecer la participación del capital foráneo en el negocio de las privatizaciones y facilitar la conformación de conglomerados financieros (AFJP, compañías de seguro, etc.). A ello se agrega la existencia de normas sumamente permisivas para el ingreso de bancos extranjeros, tanto en lo relativo a la instalación de nuevas entidades como a la compra de bancos locales. Se argumentaba que la banca extran-

---

[10] Por ejemplo, las familias, el gobierno y los productores de servicios nunca recibieron menos del 70% del crédito total.

jera ayudaría a compensar la ausencia de PUI –lo cual le daría más estabilidad al sistema en su conjunto– y aportaría un mayor, y más estable, acceso al financiamiento internacional. La evidencia en contrario es contundente: en los momentos previos a la crisis de 2001 la banca extranjera no sólo redujo fuertemente su exposición en el país sino que, además, recibió importantes montos en concepto de redescuentos del Banco Central (Bleger, 2004: 12-13). La reducción de la exposición en momentos de crisis (como la del Tequila) se expresó, en particular, en aquellos segmentos que desde su óptica eran considerados como más riesgosos, fundamentalmente el de las PyMEs.

En un contexto macroeconómico sumamente adverso las PyMEs evidenciaron una agudización de las históricas restricciones para la obtención de crédito; fenómeno que no puede ser desligado del nuevo mapa del sistema bancario. Es decir, la pérdida de participación relativa de la banca pública y cooperativa no parece haber sido neutral en términos de calidad y volúmenes de financiamiento dado que, como se sabe, se trata de entidades que financian proyectos y actividades en los cuales el retorno social difiere de la rentabilidad privada.[11] De este modo proveen crédito a empresas ubicadas en pequeñas localidades o regiones que no resultan rentables para la actividad privada y apoyan financieramente a pequeñas firmas que contribuyen a la generación de empleos y a la innovación tecnológica (Bleger y Borzel, 2004: 257).[12] Esta dinámica contribuye a explicar los importantes niveles de concentración del crédito con los que finaliza la década.[13] Las estadísticas muestran que los grandes préstamos (montos superiores al millón de pesos o dólares) representaban el 87,1% del financiamiento total y se encontraban repartidos entre el 4,5% del padrón empresario.

Tampoco debe soslayarse la influencia de la nueva normativa prudencial, tanto en lo que respecta a la concentración de la actividad bancaria en un reducido número de entidades como a las características de la asignación del crédito. Siguiendo los criterios de Basilea, la Comunicación "A" 1858 del Banco Central de la Republica Argentina (BCRA) de 1991

---

[11] La finalidad de estos bancos no se corresponde con la obtención de lucro; de aquí que ellos pueden ser catalogados como "banca de servicios".

[12] Las PyMEs explican el 68% del empleo total generado durante la década del noventa.

[13] Debe tenerse en cuenta que en general los bancos extranjeros son más conservadores y que las decisiones más importantes se realizan desde las casas matrices.

estableció la obligatoriedad de contar con un capital mínimo en relación con los activos de riesgo de cada entidad. En nuestro país la pauta fue llevada a niveles que incluso superaron a los estándares internacionales (8%) tratando de compensar las limitaciones de la convertibilidad para afrontar crisis bancarias sistémicas (inexistencia de seguro de depósitos y PUI[14]). Los efectos sobre la estructura bancaria de estos altos requerimientos de capital parecen haber sido importantes, al menos desde el momento en que las proyecciones acerca del incremento futuro en el valor de los activos incidieron en las decisiones de venta de algunos banqueros nacionales. Nuevamente, ello representó una opción interesante para el ingreso de la banca transnacional.[15]

Comentarios finales

En función de la dinámica descripta no resulta extraño el magro desempeño del sistema financiero en lo que respecta al financiamiento del desarrollo. La herencia se presenta bajo la forma de un elevado nivel de concentración del crédito, de una significativa extranjerización de la banca, de una pérdida en la participación relativa de la banca pública y cooperativa y de una fuerte volatilidad derivada de la integración financiera irrestricta con el exterior, para citar los legados más salientes.

Como consecuencia de la crisis y salida de la convertibilidad la autoridades han incorporado en la normativa bancaria algunas de las enseñanzas del período como, por ejemplo, la prohibición de conceder préstamos en dólares a sujetos que no generan ingresos en la misma moneda. Por otro lado, fueron anuladas algunas de las restricciones que castigaban más duramente a las PyMEs y, a mediados de 2005, se implementó un encaje a los capitales golondrina. De todas formas, e independientemente de la recuperación de los niveles de actividad verificada en la actualidad, la contri-

---

[14] Las limitaciones de la convertibilidad eran aún mayores dado que el BCRA no podía, por definición, emitir aquella moneda (dólar) en la cual estaba constituida la mayoría de los depósitos del sistema.

[15] El ingreso de bancos extranjeros formó parte de una estrategia a escala regional. Por ejemplo, entre 1990 y 2001 la participación de los bancos extranjeros en los activos de los respectivos sistemas bancarios varió un 510% en Argentina, 717% en Brasil y 226% en Chile. México es el país donde la extranjerización de verificó de manera más abrupta ya que en 2001 el porcentaje de activos explicados por la banca foránea era del 90%; una década atrás se encontraba en el 0,5% (Moguillansky *et al.*, 2004).

bución del crédito bancario sigue siendo escasa: los préstamos al sector privado representan menos del 10% del producto y aún se encuentran en niveles inferiores a los de la convertibilidad –período que no se caracterizó precisamente por un elevado dinamismo en la materia–. Pensando en el mediano y largo plazo, ésta parece ser una limitación importante para la expansión de la capacidad productiva y lleva a preguntarnos acerca de cómo contribuir a un sistema financiero que realmente se encuentre al servicio del desarrollo económico y social.

Una propuesta al respecto debería apuntar, como mínimo, a revalorizar el papel de la banca pública y cooperativa. Ambos grupos de bancos, es sabido, posibilitan financiar proyectos y actividades en los que el retorno social difiere de la rentabilidad privada –de aquí que una regulación que no tenga en cuenta las especificidades de estas entidades pueden redundar en un sesgo en contra de los sectores habitualmente atendidos por ellas–. Este punto debiera formar parte de una perspectiva más general que tienda a considerar a la actividad financiera como un servicio público y no como un hecho puramente lucrativo –atributo heredado de la Ley de Entidades Financieras de 1977–. Se trata, en definitiva, de rediscutir el rol que el neoliberalismo les ha asignado a los mercados y al capital extranjero respecto del manejo de las finanzas domésticas.

En otro nivel, más precisamente en lo que respecta al financiamiento de la inversión productiva, no debe descartarse la utilización de mecanismos alternativos para el fondeo de largo plazo, como la aplicación obligatoria de una porción de lo recaudado por el sistema previsional o la financiación de proyectos específicos con garantía de los redescuentos de la Autoridad Monetaria. Entre otras cosas, también deberá procurarse el mantenimiento de bajas tasas de interés que estimulen la demanda de préstamos y resten incentivos para las colocaciones especulativas, y la adopción de un esquema permanente de controles de capitales, que evite la llegada de capitales de corto plazo, pero que también limite la fuga de fondos locales al exterior.

Bibliografía

Arceo, Enrique (2001): *ALCA. Neoliberalismo y Nuevo Pacto Colonial*, Instituto de Estudios y Formación de la CTA.

Bleger, L. (2004): "Argentina, laboratorio de la financiarización de las economías en desarrollo", en R. Boyer y J. Neffa (coordinadores), *La economía argentina y su crisis (1976-2001): visiones institucionalistas y regulacionistas*.

Bleger, L. y Borzel, M. (2004): "La crónica restricción de acceso al crédito de las PyMEs argentinas. Diagnóstico y propuestas", en *Las PyMEs argentinas: mitos y realidades*, ABAPPRA-IdePyME.

Hirsch, J. (1997): "¿Qué es la globalización?", *Revista Realidad Económica* N° 147.

Moguillansky, G., Studart, R. y Vergara, S. (2004): "Comportamiento paradójico de la banca extranjera en América Latina", *Revista de la CEPAL* N° 82, abril.

Wierzba, G y J. Golla (2005): "La regulación bancaria en Argentina durante la década del noventa", CEFID-AR, *Documento de Trabajo* N° 3.

Financiamiento externo y desarrollo económico en la Argentina: la dinámica de flujos cruzados durante el régimen de Convertibilidad

Cecilia Nahón [*]

1. Introducción

La Argentina hizo su reingreso triunfal en los mercados internacionales de capitales en el despertar de la década del noventa. Se abrieron entonces nuevas oportunidades de colocación de títulos públicos, obligaciones negociables y bonos en los mercados financieros mundiales, en un marco de plena liberalización del balance de pagos del país. La inversión extranjera directa también retomó su cauce hacia la economía nacional, fluyendo en formidables cantidades. Las restricciones financieras externas propias de la década del ochenta y, más aún, vigentes durante buena parte de la industrialización sustitutiva parecían quedar definitivamente atrás. Eran tiempos de abundancia.

En este marco, el presente artículo busca analizar el papel del financiamiento externo en la Argentina durante el régimen de Convertibilidad (1991-2001). La relevancia cuantitativa y cualitativa que alcanzaron los flujos externos en la economía local durante esos años lo convierten en un fenómeno ineludible para dar cuenta del proceso de desarrollo argentino en la etapa. Con este fin, el artículo se organiza de la siguiente manera. En primer término, se presentan el concepto de financiamiento externo y sus diversas modalidades. Posteriormente, se expone sintéticamente la trayectoria de estas modalidades en el país. Este análisis pone de manifiesto la extraordinaria capacidad de la economía argentina de atracción de capitales

[*] Investigadora del Área de Economía y Tecnología de la Facultad Latinoamericana de Ciencias Sociales (FLACSO) y Docente de la Universidad Nacional de Quilmes (UNQ). Becaria doctoral del Consejo Nacional de Investigaciones Científicas y Técnicas (CONICET). Correo electrónico: cnahon@gmail.com. La autora agradece las valiosas sugerencias de Victoria Basualdo, Karina Forcinito y Carolina Nahón a una versión preliminar de este trabajo.

en esta etapa y, a su vez, desnuda su particular vocación de expulsión de capitales, dando origen a la dinámica denominada de *flujos cruzados*. A continuación, se busca dilucidar el papel que los flujos de financiamiento externo ocuparon en el proceso de desarrollo local en la era de la Convertibilidad y, por último, se cierra el trabajo con algunas reflexiones finales.

2. Concepto y modalidades del financiamiento externo

El financiamiento externo consiste en flujos de riqueza que ingresan a una economía nacional en moneda extranjera a través de transacciones entre residentes y no residentes bajo alguna de las siguientes cuatro modalidades:[1]

Inversión extranjera directa (IED): comprende los movimientos de capital que reflejan un interés duradero de un no residente en una entidad local. Se computan bajo este rubro las participaciones extranjeras superiores a un 10% en el paquete accionario de una firma doméstica.

Inversión de cartera en acciones (ICA): consiste en la adquisición de acciones de empresas locales por parte de tenedores minoritarios no residentes, es decir, por inversores cuyas tenencias individuales no alcanzan el 10% del paquete accionario.

Endeudamiento externo mediante títulos y bonos: refiere a la colocación de títulos, obligaciones negociables (ONs) y bonos en los mercados financieros internacionales, sea por parte del sector público o el sector privado.

Endeudamiento externo mediante préstamos y créditos: se trata del financiamiento que ingresa al país a través de la contratación de deuda de manera directa por las entidades locales con instituciones no residentes, tales como organismos internacionales, proveedores, acreedores oficiales y bancos, entre otros.

Cabe destacar que, más allá de la ambigüedad de su denominación, la IED y la ICA no representan inversión en sentido económico (es decir, inversión en construcción o en equipos durables de producción dedicada a ampliar el stock de capital). En cambio, se trata de flujos que pueden dirigirse al sos-

---

[1] Esta clasificación surge de la "Metodología de Estimación del Balance de Pagos" elaborada por la Dirección Nacional de Cuentas Internacionales (DNCI) (2004a) basada en la quinta edición del "Manual de Balance de Pagos" del FMI. Según se establece allí, a diferencia de la *nacionalidad*, la *residencia* está vinculada con el espacio geográfico donde la persona física o jurídica desarrolla su actividad económica.

tenimiento y/o incremento patrimonial, a la adquisición de empresas ya existentes (cambio de manos), a la especulación financiera o a la formación de capital, entre otras varias opciones. En particular, la ICA se aproxima más a una inversión de carácter especulativo, con condiciones de ingreso y salida relativamente laxas a través del mercado de valores. Esta cualidad es compartida por la tercera modalidad de financiamiento externo (el endeudamiento vía títulos y bonos), ya que estos papeles también pueden ser intercambiados en los mercados secundarios, lo que aumenta su grado de volatilidad y liquidez.

En todos los casos el financiamiento externo acrecienta los pasivos externos del país de dos formas distintas. Por una parte, la IED y la ICA (modalidades 1 y 2) aumentan el grado de extranjerización de la economía nacional (a medida que crece la propiedad de no residentes sobre los activos fijos locales). Por otro lado, la emisión de títulos y el endeudamiento mediante préstamos y créditos (modalidades 3 y 4) multiplican el *stock* de deuda externa del país. Como resultado de estos procesos, las cuatro modalidades identificadas conllevan la aparición de un flujo de riqueza con sentido inverso al original, es decir, una posterior salida de divisas, que compromete el destino futuro de la riqueza nacional. La IED y la ICA involucran el pago de dividendos al capital extranjero y las dos modalidades de endeudamiento externo poseen su contrapartida a través de la cancelación de amortizaciones y el pago de intereses por la deuda contraída. Por tanto, el financiamiento externo no sólo afecta la trayectoria de la economía local en el corto plazo sino que también condiciona su desarrollo futuro, en la medida en que existen compromisos financieros preestablecidos con el exterior que acotan los usos posibles de la riqueza local.

El papel del financiamiento externo en el desarrollo ha dado lugar a un extenso debate en la literatura económica. La perspectiva teórica dominante es la corriente neoclásica, la cual remarca las virtudes del capital extranjero en el proceso de desarrollo, ya que lo considera –en particular a la IED– como motor del progreso y la modernización.[2] En las antípodas de este enfoque, se encuentran aquellos autores que entienden el financiamiento externo como un mecanismo que, esencialmente, viabiliza la ex-

---

[2] El argumento central de esta corriente es que el financiamiento externo aumenta la productividad, la tasa de inversión, la innovación tecnológica, la profundización financiera y la eficiencia en la asignación de recursos. En este enfoque se ubican autores como Bour (2001), Fischer (2001), Hanke y Schuler (2002), Krueger (2002), y McKinnon (1973), así como buena parte de los influyentes documentos producidos por el Fondo Monetario Internacional (2000) y el Banco Mundial (1999), especialmente en la década del noventa.

plotación económica y la dominación política del capital transnacional sobre los países en desarrollo.[3] Aquí se busca rehuir a este tipo de explicaciones sumamente simplificadas y dogmáticas. El financiamiento externo no se caracteriza ni como virtuoso ni como nocivo en sí mismo para el desarrollo económico.[4] En cambio, se entiende como una expresión de los problemas de valorización y producción propios del capital a escala mundial –que aumentan o reducen los fondos canalizados desde el centro hacia los países en desarrollo–, cuyas implicancias para las economías receptoras dependen de la magnitud, las modalidades y los ritmos que adoptan los flujos en cada momento histórico de acuerdo a las especificidades propias de cada país. En lo que sigue, se analizan estos aspectos del financiamiento externo para el caso de la Argentina durante la década del noventa, con el fin de dilucidar cuál fue su impacto sobre el sendero de desarrollo de la economía local.

3. La trayectoria del financiamiento externo en la década del noventa

Las cuatro modalidades de financiamiento externo tuvieron un papel central durante la década del noventa en la Argentina. En el cuadro N° 1 se cuantifican las magnitudes de cada una de ellas de acuerdo con su trayectoria a lo largo de cinco sub-períodos al interior de la era de la Convertibilidad: el período inicial de "auge" (1992-1994), el año de "crisis" (1995), la fase de "expansión" (1996-1998), la larga etapa de "depresión" (1999-2000) y el año final de "colapso" (2001).[5]

---

[3] En este grupo se inscriben buena parte de los movimientos antiglobalización (como Jubileo Plus y Attac) y autores como Calcagno (1985), Juliá (2002), Karliner (1997), Katz (2001), Korten (1995), Madeley (1999) y Olmos (1989), entre otros.

[4] La literatura que analiza la relación entre financiamiento externo y desarrollo desde una perspectiva más amplia es vasta. Por citar algunos ejemplos, se destacan, con diferencias entre sí, los trabajos de Basualdo (2000), Chudnovsky y López (2001), Damill (2000), Dunning (1994), Ffrench-Davis y Ocampo (2001), Iñigo Carreras (2002), Jenkins (1994), Lall (1997) y Sklair (1995).

[5] Para delimitar las etapas se tomó como base la caracterización de Damill, Salvatore y Simpson (2003) sobre la trayectoria de los dos ciclos financieros de expansión y contracción económica durante la década del noventa. El primer ciclo abarcó el período de "auge", con una tasa anual media de crecimiento del 7,1%, y el de "crisis", en que la economía se achicó 2,8%. Por su parte, el segundo ciclo de la Convertibilidad se inició con la denominada fase de "expansión", con una tasa media de crecimiento de 5,8% anual, y se cerró con las fases de "depresión" y de "colapso", con tasas de crecimiento del PIB negativas de 2,1% y 4,4% respectivamente.

Cuadro Nº 1: Flujos de financiamiento externo por etapas, 1992-2001
(montos acumulados en millones de dólares)

		1992-1994	1995	1996-1998	1999-2000	2001	1992-2001
		"auge"	*"crisis"*	*"expansión"*	*"depresión"*	*"colapso"*	*"total"*
1	IED	10.859	5.609	23.399	34.406	2.166	76.440
2	Títulos y bonos	30.078	3.166	33.507	7.867	-9.010	65.608
3	Préstamos y créditos	-3.837	9.299	13.470	1.373	5.860	26.166
4	ICA	9.216	1.090	2.171	-14.000	31	-1.491
5=2+3	Endeuda- miento externo	26.241	12.465	46.977	9.240	-3.150	91.773
6=1+2+3+4	**Financia- miento externo**	**46.316**	**19.165**	**72.548**	**29.646**	**-952**	**166.722**

Fuente: Elaboración propia sobre la base de DNCI (2004b).

La IED (fila 1) experimentó una tendencia ascendente desde 1992 hasta el año 2000 y fue la forma de financiamiento dominante en el período. Este proceso de extranjerización se desenvolvió a través de dos oleadas parcialmente superpuestas. En la fase 1992-1994, estuvo motorizado por la privatización de empresas públicas y de áreas estratégicas que históricamente habían permanecido bajo la propiedad y la administración del Estado.[6] Más tarde, entre los años 1994 y 2000, la IED creció mayormente debido al proceso de fusiones y adquisiciones de grandes firmas locales por parte del capital extranjero, especialmente en el sistema bancario, al interior de los consorcios de las empresas privatizadas y en los sectores de comunicaciones, alimentos y bebidas y comercio. Las estadísticas disponibles muestran que al menos el 56% de la IED recibida en el país se destinó a operaciones de cambio de manos entre accionistas y no a la formación de capital (DNCI, 2004b). Por tanto, la IED fue clave pa-

---

[6] Véase Azpiazu (2005) para un estudio exhaustivo del proceso de privatizaciones y Basualdo y Nahón (2004) para un desarrollo específico del impacto de este proceso en el balance de pagos.

ra propulsar el proceso de concentración y centralización del capital en el país.[7]

La segunda modalidad de financiamiento externo en orden de magnitud fue el endeudamiento mediante la colocación de títulos y bonos en los mercados internacionales (fila 2). La relevancia de estas emisiones refleja la modificación en los patrones de financiamiento prevalecientes a escala global, en donde se registró la disminución relativa de los créditos bancarios y el incremento de formas de financiamiento más líquidas y flexibles. En la Argentina, este proceso fue acelerado a partir del ingreso al *Plan Brady*, un programa de reestructuración de pasivos –aplicado a escala regional– que permitió a los bancos extranjeros canjear sus deudas con el Estado nacional (mayormente en cesación de pagos) por títulos públicos a estrenar en los mercados financieros internacionales. Esta negociación consumó la retirada de los bancos –mayormente estadounidenses– como los principales acreedores externos de la región y, con ello, abrió la posibilidad al sector privado –y también al sector público– de colocar nuevos títulos externos. De allí en más, las fracciones más concentradas y oligopólicas del capital local lideraron la emisión de títulos externos, destacándose especialmente la colocación de obligaciones negociables por parte de las empresas recientemente privatizadas.

El financiamiento externo mediante préstamos y créditos externos se ubicó en tercer lugar de relevancia (fila 3). Este rubro alcanzó un monto elevado incluso en el año 2001, debido a los préstamos otorgados por los organismos internacionales (en particular el FMI) al Estado nacional en su infructuoso intento por sostener el régimen convertible ante la inminente debacle. En el conjunto de la década, los préstamos de estos organismos explicaron el 73% de los fondos proporcionados (DNCI, 2004b). Si se consideran conjuntamente las dos modalidades de endeudamiento (fila 5), este rubro se destaca como el principal flujo de financiamiento externo recibido por el país en el período. La deuda privada creció con especial vertiginosidad (a una tasa anual acumulativa de 19,7%) y superó con creces la –también elevada– tasa de expansión de la deuda pública (5,3% anual) (DNCI, 2004b).[8]

---

[7] Se sugiere véase Basualdo (2000), Chudnovsky y López (2001) y Kulfas, Porta y Ramos (2002) para un análisis detenido de la evolución de la IED durante la década del noventa en el país.

[8] Se recomienda remitirse a los siguientes trabajos para un análisis de la trayectoria de la deuda pública durante la Convertibilidad: Basualdo (2000 y 2003), Basualdo y Kulfas (2000), Dal Din y López Isnardi (1998), Damill (2000), FIDE (2000) y Kulfas y Schorr (2003). A su vez, véase Basualdo y Nahón (2005) para un análisis exhaustivo de la evolución de la deuda privada en esta etapa.

Por último, la ICA tuvo un resultado acumulado negativo en el período de referencia (fila 4). Se trata de un saldo que sintetiza una primera etapa de valores positivos (1992-1997) debido a la colocación de acciones de las ex empresas estatales en la bolsa de valores como parte del proceso de privatizaciones y una segunda fase (1997 en adelante) dominada por la salida de las inversiones de cartera. En cualquier caso, la trayectoria de esta modalidad presentó una relevancia cuantitativa modesta en relación con las otras fuentes de financiamiento externo.

Gráfico Nº 1: IED, endeudamiento externo y financiamiento externo promedio como proporción del PIB, 1958-2001*
porcentajes

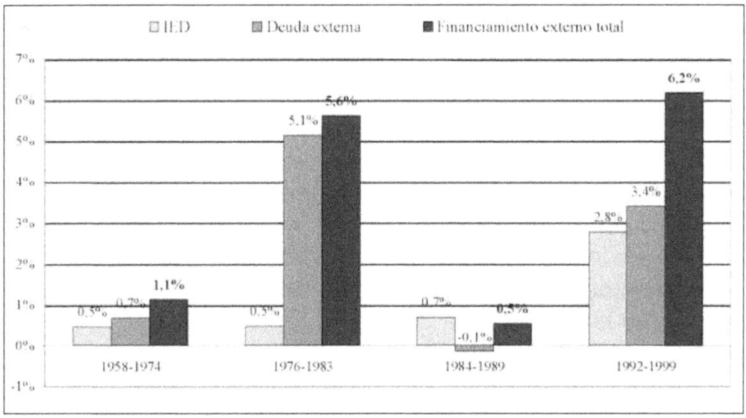

* No incluye el financiamiento externo correspondiente a la inversión de cartera en acciones.
Fuente: elaboración propia sobre la base de Memorias del BCRA (varios años), Ministerio de Economía (1979) y BM (2004).

En conjunto, se destacan los importantes tamaños absolutos de los montos de financiamiento externo recibidos por la economía argentina, que acumularon a lo largo de la década más de 166.700 millones de dólares (fila 6). En rigor, la relación entre el financiamiento externo total y el PIB argentino alcanzó durante el último decenio su valor medio más alto en los últimos cincuenta años (gráfico Nº 1). Esta relación (6,2%) superó con creces la vigente en la segunda fase de la industrialización sustitutiva de importaciones (1,1%) –en que el capital extranjero aumentó significativamente su presencia en el país–, e incluso se mantuvo levemente por encima del ratio exhibido durante la última dictadura militar (5,6%) –una etapa de formidable endeudamiento externo–.[9]

La magnitud y la relevancia adquiridas por el financiamiento externo en la Argentina fue parte de una tendencia mundial consolidada en la última década: el crecimiento de los flujos de capital a una tasa superior al crecimiento de los intercambios de mercancías y, especialmente, de los niveles internos de actividad a escala global (Estay, 1997). Los flujos financieros internacionales alcanzaron un despliegue mundial sin precedentes históricos, aprovechando los diferenciales de tasa de interés existentes entre las distintas economías nacionales. Si bien el grueso de los movimientos de capitales se concentró en el norte del planeta, una porción de los mismos no tardó en dirigirse a los países periféricos.[10]

Esta tendencia también abarcó a América Latina, que atrajo en aquellos años más de un tercio de los flujos dirigidos hacia el Tercer Mundo (BM, 2004). La Argentina, junto con México y Brasil, fue uno de los destinos favoritos de la región. El país acaparó proporciones especialmente elevadas de estos flujos: concentró el 25,0% del financiamiento externo total latinoamericano, mientras que el PIB argentino sólo fue, en el promedio de la etapa, equivalente al 15,7% del producto regional (BM, 2004). Esto implica que la Argentina tuvo entradas efectivas de endeudamiento externo y de IED sustancialmente mayores a las que el tamaño relativo de su riqueza nacional permitiría esperar. No obstante, así como la economía argentina tuvo una vocación asombrosa para atraer capitales internacionales hacia sí, también desplegó una capacidad privilegiada para expulsarlos. Así, una porción de la desmedida cantidad del financiamiento externo recibido fue nuevamente remitida al exterior de manera persistente durante la década, lo que dio origen a una dinámica de *flujos cruzados*. En lo que si-

---

[9] Esta comparación histórica también confirma que la década del ochenta estuvo signada por una reversión notable del financiamiento externo hacia el país en particular (gráfico Nº 1) y América Latina en general.

[10] La IED destinada a los países en desarrollo se multiplicó ocho veces respecto de la década del ochenta y osciló alrededor de los 120.000 millones de dólares entre 1992 y 1999 (UNCTAD, 2002). Por su parte, los flujos de endeudamiento externo recibidos por estos países casi se duplicaron entre ambas etapas (BM, 2004).

gue se analizará sintéticamente el proceso de atracción y expulsión de capitales hacia y desde la Argentina a través de la *matriz de fuentes y usos de divisas* del país para los años 1992 a 2001 (Cuadro Nº 2).[11]

4. *Flujos cruzados*: la dinámica de atracción y expulsión de capitales en los noventa

En primer término, se constata que los ingresos de divisas correspondientes a las cuatro modalidades de financiamiento externo (Cuadro Nº 2, filas 1.6 a 1.9) exhibieron en conjunto una tendencia ascendente entre 1992 y 2000, y decrecieron levemente en el año 2001. En total, el financiamiento externo representó el 55% de las fuentes de divisas en la década bajo análisis. No obstante, el aspecto central que desnuda esta matriz es que el financiamiento externo también tuvo una presencia medular en los usos de moneda extranjera entre 1992 y 2001, concentrando el 45% de las salidas de divisas (filas 2.3 a 2.7). Se trata de la primera fuente de demanda de divisas y, más aún, la única que exhibió una tendencia positiva entre el inicio y el final de la década. Este hecho pone al descubierto que la propia llegada del financiamiento externo generó como contrapartida presiones cada vez mayores sobre las necesidades de divisas de la economía local.

La carga en concepto de intereses (fila 2.3) se multiplicó por tres entre la primera y la última etapa de la Convertibilidad, tanto por el crecimiento del *stock* de deuda pública y privada como por el aumento de la tasa de interés promedio. Las utilidades devengadas por la IED (fila 2.4), por su parte, crecieron ininterrumpidamente hasta 1997-1998 para luego caer tendencialmente (debido a la recesión local y a los crecientes intereses abonados al capital extranjero).[12] Respecto de las necesidades de divisas para afrontar las amortizaciones (filas 2.5 y 2.6) de la deuda externa, éstas más que se cuadriplicaron en términos absolutos en el período. Por último, las dos cuantiosas operaciones de canje de deuda pública que inauguraron y

[11] Véase Nahón (2004) para un estudio más detenido de la matriz de fuentes y usos de divisas del país.

[12] La porción de utilidades que se distribuyó como dividendos se agrandó año a año, desde el 35% en 1992 al 90% en 2000. Llama la atención que en 2001 se distribuyeron dividendos por un monto que cuadruplicó a las utilidades totales (DNCI, 2004b). Estos indicadores sugieren que la estrategia financiera de los consorcios consistió en incrementar el giro de dividendos a los accionistas y, al mismo tiempo, financiarse mediante la colocación de títulos de deuda en los mercados internacionales.

clausuraron el ciclo de financiamiento externo (el *Plan Brady* en 1993 y el Megacanje en 2001) también implicaron un importante consumo de divisas (fila 2.7).[13]

No acaban aquí los usos de divisas generados como contrapartida del financiamiento externo. En la fila 2.9 se destaca el más importante mecanismo de succión de recursos de la economía nacional en la última década: la fuga de capitales.[14] La articulación entre el financiamiento externo y la fuga de capitales fue un mecanismo de valorización enclavado en la naturaleza misma del régimen de Convertibilidad. La paridad del peso a una tasa fija, que operaba como un seguro de cambio, creó la posibilidad de multiplicar la riqueza obtenida en pesos en la economía local al transformarla a dólares a ser atesorados fuera del país. Esta situación, en el marco de elevadas tasas de interés locales y rentabilidades sumamente atractivas en ciertos sectores de la economía real (en relación con sus equivalentes a nivel internacional), alentó la expansión del financiamiento externo.

[13] En ambos casos, las operaciones de canje involucraron la emisión de nuevos papeles de deuda pública en reemplazo de parte del endeudamiento anterior, que salió de circulación. Estas operaciones no involucran mayormente movimientos de divisas sino solamente canjes de un tipo de deuda por otra.

[14] Según definen Basualdo y Kulfas (2000) la fuga de capitales locales tiene lugar cuando los residentes de una economía remiten fondos al exterior para realizar diversas inversiones y adquirir activos que pueden ser físicos o financieros. No se trata de una operatoria necesariamente ilegal, aunque presumiblemente una parte significativa podría considerarse como tal. La fuga de capitales puede estimarse con distintas metodologías. Aquí se toma como base la estimación "directa" realizada por la DNCI (2004b).

Cuadro N° 2
Matriz de fuentes y usos de divisas de la economía argentina, 1992-2001*
(montos medios anuales en millones de dólares)

		1992-1994	1995	1996-1998	1999-2000	2001	1992-2001
		"auge"	*"crisis"*	*"expansión"*	*"depresión"*	*"colapso"*	*"promedio"*
1	**FUENTES****	**47.826**	**62.245**	**81.909**	**83.944**	**73.725**	**69.306**
1.1	Exportaciones mercancías	13.897	21.162	25.636	24.825	26.543	21.595
1.2	Exportaciones servs. reales	3.138	3.817	4.513	4.659	4.398	4.049
1.3	Intereses***	2.358	3.844	4.606	5.980	4.718	4.142
1.4	Utilidades***	428	525	729	788	635	621
1.5	Transferencias corrientes	596	564	438	382	283	471
1.6	Préstamos y créditos	6.134	17.898	18.038	18.826	23.503	15.157
1.7	Títulos de deuda	13.902	7.666	18.967	17.333	14.189	15.513
1.8	ICA	3.072	1.090	724	-7.000	31	-149
1.9	IED	3.620	5.609	7.800	17.203	2.166	7.644
1.10	Otros flujos de capital	682	68	459	947	-2.740	264
2	**USOS**	**45.091**	**62.347**	**78.378**	**83.563**	**85.808**	**68.569**
2.1	Importaciones mercancías	16.530	18.804	26.789	23.996	19.158	21.591
2.2	Importaciones servs. reales	6.357	7.234	8.621	8.849	8.298	7.816
2.3	Intereses	3.959	6.375	8.842	11.841	12.205	8.066
2.4	Utilidades	1.893	2.674	2.867	2.401	893	2.265
2.5	Amort. prést. y créds.	7.413	8.599	13.548	18.139	17.643	12.540
2.6	Amortizaciones títulos deuda	2.167	2.521	5.820	8.626	9.485	5.322
2.7	Canje de deuda públ. ****	3.487	494	918	2.029	11.076	2.884
2.8	Otros flujos de capital	-485	1.500	796	1.980	1.975	837
2.9	Fuga de capitales*****	3.770	14.147	10.178	5.702	5.075	7.247
3	**SALDO**	**2.736**	**-102**	**3.531**	**381**	**-12.083**	**738**
3.1	Balanza mercancías	-2.633	2.357	-1.153	829	7.385	4
3.2	Balanza servs. reales	-3.219	-3.417	-4.107	-4.190	-3.900	-3.768
3.3	Intereses netos	-1.601	-2.530	-4.236	-5.860	-7.487	-3.925
3.4	Utilidades netas	-1.465	-2.149	-2.138	-1.613	-258	-1.644
3.5	Transferencias corrientes	596	564	438	382	283	471
3.6	Préstamos y créditos	-4.766	9.299	4.490	687	5.860	1.571
3.7	Títulos de deuda	11.735	4.652	12.230	6.678	-6.373	8.353
3.8	ICA	3.072	1.090	724	-7.000	31	-149
3.9	IED	3.620	5.609	7.800	17.203	2.166	7.644
3.10	Otros flujos de capital	1.167	-1.432	-337	-1.033	-4.715	-572
3.11	Fuga de capitales	-3.770	-14.147	-10.178	-5.702	-5.075	-7.247
4.1	**SALDO S. GOBIERNO**	**990**	**4.927**	**4.965**	**4.490**	**1.324**	**3.310**
4.2	**SALDO S. PRIVADO**	**1.745**	**-5.029**	**-1.434**	**-4.109**	**-13.408**	**-2.572**

* La línea que divide a cada una de las tres secciones del cuadro distingue aquellos rubros del balance de pagos clasificados tradicionalmente en la cuenta corriente de los correspondientes a la cuenta capital y financiera.

** A diferencia del cuadro Nº 1, que expone los flujos de endeudamiento externo en términos netos, en las filas 1.6 a 1.9 se presentan los ingresos en términos brutos (antes de amortizaciones y operaciones de canje).

*** Intereses y utilidades devengadas por los activos externos de residentes argentinos (una parte de los mismos no ingresa a la economía local).

**** Operaciones de canje de deuda pública (plan brady y canje de títulos por préstamos garantizados). Estos montos se restan a la deuda pública emitida en cada etapa para obtener el saldo de deuda directa y títulos en términos netos respectivamente. Incluye también las conversiones de deuda por privatizaciones.

***** Incluye errores y omisiones.

Fuente: elaboración propia sobre la base de DNCI (2004b).

La fuga de capitales y el financiamiento externo se vincularon a través de dos tipos de lazos causales durante los noventa. En las etapas de crecimiento (especialmente en las fases 1992-1994 y 1996-1998) la propia expansión del financiamiento externo impulsó la fuga de capitales. Una parte de la IED que ingresó para la compra de activos fijos privados (con sus ganancias patrimoniales) y una porción del propio endeudamiento externo (con sus respectivas ganancias financieras) volvió a dejar la economía nacional para atesorarse en el exterior. En este primer tipo de vínculo el financiamiento externo, mayormente privado, *precedió y posibilitó* la fuga de capitales. En contraposición, en las fases recesivas (1995 y 1999-2001) la causalidad predominante fue la inversa: el financiamiento externo, mayormente público, tendió a expandirse como resultado de la aceleración de la fuga de capitales de forma tal que, en este caso, fue la fuga de capitales la que *precedió y posibilitó* al endeudamiento. Las salidas de divisas en estas etapas estuvieron impulsadas por la decisión masiva de ponerse a resguardo de la moneda local ante el riesgo de una alteración cambiaria. Las evidencias disponibles indican que el capital local más concentrado (nacional y extranjero) fue quién protagonizó y se benefició mayormente de ambas modalidades de fuga, multiplicando sus activos externos fuera del país.[15]

El financiamiento externo también expandió la "capacidad importable" del país (filas 2.1 y 2.2) y fue crucial para solventar, al menos hasta

---

[15] Véase Basualdo (2000 y 2003) para un análisis de las fracciones del capital local que usufructuaron la relación entre el financiamiento externo y la fuga de capitales en los noventa.

el año 2000, el desequilibrio comercial que, a su vez, contribuyó a generar. Las importaciones fueron el componente del balance de pagos que, aún con una tendencia ascendente, presentó las oscilaciones más acentuadas, moviéndose al ritmo del nivel de actividad. Esta dinámica se conjugó con exportaciones crecientes que, sin embargo, no alcanzaron a evitar una balanza comercial estructuralmente deficitaria (atribuible mayormente al sector privado) entre 1992 y 2000 (no así en 2001).

En definitiva, la llegada de financiamiento externo al país disparó una dinámica de *flujos cruzados* en donde los cuantiosos ingresos de divisas por endeudamiento externo e inversión extranjera fueron sucedidos o acompañados por salidas de divisas en concepto de intereses, utilidades, amortizaciones, fuga de capitales e importaciones. En rigor, los ingresos masivos de capital se correspondieron con pagos masivos al capital ingresado anteriormente, en donde las crecientes necesidades de divisas impulsaron buena parte de los nuevos ingresos, en un afinado ciclo de refinanciaciones, canjes y reemplazos del endeudamiento vigente.

En las etapas de crecimiento (fases de "auge" y "expansión"), el cuantioso financiamiento externo neto recibido (filas 3.6 a 3.9) compensó la fuga de capitales (fila 3.11) y aún el importante déficit comercial (filas 3.1 y 3.2) y configuró un saldo positivo que acrecentó las reservas internacionales. En cambio, en las fases contractivas (etapas de "crisis", "depresión" y "colapso"), el menor financiamiento externo neto no alcanzó a compensar la veloz fuga de capitales y el (menor) déficit comercial, lo que arrojó un resultado negativo o levemente positivo en la acumulación de reservas. Por tanto, la trayectoria de los flujos asociados con el financiamiento externo fue clave en la configuración del saldo del balance de pagos –cíclico– durante la Convertibilidad (fila 3). Este saldo fue, en rigor, una puerta de entrada a la anatomía del propio régimen convertible, que se analizará brevemente a continuación.

5. Financiamiento externo, tipo de cambio y desarrollo en la era de la Convertibilidad

La Convertibilidad era un esquema monetario-cambiario del tipo caja de conversión a una tasa fija de un peso por dólar. Según este esquema, establecido por ley (Nº 23.928) en abril de 1991, el Banco Central de la República Argentina (BCRA) debía mantener un *stock* de reservas internacionales equivalente a la base monetaria. Por tanto, el resultado del balance de pagos se transformó en una vitrina de la sustentabilidad del régimen económico: mientras las fuentes de divisas superaran sus usos, arrojando un saldo neto positivo, la convertibilidad de la moneda estaba garantizada a la paridad establecida. Sin embargo, en la medida en que los saldos netos de divisas cambiaran de signo, el BCRA se encontraría en dificultades para ofrecer las divisas demandadas a la paridad fijada por ley.

La utilización del tipo de cambio como mecanismo de estabilización de los precios internos, combinada con los aumentos de precios registrados en 1991 (15% entre abril y diciembre) y 1992 (25%), configuró una moneda significativamente sobrevaluada en términos reales desde el inicio del plan.[16] Esta temprana apreciación cambiaria ligó la suerte de la economía argentina bien a generar aumentos de productividad suficientes para reducir la brecha existente con el tipo de cambio real, bien a sufrir una deflación nominal de una magnitud sin precedentes, o bien a atraer flujos de riqueza internacional en cantidades adecuadas para sostener la paridad fijada por ley. En ausencia de fenómenos significativos del primer y segundo tipo, el BCRA se encontró en un callejón sin salida: el sostenimiento de la sobrevaluación monetaria requería de una magnitud *adicional* de riqueza (bajo la forma de divisas), sin la cual la paridad vigente no podía prolongarse por mucho tiempo, más allá de la convicción o la pericia técnica de las autoridades monetarias.

El financiamiento externo fue la principal fuente de riqueza que contribuyó a asegurar el saldo neto positivo en el balance de pagos y, de esta manera, se constituyó en la condición de posibilidad del mantenimiento del tipo de cambio atrasado, en particular, y del régimen convertible, en general, durante más de diez años en el país. Adicionalmente, las exportaciones de mercancías con base primaria (productos agrarios, manufacturas

---

[16] La sobrevaluación implica que una unidad de la moneda local tiene mayor poder adquisitivo mundial que el que realmente le corresponde en condiciones de equilibrio, es decir, de acuerdo con la productividad relativa del trabajo del país. En este caso, el precio relativo de los productos extranjeros expresado en productos locales (el tipo de cambio real) se encuentra atrasado respecto del tipo de cambio nominal, lo que implica que los productos extranjeros se "abaratan" y los nacionales se "encarecen", no como resultado de cambios en la productividad relativa del trabajo sino por obra y gracia de la distorsión cambiaria. Esto implica que a través de la mediación nominal los compradores de divisas adquieren una cantidad de riqueza mayor de la que les corresponde.

de origen agropecuario, hidrocarburos) también nutrieron la sobrevaluación del peso, debido a la fuente adicional de riqueza que representa la renta diferencial de la tierra portada en estas exportaciones (Costa, Kicillof y Nahón, 2004).

Así como el saldo del balance de pagos fue medular para sostener el régimen económico, las transacciones registradas en su interior fueron un reflejo de qué sectores –sector privado o sector gobierno– estaban aportando o consumiendo las divisas requeridas para alimentar la sobrevaluación.[17] Este análisis desnuda la dinámica interna del régimen de Convertibilidad en términos de transferencias intersectoriales de riqueza: mientras el sector privado exhibió un saldo deficitario en materia de divisas prácticamente durante todo el decenio (a excepción de los años 1992 y 1993), el saldo del sector gobierno fue superávitario desde 1993 en adelante (cuadro Nº 2).

Más específicamente, las trayectorias externas de cada sector fueron contrapuestas –y estuvieron entrelazadas– a lo largo de la década. En términos estilizados, la secuencia fue la siguiente. La IED destinada a las privatizaciones y a las transferencias entre privados, así como el endeudamiento externo (mayormente privado), protagonizaron el primer arribo de financiamiento externo al país durante los noventa. A su vez, la radicación de IED y la sobrevaluación de la moneda local en un contexto de apertura incentivaron las importaciones y aumentaron las presiones sobre los usos de divisas. Los aportes privados lograron satisfacer con creces su mayor demanda de divisas en la fase de "auge", pero sólo allí. En adelante, el sector gobierno se transformó en el principal oferente neto de divisas, ya que aún cuando el financiamiento externo privado fue generoso hasta el 2000 (especialmente en 1997 y 1998 en que se registró un *boom* de endeudamiento), éste fue crecientemente consumido por el déficit comercial y la fuga de capitales, arrojando un saldo final negativo.

En este marco, el sector público recurrió cada vez más al endeudamiento externo –en los mercados voluntarios primero y, cuando no lo logró, a los préstamos oficiales–, a la venta del patrimonio estatal remanente –destacándose el caso de YPF en 1999– e incluso a los intereses de las reservas del BCRA para solventar sus cargas financieras, cubrir el déficit del sector privado y mantener las reservas internacionales en niveles acordes

---

[17] El sector privado comprende el sector privado financiero y no financiero y el sector gobierno al sector público no financiero y al BCRA.

con la base monetaria. Esta situación no podía prolongarse indefinidamente. La fragilidad productiva de la economía argentina y su evidente incapacidad de generar la riqueza necesaria para afrontar sus abultados compromisos externos, sumados a la menor liquidez de capitales a escala mundial desde 1998 en adelante, convirtieron al derrumbe de la Convertibilidad en una mera cuestión de tiempo. En 2001, la acelerada salida de capitales privados no logró ser compensada por el ingreso de nuevos fondos a través del endeudamiento público, tal como sí había ocurrido en las anteriores crisis (parciales) del régimen convertible. Las reservas internacionales se extinguieron aceleradamente.[18] El colapso fue entonces un hecho.

6. Reflexiones finales

Como hemos visto, los flujos vinculados con el financiamiento externo, y su contrapartida necesaria (fuga de capitales, amortizaciones, intereses, dividendos e importaciones), se consagraron como mecanismos de inyección y de succión de enormes masas de recursos bajo la forma de divisas respecto de la economía argentina en la década del noventa. Esta dinámica de *flujos cruzados*, que registra antecedentes durante la última dictadura militar, alcanzó una envergadura cuantitativa, y una relevancia cualitativa, inéditas durante la Convertibilidad. El saldo de esta dinámica fue doble. Por un lado, implicó un nuevo nivel de extranjerización y concentración del capital en el país, así como la duplicación de la deuda externa entre 1992 y 2001 (en este último año superó los 140.000 millones de dólares). Por otro lado, se reflejó en la notable expansión de los activos externos del sector privado (ascendieron a casi 115.000 millones de dólares en 2001), como resultado de la persistente fuga de capitales del país (DNCI, 2004b).[19] La similar evolución del *stock* total de la deuda y de los activos de los capitalistas argentinos colocados en el exterior no debería sorprendernos: por cada dólar que ingresó al país en concepto de endeudamiento externo salieron 80 centavos para atesorarse en el exterior (Basualdo y Kulfas, 2000).

[18] El saldo diario mensual de reservas que trepaba a 25.984 millones de dólares en enero de 2001 se redujo un 43% en los meses subsiguientes, llegando a 14.815 millones de dólares en diciembre (BCRA, 2004).

[19] Tanto la deuda pública como la privada se acrecentaron vertiginosamente: el *stock* de la primera ascendía a casi 88.300 millones y el de la segunda a 52.000 millones en 2001 (DNCI, 2004b).

En suma, bajo la apariencia de la abundancia de divisas, el financiamiento externo contribuyó al sostenimiento de la paridad sobrevaluada del peso vía el aumento de la deuda externa y la extranjerización productiva. Estos fenómenos ayudaron a consolidar un patrón de desarrollo basado en la fabricación (y exportación) de productos de origen primario (agropecuarios e hidrocarburos) con nulo o reducido nivel de elaboración, con un tejido industrial desarticulado y atrasado en el que solamente se destacan aquellas industrias vinculadas con el procesamiento de riquezas naturales o favorecidas por beneficios estatales. Esta matriz productiva agudizó la inserción subordinada del país en la división internacional del trabajo, ató aún más su economía a las fluctuaciones propias de los precios de los *commodities* y, además, ofreció escasas capacidades de absorción de la fuerza de trabajo, lo que se reflejó en alarmantes niveles de pobreza, desocupación y subocupación. Por tanto, el financiamiento externo no ha sido un atajo, sino más bien un rodeo, para el desarrollo local.

Más aún, el panorama futuro en materia de oferta y demanda de divisas luce sombrío. Los cuantiosos pasivos externos –públicos y privados– amplificaron a niveles sin precedentes las necesidades de divisas de la economía nacional.[20] La herencia de más de diez años de Convertibilidad en materia productiva agudiza este panorama, ya que todo crecimiento económico se manifiesta en un aumento de las necesidades de divisas para afrontar las importaciones de bienes de capital e insumos extranjeros no producidos en el país. A su vez, la receta de los noventa de recurrir al financiamiento externo como fuente de divisas no parece ser una alternativa adecuada en la actualidad. Los menores niveles de liquidez a escala mundial, el aún abrumador endeudamiento externo vigente en el país y el elevado grado de extranjerización local –que no deja mucho margen para nuevos ingresos de IED– señalan que esta fuente puede ser, a lo sumo, complementaria en la fuente de divisas. Esto implica que los ingresos de moneda extranjera reposan mayormente en las tradicionales exportaciones de base primaria. La restricción externa de la Argentina lejos de haberse superado o aliviado se ha profundizado durante la Convertibilidad.

---

[20] Esto es así aun considerando la reestructuración, con una importante quita, de la mitad del endeudamiento público cumplimentada en el año 2005. La relación deuda pública externa/PIB se mantiene por encima del 40% en la actualidad (y cerca del 80% si se considera el ratio deuda pública total/PIB), a lo que hay que adicionarle las necesidades de divisas generadas por la deuda externa privada (aproximadamente 53.000 millones de dólares en septiembre 2005) y el stock de IED en el país (estimado en 50.583 millones de dólares a fines de 2004).

Bibliografía

Azpiazu, D. (2005), *Las privatizadas: ayer y hoy* (tomo I), Colección Claves para Todos, Editorial Capital Intelectual, Buenos Aires.

Banco Mundial (1999), *World Development Report. Entering the 21st Century*, Oxford University Press, Nueva York.

Banco Mundial (2004), *World Development Indicators*, CD-Rom.

Basualdo, E. M. (2000), *Concentración y centralización del capital en la Argentina durante la década de los noventa. Una aproximación a través de la reestructuración económica y el comportamiento de los grupos económicos y los capitales extranjeros*, FLACSO/Universidad Nacional de Quilmes/IDEP, Buenos Aires.

Basualdo, E. M. (2003), "Las reformas estructurales y el Plan de Convertibilidad durante la década de los noventa. El auge y la crisis de la valorización financiera", *Revista Realidad Económica*, N° 200.

Basualdo, E. M. y Nahón, C. (2004), "La presencia de las empresas privatizadas en el sector externo argentino durante la década de 1990. Análisis de sus efectos en el Balance de Pagos", *Documento de Trabajo* N° 13, Área de Economía y Tecnología, FLACSO- Sede Argentina.

Basualdo, E. M. y Nahón, C. (2005), "Trayectoria y naturaleza de la deuda externa privada en la Argentina. La década del noventa, antes y después", *Documento de Trabajo*, Área de Economía y Tecnología, FLACSO-Sede Argentina.

Basualdo, E. y Kulfas, M. (2000), "Fuga de capitales y endeudamiento externo en la Argentina", *Revista Realidad Económica*, N° 173.

BCRA (2004), *Boletín Estadístico, Panorama monetario y financiero*, Buenos Aires.

Bour, J. L. (2001), "Una política económica para la década", trabajo presentado en la Reunión Anual de la Asociación de Bancos de la Argentina, ABA/FIEL, Buenos Aires.

Calcagno, E. (1985), *La perversa deuda externa*, Editorial Legasa, Buenos Aires.

Chudnovsky, D. y López, A. (2001), *La transnacionalización de la economía argentina*, EUDEBA/CENIT, Buenos Aires.

Costa, A.; Kicillof, A. y Nahón, C. (2004), "Las consecuencias económicas del Sr. Lavagna. Dilemas de un país devaluado", *Revista Realidad Económica*, N° 203.

Dal Din, C. y López Isnardi, N. (1998), "La deuda pública argentina, 1990-1997", *Documento de Trabajo* N° 56, FIEL.

Damill, M. (2000), "El balance de pagos y la deuda externa pública bajo la convertibilidad", Separata, *Boletín Informativo Techint*, N° 303.

Damill, M.; Salvatore, N. y Simpson, L. (2003), "Diagnóstico y perspectiva del sistema financiero argentino. I) Las relaciones financieras en la economía argentina en los años noventa", CESPA, Universidad de Buenos Aires.

Dirección Nacional de Cuentas Internacionales (DNCI) (2004a), *Metodología de estimación del Balance de Pagos*, Instituto Nacional de Estadística y Censos, Secretaría de Política Económica, Ministerio de Economía y Producción, Buenos Aires.

Dirección Nacional de Cuentas Internacionales (DNCI) (2004b), *Estimaciones Trimestrales del Balance de Pagos*, Instituto Nacional de Estadística y Censos, Secretaría de Política Económica, Ministerio de Economía y Producción, Buenos Aires.

Dunning, J. (1994), *Globalization, economic restructuring and development*, Prebisch Lectures/UNCTAD, Ginebra.

Estay, J. (1997), "Relaciones comerciales externas y flujos de inversión extranjera hacia la economía mexicana", mimeo, México.

Ffrench-Davis, R. y Ocampo, J.A. (2001), "Globalización de la volatilidad financiera: Desafíos para las economías emergentes", en Ffrench-Davis, R. (comp.), *Crisis financieras en países 'exitosos'*, CEPAL/McGraw-Hill, Santiago de Chile.

FIDE (2000), "Los roles de la deuda externa en la Convertibilidad", *Coyuntura y Desarrollo*, N° 258.

Fischer, S. (2001), "Remarks to the Argentine Bankers Association", Argentine Bankers Association Meeting, junio, Buenos Aires.

FMI (2000), "Financial Development and Economic Growth: An Overview", IMF Working Paper, Washington.

Hanke, S. y Schuler, K. (2002), "Manifiesto para la reforma económica en la Argentina", Cato Institute, mimeo, Washington.

Iñigo Carreras, J. (2002), "Estancamiento, crisis y deuda externa. Evidencias de la especificidad del capitalismo argentino", Revista *Ciclos de la historia, la economía y la sociedad*, N° 23, Buenos Aires.

Jenkins, R. (1994), "Capitalist Development in the NICs", en Sklair, L. (ed.), *Capitalism and Development*, Routledge, Londres.

Juliá, C. (2002), *La memoria de la deuda*, Editorial Biblos, Buenos Aires.

Karliner, J. (1997), *The Corporate Planet: Ecology and Politics in the Age of Globalization*, Sierra Club Books.

Katz, C. (2001), "Deuda externa y seguro al desocupado en la perspectiva socialista", en *Revista La Maza*, N° 3, Buenos Aires.

Korten, D. (1995), *When Corporations Rule the World*, Kumarian Press, West Hartford.

Krueger, A. (2002), "¿Deberían poder declararse en quiebra los países como Argentina?", Fondo Monetario Internacional, Washington.

Kulfas, M. y Schorr, M. (2003), *La deuda externa argentina. Diagnósticos y lineamientos propositivos para su reestructuración*, CIEPP/OSDE, Buenos Aires.

Kulfas, M.; Porta, F. y Ramos, A. (2002), *Inversión extranjera y empresas transnacionales en la economía argentina*, Serie Estudios y perspectivas, CEPAL, Oficina Buenos Aires.

Lall, S. (1997), *Attracting foreign investment: new trends, sources and policies*, Economic paper, Commonwealth Secretariat, Londres.

Madeley, J. (1999), *Big business, Poor peoples*, Zed Books, Londres y Nueva York.

McKinnon, R. (1973), *Money and capital in economic development*, Brookings Institution, Washington.

Ministerio de Economía (1979), *Boletín Semanal*, Secretaría de Estado de Programación y Coordinación Económica, Buenos Aires.

Nahón, C. (2004), "El financiamiento externo en la Argentina durante la era de la Convertibilidad. Saldo de una década de flujos cruzados". Ponencia presentada en las Jornadas del Doctorado en Ciencias Sociales, FLACSO-Sede Argentina.

Olmos, A. (1989), *Todo lo que usted quiso saber sobre la deuda externa y siempre se lo ocultaron*, Editorial de los argentinos, Buenos Aires.

Sklair, L. (1995), *Sociology of the Global System*, Routledge, Londres.

UNCTAD (2002), *Informe sobre las inversiones en el mundo. Las empresas transnacionales y la competitividad de las exportaciones*, Naciones Unidas, Nueva York y Ginebra.

El rol de la inversión extranjera en el comercio exterior: el caso de Argentina (1976-2001)[1]

Valeria S. Wainer[2]

1. Introducción

A comienzos del siglo veinte, las grandes corporaciones transnacionales eran aún un fenómeno reciente, pero después de la Segunda Guerra Mundial estas empresas empezaron a crecer tanto en número como en tamaño. Las empresas transnacionales (ETs) expanden sus actividades principalmente a través de la inversión directa en otros países.[3] El incremento de esta inversión implica que una proporción cada vez mayor de la producción mundial tiene lugar en las filiales extranjeras de las ETs. Varios estudios han mostrado que los flujos de inversión extranjera directa (IED) crecieron de manera extraordinaria durante las últimas décadas, superando la tasa de crecimiento del comercio internacional.[4]

El peso creciente de las ETs en el comercio y la inversión a nivel mundial ha generado interés acerca de los efectos sobre el desarrollo económico de los países donde invierten dichas empresas. Dentro de la literatu-

[1] Esta ponencia se basa en la tesis realizada para el Master of Arts in Development Studies, La Haya-Países Bajos, diciembre de 2003: "The Role of Foreign Direct Investment in International Trade: the case of Argentina". Agradezco los comentarios realizados por Karina Forcinito sobre una versión preliminar de esta ponencia.

[2] Licenciada en Economía. Investigadora-Docente en el Instituto de Desarrollo Humano de la UNGS y Profesora Adjunta en la Facultad de Ciencias Económicas de la UBA.

[3] Los flujos de inversión directa comprenden los aportes de capital que realiza la casa matriz a sus filiales en otros países, cuando una empresa establece una filial en el exterior, cuando una filial recibe (otorga) un préstamo de (a) la casa matriz u otra filial y la reinversión (o remisión) de utilidades. (Cabe aclarar que este trabajo se centra en las actividades relacionadas con las empresas transnacionales no financieras.)

[4] Entre 1973 y 1997 la tasa anual de crecimiento de la IED fue de 9,5%; en el mismo período, las tasas de crecimiento anual de la producción industrial mundial y del comercio internacional fueron bastante más bajas: 2% y 4,8%, respectivamente (Kleinert, 2001).

ra existente, algunos autores ven a la inversión proveniente de las ETs como un facilitador de la transferencia internacional de capital, tecnología, bienes y servicios.[5] Por el contrario, otros enfatizan los aspectos negativos de la propiedad extranjera del capital, en particular para los países menos desarrollados, debido a las transferencias a que ello da lugar (pago de intereses, utilidades y dividendos, entre otras) resultando en un impacto negativo sobre la balanza de pagos y por lo tanto sobre la sostenibilidad del crecimiento económico.[6]

Este trabajo se enmarca dentro de esta última línea de pensamiento al considerar que uno de los problemas que enfrentan algunos países es la escasez crónica de divisas. En la Argentina (así como en otros países de América Latina) han sido comunes las crisis económicas originadas en problemas de balanza de pagos. La crisis económica hacia fines de 2001 mostró que cualquier estrategia de crecimiento sigue dependiendo en gran medida de un continuo y creciente ingreso de divisas, ya sea a través del ingreso de inversiones extranjeras y/o del aumento de las exportaciones.

En este contexto, el análisis del rol de la IED en el comercio exterior adquiere relevancia y tiene fuertes implicaciones para la política económica. Por un lado, debido al impacto que tiene la inversión extranjera sobre la generación de divisas, no sólo por constituir un ingreso de capitales sino también a través de las actividades de exportación e importación de las filiales de las ETs. Dada su condición de empresas líderes, las estrategias de inversión de las ETs tienen impacto sobre la estructura del comercio exterior en los países receptores y, por lo tanto, tienen consecuencias sobre la generación de divisas de éstos países a través de la balanza comercial, haciendo imprescindible el diseño de políticas que permitan moderar los efectos sobre la restricción externa. Por otra parte, las actividades comerciales de las ETs también tienen impacto sobre el volumen de exportación e importación de las empresas nacionales y, asimismo, sobre toda la estructura productiva del país receptor. En este sentido, se hace necesario crear mecanismos que atraigan y estimulen el tipo de inversión extranjera que permita alcanzar las metas de desarrollo nacional a largo plazo.

El propósito de este artículo es analizar el rol de la IED en el comercio exterior de la Argentina para el período 1976-2001. El orden de es-

[5] Navaretti y otros (2002); Thomsen (2000).
[6] Baran y Sweezy (1972).

300

ta presentación es el siguiente: la sección 2 presenta el marco teórico a partir del cual se pretende explicar la relación entre IED y comercio internacional, la sección 3 estudia dicha relación mediante un análisis econométrico realizado para el caso de la Argentina en el período 1976-2001, mientras que la sección 4 presenta un análisis cualitativo del rol de la IED en el comercio exterior argentino durante la década de los noventa. Por último, la sección 5 expone las conclusiones y las implicaciones para la política económica argentina.

2. La relación entre IED y comercio exterior: un enfoque teórico

La teoría ortodoxa del comercio internacional (Ricardo y Heckscher-Ohlin) asumía la inmovilidad de factores (capital y trabajo) entre países. Posteriores intentos por levantar este supuesto y considerar la movilidad internacional del factor capital llevó a presentar la IED como inversión de cartera (Mundell-Fleming) o como localización de capital físico (Mundell, 1957), con considerables limitaciones para explicar el fenómeno de las corporaciones transnacionales y sus actividades. Durante las décadas de los '50 y '60 se hicieron varios intentos por identificar las características de las corporaciones transnacionales y explicar las pautas de localización de la inversión realizada por estas empresas. Algunos autores reconocieron la importancia de la inversión extranjera en el análisis del comercio internacional y señalaron la inadecuación de la teoría disponible para determinar la naturaleza de dicha relación.

Una teoría valiosa fue desarrollada por John Dunning hacia la década de los '70: el Enfoque Ecléctico. Dunning (1971; 1981) identificó a la corporación internacional o transnacional como aquella que posee o controla actividades relacionadas con la producción (como plantas industriales, minas, refinerías, comercios, oficinas, etc.) en más de un país,[7] y logró explicar el porqué, cómo y dónde de la inversión extranjera a partir de las estrategias de las ETs.[8] Estas estrategias fueron agrupadas en virtud de las

---

[7] Algunos estudios usan también el concepto de 'empresa multinacional'. Este concepto a veces da a entender que dichas empresas no tienen nacionalidad o que tienen muchas. Por el contrario, el gobierno del país de origen de la empresa transnacional tiene una clara intervención como su promotor en el mercado mundial.

[8] Dunning (1971) p. 16.

ventajas que las ETs buscan explotar en el país receptor: i) recursos y factores, ii) activos estratégicos y eficiencia, y iii) mercados (nacional y regional).

Partiendo de este enfoque podemos considerar cómo cada una de dichas estrategias o tipo de IED impactaría en el comercio exterior del país receptor. El cuadro 1 muestra los posibles efectos sobre exportaciones e importaciones del país que recibe la IED en relación a las diferentes estrategias asociadas con dicha inversión:

Cuadro Nº 1
Efectos sobre exportaciones e importaciones por tipo de IED.

Efecto sobre comercio exterior		Tipo de IED			
		Recursos y factores	*Eficiencia y activos*	*Mercados*	
				Nacional	*Regional*
Exportaciones		+	+		+
Importaciones	S		−	−	−
	C	+	+	+	+

Notas:
1. El signo (+) representa una relación positiva y el signo (-) una relación inversa entre el tipo de IED y el volumen de exportaciones e importaciones del país receptor.
2. La relación entre IED e importaciones puede ser sustitutiva (S) o complementaria (C), dependiendo si la inversión extranjera da lugar a una disminución o a un aumento en las importaciones, respectivamente.
3. Una relación complementaria entre IED e importaciones puede resultar de: i) un aumento de las importaciones en el mismo sector donde la inversión extranjera está dirigida); o ii) un aumento de las importaciones en un sector (por ejemplo, de insumos o bienes de capital) causado por un aumento de la IED en otro sector (por ejemplo, de bienes finales).

La estrategia de *búsqueda de recursos y factores* se basa en la explotación de recursos naturales o mano de obra no calificada. Este tipo de IED generalmente tiene un efecto positivo sobre las exportaciones del país receptor, ya que la ET busca los recursos naturales y mano de obra barata como fuente de abastecimiento de materias primas o productos a otras filiales y/o mercados. A su vez, este tipo de inversión no sustituye importaciones (ya que no busca abastecer el mercado local) pero puede tener un impacto positivo sobre las importaciones de bienes intermedios.

Por su parte, la estrategia de *búsqueda de mercados* puede orientarse a la explotación del mercado doméstico (o *nacional*) del país receptor. Este tipo de IED puede dar lugar a una disminución de las importaciones, en el caso de que las ventas locales de las filiales de las ETs sustituyan importaciones previas de bienes finales y/o intermedios. Sin embargo, la existencia de comercio intra-firma puede ocasionar que, a nivel agregado, el aumento de importaciones de bienes finales y/o intermedios desde la casa matriz (o de otras empresas subsidiarias) compense total o parcialmente la sustitución de importaciones previas. Por otra parte, si la búsqueda de mercado está motivada por la existencia de un acuerdo de integración comercial entonces la IED podría causar un aumento de las exportaciones del país receptor hacia los otros países miembros (*mercado regional*). En este caso, la inversión podría ocasionar una disminución del comercio con los países no miembros del bloque regional y un aumento del comercio entre los miembros regionales.

En el caso de las estrategias de *búsqueda de eficiencia y de activos estratégicos* no está claro a priori cuál efecto predominaría, ya que este tipo de estrategias de inversión generalmente sigue a alguna de los otras dos. (Por ejemplo, si la compra de un activo estratégico es realizada por una ET cuya actividad principal está relacionada con la explotación de recursos naturales entonces posiblemente dicha inversión tenga un impacto similar al del tipo de IED de búsqueda de recursos.)

Las políticas gubernamentales relacionadas con el comercio y la inversión también afectarán las actividades de las ETs y, por lo tanto, su impacto sobre el comercio exterior. Por ejemplo, las barreras a las importaciones podrían incentivar el tipo de IED orientado a explotar el mercado local y al mismo tiempo desanimar la IED orientada a las exportaciones, al aumentar el costo de las importaciones. En el mismo sentido, las reformas de liberalización comercial podrían inducir a las ETs a ser más dependientes de insumos y bienes de capital importados.

El comportamiento de las firmas extranjeras en relación con el comercio exterior también podría tener impacto sobre el comportamiento de las firmas nacionales a través de efectos de 'derrame' o 'externalidades'. Por ejemplo, si las actividades comerciales de las ETs mejoran el acceso de las exportaciones del país receptor en otros mercados (ya sea por medio de las ventajas que derivan de su red global o del acceso a tecnologías que pueden competir internacionalmente), ello podría incrementar la propensión a exportar de las firmas nacionales al abrir la puerta a nuevos mercados.[9] Por otra parte, las empresas nacionales podrían aumentar su propensión a importar al enfrentarse a la necesidad de competir con productos importados en el mercado local así como también con firmas extranjeras tecnológicamente más avanzadas.

En consecuencia, la relación entre IED y comercio exterior depende en gran medida de las estrategias de inversión de las ETs pero no se encuentra únicamente condicionada por las proporciones en que ellas exportan e importan. La presencia de 'externalidades' desde las ETs hacia las empresas nacionales significa que los efectos de la IED sobre el comercio exterior no sólo se relacionan con las operaciones comerciales de las filiales de las firmas extranjeras, sino que también pueden tener efecto sobre el total de exportaciones e importaciones del país receptor. Este aspecto es el que nos proponemos explorar en la siguiente sección.

3. El caso de la Argentina: 1976-2001

La evolución de los flujos reales de IED hacia la Argentina muestra una tendencia positiva desde fines de los ochenta, pero particularmente creciente durante los noventa, de forma tal que los ingresos de inversión extranjera como proporción del PBI (a precios corrientes) pasaron de representar el 0,9% en 1980 a más de 4% en el año 2000.[10] A su vez, entre 1976 y 1989 la tasa promedio anual de crecimiento de las exportaciones (8,6%) fue mayor que la de importaciones (7,2%), mientras que entre 1990 y 2001 las importaciones crecieron a una tasa promedio anual (20%) que duplicó la de las exportaciones (9,6%). Como resultado, las importaciones aumentaron como proporción del PBI durante los noventa superando a las exportaciones.[11]

---

[9] A fin de penetrar los mercados internacionales, las empresas requieren información y conocimiento que es costoso obtener. La interacción con las firmas extranjeras puede reducir dichos costos y permitir a las firmas nacionales una más fácil llegada de sus productos a nivel internacional.

[10] El pico alcanzado en el año 1999 se debió a la compra de la empresa privatizada YPF SA por parte de la firma española Repsol SA, por un valor de 13.000 millones de dólares.

[11] World Development Indicators, 2003.

En esta sección se propone un modelo econométrico para analizar si los flujos de IED constituyeron un factor relevante en la evolución de las exportaciones e importaciones totales del país en el período 1976-2001. Según la literatura tradicional, la demanda de exportaciones depende del nivel de ingreso del resto del mundo y del precio relativo de las exportaciones, mientras que la demanda de importaciones depende del nivel de ingreso nacional y del precio relativo de las importaciones. Si incorporamos al modelo tradicional una nueva variable explicativa: la Inversión Extranjera Directa, las funciones de demanda de exportaciones e importaciones quedan definidas así:

$$x_d = f(y^*, p_x, ied)$$
$$m_d = f(y, p_m, ied)$$

donde son exportaciones, es el ingreso del resto del mundo, el precio relativo de las exportaciones, *ied* es el stock de IED[12] (el uso del stock de IED se justifica para el análisis a largo plazo),[13] son importaciones, es ingreso nacional, y el precio relativo de las importaciones. Las variables se expresan en términos reales.[14]

A diferencia de otros estudios, aquí no se consideran los egresos de IED –la inversión que realizan las empresas locales en el exterior– por su escasa relevancia en el caso de Argentina. Debido a la alta correlación entre el tipo de cambio real y los ingresos de IED se decidió mantener a como variable *proxy* de los términos de intercambio y asimismo como variable exógena e independiente de la IED (considerando que la Argentina es un país pequeño y no influye en los precios internacionales).[15]

---

[12] Existen otros tipos de financiamiento de las ETs (crédito local e internacional, ventas de bonos, etc.), los cuales no se tienen en cuenta si usamos los datos de IED de la balanza de pagos. Lamentablemente, no existe información precisa sobre los montos de endeudamiento externo e interno del sector privado que corresponde a financiamiento de la IED para el período de análisis.

[13] En el caso de las importaciones, por ejemplo, el ingreso de IED en un año puede originar un aumento en las importaciones de bienes finales y en años posteriores una disminución de las mismas cuando la empresa comienza a producir los bienes para el mercado local.

[14] La Tabla A en Anexo muestra cómo las variables han sido calculadas.

[15] Una variable *proxy* es una variable aproximada a la variable objeto de análisis.

Las ecuaciones de las regresiones econométricas quedan expresadas así:[16]

$$x_t = \beta_0 + \beta_1 y^*_{t-1} + \beta_2 p_{xt} + \beta_3 ied_t + u_t \qquad (1)$$

$$m_t = \beta_0 + \beta_1 y_{t-1} + \beta_2 p_{mt} + \beta_3 ied_t + v_t \qquad (2)$$

Usando dos ecuaciones se permite la existencia de asociaciones diferentes entre IED y exportaciones e importaciones.[17] Además, el análisis econométrico a nivel agregado captura el impacto de la IED en el total de exportaciones e importaciones de la economía, es decir, el modelo propuesto toma en cuenta la posible presencia de externalidades desde las actividades de las ETs al resto de la economía. El propósito de este análisis es determinar si la IED constituye o no un factor relevante en la demanda de exportaciones e importaciones de la Argentina para el período bajo análisis. Para ello, se procederá a determinar el signo del coeficiente β_3 en cada una de las ecuaciones arriba expresadas y ponderar su significancia estadística. Según la teoría, el signo esperado en las ecuaciones (1) y (2) para los coeficientes de las variables tradicionales es positivo para β_1 y negativo para β_2. La teoría deja abierta la posibilidad de un signo positivo o negativo para los coeficientes de la variable IED.

El análisis se basa en series de tiempo y se utiliza la técnica de cointegración. Este método econométrico permite evaluar si las exportaciones (importaciones) están cointegradas con la IED, esto es: si existe una relación de largo plazo entre exportaciones (importaciones) e IED.[18] Por otra

---

[16] En un modelo básico de regresión lineal, los coeficientes o parámetros () son estimados a fin de cuantificar la relación que existe entre las variables explicativas y las variables endógenas (x) y (m), mientras que (v) y (u) son las perturbaciones aleatorias que recogen el efecto conjunto de otras variables no directamente explicitadas en el modelo.

[17] El problema de endogeneidad entre importaciones y PBI fue resuelto utilizando la variable PBI en t-1, de manera que las importaciones en el período t no afectan al PBI en t-1.

[18] Para analizar si las variables de cada modelo están cointegradas, se corren las regresiones y se aplica el test Dickey-Fuller aumentado (ADF) a los residuales. Los resultados de las regresiones y de los tests ADF (en un intervalo de confianza de 95%) se presentan en Anexo (Tablas B y C). Con fines comparativos también figuran los resultados de las regresiones sin la variable IED. Los resultados obtenidos de la regresión realizada para las importaciones sugiere que hay un error de especificación. Luego, se testearon tres modelos: con uno, dos y tres años de retraso para la variable IED y se decidió mantener el último modelo considerando que tiene el máximo R cuadrado y estadístico Durbin-Watson así como la menor Suma de los Cuadrados de los Residuos. La ecuación ampliada para las importaciones es entonces:

$$m_t = \beta_0 + \beta_1 y_{t-1} + \beta_2 p_m + \beta_3 ied_t + \beta_4 ied_{t-3} + v_t$$

parte, es necesario analizar si las reformas de liberalización comercial aplicadas a partir de 1991 implican un cambio en el modelo propuesto para la demanda de importaciones, es decir, si las variables pueden ser estudiadas utilizando el mismo modelo para todo el período 1976-2001. Por último, se examina la dirección de la causalidad utilizando un test de Granger con el fin de estudiar si la IED causa las variaciones en exportaciones (importaciones) o a la inversa.

Los resultados indican:

1. Hay evidencia de la existencia de una relación de largo plazo entre IED y exportaciones (importaciones) en la Argentina para el período 1976-2001. De hecho, el análisis empírico confirma la hipótesis de que existe una relación *positiva* de largo plazo entre IED y comercio exterior.

2. Se encontró evidencia de un corte estructural en el modelo propuesto para la demanda de importaciones para el año 1990. Considerando que la liberalización comercial permitió a las ETs usar insumos importados a bajo costo y asimismo creó un incentivo para el comercio intra-firma, cabe esperar que la propensión a importar de las ETs haya aumentado a partir de 1991 comparado con las décadas anteriores. Por lo tanto, es razonable esperar que el impacto de la IED sobre las importaciones a nivel agregado se haya incrementado después de ese año, aunque no cambiado el signo de la relación.[19]

3. Los tests de causalidad (Granger) muestran evidencia de la no existencia de causalidad desde exportaciones o importaciones hacia IED. Los resultados sí confirman la existencia de causalidad (Granger) desde IED a importaciones. En cambio, respecto a la existencia de causalidad (Granger) desde IED a exportaciones la evidencia no es concluyente. Por lo tanto, los tests de Granger sugieren que los ingresos de IED causan importaciones pero no exportaciones durante el período analizado.

---

[19] La existencia de un corte estructural en el modelo para importaciones indicaría que es necesario reformular el modelo propuesto de forma tal de poder captar con mayor precisión los efectos de la liberalización comercial sobre la demanda de importaciones. Sin embargo, debido al reducido tamaño de la serie se decidió mantener el modelo propuesto en virtud de los resultados obtenidos a partir del test de cointegración.

4. Un análisis cualitativo de la década de los 90

En vista de los resultados obtenidos del análisis econométrico realizado en la sección anterior y de los datos disponibles a nivel desagregado para IED y comercio exterior para la Argentina, en esta sección nos interesa responder a la siguiente pregunta: ¿cuál fue el rol de la inversión extranjera en el comportamiento del comercio exterior en la Argentina de los noventa?

A lo largo de la década de los noventa, en un contexto de amplias reformas económicas de corte neoliberal así como también en un marco de estabilidad política y crecimiento del PBI, la Argentina fue receptora de nuevos ingresos de inversión extranjera en forma continua y creciente. Una parte de los flujos de IED que ingresaron entre 1992 y 2001 se concentró en aquellos sectores relacionados con el proceso de privatizaciones: Transporte y comunicaciones (9%), Electricidad, Gas y Agua (12%), y Bancos (9,8%); otra parte se dirigió hacia sectores cuyas ventajas están asociadas a la explotación de los recursos naturales: Petróleo (34%) y Alimentos, bebidas y tabaco (6,8%); y otra parte hacia sectores protegidos bajo regímenes especiales: Industria automotriz (3,6%).[20]

La creciente importancia del capital transnacional en el comercio exterior se refleja en la proporción de firmas extranjeras que intervienen en actividades de exportación e importación: hacia fines de la década, las filiales de las ETs dominaban la exportación e importación en sectores tales como Electricidad, Gas y Agua, Servicios de telefonía, Industria automotriz, Minería e Industria química. Cabe destacar que estos sectores acumularon alrededor de un tercio de los ingresos de IED entre 1992 y 2001, conformando el grupo de sectores que recibieron los mayores ingresos de IED en dicho período junto con Alimentos, bebidas y tabaco, Petróleo, Comercio mayorista y Bancos.

Chudnovsky y López (2002) estudiaron las estrategias de las mil mayores empresas argentinas (las más grandes en relación con las ventas en 1992 y 1997)[21] y compararon las estrategias comerciales de las firmas nacionales y extranjeras. Según dicho estudio, estas últimas tenían coeficientes de importación mayores a los de exportación mientras que lo contra-

[20] DNCI/INDEC (2003).

[21] Las ventas totales de las firmas en la muestra representaban el 35% y el 44% del PBI en 1992 y 1997, respectivamente.

rio sucedía con las firmas nacionales. Además, las ETs tendían a exportar e importar más en proporción a las ventas que las firmas nacionales.[22] De acuerdo con Chudnovsky (2001), durante la década de los noventa se observó un creciente predominio del capital extranjero en el comercio exterior de la Argentina, siendo dicho predominio aún mayor en las actividades de importación.

En el cuadro 2 (ver Anexo) figuran los sectores que recibieron los mayores ingresos de inversión extranjera durante los noventa, ubicados según la clasificación de IED de Dunning que utilizan Chudnovsky y López (2002) y Kosacoff y Porta (1997) y de acuerdo con la evolución de las exportaciones e importaciones totales de cada sector. Los sectores que incrementaron sus exportaciones entre 1991 y 2000 fueron Petróleo, Industria automotriz, Combustibles, Papel, Industria química y Maquinaria y equipo de transporte. El sector Petróleo aumentó su participación en las exportaciones del país en un 152% en dicho período (véase cuadro 3 en Anexo). Este sector recibió un tercio de los flujos de IED en los noventa y está relacionado con el tipo de IED basado en la búsqueda de recursos. Hacia fines de la década, el Petróleo crudo se convierte en una de las principales exportaciones argentinas.

En el caso de la Industria automotriz, la participación del sector se incrementó un 302% en las exportaciones totales del país y se vincula con la IED de búsqueda de eficiencia y también de mercado regional. En este caso, "los proyectos de inversión se definen para la explotación del mercado regional y se articulan con las inversiones que las filiales desarrollan en Brasil."[23] Entre los sectores que recibieron ingresos de IED vinculados con la estrategia de búsqueda de mercado regional, los Combustibles incrementaron sus exportaciones de manera muy significativa (aumentando su participación en un 724% sobre el total de exportaciones), mientras que Papel, Industria química y Maquinaria y equipo de transporte lo hicieron de forma más moderada (53%, 26% y 4%, respectivamente). Este último sector en cambio tuvo un mayor incremento en sus ventas al mercado regional (de 11% en 1986 a 27% en 1999).[24]

---

[22] Chudnovsky y López (2002).
[23] Kosacoff y Porta (1997).
[24] Sanguinetti y otros (2001).

Dentro del tipo de IED orientada al mercado regional hay un sector que reduce su participación en el total de exportaciones entre 1991 y 2000: el sector Alimentos, bebidas y tabaco disminuyó su participación en un 18%. (cuadro 3 en Anexo). No obstante, el estudio de Chudnovsky y López (2002) indica que las filiales de las ETs en este sector incrementaron sus coeficientes de exportación así como también el porcentaje de sus exportaciones al Mercosur. En este caso, es posible que las exportaciones de las firmas nacionales se hayan visto desplazadas debido a las dificultades para competir con las filiales de las ETs.

En cuanto a la evolución de las importaciones, se observa una disminución significativa en la proporción de importaciones de Combustibles (-67%), Industria química (-9,9%) y Alimentos, bebidas y tabaco (-21%). Se destaca la fuerte caída en las importaciones de Gas Natural, asociada con una estrategia de búsqueda de recursos pero orientada al mercado interno y revelando un proceso de sustitución de importaciones.

Por otra parte, dentro del grupo de sectores que recibieron IED vinculada con la estrategia de búsqueda de mercado regional, aumentaron su participación en las importaciones totales los sectores de Papel (25%) y Maquinaria y equipo de transporte (13%). Los flujos de IED hacia este último sector no fueron demasiado importantes en relación con el resto, por lo que los datos podrían sugerir que la IED en otros sectores aumenta la demanda de importaciones de este sector.

Asimismo, cabe destacar el significativo aumento en la participación de las importaciones de la Industria automotriz (46%) y de Petróleo (12%), asociado a la IED con estrategias de búsqueda de eficiencia y de recursos, respectivamente. Por último, la IED orientada hacia la búsqueda de mercado interno se concentró en los sectores de Servicios (Telecomunicaciones, Electricidad, Gas y Agua), Comercio, Transporte y Construcción. Estos sectores integran el agrupamiento de empresas de más peso cuantitativo, representando el 38% de las ventas de las ET que pertenecen a la cúpula empresarial argentina.[25] Las ETs en estos sectores prácticamente no exportan pero en cambio sí realizan importaciones; en particular, los sectores de Comercio y de Servicios de telefonía tienen coeficientes de importación elevados (de bienes finales los primeros y de insumos los segundos). De hecho, las importaciones de equipos para telecomunicaciones se convirtieron

[25] Chuknovsky y López (2002).

en el principal ítem de importación del país con una participación de 5,3% sobre el total de importaciones de 1999.[26]

5. Conclusiones

El modelo econométrico utilizado en la sección 3 de este trabajo, de carácter exploratorio, intenta brindar una aproximación al análisis del papel de la IED en el comercio exterior. Al respecto, revela cierta evidencia para el caso de la Argentina en cuanto a la existencia de: 1) una relación positiva de largo plazo entre IED y comercio exterior, en el sentido que mayores ingresos de IED están asociados con aumentos en los volúmenes de exportaciones e importaciones durante el período 1976-2001; y 2) una relación de causalidad (Granger) entre IED e importaciones, en el sentido que los ingresos de IED generan mayores requerimientos de importaciones en el período analizado.

El marco teórico expuesto en la sección 2 revela la importancia de considerar qué estrategias son las que predominan en los planes de inversión de las ETs en un período determinado y cuál es el impacto esperado a corto y largo plazo sobre la estructura productiva de la economía receptora. El análisis realizado para el caso de la Argentina durante la década de los noventa (sección 4) muestra que, en el marco de la liberalización comercial, el fuerte incremento en las exportaciones e importaciones que experimentaron algunos sectores de la economía estuvo relacionado con las estrategias de inversión de las ETs (o tipos de IED) que predominaron en nuestro país en ese período.

Entre 1992 y 2001, los ingresos de IED se concentraron en unos pocos sectores: alrededor de un tercio de dicha inversión se orientó hacia los sectores relacionados con el proceso de privatizaciones cuyas ventajas estás asociadas a la explotación del mercado interno (Transporte, Servicios de telefonía, Bancos y Electricidad, Gas y Agua); otro tercio se dirigió hacia sectores con ventajas asociadas con la explotación de los recursos naturales (Petróleo); otra parte se orientó hacia sectores asociados a la explotación del mercado regional (Combustibles, Papel, Industria química, Maquinaria y equipo de transporte y Alimentos, bebidas y tabaco); y una parte menor aunque significativa se localizó en sectores protegidos bajo regímenes espe-

---

[26] Sanguinetti y otros (2001).

ciales (Industria automotriz). Hacia fines de la década de los noventa, las filiales de las ETs dominaban la exportación e importación en aquellos sectores que habían recibido un importante flujo de ingresos de IED en dicho período (tales como Electricidad, Gas y Agua, Servicios de telefonía, Industria automotriz, Minería e Industria química).

En consecuencia, el ingreso creciente de IED hacia diferentes sectores de la economía en los noventa tuvo un impacto significativo en la estructura de exportaciones e importaciones de dichos sectores. Los sectores que recibieron IED vinculada con la estrategia de *búsqueda de mercado regional* (Industria automotriz, Combustibles, Papel, Industria química y Maquinaria y equipo de transporte) y también de *búsqueda de recursos y factores* (Petróleo) incrementaron sus exportaciones como proporción de las exportaciones totales entre 1991 y 2000. Entre los sectores que recibieron ingresos de IED vinculada con la estrategia de *búsqueda de mercado regional*, se observa una disminución significativa en la proporción de importaciones de Combustibles, Industria química y Alimentos, bebidas y tabaco, mientras que aumentaron su participación en las importaciones totales los sectores de Papel y Maquinaria y equipo de transporte. Asociado con la IED con estrategias de *búsqueda de eficiencia y activos y de recursos y factores*, hubo un significativo aumento en la participación de las importaciones de la Industria automotriz y de Petróleo, respectivamente. Por último, aumentaron significativamente las importaciones del sector Servicios de telefonía, que recibió IED orientada hacia la *búsqueda de mercado interno*.

El análisis realizado en este trabajo indica que los ingresos de IED constituyen un factor explicativo relevante en la evolución del comercio exterior de la Argentina en las últimas décadas –y en particular en la década de los noventa– y ofrece algunas implicaciones para la política económica. Dada su condición de empresas líderes, los efectos que originan las estrategias de inversión de las ETs sobre la estructura del comercio exterior de nuestro país tienen consecuencias sobre la generación de divisas a través de la balanza comercial. En el caso de la Argentina, se encontró evidencia de que los ingresos de IED produjeron un aumento en las importaciones del país en el período 1976-2001. Por lo tanto, es necesario introducir políticas específicas que incentiven la sustitución de importaciones y que promuevan las exportaciones con el fin de moderar los efectos de la IED sobre la restricción externa y que estimulen aquellos comportamientos de las ETs que estén en concordancia con las estrategias de desarrollo nacional.

Bibliografía

Baran, P. y Sweezy, P (1972), "Notes on the Theory of Imperialism", en Boulding y Mukerjee (ed.), *Economic Imperialism*, The University of Michigan Press.

CEP -Centro de Estudios para la Producción- (1998), "La inversión extranjera en la Argentina de los años 90: tendencias y perspectivas", *Estudios de la Economía Real* Nº 10, Octubre, Buenos Aires.

Chudnosvky, D. (coord.) (2001), *El boom de inversión extranjera directa en el Mercosur*, Siglo XXI Editores. Red de Investigaciones Económicas del Mercosur, Madrid.

Chudnovsky, D. y López, A. (2002), "Estrategias de las empresas transnacionales en la Argentina de los años 1990", *Revista de la CEPAL* 76, abril, pp. 161-177.

Dirección Nacional de Cuentas Internacionales (2003), "La Posición de Inversión Internacional de Argentina a fines del año 2002" –DNCI/INDEC–, Secretaría de Política Económica del Ministerio de Economía de la República Argentina.

Dunning, J. (1971), *The Multinational Enterprise*, Allen & Unwin, London.

Dunning, J. (1981), *International Production and the Multinational Enterprise*, George Allen & Unwin Publishers, London.

Escudé, C. y Cisneros, A. (2000), *Historia general de las relaciones exteriores de la República Argentina*, Grupo Editor Latinoamericano.

Kleinert, J. (2001), "The Role of Multinational Enterprise in Globalization: An Empirical Overview". Kiel Institute of World Economics, Working Papers Nº 1069, Germany.

Kosacoff, B. (2000a), "The Development of Argentine Industry", en B. Kosacoff (ed.), *Corporate Strategies under Structural Adjustment in Argentina*, Macmillan Press, London.

Kosacoff, B. (2000b), "The Responses of Transnational Corporations", en B. Kosacoff (ed.), *Corporate Strategies under Structural Adjustment in Argentina*, Macmillan Press, London.

Kosacoff, B. y Porta, F. (1997), "La inversión extranjera directa en la industria manufacturera argentina: Tendencias y Estrategias Recientes", *Documento de Trabajo* Nº 77, *CEPAL*, Buenos Aires.

Kulfas, M.; Porta, F. y Ramos, A. (2002), "Inversión extranjera y empresas transnacionales en la economía argentina", *CEPAL - Serie Estudios y Perspectivas* Nº 10, Buenos Aires.

Mundell, Robert (1957), "International Trade and Factor Mobility", *American Economic Review*, vol. 47, pp. 321-335.

Navaretti, G. B., Haaland, J. y Venables, A. (2002), "Multinational Corporations and Global Production Networks: The Implications for Trade Policy". Center for Economic Policy Research, London.

Sanguinetti, Pablo; Pantano Juan and Posadas Josefina (2001), "Trade liberalization and the dynamics of the trade structure in Argentina and Uruguay". Universidad Torcuato Di Tella, Buenos Aires. (http://www.utdt.edu/departamentos/economia/pdf-wp/WP015.pdf)

Thomsen, S. (2000), "Investment Patterns in a Longer-Term Perspective". *OECD*; Directorate for Financial, Fiscal and Enterprise Affairs; Working Papers on International Investment Number 2000/2.

UNCTAD (1998), *World Investment Report 1998. UNCTAD*, Geneva.

UNCTAD (2002), *World Investment Report 2002. UNCTAD*, Geneva.

United Nations (1993), *International Trade Statistics Yearbook*. UN, New York.

United Nations (2001), *International Trade Statistics Yearbook*. UN, New York.

Anexo

Tabla A

Variables	Datos
x (m), **exportaciones reales (importaciones reales)**	Exportaciones (importaciones) totales en dólares corrientes del International Financial Statistics –IFS– del FMI, deflactados por el índice de precios de las exportaciones (importaciones) de la Argentina obtenido del INDEC y del Anuario Estadístico de la CEPAL.
*P**, **precio de las exportaciones de los competidores**	Promedio ponderado de los índices de precios de las exportaciones de países seleccionados (principales mercados de exportación de la Argentina) obtenidos del IFS. Las ponderaciones se basan en la proporción de exportaciones sobre el total de exportaciones argentinas: EE.UU. (10,4%), GB (1,6%), Alemania (6,1%), Francia (2,1%), Italia (4,8%), Japón (3,8%), China (2,1%), Países Bajos (11,1%), España (4%), Brasil (12,4%). El año base es 1991.
Px, **precio relativo de las exportaciones**	Es la razón entre el índice de precios de las exportaciones de la Argentina y P^*.
Pm, **precio relativo de las importaciones**	Es la razón entre P^* y los precios domésticos de los bienes sustitutos de importaciones (Índice de precios al consumidor, IPC, obtenido del IFS).
y, **PBI real de Argentina**	PBI en dólares constantes, obtenido de World Bank Indicators.
*y**, **PBI real del resto del mundo**	Promedio ponderado del PBI de países seleccionados (principales mercados de exportación de la Argentina): EE.UU., Unión Europea y América del Sur.
ied, **IED real (stock)**	El stock de IED se calculó a partir de los ingresos acumulados de IED para el período 1976-2001, deflactados por el IPC.

Valeria S. Wainer

Tabla B - Variable dependiente: *x*

Variables	con IED	sin IED
*y**	1,9799	2,6045
	(6,08)	(17,44)
Px	0,7718	0,7158
	(3,87)	(3,37)
ied	0,1222	-
	(2,12)	-
R²	0,9477	0,9397
DW	1,1784	1,0379
ADF	-3,312	-3,038

Tabla C - Variable dependiente: *m*

Variables	con IED ampliado	con IED	sin IED
y	3,1369	3,7441	3,7706
	(3,92)	(4,31)	(6,97)
Pm	-0,5888	**-0,1442**	**-0,1429**
	(-2,73)	(-0,73)	(-0,75)
ied	0,4129	**0,0038**	-
	(2,74)	(0,04)	-
ied3	-0,4558	-	
	(-3,41)	-	
R²	0,8567	0,7894	0,7985
DW	1,3859	1,0289	1,0357
ADF	-3,385	-2,788	-2,802

Notas:

(a) Las celdas muestran los valores hallados de los coeficientes β para cada variable. Donde *ied3* es la variable *ied* con tres años de retraso. Los números entre paréntesis son los valores estimados del estadístico t. Los coeficientes en negrita son no significativos.

(b) El R cuadrado está ajustado.

(c) DW es el estadístico Durbin-Watson.

(d) ADF es el estadístico ? para los residuales.

Cuadro Nº 2
Estrategias de inversión de las ETs en la Argentina y efectos sobre el comercio exterior, 1991-2000

Efectos sobre comercio exterior		Tipo de IED			
		Recursos y factores	*Eficiencia y activos*	*Mercados*	
				Nacional	*Regional*
Exportaciones *(+)*		Petróleo	Industria automotriz		Combustibles Papel Industria química, plástico y caucho Maquinarias y equipo de transporte
Importaciones	*(-)*			Gas natural	Combustibles Industria química, plástico y caucho Alimentos, bebidas y tabaco
	(+)	Petróleo	Industria automotriz	Servicios de telefonía Electricidad, Gas y Agua Comercio mayorista y minorista Transporte y almacenaje	Papel Maquinarias y equipo de transporte

Fuente: Elaboración propia en base a United Nations (1993, 2002), UNCTAD (1998), Chudnovsky y López (2002), Kosacoff y Porta (1997).

Valeria S. Wainer

Cuadro Nº 3
Argentina: estructura del comercio exterior por sector, 1991-2000
(en porcentajes)

Sector	Exportaciones			Importaciones		
	1991	2000	variación%	1991	2000	variación %
Combustibles (1)	0,3	2,3	724,5	3,3	1,1	**-67,8**
Petróleo (2)	6,1	15,5	152,6	2,3	2,6	12,7
Alimentos, bebidas y tabaco	40,9	33,4	**-18,4**	5,2	4,1	**-21,4**
Papel	0,5	0,7	53,4	2,5	3,1	25,6
Química y petroquímica	6,0	7,5	26,2	21,6	19,4	**-9,9**
Maquinaria (3)	5,1	5,3	4,2	30,3	34,3	13,4
Industria automotriz	1,8	7,4	302,1	7,3	10,7	46,2
TOTAL	*100,0*	*100,0*		*100,0*	*100,0*	

Fuente: Elaboración propia en base a United Nations International Trade Statistics Yearbook.
Notas:
1. Excepto Petróleo.
2. Petróleo y derivados.
3. Maquinaria y equipo de transporte.

VI.
EL MERCADO LABORAL Y LA DISTRIBUCIÓN DEL INGRESO EN LA ARGENTINA

Transformaciones y tendencias del mercado de empleo en la Argentina[*]
Entre el desempleo y el empleo precario

Noemí Giosa Zuazúa[1]

Introducción

Una de las características que refleja el mercado de empleo en las últimas décadas es la reducida capacidad de la economía argentina para generar los puestos de trabajo y los ingresos necesarios para una proporción importante de la población, la cual transita periódicamente entre la condición de desempleada y la de ocupada en algún empleo precario.

El *objetivo de este artículo* es delinear las principales transformaciones ocurridas en la economía argentina durante las últimas décadas que dieron lugar a este problema. Y es un problema en tanto y en cuanto, dado que la sociedad argentina es parte del mundo capitalista, se supone que la dinámica económica debería generar los puestos de trabajo y los ingresos necesarios para que las personas vivan dignamente. De no ser así, si no se logra una distribución de puestos de empleo e ingresos equitativa como solución de mercado, entonces desde el Estado se deben idear los mecanismos, construir las instituciones e implementar las políticas que lo garanticen. De lo contrario se condena a parte de los ciudadanos a vivir en situación o riesgo de pobreza.

[*] Una versión más amplia de este artículo fue publicada en: New School University –The Argentina Observatory– Economics Working Group: Policy Paper N° 8 (2005); www.argentinaobservatory.org
[1] Economista UBA. Master en ciencias económicas UNICAMP-Brasil. Investigadora Adjunta CIEPP (Centro Interdisciplinario para el Estudio de Políticas Públicas). E-mail: ngiosazuazua@ciepp.org.ar

Adopto para el análisis una *perspectiva histórico–estructuralista* que supone que la organización del mercado de empleo, y su dinámica, es reflejo de la dinámica económica, la cual es hegemonizada por las características que adopta la valorización del capital de las grandes empresas insertas en mercados oligopólicos. Estos agentes son los propietarios de los establecimientos de mayor tamaño, cuentan con el poder de fijar precios de monopolio, y por tanto, no sólo poseen las condiciones para generar las mayores productividades, sino también las de apropiarse de dicho excedente por medio del mecanismo de precios. Es decir, concentran la mayor capacidad de acumulación del excedente económico y, en principio, pueden direccionar el proceso de inversión y de generación de empleo. Por su parte, el *Estado*, por medio de sus *instituciones*, puede orientar el proceso de acumulación, profundizando tendencias concentradoras o amortiguando sus impactos.

En la primera parte desarrollo una síntesis de cómo fue organizándose el mercado de empleo urbano en la Argentina en el marco del modelo de Industrialización por Sustitución de Importaciones. El objetivo es explicitar el lugar que ocupó en aquella época el desarrollo del sector industrial y su dinámica, y el papel que jugaron las grandes empresas para el crecimiento económico, la generación de empleos y de ingresos. Asimismo intento señalar los impactos de la crisis de este modelo para el mercado de empleo. En la segunda parte analizo las tendencias en el mercado de empleo a partir de las transformaciones de los años noventa, tanto en la estrategia de valorización del capital de las grandes empresas, como en la normativa laboral. Finalmente, en la tercera parte, presento las tendencias que permanecen en la actualidad en el mercado de empleo argentino.

I - El mercado de empleo a la luz del modelo de Industrialización por Sustitución de Importaciones (ISI) y su crisis[2]

El mercado de empleo urbano en la Argentina se estructuró a la luz del denominado proceso de Industrialización por Sustitución de Importaciones (ISI). La combinación de una economía semicerrada, el asentamiento en expansión de las empresas trasnacionales (ET), y un Estado que promovía y orientaba el desarrollo económico por medio del crecimiento in-

---

[2] Esta sección se basa en Giosa Zuazua, n. (2000).

dustrial, fueron articulando una estructura productiva medianamente integrada. La dinámica económica era hegemonizada por las empresas oligopólicas, con capital concentrado y estructuras productivas verticalmente integradas, tanto en sus propias actividades de transformación como también en servicios. El modelo se asentaba en el mercado interno para reproducirse. En otros términos, requería de la *generación de puestos de trabajo y de la generación de ingresos* para dinamizar el gasto interno, tanto de consumo como de inversión, pues la ganancia capitalista empresarial se realizaba dentro de las fronteras, ya que el grado de integración a los mercados internacionales era restringido.

El *nivel relativamente integrado de la estructura productiva de la economía*, concurrente con una *estructura integrada verticalmente de la gran empresa* era base de este modelo. ¿Por qué? Porque la estructura integrada significaba la existencia de encadenamientos productivos que aceleraban los procesos de expansión. Cada vez que la gran industria se expandía arrastraba por vía directa y por efecto multiplicador al resto de la economía, con generación de producto y empleo en el resto de las empresas industriales, de los sectores productivos, y de la economía en su conjunto. Además, en esos momentos, las grandes empresas generaban los mejores puestos de empleos, tanto en términos de nivel salarial, como de beneficios sociales.

En este modelo, la tasa de asalarización y el salario como ingreso de los trabajadores, eran importantes para la expansión de una economía industrial en crecimiento, porque la base de este crecimiento se asentaba en la demanda interna. Por su parte, las políticas públicas de ingreso que fijaban, entre otras cosas, el salario mínimo, y la acción sindical, cumplían un papel importante para la construcción de una sociedad con una distribución de ingresos menos regresiva en comparación a la de otros países de América Latina. No obstante, ya en los años sesenta *el crecimiento del nivel de empleo era generado principalmente en el sector terciario de la economía*, la actividad de *construcción*, y el *empleo público* en el Estado. Pero los empleos en los servicios, aunque fuesen desarrollados en actividades por cuenta propia, no se correspondían con los típicos puestos "refugio" del denominado Sector Informal Urbano (SIU)[3] de las restantes economías de la región. En síntesis, en mayor o menor medida, la economía lograba generar

---

[3] En este trabajo el concepto Sector Informal Urbano (SIU) es aplicado según la definición de PREALC-OIT, que se describe más adelante en una nota al pie de este mismo artículo.

los puestos de empleo y los ingresos necesarios para dar cuenta de una sociedad que se reproducía con cierto grado de equidad.

La *crisis de este modelo se produce en la Argentina a mediados de los años setenta*. El régimen económico-político de la dictadura militar trastoca las bases de la ISI, porque significó la ruptura de este marco de desarrollo económico y de definición de políticas públicas. Las políticas de corte liberal se basaron en la apertura comercial y financiera.[4] Durante este período surgen nuevos actores y un nuevo componente en el patrón de acumulación de las grandes empresas. Aparece como actor relevante los grupos económicos de capital local, que se expandieron a partir de la integración vertical/horizontal y de la diversificación de sus actividades, y el grupo de Empresas Trasnacionales que también integraron y diversificaron inversiones. Estos agentes se expandieron principalmente a partir de un proceso de centralización de capitales, en el marco de estancamiento económico, donde la *valorización financiera del capital* aparece como predominante y la inversión productiva se restringe a unos pocos sectores de bienes intermedios intensivos en capital y de baja demanda de empleo.

El sector industrial fue, de este modo, perdiendo dinamismo como motor de crecimiento y, dentro de la industria, se produjo la contracción del bloque automotriz y del sector textil, en favor del complejo químico y petroquímico, de la industria siderúrgica y del sector alimentario. Para el mercado de empleo esto significó la expulsión de trabajadores de sectores más intensivos en trabajo, versus la expansión de industrias de insumos básicos más intensivas en capital y de escasa generación de empleo directo e indirecto.

Con relación a la formación de capital, el período representó una de las más graves crisis de inversión para el sector industrial en su conjunto.[5] Dado que las escasas inversiones en la industria fueron concentradas por las grandes empresas de los sectores de insumos básicos,[6] y que estos

---

[4] Para una descripción global de los objetivos y políticas liberales de la dictadura militar, véase Basualdo (1987); Azpiazu *et al.* (1988); Canitrot (1980).

[5] Durante los años ochenta la Inversión Bruta Interna disminuyó un 46 %, y el Stock de capital en Maquinaria y Equipo disminuyó 24 %.

[6] Estas empresas y grupos económicos se expandieron a la luz de un esquema regulatorio que los benefició ampliamente. Leyes de promoción sectorial, regímenes de promoción industrial regional, desregulación de mercado financiero que les permitió la ampliación de las actividades bancarias y los procesos de endeudamiento externo y posterior capitalización. En relación con el desarrollo de los grupos económicos, ver Azpiazu *et al.* (1988); Azpiazu *et al.* (1990); Katz (1995); Bisang (1998).

sectores se caracterizan por ser intensivos en capital, poco utilizadores de mano de obra, y de reducida generación de valor agregado, su expansión en el marco de caídas sistemáticas del nivel de demanda agregada no se tradujo en una fuente generadora de empleo. La *menor presencia de la gran empresa como demandante de empleo* es una de las causas del proceso de desestructuración que se inicia en el mercado de empleo en este período.

Otra de las causas del deterioro del mercado de empleo residió en la propia política laboral del Estado. La *intervención de las organizaciones sindicales y el desmantelamiento de las convenciones colectivas de trabajo por parte de la dictadura*, unido a una política de ingresos conducida por el Estado que retrasó los incrementos salariales con relación a las variaciones del costo de vida, redujeron los ingresos reales de la población asalariada. De este modo, luego de un extenso período durante el cual el salario real había crecido en forma importante, se inicia su abrupto descenso. En solo un año (1975/76) el salario disminuyó un 33,5 %, y en los dos años posteriores disminuyó un 8 % más.

Como *resultado*, se fueron instalando en el mercado de empleo argentino mecanismos de ajuste poco desarrollados en el período de la ISI. Producto del proceso de desindustrialización y desarticulación industrial, el mercado de empleo comienza a ajustarse con un grado creciente de *subutilización de la fuerza de trabajo*. Algunos trabajadores pasan a la inactividad (desempleo oculto por inactividad) y otros se auto generan actividades para obtener algún ingreso ante la inexistencia de un seguro de desempleo. Es decir aparece la típica generación de puestos de trabajo precarios como "refugio" al desempleo abierto.[7]

Seguidamente, una *distribución del ingreso más regresiva*. Luego de algunos años durante los cuales los perceptores de ingresos más bajos habían visto mejorar levemente su participación en la distribución (entre 1974 y 1976 pasan de recibir el 11,4 % al 12,1 % del ingreso), desde 1976 en adelante su disminución es sistemática, y es también acompañada por los perceptores de ingresos medios, lo cual indica el proceso de empobrecimiento general de la población.

Es por ello que el período puede ser identificado como de *surgimiento y expansión del Sector Informal Urbano Tradicional*, característico de otros países latinoamericanos. La diferencia radica en que, en la Argentina,

---

[7] Al respecto véase Beccaria (1980); Beccaria (1993); Tokman-Lagos (1985).

la generación de estos puestos de empleo informales se derivaba de una economía y estructura productiva en desarticulación, y no de un proceso de expansión y desarrollo industrial.

II - Las reformas de los años noventa y el mercado de empleo: transformaciones en la dinámica económica y sus impactos

Durante los años noventa la estructura y dinámica del mercado de empleo sufrió cambios importantes. Las denominadas reformas estructurales implementadas con el Régimen de Convertibilidad concurrieron a profundizar la heterogeneidad en la estructura productiva y ocupacional.

Una característica general de la economía fue la reducida capacidad de generar empleo, a pesar del crecimiento del producto y de la inversión. La condición de inserción más extendida de la fuerza de trabajo fue el *desempleo abierto y el empleo precario*. Entre 1991 y 1997 la tasa de empleo promedió el 37 %, pero el *desempleo abierto pasó del 6 % al 17 %*.[8] Años de destrucción neta de empleo, aumento del desempleo, y generación de empleo precario, resultaba en una población económicamente activa que se ampliaba con nuevos ingresantes al mercado de empleo que no encontraban ocupación. Es decir, el mayor desempleo tuvo como fuente directa no sólo la destrucción de puestos sino también nuevos demandantes.[9]

En el grafico puede observarse que durante los primeros años de la década del noventa, mientras el PIB crece, la tasa de empleo se reduce y la tasa de desempleo aumenta. Y más allá de las oscilaciones cíclicas, se manifiesta una tendencia constante de la tasa de empleo y creciente de la tasa de desempleo durante todo el período. Y este comportamiento es similar en el Gran Buenos Aires y en el mercado de empleo urbano en su conjunto.

---

[8] Según INDEC. Encuesta Permanente de Hogares.
[9] La tasa de actividad durante estos años también se incrementa, pasando del 41 % al 45 %.

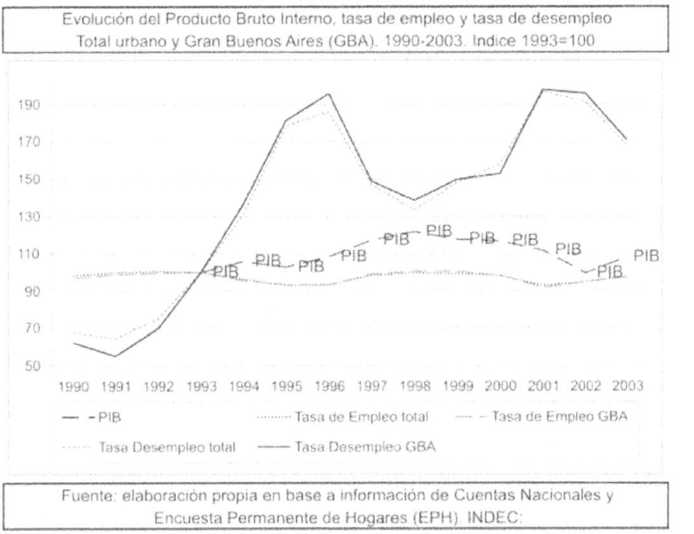

Desde el Estado, tanto la política macroeconómica de tipo de cambio nominal fijo, con apertura comercial y financiera, como los cambios en la legislación laboral para "desregular" y "flexibilizar" el mercado de empleo, indujeron y avalaron un *proceso de reestructuración empresarial* que busco reducir costos e incrementar "competitividad", sobre la base de *racionalización de mano de obra y precarización de las relaciones laborales*.

La apertura comercial significó la pérdida de competitividad (y de rentabilidad) de los sectores más expuestos a la competencia con importaciones, es decir las empresas productoras de bienes industriales. Se redujo la capacidad que tenían las grandes empresas de bienes transables de fijar precios, o aumentar mark-up, directamente. Esto orientó las principales inversiones hacia las empresas privatizadas del sector servicios, protegidas de la apertura. La inicial caída de rentabilidad industrial no se abordó con mayor inversión tecnológica como fuente de competitividad. Si bien existió cambio técnico, el mismo tendió a concentrarse en algunos nichos de rentabilidad garantizada, como las empresas privatizadas de servicios. La tasa de inversión en 1997 era menor que la de 1980,[10] y la participación de la industria en las importaciones de bienes de capital se redujo del 48 % al 32 %

---

[10] La tasa de inversión bruta interna en 1997 era 25 % y en 1980 26,4 %.

desde 1990 a 1997.[11] Los incrementos en el nivel de actividad se cubrían con proporciones crecientes de oferta importada. Las importaciones, como componente de la demanda global, pasaron del 6 % al 18 %, y se duplicó la participación de los bienes de consumo en la estructura de importaciones. Todas estas transformaciones restringieron la participación de la industria como generadora de producto y empleo, y profundizó el proceso de desindustrialización que venía gestándose desde la crisis del modelo ISI.

Grandes empresas, industria y reestructuración empresarial

La desindustrialización y la pérdida de empleo industrial no sólo fue fuente de desempleo sino que lo explicó en gran medida. El menor coeficiente de industrialización de la economía argentina repercutió en toda la estructura mediante efectos multiplicadores, y los servicios, en particular los servicios prestados a las empresas, fueron una de las fuentes importantes de absorción. No obstante, los servicios no lograron compensar totalmente la pérdida de empleo industrial, y la destrucción de puestos de trabajo en la industria terminó expresándose en el conjunto de la economía. De allí, la importancia adjudicada a la evolución del sector industrial durante el primer quinquenio de la década del noventa para explicar, en gran medida, el estancamiento en la generación de empleo urbano, como el incremento en el desempleo.[12] La industria expulsó trabajadores en términos absolutos, y el desempleo y el aumento del empleo en servicios fueron la contracara de su comportamiento.[13]

La *contracción de empleo* fue notoria en las *grandes empresas en su conjunto*, y especialmente en las *industriales manufactureras*. Entre 1993 y 1996 el empleo en el conjunto de las grandes empresas (GE) cayó 11 % y la productividad se incrementó 39 % (cuadro 1). Las grandes empresas ma-

---

[11] En el mismo período la participación de Transporte y Comunicaciones en la importación de bienes de capital pasó del 14 % al 36 %. Ministerio de Economía. Informe Económico N° 30.

[12] Distintos estudios analizan y señalan la caída del empleo manufacturero como una de las principales fuentes del aumento de la desocupación durante el primer quinquenio de los años noventa. Al respecto consúltese Frenkel-Gosnzales Rozada (1999); Beccaria, L. (2004).

[13] Entre 1990 y 1995 los ocupados en el sector industrial fueron disminuyendo, y entre extremos de este período pasaron de 1.920.000 a 1.666.000 para el conjunto del mercado de empleo urbano, y la población desocupada pasó de 680.000 personas a 1.960.000. (*Boletín de Estadísticas Laborales*, 2° semestre de 1996. Ministerio de Trabajo y Seguridad Social.)

nufactureras (GEM) redujeron el nivel de ocupados un 12 %, al tiempo que incrementaron su productividad un 36 %[14] (cuadro 2). Considerando el conjunto del sector industrial, el empleo cayó 12 %, pero la productividad se incrementó 18 % (cuadro 3).

Cuadro 1

Grandes Empresas: evolución del valor de producción, del nivel de empleo y de la productividad Período 1993-2001								
Grandes Empresas	1993	1994	1995	1996	1997	1998	1999	2000	2001
Cantidad de empresas (1)	500	500	500	500	500	500	500	500	500
Indicadores	Indice 1993=100								
Valor Bruto de Producción	100	113	114	123	134	137	131	140	130
Ocupados	100	92	89	89	90	93	92	90	88
Productividad por ocupado	100	122	128	139	149	146	143	155	148

Fuente: elaboración propia en base a "Encuesta a Grandes Empresas". INDEC.
(1) corresponde al panel de 500 empresas más grandes, con representación sectorial, definido por INDEC para desarrollar el relevamiento anual de la Encuesta Nacional a Grandes Empresas. Incluye Minas y Canteras; Industria Manufacturera; Electricidad, gas y agua; Comunicaciones; Construcción. comercio, transporte y otros servicios.
Productividad= Valor de Producción / ocupados

Cuadro 2

Grandes Empresas Manufactueras: evolución del valor de producción, del nivel de empleo y de la productividad Período 1993-2001								
Grandes Empresas Manufactureras	1993	1994	1995	1996	1997	1998	1999	2000	2001
Cantidad de empresas (2)	323	319	320	319	326	320	303	305	304
Indicadores	Indice 1993=100								
Valor Bruto de Producción	100	112	111	120	132	132	116	125	116
Ocupados	100	94	91	88	91	90	83	81	77
Productividad por ocupado	100	119	122	136	145	145	139	155	151

Fuente: elaboración propia en base a "Encuesta a Grandes Empresas". INDEC.
(2) Incluye exclusivamente las grandes empresas manufactureras del relevamiento
Productividad= Valor de Producción / ocupados

Cuadro 3

Sector Industrial: evolución del volumen de producción, de los obreros ocuapdos y de la productividad Período 1993-2001. Indice 1993 = 100								
Industria Manufacturera	1993	1994	1995	1996	1997	1998	1999	2000	2001
Volumen Físico de Producción	100	104	97	104	113	116	106	105	95
Ocupados	100	97	91	88	89	87	81	75	69
Productividad por ocupado	100	107	107	118	127	132	132	140	138

Fuente: INDEC. Encuesta Industrial Mensual. Esta encuesta es un operativo nacional basado en una muestra de alrededor de 3000 locales que cuentan con más de 10 personas ocupadas.
Productividad = Volúmen Físicos de Producción / Obreros Ocupados.

[14] Las GEM explican alrededor del 50 % del empleo de las GE encuestadas por el relevamiento que realiza el INDEC. Las características de esta fuente de información se describen brevemente al pie del cuadro 1.

Los impactos descriptos anteriormente se vinculan con el proceso de reestructuración empresarial que tuvo lugar, fundamentalmente, durante el primer quinquenio de la década del '90. El mismo consistió en diferentes ajustes que tendieron a rediseñar la organización del proceso de trabajo y de las estructuras y circuitos comerciales y administrativos, no siendo el eje central la dimensión tecnológica.[15] En procura de defender las posiciones logradas en el mercado interno, las *grandes empresas* centraron sus objetivos en la especialización en alguna línea de producción, que les permitiese derivar economías de escala, y en la importación de bienes finales para diversificar la oferta de productos, logrando economías de diversificación, como también en la importación de insumos que les permitiesen disminuir costos. Ello fue unido a la externalización y subcontratación de los servicios que demandaban las empresas para producir, principalmente los administrativos y comerciales. Esto dio lugar a un proceso de *desverticalización de las grandes empresas industriales*.[16]

Si bien los cambios mencionados fueron, en su forma, similares a los que ocurrieron en otros países en los procesos de reestructuración empresarial, lo diferente en la Argentina fue el contenido y la dimensión que adquirió la reestructuración. Con una industria de partida que contaba con un grado de obsolescencia tecnológica considerable, la orientación de la política económica amplificaba ese rasgo en las decisiones de reestructuración. Como sugiere Salama,[17] "en la Argentina el modo de competir frente a las apertura y a las inversiones insuficientes, fue la reducción de los costos unitarios del trabajo en base a la búsqueda de una mayor flexibilidad de la fuerza de trabajo, sin vinculación directa con la naturaleza de las tecnologías utilizadas". Es decir, ajustes centrados en racionalización laboral y flexibilización cuantitativa de mano de obra, y no en modernización tecnológica.

---

[15] No estoy afirmando que no existió incorporación de tecnología en algunos sectores. Lo que sostengo es que el nivel de expulsión de mano de obra, la explosión del desempleo abierto, no se explican por un cambio tecnológico sustantivo y generalizado asociado con nuevas plantas, líneas con nuevos procesos productivos, ritmos y escalas productivas, sino que la preocupación principal de las empresas fue la reducción de costos y para ello aplicaron estrategias centradas en racionalización de mano de obra y cambios organizacionales (Giosa Zuazúa, 2000).

[16] Defino como "desverticalización" al proceso por el cual las grandes empresas sustituyeron segmentos de su proceso productivo, que antes eran desarrollados al interior de los mismos establecimientos, por partes o servicios comprados o contratados a terceros.

[17] Salama, P. (1999): capítulo III.

A modo ilustrativo, en empresas de sectores dinámicos como alimentos o metalmecánica, la reestructuración significó cierre de plantas de las mismas empresas; importación de productos de terceros o de productos fabricados en el exterior por orden de las firmas; satelización de actividades generando subcontratistas con exasalariados; racionalización directa de la fuerza de trabajo mediante despidos y mayor intensidad laboral. En las industrias básicas de la petroquímica, siderurgia y papel, en cuatro años se destruyeron 23.000 puestos de trabajo. En el sector automotriz la orientación de las terminales hacia el montaje de partes, trasladaba parte del ajuste a medianas y pequeñas empresas de autopartes, quienes debían pasar a abastecer segmentos productivos que antes producía la empresa principal, desapareciendo numerosos establecimientos que no lograron re-estructurarse para ello. La subcontratación se desplegaba en partes, y también en servicios de mantenimiento técnico, transporte interno, informática, en algunos casos provistos por microempresas formadas por ex operarios del sector.[18]

Las grandes empresas lograron reestructurarse e incrementar la productividad, pero el resultado fue una menor absorción de empleo directo y el cierre de medianas y pequeñas empresas que no lograban competir. Al observar la evolución de estos indicadores en un horizonte temporal más prolongado, se visualiza que la tendencia permanece. Ni las GEM ni el conjunto de la industria manufacturera recuperaron los niveles de empleo de inicios de los años noventa, a pesar de que la productividad por ocupado continuó aumentando. Entre 1993 y 2001 el empleo en GEM cae 23 % y la productividad se incrementó un 51 %.

Los "ajustes" que se reflejan en el mercado de empleo

Ante la reducción de la capacidad de la economía de generar puestos de empleo, el principal ajuste fue el *desempleo abierto*, cuya tendencia creciente se manifestó ya durante el primer quinquenio de la década del 90, y continuó en ascenso. Los desocupados, como proporción de la fuerza de

---

[18] Análisis de distintos sectores pueden consultarse en: Soifer (1997); Bisang–Chidiak (1996); Bercovich-Chidiak (1996); López (1997); Kosacoff-Porta (1997); Chudnovsky-Chidiak (1996); Novick (1997); Novick (1996); Llach (1997), entre otros.

trabajo,[19] pasaron de representar el 6% en 1990, al 17,5 % en 1995. En el año 2001 la tasa ascendía al 20 %.[20]

En la *estructura ocupacional* de los trabajadores según los distintos sectores productivos y segmentos del mercado de empleo, también se reflejaron cambios. Se observa una mayor ponderación de los *servicios a las empresas*[21] en contraposición a la *pérdida de participación del empleo industrial*. Y ello ocurrió no solo en las empresas del **Sector Formal** (**SF**), sino también en el *Sector Informal Urbano (SIU)*.[22]

¿Cuál es una de las diferencias a remarcar en relación con otros períodos? Anteriormente los ocupados en actividades del SIU, se dedicaban en su mayor parte a actividades de consumo final que se encuadraban en los servicios personales, incluyendo el servicio doméstico prestado a las familias. Más allá de la heterogeneidad de estas actividades, se suponía que este "segmento" absorbía en gran parte aquella proporción de trabajadores que requerían obtener un ingreso para sobrevivir. Como la estructura y dinámica económica no generaba todos los empleos necesarios, al no existir un sistema de seguro de desempleo, aquellas personas que no eran contratadas en empresas formales se "refugiaban" en este tipo de ocupaciones. Y de allí la asociación entre desempleo oculto en actividades precarias y los ocupados en el sector

---

[19] O sea, como proporción de la Población Económicamente Activa (PEA).

[20] Esta información es para el Gran Buenos Aires. Las tasas para el conjunto de aglomerados urbanos son similares: 7,5 % en 1990 y 17 % en 1995.

[21] Se incluye como "servicios a empresas": el comercio al por mayor; transporte y servicios conexos del transporte y comunicaciones; intermediación financiera; actividades inmobiliarias, empresariales y de alquiler.

[22] En este caso aplico el concepto de **Sector Informal Urbano** desarrollado por PREALC-OIT, y se define en base a la forma de organización de las unidades de producción. Dicho sector es conceptualizado reconociendo la existencia de un conjunto de unidades de producción que se organizan de forma diferente al esquema de la empresa típicamente capitalista que constituye el denominado Sector Formal, donde existe una estrategia de acumulación, guiada por la lógica de la ganancia. Por el contrario, las unidades del sector informal intentan maximizar el ingreso total. Ello es causa y consecuencia de las características que toman las relaciones de producción y los mercados en los cuales se insertan. En general estas unidades de producción utilizan tecnologías obsoletas y trabajo intensivas, no predomina en ellas el trabajo asalariado, sino el cuentapropismo o las empresas de tipo familiar; las relaciones laborales, cuando existe el trabajo asalariado, son desprotegidas; las unidades de producción se insertan en mercados competitivos donde son reducidas las barreras a la entrada. Desde esta visión, el concepto de empleo informal se diferencia del asalariado no registrado. Empleo informal son las ocupaciones del Sector Informal Urbano. Asalariado no registrado puede existir en empresas del Sector Formal o del Sector Informal Urbano, y estadísticamente se identifica como aquellos trabajadores en relación de dependencia que no registran aportes a la seguridad social.

informal, compuesto por personas que se autoempleaban en actividades denominadas de "subsistencia", de baja productividad e ingreso laboral.

En los años noventa el SIU no cumple esta función "refugio" del desempleo y el mercado de empleo se ajusto con desempleo abierto. Pero lo que se produce es un cambio "cualitativo" en la composición de las actividades que lo integran. El hecho de que una participación decreciente de trabajadores se ocupen en la industria formal, y una participación creciente de trabajadores se ocupen en servicios prestados a empresas, particularmente del denominado SIU, significó que la reestructuración económica se reflejó en el mercado de empleo generando un sector informal productivo, que se vinculó con la lógica de acumulación de las empresas de mayor tamaño. El perfil organizativo del SIU permitió proveer a estas empresas, que desverticalizaron su estructura productiva, de servicios a precios rebajados, porque son subcontratados aprovechando esa misma estructura informal, que supone empresas familiares o trabajadores asalariados en microempresas, o trabajadores por cuenta propia, que no se encuadran en las normas tributarias. A título ilustrativo: servicios de seguridad, de limpieza, de alimentación, de transporte, de comercio, empresariales. Y esto explica el hecho de que haya aumentado la tasa de asalarización en el SIU del Gran Buenos Aires durante estos años, lo cual va asociado con una mayor participación de la microempresa[23]. El proceso descripto es parte del impacto de la racionalización productiva para reducir costos de las empresas de mayor tamaño.

Cuadro 4

| Estructura ocupacional por sector de actuvudad y segmento formal (SF) o informal (SIU) Gran Buenos Aires. 1990-2003 (%) | | | | | | | | | | | | | | | | | |
| Sector de actividad (*) | 1990 | | | 1995 | | | 1998 | | | 2002 | | | | 2003 | | |
	SIU	SF	Total	SIU	SF	Total	SIU	SF	Total	SIU	SF	Total		SIU	SF	Total
1 - Industria Manufacturera	16	31	24	13	26	20	13	22	18	13	18	16		12	17	15
2 - Construccion	11	3	6	10	4	6	12	4	7	13	2	7		13	1	6
3 - Servicios a Empresas	14	22	19	19	29	25	18	30	25	18	29	24		17	28	23
4 - Servicios Personales	38	32	35	40	31	35	39	34	36	39	42	41		41	43	42
5 - Servicio Domestico	21	0	9	17	0	7	17	0	7	16	0	7		17	0	8
6- Resto	1	12	7	1	11	6	1	11	7	1	10	6	0	1	11	6
Total	100	100	100	100	100	100	100	100	100	100	100	100	0	100	100	100
(*) Ver Anexo Tabla I donde se incluyen las actividades que componen cada sector de actividad Fuente: elaboración propia en base a Bases Usuarias de microdatos - EPH. INDEC.																

[23] Por ejemplo en el Gran Buenos, entre 1990 y 1998, del total de ocupados en el SIU, la participación de los asalariados se incrementó del 27 % al 37 %, y se reduce el cuentapropismo. A su vez, la participación de los ocupados en Servicios a Empresas dentro del SIU pasó del 14 % al 18%. En empresas del Sector Formal la tasa de asalarización se mantuvo constante. Giosa Zuazúa (2000).

En las empresas del *Sector Formal,* que son aquellas que ocupan más de 6 asalariados, lo notorio fue el despliegue de un proceso de informalización, que atravesó distintas sectores productivos y tamaños de empresas.[24] Un indicador de ello es la mayor incidencia de los *asalariados que no registran aportes* al sistema de seguridad social. Este incremento se observó especialmente a partir de mediados de la década del '90. En los primeros años de la década este tipo de empleo incidía en el 17 % de los asalariados de las empresas formales del Gran Buenos Aires, pero a partir de mediados de la década se extiende a más del 20 %, y continuó en aumento. Cabe señalar que este fenómeno no es exclusivo de las empresas pequeñas y medianas, sino también de los establecimientos de mayor tamaño que ocupaban más de 100 trabajadores.[25]

Las reformas en la legislación laboral: su vinculación con el proceso de precarización laboral

En paralelo al proceso de reestructuración empresarial, se fue construyendo el marco legal para la denominada "flexibilización" laboral. La *reforma en la legislación laboral* fue el marco institucional que permitió desde lo legal, y promovió desde lo extralegal, procesar las estrategias empresariales. Dentro de las reformas que redujeron la protección laboral y flexibilizaron la contratación de trabajadores se encuentra el denominado "período de prueba" para contratos por tiempo indeterminado, durante el cual el empleador adquirió el derecho de despedir al trabajador sin incurrir en el pago de indemnización, e inclusive se llegó a reducir, o incluso a exceptuar, el pago de algunas contribuciones patronales a la seguridad social. Además, se incorporaron nuevas formas que flexibilizaron las contrataciones: el con-

---

[24] Denomino aquí proceso de informalización, a la extensión de la precarización laboral al interior de las empresas del Sector Formal, y que incluye una variedad de nuevas formas de contratación que se originan con los cambios en la legislación laboral, como también incrementos en las jornadas laborales, modificaciones en los cómputos salariales; incremento del empleo no registrado. El empleo sin aportes jubilatorios es sólo un indicador que permite medir estadísticamente el avance de este proceso, e incluye asalariados contratados con un marco legal que exceptuaba el pago de aportes, y asalariados no registrados.

[25] En el Gran Buenos Aires, alrededor de un 9 % de los asalariados ocupados en empresas de más de 100 ocupados no registraban aportes jubilatorios durante el segundo quinquenio de los 90, y el 24 % en las pequeñas y medianas. Esto se analiza con más detalle en el apartado siguiente.

trato por tiempo determinado inclusive para tareas no transitorias o estacionales, los contratos por "aprendizaje" y las "pasantías". En estos dos últimos casos se asumía una relación contractual no laboral, por lo cual se exceptuaba al empleador del pago de aportes y contribuciones a la seguridad social.

Estas reformas fueron avanzando durante los años '90 con variantes, marchas y contramarchas, en su diseño e implementación. Una característica común a estas nuevas formas contractuales fue la *reducción del costo laboral no salarial*, en comparación con los contratos "típicos" por tiempo indeterminado. La reducción del costo se llevaba a cabo por diferentes exenciones que fueron variando con el correr del tiempo y el tipo de contrato. Una de las *exenciones* comunes fue, dentro de los pagos a la seguridad social, el *aporte previsional*, en su totalidad o en una proporción variable según la modalidad contractual. Otra exención (total o parcial) fue el *costo del despido*.

Las transformaciones en la normativa laboral fueron funcionales a este proceso de reestructuración generador de desempleo y de precariedad. A partir de 1996, momento en que *se expande el empleo* y se ponen en práctica las modificaciones más importantes en la legislación laboral que otorgaron a las empresas mayor capacidad para contratar y descontratar trabajadores, se verificó un cambio importante en el perfil de los nuevos puestos generados en las empresas del Sector Formal: es el *aumento del asalariado contratado precariamente*. Ya sea contratado con alguna forma promovida, o contratado "en negro", lo cierto es que su proporción aumentó en los *distintos tamaños de empresa y sectores*. Por el contrario, en el *momento de caída del ciclo*, y conforme se acercaba la crisis del Régimen de Convertibilidad, *se redujo la incidencia de los asalariados contratados precariamente* en el total de asalariados de empresas formales. Como se observa en el cuadro 5, entre 1999 y 2002 cayó la incidencia de los asalariados que no registraban aportes jubilatorios por las empresas formales que los contrataban.[26]

---

[26] A lo que me estoy refiriendo en este apartado es al proceso de "informalización" en las empresas del Sector Formal, o en otros términos, al aumento de la precarización de los contratos en empresas de mayor tamaño. En el cuadro 5, la incidencia de asalariados sin aportes jubilatorios en microempresas se incluye sólo a título informativo, dado que la incidencia en el total de asalariados incluye también a este segmento del mercado de empleo. Pero, como describí anteriormente, conceptualmente el SIU no se define por la proporción de empleo asalariado sin aportes jubilatorios.

Cuadro 5

Asalariados sin descuento jubilatorio. Gran Buenos Aires. 1990-2002 (% sobre el total de asalariados de cada segmento y tamaño)													
Segmento y Tamaño	1990	1991	1992	1993	1994	1995	1996	1997	1998	1999	2000	2001	2002
En el Total de Asalariados	33	37	37	38	35	39	42	42	42	42	44	43	45
En Empresas Formales (1)	17	20	17	19	16	19	22	21	23	24	22	22	22
En empresas pequeñas y medianas Formales (2)	14	18	18	19	18	20	22	23	23	26	24	24	24
En empresas grandes Formales (3)	7	4	6	7	4	9	8	9	9	10	10	8	6
En microempresas del sector informal urbano (4)	64	67	67	69	62	71	72	74	73	74	74	77	73
(1) empresas de más de 6 ocupados. (2) empresas de 6 a 99 ocupados. (3) empresas con más de 100 ocupados. (4) hasta 5 ocupados.													
Fuente: elaboración propia en base a Bases Usuarias de microdatos - EPH INDEC													

En la Argentina *el contenido de los procesos de reorganización productiva* fue generador de *desempleo* y, en gran medida, *promotor de precariedad*, tanto sea porque se destruyó empleo, como porque se sustituyó.

La mayor demanda de los servicios de subcontratación significó, tanto para las empresas que lo proveen desde el Sector Formal, como para las microempresas o cuenta propia del sector informal, condiciones de empleo y producción precarias. En el primer caso se hizo uso de formas legales de contratación precaria, o del empleo no registrado, para reducir el costo. En el segundo caso la base de la precariedad está determinada por la forma de organización de la producción, más allá de que exista la contratación de asalariados no registrados. En ambos casos la "competitividad precio" de las empresas de mayor tamaño, es sostenida por el *empleo precario* en otras unidades de producción, y también por **contratos precarios** que gozaron, y aún gozan, de toda legalidad y que son implementados por las mismas empresas.

Lo *concluyente* es un mercado de empleo *"flexibilizado"*, cuya *dinámica* es propia de un mercado de empleo **precarizado**. En el primer quinquenio de los noventa, cuando tuvieron lugar las principales reformas económicas, se instaló *el desempleo abierto estructural* como mecanismos de ajuste. A partir de mediados de la década esta estructura ponía en marcha su dinámica, y en los momentos de expansión del ciclo, cuando teóricamente deberían mejorar las condiciones de empleo, la mayor demanda absorbía principalmente *asalariados desprotegidos*, y en la caída del ciclo este tipo de empleo reducía su participación. En otros términos el empleo precario pasó a ser uno de los principales mecanismos de ajuste a partir del segundo quinquenio de los años 90, en el marco de tasas de desempleo nunca menores al 15 %[27]. Así, la generación de empleo y el aumento del empleo precario quedaron correlacionados.

[27] Giosa Zuazúa (2003).

III - A modo de conclusión. El mercado de empleo de la post-convertibilidad y la consolidación de la exclusión social

La "nueva política macroeconómica" basada en un tipo de cambio alto, que fue implementada luego de la devaluación y el abandono de la regla de convertibilidad, no ha podido transformar esta dinámica económica, que se asienta en el desempleo abierto y/o el empleo precario. Por ejemplo, entre inicios de 2003 y fines de 2004 se generaron 1.250.000 nuevos puestos de empleo en el conjunto de aglomerados urbanos. El 75 % de estos nuevos puestos son asalariados del sector privado, y de ellos el 63 % son asalariados no registrados. Cabe señalar que la brecha salarial que existe entre asalariados registrados y no registrados es cada vez más amplia. El salario real de los asalariados no registrados cayó un 30 % entre el momento de la devaluación y mediados de 2004, y el de los asalariados registrados cayó un 3 %.

En síntesis, los impactos del mercado de empleo durante los años noventa fueron el resultado de un patrón de acumulación que hizo del desempleo y/o de la precarización laboral, y en consecuencia de la desigualdad, y de la exclusión social, su dinámica de funcionamiento. En segundo lugar, este patrón de acumulación supuso transformaciones estructurales al interior de las empresas y cuenta con un conjunto de regulaciones laborales que lo institucionaliza. En tercer lugar, no sólo impide que parte de los trabajadores disfruten de los beneficios del crecimiento económico, sino que refuerza su exclusión, en la medida en que o bien permanecen como desempleados, o acceden a los puestos de trabajo precarios y perciben los menores salarios, encontrándose desvinculados de las formas legales de contratación.

El empleo asalariado desprotegido se ha transformado no sólo en la puerta de entrada al mercado de empleo para los desocupados, para las personas inactivas que vuelven a ocuparse y para los beneficiarios de planes sociales, sino que la probabilidad de acceder a un empleo protegido es prácticamente nula. En otros términos, no sólo es la puerta de entrada, sino también la condición de ocupación más frecuente para una proporción importante de la población económicamente activa. En este marco, la probabilidad de contar con derechos sociales, dadas las instituciones vigentes, es difícil porque ello depende de acceder a un puesto asalariado registrado. A ello se suma que no tendrán derecho a una jubilación a la edad de retiro porque no cuentan con aportes a la seguridad social. El problema es grave porque se ha generado una dinámica que excluye y que proyecta una sociedad de exclusión.

337

Anexo

Tabla I

Sector de actividad	Incluye los ocupados en:
1 - Industria	Todas las ramas de la industria manufacturera
2- Construcción	Actividades de la construcción
3-Servicios a Empresas	Comercio al por mayor Transporte y servicios conexos del transporte y comunicaciones Intermediación financiera Actividades inmobiliarias, empresariales y de alquiler
4-Servicios Personales	Comercio al por menor Restaurantes y hoteles Enseñanza Servicios sociales y de salud Otras actividades de servicios comunitarios y sociales Servicios de reparación Otros servicios personales
5-Servicio Doméstico	Actividades de servicio doméstico a hogares
6-Resto	Suministro de electricidad, gas y agua; Administración pública y defensa Ocupados cuya rama de actividad se desconoce

Bibliografía

Azspizu, D., Khavisse, M., Basualdo, E. (1988). *El nuevo poder económico*. Hyspamerica. Buenos Aires.

Basualdo, E.(1987). *Deuda externa y poder económico en la argentina*. Editora Nueva América, Buenos Aires.

Beccaria L., Galin P. (2002). Regulaciones laborales en Argentina. Evaluación y propuestas. CIEPP- Fundación OSDE.

Beccaria, L. (1980). "Los movimientos de corto plazo en el mercado de trabajo urbano y la coyuntura 1975-78 en la Argentina". *Desarrollo Económico, Revista de Ciencias Sociales*. Vol. 20, Nº 78. Ediciones IDES, Buenos Aires.

Beccaria, L. (1993)(a). "Estancamiento y distribución del ingreso". En: *Desigualdad y exclusión*. UNICEF/Losada. Buenos Aires.

Beccaria, L. (1993)(b). "Reestructuración, empleo y salarios en la Argentina". En: *El desafío de la competitividad: la industria argentina en transformación*, Kosacoff (ed). Alianza Editorial, CEPAL. Buenos Aires.

Beccaria, L. (2004). "Reformas estructurales, convertibilidad y mercado de trabajo". En: *La economía argentina y su crisis (1976-2001)*. Boyer, R., Neffa, j. (coordinadores). Ceil-Piette. Edición Miño y Dávila.

Bercovich-Chidiak. (1996). "La industria celulósica-papelera". En: *Los límites de la apertura*. CENIT/Alianza Editorial.

Bisang - Chidiak.(1996). "La industria siderúrgica". En: *Los límites de la apertura*. CENIT/Alianza Editorial.

Canitrot, A. (1980). "La disciplina como objetivo de la política económica. Un ensayo sobre el programa económico del gobierno argentino desde 1976". *Desarrollo Económico, Revista de Ciencias Sociales*. Vol. 19, Nº 76. Ediciones IDES, Buenos Aires.

Chudnovsky - Chidiak (1996). "Reestructuración productiva y gestión ambiental en las industrias básicas. Una visión de conjunto". En: *Los límites de la apertura*. CENIT/Alianza Editorial.

Dedecca, C. (1999). *Racionalização econômica e trabalho no capitalismo avançado*. Coleção Teses. Campinas. UNICAMP –IE.

Dedeca, C. - Rosandisky, E. (1998). *Reorganização Econômica, Ocupação e Qualificação*. Campinas: IE, CESIT, UNICAMP. São Paulo.

De la Garza Toledo E. (2000-a). "La flexibilidad del trabajo en América Latina". En: *Tratado Latinoamericano de Sociología del Trabajo*. FCE.

Frenkel, R. - Rozada, M. (1999). "Apertura comercial, productividad y empleo en Argentina". En: Tokman (ed), *Productividad y empleo en la apertura económica*, OIT.

Giosa Zuazua, N. (2000). "Neoliberalismo, reestruturaçao produtiva e emprego na

Argentina dos anos 90". Dissertaçao de Mestrado. Institituto de Economia. UNI-CAMP: Brasil.

Giosa Zuazua, N. (2003): "Dinámica y estructura de un mercado de trabajo flexibilizado. Un análisis de la evolución del empleo en el Gran Buenos Aires", ponencia presentada en el 6to. Congreso Nacional de Estudios del Trabajo, agosto.

Giosa Zuazua, N. (2004): "La reforma laboral versus la necesidad de generar empleo y promover su institucionalidad". Ciepp. www@ciepp.org.ar

INDEC (1999) (a). Industria Manufacturera. Recopilaciones n. 7

INDEC (1999) (b). Grandes empresas en la Argentina. 1993-1997.

Katz, J. (ed.), Bisang, R., Burachik, G. (1995) *Hacia un nuevo modelo de organización industrial: el sector manufacturero argentino en los años 90*. Alianza Editorial - CEPAL.

Katz (ed.) Bisang, R., Burachik, G. (1995). "La reestructuración del aparato productivo en la industria automotriz". En: *Hacia un nuevo modelo de organización industrial: el sector manufacturero argentino en los años 90*. Alianza Editorial - CEPAL.

Kosacoff - Porta. (1997). "La inversión extranjera directa en la industria manufacturera argentina". CEPAL/CEP. *Estudios de la Economía Real*, Nº 3.

López (1997). "Desarrollo y reestructuración de la petroquímica argentina". En: *Auge y ocaso del capitalismo asistido*. CEPAL/IDRC - Alianza Editorial.

Marshall, A. (1978). *El mercado de trabajo en el capitalismo periférico: el caso de Argentina*. PISPAL, FLACSO.

Ministerio de Economía y Obras y Servicios Públicos. Informe Económico. Varios números. Buenos Aires.

Ministerio de Economía (2005). Empleo e ingresos en el nuevo contexto macroeconómico.

Monza, A. (1993). *Costo laboral y competitividad internacional*.

Monza, A. (2002). *Los dilemas de la política de empleo en la coyuntura argentina actual*. CIEPP- Fundación OSDE.

Novick - Catalano. (1996). "Reestructuración productiva y relaciones laborales en la industria automotriz argentina". En: *Estudios del Trabajo*, Nº 11. Aset.

Novick, M - Miravalles, M. - Senen Gonzales, C. (1997). "Vinculaciones interfirmas y competencias laborales en la Argentina. Los casos de la industria automotriz y de las telecomunicaciones". En: *Competitividad, redes productivas y competencias laborales*. OIT, Cinterfor.

Soifer (1997). "Reestructuración industrial, remuneraciones fijas y variables y estructuras de costos en Argentina en los años 1990: experiencias sectoriales e implicaciones para el mercado de trabajo". En: *Estudios del Trabajo*, N. 13, 1997, ASET.

SALAMA P. (1999). *Pobreza e exploraçao do trabalho na América Latina*. Editorial Boitempo.

La distribución del ingreso en la Argentina: una mirada de largo plazo

*Juan E. Santarcángelo**

Los estudios sobre la distribución del ingreso tienen como objetivo explicar el modo en que los recursos generados en un país o región se distribuyen entre sus habitantes en un determinado período de tiempo. El interés en esta problemática se remonta a los primeros economistas clásicos, y los efectos sobre el crecimiento, la pobreza y la calidad de vida de los individuos que tienen diferentes distribuciones, ocupa un lugar importante en el debate económico latinoamericano.

El objetivo del presente trabajo es explicar cómo se estudian los cambios en la distribución del ingreso, examinar cuál ha sido su evolución histórica para el caso argentino, e identificar los desafíos que se presentan en materia distributiva. Si bien el período bajo análisis tiene como eje principal la década del noventa, se revisará brevemente lo ocurrido desde fines de los años cincuenta con el objeto de situar dicho período en el contexto histórico.

El trabajo se divide en cuatro secciones. Primero, se presentan brevemente los conceptos, tipos de análisis, metodologías y fuentes que se utilizan habitualmente en el análisis de la distribución del ingreso. Segundo, se analiza cómo ha sido la distribución tanto funcional como personal del ingreso en nuestro país hasta finales de los años ochenta. En la tercera sección se estudia la evolución del mercado de trabajo como determinante directo de la distribución del ingreso, así como el comportamiento que han mostrado las variables distributivas desde los años noventa hasta la actualidad. Por último, se exponen las principales conclusiones.

* Investigador docente, Instituto de Industria, Universidad Nacional de General Sarmiento.

Juan E. Santarcángelo

I. Principales definiciones conceptuales, metodologías y fuentes que se utilizan para medir la distribución del ingreso

En general se pueden distinguir dos aproximaciones a la distribución del ingreso que reciben el nombre de: funcional y personal, que pueden considerarse complementarias y que plantean diferentes modos de estudiar los fenómenos distributivos. La primera sostiene que los ingresos son generados durante el proceso productivo y que luego se reparten entre los distintos factores como retribución a los servicios prestados en la producción. Como los recursos se dividen de acuerdo a la función ocupada por los factores de producción, la misma se conoce bajo el nombre de *distribución funcional del ingreso*. Por ende, para este tipo de estudios, el análisis distributivo debe explicar como se distribuyen los recursos entre los propietarios de los factores de producción.

El modo que asume la distribución funcional determina en gran medida al otro tipo de estudios sobre el tema, que se dedica a analizar la *distribución personal del ingreso*, y que tiene por objetivo identificar cómo ha evolucionado la concentración del ingreso entre los individuos de acuerdo con sus características personales. Para este tipo de análisis, los individuos se clasifican y ordenan según niveles de ingresos percibidos, que dependen a la vez de atributos tales como la condición de actividad, la categoría ocupacional, el nivel educativo alcanzado, la edad, el sexo, y la rama de actividad en la que se desempeñan, entre otros.

Así como existen distintos enfoques para estudiar la distribución de los ingresos, también existen diferentes metodologías para medir el grado de concentración de los ingresos personales, siendo el coeficiente de Gini el método más utilizado. Dicho coeficiente mide la relación entre el porcentaje acumulado de la población perceptora y la frecuencia relativa acumulada de ingresos correspondientes según la estratificación de ingresos elegida.[1] Su valor puede oscilar entre 0 (distribución perfectamente equitativa) y 1 (distribución perfectamente inequitativa) y comúnmente se representa mediante la curva de Lorenz, que es una medida gráfica que une pares de frecuencia relativas acumuladas de ingresos y de población. Es decir que cuanto más próximo a 1 es el coeficiente, más desigual es la distribución personal.

---

[1] Grandes, M., 1998, Anexo metodológico.

Si bien la problemática distributiva ha sido estudiada por más de dos siglos, uno de los principales problemas que presenta su estudio es el acceso a información fidedigna y comparable en el tiempo. En general la información que se utiliza para medir los ingresos y su distribución proviene fundamentalmente de cinco fuentes: el registro de los impuestos a los ingresos; los censos de población; las encuestas de hogares; los registros de seguridad social y los censos económicos o encuestas a establecimientos productivos. Las tres primeras fuentes son "naturales", ya que la unidad estadística es la unidad receptora; en cambio los registros de la seguridad social se refieren a las ocupaciones o a los derechos de pensión y los relevamientos de establecimientos tienen a éstos como unidad estadística, por lo que su uso presupone transitar de estas unidades a los receptores individuales.[2] En la Argentina la evasión y la subdeclaración limitan la posibilidad de usar el registro de impuestos, y los censos de población se hacen, en principio, cada diez años; por lo que la mayoría de los estudios usan a las encuestas de hogares como información primaria.

La encuesta de hogares que más ha sido utilizada en los estudios de mercado de trabajo y distribución del ingreso es la Encuesta Permanente de Hogares (EPH) que es realizada por el INDEC desde 1974. Históricamente la encuesta se hacía dos veces por año (en mayo y octubre), aunque en la actualidad ha mutado en una encuesta continua que se releva semana a semana y que permite análisis trimestrales, semestrales y anuales. Esta encuesta recolecta información a nivel de hogares y personas residentes en los aglomerados urbanos más importantes del país, y desde el año de su lanzamiento, ha incorporado diversos aglomerados al relevamiento. Esto ha enriquecido la calidad y cantidad de información disponible, pero ha provocado, como consecuencia de la inclusión de nuevos aglomerados, que los estudios comparativos de largo plazo sólo puedan tomar al aglomerado Gran Buenos Aires (GBA) como unidad de análisis válido.[3]

Por último, y antes de empezar con el análisis propiamente dicho, debemos explicitar los conceptos de pobreza e indigencia, que son directos resultantes del modo en que los ingresos se distribuyen. Si bien existen di-

---

[2] Altimir, O., 1986, p. 3.

[3] Los estudios de largo plazo utilizan información proveniente del aglomerado de Gran Buenos Aires, que representa alrededor del 30% de la población total. Si bien existen diferencias regionales con otros aglomerados, la tendencia que ha seguido el país es similar a la mostrada por el GBA. Para más detalles véase Cuenin, 2002; Gasparini *et. al.*, 2001 entre otros.

versos enfoques para obtener estas variables, las mismas pueden obtenerse a través de dos grupos de métodos: directos e indirectos. El método directo es el más extendido en América Latina y refiere al concepto de necesidades básicas insatisfechas (NBI). Según dicho concepto, un hogar es pobre o no en virtud de una serie de indicadores que incluyen información relacionada con hacinamiento, vivienda inadecuada, condiciones sanitarias, capacidad de subsistencia y cantidad de menores no escolarizados. Este indicador refleja condiciones estructurales de pobreza y su análisis es complementario al de las estimaciones indirectas de pobreza.

Por otro lado, el método indirecto más utilizado (y aplicado también en este trabajo) es el de la línea de pobreza e indigencia por ingresos. En lo que se refiere a la indigencia, el concepto procura establecer si los hogares cuentan con ingresos suficientes como para cubrir una canasta básica de alimentos (CB) capaz de satisfacer un umbral mínimo de necesidades energéticas y proteicas. Los hogares que no superan ese umbral o línea son considerados indigentes.[4] El cálculo de la línea de pobreza tiene el mismo principio, pero en vez de utilizar una canasta básica como la línea de indigencia, utiliza una canasta básica total (CBT), que incorpora en la misma otros bienes y servicios no alimentarios, como educación, vestimenta, transporte, salud, etcétera.[5]

[4] El método para calcular la indigencia puede dividirse en cuatro pasos. Primero, se procede a clasificar a cada habitante de la población de acuerdo con su género y edad en "adultos equivalentes" (AE). La idea básica es que las personas necesitan diferentes niveles de consumo de alimentos, y que los mismos pueden determinarse de acuerdo con su edad y género. Por lo tanto, se clasifica a los habitantes con la unidad "adulto equivalente" que representa el consumo de un hombre de entre 30 y 59 años. Por ejemplo, un varón de 5 años de edad necesita un consumo igual a 0,63 AE; en tanto que una mujer de 31 años, un consumo de 0,74 AE. Segundo, se estima el costo monetario de una canasta básica de alimentos (CB), que representa el consumo que un "adulto equivalente" necesita por mes. Tercero, se suman la cantidad de AE que hay en cada hogar, con lo que se obtiene un valor de adultos equivalente por hogar. Por ejemplo, un hogar tipo compuesto por un hombre de 35 años, una mujer de 31 y un varón de 5 años, alcanzan un total de 2,37 AE (1,00 + 0,74 + 0,63). Este valor implica que este hogar necesita poder comprar 2,37 CB para poder cubrir sus necesidades alimenticias; por lo cual se define al hogar por debajo de la línea de indigencia si el ingreso del mismo es menor al necesario para cubrir el consumo de CB. Por ejemplo, si la canasta básica vale $100, el hogar es declarado por debajo de la línea de indigencia si su ingreso es menor a $237 (2,37AE * $100 de la CB).

[5] Esta CBT se estima utilizando al coeficiente de Engel (relación entre los gastos alimentarios y los gastos totales) y nos permite definir a un hogar por debajo de la línea de pobreza si su ingreso no alcanza a cubrir las CBT que dicho hogar necesita.

II. Evolución histórica de la distribución funcional y personal del ingreso en la Argentina

A partir de la información disponible podemos tener una primera aproximación a la distribución funcional del ingreso si miramos la evolución que han presentado tanto el nivel de salario real medio de la economía, así como la participación porcentual de la masa salarial en el PBI. En el gráfico Nº 1 se presenta la información sobre la evolución de los salarios reales medios deflactados por el índice de precios al consumidor. Los datos para el período 1960-1989 son anuales, corresponden al aglomerado de Gran Buenos Aires (GBA), y para facilitar la comparación hemos construido un índice base 100 para el año 1976.[6]

Gráfico Nº 1

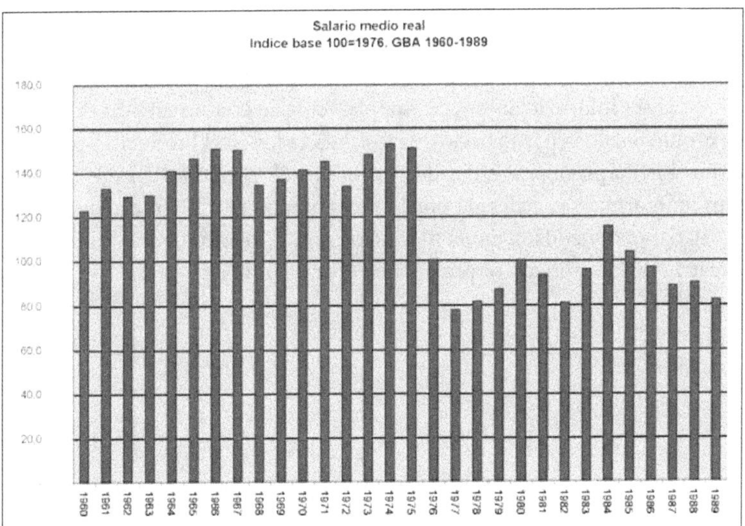

Fuente: Elaboración propia en base a información del INDEC.

---

[6] Confeccionamos un índice con base en este año debido a que en ese momento se implementa un plan que a nuestro entender produce un profundo cambio en el rumbo económico del país y en el modelo de acumulación; y que como tal, tiene dramáticos impactos en los ingresos; y por ende, en las condiciones de vida de los trabajadores.

Juan E. Santarcángelo

Como podemos ver en el gráfico, se pueden identificar dos subperíodos. En el primero, entre 1960 y 1975, el salario medio real representa entre un 120% y un 150% del nivel del año base, y su comportamiento es oscilatorio con una leve tendencia alcista. Este período se corresponde históricamente con el final del período de industrialización por sustitución de importaciones (ISI) que se había puesto en marcha en nuestro país a principios de los años treinta.

Sin embargo la situación cambia radicalmente con el golpe militar de 1976. En marzo de ese año, y en concordancia con una serie de golpes de estados que se producen en paralelo en toda América Latina, se produce en la Argentina un drástico cambio en el modelo de acumulación económica. La industrialización por sustitución es desplazada y el eje de desarrollo económico es reorientado a lo que algunos autores denominan como un período durante el cual predomina la valorización financiera.[7] Como resultado de estos cambios, podemos ver que el nivel medio del salario real desciende durante este subperíodo y a fines de los años ochenta resulta ligeramente superior al 80% de lo que era en el año 1976.

Esta información puede complementarse con un análisis de cómo ha evolucionado la participación de los asalariados en el Producto Bruto Interno (PBI) a precios de mercado para el mismo período. Para ello utilizamos la información generada por Lindenboim et. al. (2005) donde la masa salarial es obtenida como el producto entre el salario medio y el total de asalariados. El resultado se presenta en el gráfico nº 2.[8]

[7] Para más detalle véase Basualdo, E., 2001.

[8] Es importante aclarar que a medida que aumenta el grado de precarización laboral algunos asalariados que pierden el trabajo dejan de pertenecer a esta categoría y se reinsertan en muchos casos dentro de la categoría cuentapropistas. Por ende, un análisis que intentara medir la participación de los asalariados en el PBI debería incluir alguna medición de este fenómeno. Debido a que este fenómeno no altera significativamente la tendencia general que aquí se presenta, en el presente trabajo se los omite. Para mayor detalle sobre este fenómeno véase Lindenboim *et. al.* (2005).

Gráfico Nº 2

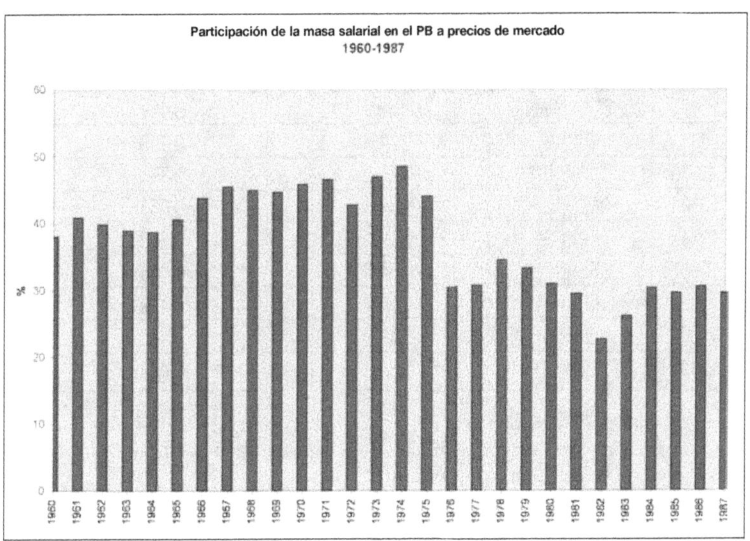

Fuente: Lindemboin, Graña y Kennedy (2005).

En un contexto de evolución altamente regresiva, es posible identificar los mismos dos subperíodos. Por un lado, la participación de los asalariados en el PBI muestra una tendencia hacia una leve mejoría hasta mediados de los años setenta, llegando a alcanzar casi un 50 % del producto. Por otro lado, luego del cambio de modelo económico, se produce una importante reducción en la participación de los trabajadores en relación de dependencia en el PBI, que tocan un piso de 22 % en 1982, y luego se recuperan para cerrar la década en una participación ligeramente menor al 30 %.[9]

Una vez que tenemos una aproximación sobre el modo que ha tenido la distribución funcional del ingreso y los salarios reales, podemos examinar cómo ha evolucionado la distribución personal y su concentración mediante el uso del coeficiente de Gini. Para ello presentamos en la tabla Nº 1 la evolución de dicho coeficiente desde mediados de la década del cincuenta.

---

[9] El último año en el gráfico es 1987 por carecer de información apropiada, aunque como veremos en la siguiente sección la situación no reviste grandes cambios en los dos años faltantes para culminar la década.

347

Tabla Nº 1 – Estimación de la distribución del ingreso de los hogares

Año	Fuente	Cobertura	Coeficiente de Gini (IPCF)
1953	CONADE-CEPAL (FM)	Nacional	0,400
1961	CONADE-CEPAL (FM)	Nacional	0,419
1963	EPC(IG)	GBA	0,358
1969-70	ECIEL(IG)	GBA	0,356
1970	EED(IG)	GBA	0,361
1974	EPH(IG)	GBA	0,360
1980	EPH(IG)	GBA	0,416
1986	EPH(IG)	GBA	0,419
1988	EPH(IG)	GBA	0,449
1989	EPH(IG)	GBA	0,487

Fuente: Altimir, O. y Beccaria, L., 1999.
Notas: FM: Fuentes múltiples; IG: Encuesta de ingresos y gastos; EI: Encuesta de empleo e ingresos; GBA: Gran Buenos Aires.

Las primeras mediciones de las que se tiene registro sobre el nivel de distribución personal del ingreso en la Argentina fueron realizadas conjuntamente por la CONADE-CEPAL. En dichos estudios la cobertura de la muestra fue nacional, y desde mediados de los años cincuenta hasta principios de los sesenta, el coeficiente de Gini arrojó valores de concentración cercanos a 0,41. A partir de 1963, se comenzaron a utilizar diferentes encuestas públicas de ingresos y gastos (como la EPC, ECIEP y la EED); hasta que en 1974 se comienza a utilizar la Encuesta Permanente de Hogares (EPH).

Desde 1963, el comportamiento del coeficiente de Gini en relación con el ingreso per cápita muestra dos etapas. Primero, su valor es relativamente estable hasta 1974 (del orden de 0,36), alcanzando su mayor grado de igualdad en el año 1969-70 (0,356), que coincide históricamente con una situación de profunda movilización, organización y protesta social. En correspondencia con la evolución de los salarios y la participación asalariada en el PBI, el nivel de concentración de los ingresos aumenta luego del golpe militar y se incrementa sostenidamente durante toda la década del ochenta, para terminar el coeficiente de Gini en valores cercanos a 0,49 a fines del período. En este sentido, es importante remarcar que el deterioro del coeficiente de Gini en el año 1989 es en gran medida resultado de la hiperinflación de ese mismo año.

La información presentada en esta sección muestra que los perceptores de ingresos derivados de la propiedad y derivados del trabajo, como entre la población, tiene un punto de inflexión en el año 1976. Con el cambio de modelo económico, ambas medidas de la distribución empeoran sensible y sostenidamente y alcanzan sus niveles más regresivos a fines de los años ochenta. Sin embargo, la situación continuaría agravándose en los años siguientes.

III. La distribución del ingreso desde los años noventa a la actualidad

Con la llegada al gobierno del menemismo, la Argentina aplica un ambicioso plan económico de corte neoliberal que tuvo como pilares las políticas de apertura comercial y financiera, la privatización de empresas públicas, la flexibilización del mercado laboral, la desregulación de los mercados, la fijación de una tasa de cambio fija y una reducción de la participación del Estado en la regulación del proceso económico. La ideología detrás de la aplicación de este plan fue provista por el Consenso de Washington, y los resultados de la interacción de las políticas económicas aplicadas a comienzos de esta década profundizaron el sendero económico que se había instaurado con el golpe de Estado de 1976.

Uno de los sectores más afectados durante la década del noventa, determinante en términos de la distribución del ingreso, fue el mercado de trabajo. En el gráfico N° 3 podemos apreciar cómo han evolucionado la tasa de desempleo y la de subempleo para el aglomerado de Gran Buenos Aires para el período 1990-2004. Con relación a la primera, se pueden diferenciar tres períodos.

Juan E. Santarcángelo

Gráfico Nº 3

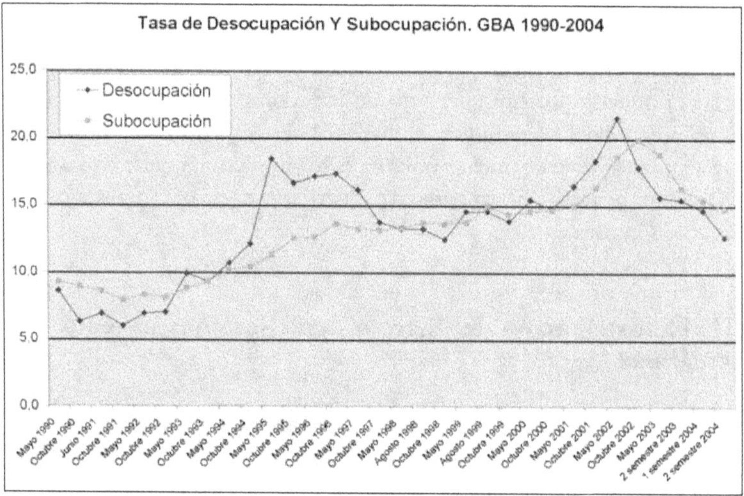

Fuente: Elaboración propia en base a la EPH, INDEC.

El primero abarca hasta 1995, momento en el que la tasa de desempleo llega a 18,4%; en tanto que el segundo período comprende desde octubre de 1995 a mayo de 2002, donde el desempleo registra un retroceso en los primeros años, para luego volver a crecer y superar el registro que había alcanzado en mayo de 1995. El último período abarca desde mayo de 2002 a la actualidad, donde se registra un descenso de la tasa de desempleo, que alcanza en el segundo semestre de 2004 un valor de 12.6%, similar a lo que el aglomerado registraba en octubre de 1998.

Por otro lado, la tasa de subocupación ha crecido aproximadamente 10 puntos porcentuales de la PEA para el período 1994-2002 y su máximo valor se encuentra en octubre de este último año, cuando alcanzó el nivel de 20%. Desde fines de 2002 hasta el final del período, la tasa desciende llegando a 14,5% e igualando los registros que existían en mayo de 2001.

Esta evolución del mercado de trabajo tuvo enormes impactos sociales que pueden apreciarse claramente si miramos los niveles de pobreza e indigencia del país. En el gráfico Nº 4 podemos apreciar los respectivos niveles de estas variables por cantidad de personas (siempre para GBA), y

350

observar que los elevados niveles de exclusión se encuentran presentes tanto al principio como al final del período bajo análisis.

Gráfico Nº 4

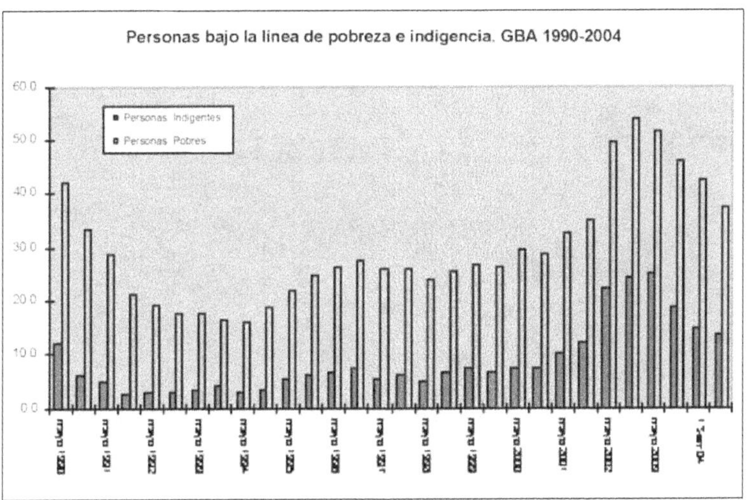

Fuente: Encuesta Permanente de Hogares (EPH), INDEC.

En el año 1990, las tasas de pobreza e indigencia alcanzan valores cercanos al 42% y 12% respectivamente, como producto del modelo de acumulación instaurado y de la hiperinflación que empezó un año antes. El otro pico que presenta la evolución de estas variables es a fines de 2002 (onda de octubre), luego de la crisis que se inicia el año anterior, cuando se registran niveles de indigencia y de pobreza del 25,2% y 54,3% respectivamente. Estos altísimos niveles de pobreza e indigencia no tienen precedentes en nuestro país y no hacen más que reflejar la suerte que han tenido la mayor parte de la población argentina en esta última década.[10]

Cabe preguntarse entonces, ¿cómo han evolucionado los salarios y la participación de los asalariados en el PBI en este contexto de empobrecimiento general? La información contenida en el gráfico Nº 5 muestra una tendencia negativa y similar de ambas variables. En relación con el salario

[10] El análisis de la pobreza por hogares muestra tendencias similares.

medio real, y tomando como año base para el índice al año 1976, vemos que en 1990 los valores eran cercanos a 75 y terminan luego del abrupto descenso, producto de la crisis del 2001, en un nivel apenas superior a 54, lo que implica que en 2004 los asalariados obtienen una remuneración media que es aproximadamente el 54% de lo que percibían un cuarto de siglo antes.

Gráfico Nº 5

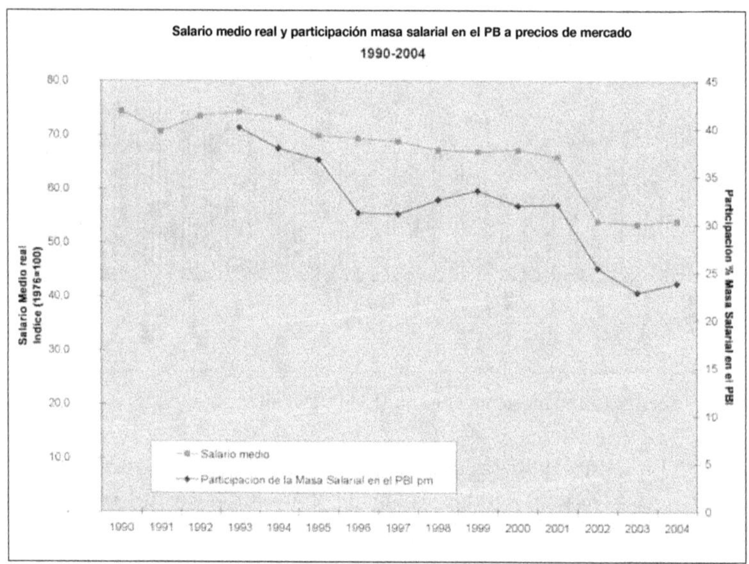

Fuente: Elaboración propia en base a información del Área de Economía y Tecnología de la FLACSO, en base a datos de BCRA, Altimir y Becaria (1999) y Lindemboin, Graña y Kennedy (2005).
Nota: En los años 1990 a 1992 no hay información disponible para la participación de la masa salarial en el PBI.

Similarmente y a pesar de la falta de información de los años siguientes a la hiperinflación de 1989, la participación de los asalariados en el PBI muestra desde 1993 una tendencia decreciente continua hasta alcanzar valores apenas superiores al 23 % al final del período. Como se evidencia, la distribución funcional del ingreso en los últimos quince años ha evolucionado claramente en favor de las clases propietarias y en detrimento de los asalariados y los pasivos que de ellos dependen, que se encuentran actualmente en los niveles de participación en el PBI más bajos de su historia.

Complementariamente para estudiar el grado de concentración del ingreso entre la población podemos analizar tres variables: el coeficiente de Gini; la proporción de ingresos que reciben el decil de mayores ingresos y el 50% de los hogares de menores recursos, y la brecha de ingresos existente entre los deciles de mayores y menores ingresos. Utilizando datos de la Encuesta Permanente de Hogares (EPH) para el período 1990-2004, podemos ver la evolución del coeficiente de Gini del ingreso per cápita en el siguiente gráfico.

Gráfico N° 6

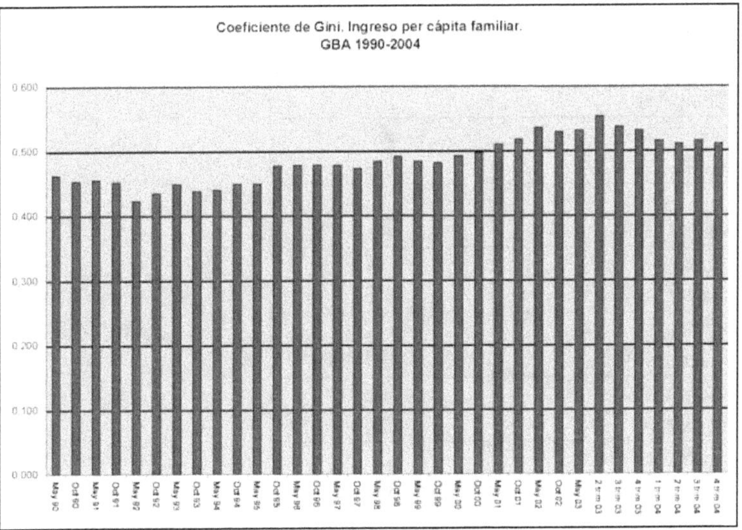

Fuente: Elaboración propia en base a información del INDEC.

En concordancia con lo ocurrido con las otras variables analizadas, podemos ver que el coeficiente de Gini ha mostrado una leve tendencia positiva hasta 1992 y luego se ha deteriorado casi continuamente para sobrepasar el valor de 0,5 en mayo del 2001. El pico de inequidad distributiva se encuentra no casualmente en mayo de 2002, donde el coeficiente alcanza un valor igual a 0,534, y luego desciende hacia el final del período bajo análisis para llegar a valores ligeramente superiores a 0,5.

Juan E. Santarcángelo

Esta información implica que los ingresos entre los individuos se han concentrado considerablemente en los últimos quince años, y para ubicar esta situación en contexto internacional presentamos, en la tabla Nº 2, el coeficiente de Gini de la misma variable para un grupo de países desarrollados y de América Latina para el año 2004.

Tabla Nº 2

País	Coeficiente de Gini. IPCF
Países desarrollados	
Japón	24,9
Suecia	25,0
España	32,5
Francia	32,7
Reino Unido	36,0
Italia	36,0
EE.UU.	40,8
América Latina	
Ecuador	43,7
Uruguay	44,6
Bolivia	44,7
Venezuela	49,1
Perú	49,8
Argentina	***52,2***
El Salvador	53,2
México	54,6
Honduras	55,0
Nicaragua	55,1
Paraguay	56,8
Chile	57,1
Colombia	57,6
Brasil	59,1

Fuente: Índice de Desarrollo Humano, PNUD, 2004.

En ella podemos notar dos elementos. Primero, la creciente desigualdad en los ingresos no es un fenómeno exclusivo de la Argentina ni guarda directa relación con la distinción entre países avanzados o retrasados. Segundo, si bien en términos regionales (latinoamericanos), la Argentina se encuentra en un nivel medio de concentración del ingreso, a comienzos de la década pasada, dicho país tenía un coeficiente de Gini que lo ubicaba en el grupo de los más igualitarios del continente. El deterioro en términos de concentración del ingreso desde principios de los años noventa ha sido impresionante y hoy ubica al país en el selecto grupo de los más desiguales del mundo.[11]

El segundo elemento que podemos usar para medir el nivel de concentración de los ingresos es una comparación entre los ingresos que perciben el decil perteneciente a hogares más ricos por ingreso y los que perciben el 50% de los hogares más pobres por ingreso. Dicha comparación se presenta en el gráfico N° 7.

Gráfico N° 7

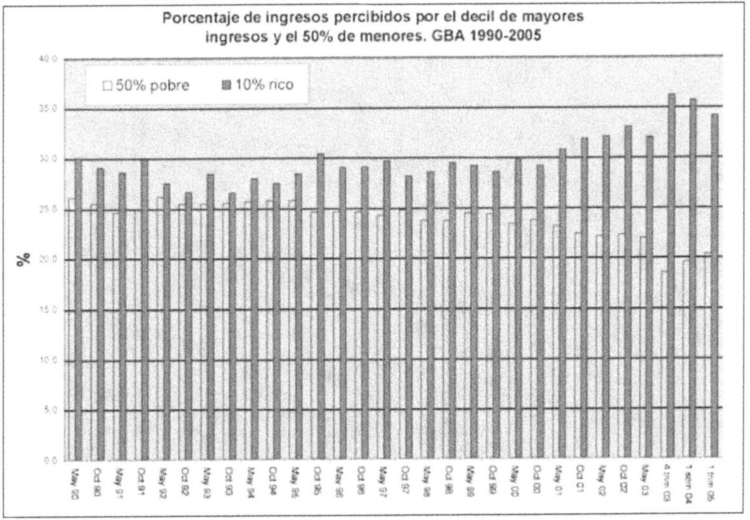

Fuente: Elaboración propia en base a información del INDEC.

[11] Cabe aclarar que en el 2004, el país con peor distribución del ingreso en el mundo es Namibia, con un coeficiente de Gini de 70,7.

Juan E. Santarcángelo

Para todo el período bajo análisis (1990-2005) podemos apreciar que el decil de mayores ingresos percibe mayores retribuciones que la mitad más pobre de la población, y la brecha existente se profundiza hacia finales del período. La diferencia máxima se produce en mayo de 2003, momento en el cual el decil más rico de la población percibe el 32% del ingreso total, en tanto que la mitad de la sociedad con menores ingresos recibe el 21,9% del total de los mismos. Esto muestra que en nuestra sociedad existe un grupo de actores que no ha corrido la misma suerte que la mayoría de la población, y son los agentes que han sido beneficiados por el cambio en el proceso de acumulación económica.

Por último, una variable interesante en materia distributiva es cómo ha evolucionado la brecha de ingresos entre los deciles de mayores y menores ingresos. El objetivo de este análisis es examinar si los ingresos se van polarizando y la información para el período se presenta en el gráfico Nº 8.

Gráfico Nº 8

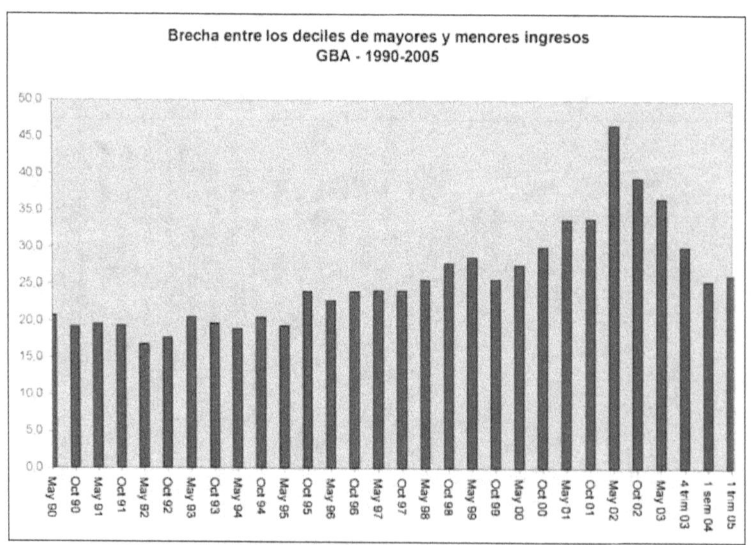

Fuente: Elaboración propia en base a información del INDEC.

356

Como se puede apreciar en el mismo, la brecha de ingresos es relativamente estable hasta 1994 y luego crece continuamente hasta mayo de 2002, cerrando con un considerable descenso en las últimas ondas que sin embargo no alcanzan a revertir la tendencia creciente de todo el período. En mayo de 1990, el decil más rico de la sociedad recibía 20,8 veces el ingreso del decil más pobre, relación que pasa a ser de 46,6 veces en mayo de 2002, para terminar en el primer semestre de 2005, con un valor superior a 26 veces (similar a la onda de octubre de 1999).

IV. Conclusiones

El análisis de la distribución del ingreso en la Argentina desde fines de los años cincuenta puede dividirse en tres períodos. El primer período comprende hasta el año 1976 y muestra que la distribución del ingreso ha sido relativamente estable con una leve tendencia a la equidad distributiva tanto en términos funcionales como personales. Esta situación cambia radicalmente en el segundo período con la última dictadura militar y la implementación de un nuevo modelo de acumulación económica. Como resultado de la nueva política económica, el salario real medio cae un 20% y la participación de los asalariados en el PBI pasa del 45 % al 29 % entre 1976 y 1989.

Por último, el tercer período es el que comienza con la llegada al poder de Carlos Menem y en el que el patrón de acumulación definido a mediados de los setenta se profundiza. Como resultado, se incrementa el deterioro en el funcionamiento del mercado de trabajo y aumentan los niveles de pobreza e indigencia a niveles nunca antes registrados en nuestro país. El nivel del salario medio de los trabajadores en situación de dependencia continúa su descenso y en los primeros años de este siglo alcanza a ser escasamente superior al 50 % del correspondiente a 1976. La participación de los asalariados en el PBI cae al 22 %, la desigualdad de la distribución personal aumenta (el coeficiente de Gini supera el 0,5), el decil de mayores ingresos de la población percibe a fines del período un 50% más de lo que le toca en suerte a la mitad de la población mas pobre, y posee 26 veces más ingreso en promedio que el decil de menores recursos. Si bien, desde mediados del año 2002 se ha operado cierta reversión en las tendencias, un nuevo país más igualitario e inclusivo necesita profundos cambios de política económica que modifiquen el modelo de acumulación vigente. El desafío es encontrar el modo de llevarlos adelante.

Bibliografía

Altimir, O., 1986, "Estimaciones de la distribución del ingreso en la Argentina, 1953-1980", *Desarrollo Económico 25* (100), enero-marzo.
Altimir, O., y Beccaria, L., 1999, "Distribución del ingreso en la Argentina", *Serie Reformas Económicas*, Proyecto "Crecimiento, empleo y equidad: América Latina en los años noventa".
Altimir, O., Beccaria, L., y Gonzalez Rosada, M., 2000, "La evolución de la distribución del ingreso familiar en la Argentina", *Serie de Estudios en Finanzas Públicas 3*, La Plata.
Atkinson, A., 1970, "On the measurement of inequality", *Journal of Economic Theory 2*.
Banco Mundial, "Encuesta de niveles de vida", 2003, mimeo.
Basualdo, E., 2001, *Sistema político y modelo de acumulación*, FLACSO-UNQUI-IDEP.
Beccaria, L., 2001, "Inestabilidad laboral y de ingresos en Argentina", *Estudios del Trabajo* N° 21.
Beccaria, L., y Maurizio, R. (eds.), 2005, *Mercado de Trabajo y Equidad*, Prometeo-UNGS.
Damil, M., Frenkel, R., y Maurizio, R., 2002, "Argentina: A decade of currency board. An analysis of growth, employment and income distribution", Employment Paper, ILO, volumne 2002: 42.
FIEL, 1999, "La distribución del ingreso en la Argentina", FIEL, Buenos Aires.
Gasparini, L, Marchionni, M, Sosa Escudero, W., 2001, "La distribución del ingreso en la Argentina: Evidencia, determinantes y políticas", Universidad Nacional de La Plata y Fundación de Investigaciones Económicas Latinoamericanas.
Goerlich, F., 1998, "Desigualdad, diversidad y convergencia: (Algunos) instrumentos de medida", Universidad de Valencia, Instituto Valenciano de Investigaciones Económicas.
Grandes, M, 1998, "Distribución del ingreso y mercado de trabajo en el Gran Buenos Aires 1987-1997", UBA- Universidad Di Tella.
INDEC, 1974-2004, Encuesta Permanente de Hogares (EPH). Buenos Aires.
Lindemboin, J., Graña, J. y Kennedy, D., 2005, "Distribución funcional del ingreso en Argentina. Ayer y hoy", CEPED, *Documento de Trabajo* N° 4, Facultad de Ciencias Económicas de la Universidad de Buenos Aires.
Lorenz, M., 1905, "Methods for measuring concentration of wealth", *Journal of the American Statistical Association 9*, pp. 209-219.
Marshall Adriana 1984 "El salario social en la Argentina", *Desarrollo Económico*, vol 24, N° 93, abr-jun.
PNUD, *Índice de Desarrollo Humano*, Naciones Unidas, 2004.

Santarcángelo, J., 2004, "El rol del Estado en la distribución del ingreso", 7o. Congreso de ASET.

Trejos, J., 1999, "Reformas Económicas y distribución del ingreso en Costa Rica", *Serie Reformas Económicas 37*, CEPAL.

Williamson, J., 2000, "What Should the World Bank Think About the Washington Consensus?" *World Bank Research Observer*, Washington, DC: The International Bank for Reconstruction and Development, Vol. 15, N° 2, pp. 251-264.

La propuesta del Ingreso Ciudadano: elementos para un nuevo consenso social

Corina Rodríguez Enríquez[1]

Introducción

Las sociedades capitalistas consolidaron en la segunda mitad del siglo XX un sistema de seguridad social basado en la seguridad laboral. Esto se vinculaba principalmente con la centralidad de la relación salarial en el conjunto de las relaciones sociales. Así, la regulación de la cuestión social pasaba fundamentalmente por la regulación del mercado de empleo.[2]

De esta forma, los "derechos laborales" se desarrollaron juntamente con los llamados "derechos sociales", constituyéndose en un cuerpo normativo integrado que buscaba garantizar una suerte de "seguridad socioeconómica" para la población trabajadora y, por extensión, para su entorno familiar.[3]

Entre otras cosas, se suponía que a partir de la relación de empleo, la mayoría de los individuos adquirían los ingresos monetarios que necesitaban para satisfacer sus necesidades. Además, por esta vía también se hacían acreedores de derecho a protección en caso de "contingencias sociales", desarrollaban redes de sociabilidad, conseguían reconocimiento por parte de los otros y podían alcanzar una cierta sensación de utilidad y/o de realización personal. Bajo este régimen de organización institucional y social, el mercado de empleo se transformó en un espacio definitorio de la inserción social de las personas y del propio proceso de integración del conjunto del sistema social.

---

[1] Investigadora Conicet - Ciepp. Buenos Aires. crodriguezenriquez@ciepp.org.ar.

[2] Utilizo el término empleo en lugar del más habitual de trabajo para enfatizar que me refiero sólo a una manifestación del trabajo, aquella que adopta la forma mercantil.

[3] Esta conformación se basó en el supuesto que las personas se organizaban en hogares con un único proveedor de ingresos, habitualmente, el varón, trabajador asalariado. Así, desde siempre, las mujeres quedaron relativamente marginadas y se hicieron acreedoras mayormente de derechos derivados.

La política social acompañó este proceso desde las instituciones del Estado de Bienestar (EB) basado en esquemas de seguro social y en diversas políticas de transferencias fiscales orientadas a cubrir por distintas vías necesidades sociales básicas y lo que se consideraba "interrupciones temporales en el poder de compra". La experiencia internacional registra diferentes regímenes de organización social e instituciones de EB, dependiendo de la historia, la herencia y los valores prevalecientes en cada sociedad. Si bien el progreso social y distributivo, amparado por estos regímenes de EB, fue liderado por Europa occidental, este patrón de protección social guió, en más o en menos, las iniciativas de política en otros países, incluidos los países en desarrollo.

Tal fue el caso de la Argentina, que sin llegar a los niveles de asalarización formal de los países centrales, construyó instituciones sociales con la lógica del pleno empleo y la posibilidad de sostener niveles crecientes de gasto. Las diferentes conformaciones de los mercados laborales europeos y latinoamericanos revelan una primera explicación al hecho que incluso en su etapa de mayor expansión, la cobertura de los esquemas de seguridad social nunca alcanzaron objetivos universales.

En el último cuarto del siglo XX, el pleno empleo se diluyó como objetivo prioritario de la política pública, y se extendió el desempleo estructural y la precariedad e inestabilidad laboral, desafiando al sistema de seguridad socio-económica que había sido estructurado sobre la garantía de la seguridad laboral.

La creciente crisis de subutilización de la fuerza de trabajo en el mercado de empleo, significa que muchas personas pasen a transitar por un espacio de "vulnerabilidad laboral" donde no se verifica la garantía de empleo, ni de ingreso, ni de condiciones mínimas de calidad en los puestos de trabajo.[4] Las propias condiciones de desequilibrio entre la oferta y demanda de trabajo en el mercado de empleo otorgaron al capital mayor poder para imponer sus propias "necesidades" sobre las del trabajo,[5] deteriorando así los espacios de representación, negociación y acuerdo, y debilitando otro de los eslabones centrales del sistema de seguridad socioeconómica.

[4] Sobre el concepto de espacio o zona de vulnerabilidad laboral, aplicado al caso argentino, consúltese Rodríguez Enríquez (2002).

[5] Utilizo aquí la terminología de Gough (2003). A la propia asimetría de poder entre el capital y el trabajo se suma un Estado cooptado por representantes de los intereses del capital, que impone así regulaciones y normativas favorables a sus propias necesidades y deseos.

Por esta razón, se observa la creciente presencia de un debate acerca de nuevas formas de construcción y desarrollo de redes de seguridad socioeconómica para la ciudadanía. Este artículo pretende ser una contribución en este sentido, presentado algunos elementos para pensar un nuevo consenso social. El eje está puesto en la discusión de la propuesta del ingreso ciudadano, como una forma de garantizar un mínimo de seguridad de ingreso a la población, que a la vez desafía a los propios valores fundantes de los esquemas existentes.

Para ello se comienza discutiendo cuál debiera ser el valor a sostener por un nuevo esquema institucional, argumentando a favor de la seguridad social básica. Posteriormente se presenta críticamente la alternativa de la vía que propone el eje en la seguridad laboral, para luego introducir los elementos esenciales de la alternativa que sugiere hacer eje en la seguridad en los ingresos. Finalmente se enfatizan las conclusiones principales y la viabilidad de esta propuesta alternativa en la Argentina.

Vías hacia un nuevo consenso para la seguridad social básica

Tal vez el punto de partida en la discusión sobre un nuevo consenso en la materia deba ser la revisión del propio concepto de seguridad que se busca sostener desde un esquema de instituciones y políticas públicas. En realidad, y a pesar que este punto tiene una presencia muy menor en los debates actuales en el país, es sólo teniendo claridad sobre cuál es el valor o lo valores que se buscan promover y preservar, que se puede pensar en las instituciones más funcionales para lograrlo.

Desde nuestro punto de vista, un *esquema de instituciones sociales alternativas* debería: i) revalorizar los derechos sociales de los ciudadanos; ii) favorecer el desarrollo de las capacidades individuales; iii) promover simultáneamente una mejor inserción en el mercado de empleo; iv) atacar las inequidades distributivas; v) favorecer los elementos determinantes del desarrollo económico.

Cuáles debieran ser, en consecuencia, los elementos fundamentales en la construcción de este nuevo sistema de instituciones sociales en la Argentina? Sintéticamente se pueden señalar los siguientes puntos:

• El valor a sostener debiera ser la *seguridad básica universal*, definida por i) la autonomía, ii) la oportunidad de desarrollar las propias competencias y capacidades, y iii) la seguridad económica.[6]

• La estrategia no es una política determinada, sino la *combinación de políticas* articuladas en torno de objetivos consistentes.

• Los componentes esenciales de este conjunto de políticas debiera incluir:

• Una política de sostenimiento del ingreso monetario que garantice un umbral mínimo de la manera lo más universal posible.

• Políticas de promoción de la ocupación plena[7] que complementen a las políticas macroeconómicas (instrumento principal para la generación de empleo), y que revaloricen todo tipo de actividad socialmente útil.

• El fortalecimiento de las políticas universales de educación y salud pública.

• El desarrollo de programas específicos para atender a las poblaciones con carencias particulares, que estén coherentemente integrados con el resto de las instituciones sociales.

• La transformación del sistema de políticas sociales debe ir acompañado de una reforma tributaria que dote de progresividad a los mecanismos de financiamiento de las mismas.

• Asimismo, debe ir acompañado de una transformación del sistema de relaciones fiscales entre la nación y las provincias.

Si bien existe consenso en que la *prioridad* en materia de seguridad universal básica debería centrarse en el fortalecimiento de las *políticas de sostenimiento de ingresos del conjunto de la población*, se presentan, a modo estilizado, dos vías alternativas en el debate. Una de ellas, reconstruye los valores del esquema tradicional, fortaleciendo la relación salarial como vía esencial de garantizar ingresos a la población. La otra, por el contrario, separa la seguridad en el ingreso de la seguridad en el empleo. La primera se identifica con los esquemas de *workfare* y la segunda con propuestas en línea con la idea del ingreso ciudadano. En lo que sigue sintetizamos estas dos alternativas.

---

[6] Este concepto se basa fundamentalmente en Standing (2002a y 2002b), y se encuentra desarrollado en Barbeito y otros (2003).

[7] Se toma aquí el concepto de empleo pleno de Rodríguez Enríquez (2002).

El eje en la seguridad laboral[8]

Esta perspectiva considera al empleo como la forma más genuina de acceso al ingreso y a la seguridad básica, y contempla el desarrollo de redes con diferentes criterios de acceso, pero que no pongan en duda la centralidad anterior. Es decir, sin desconocer la crisis del paradigma del pleno empleo, propone la construcción de instituciones que atiendan a los excluidos del empleo pero con mecanismos siempre vinculados con la relación salarial.

En un extremo de este paradigma se encuentran los esquemas de *bienestar condicional*, que definen el tipo de instituciones que transfieren beneficios *condicionados a la falta de empleo y/o a la escasez de recursos*. Los dos casos paradigmáticos de este tipo de bienestar son el seguro de desempleo y los sistemas de créditos fiscales para sectores de bajos recursos.

Como señalan Groot y van der Veen (2002), este tipo de esquemas promueve diversas trampas de desempleo[9] que surgen porque: a) aceptar un empleo de tiempo parcial o completo cuyo salario neto se aproxime al nivel del beneficio neto hace que el trabajador pierda la totalidad del beneficio, y b) las reglas de aplicación de los programas (o sus condiciones de acceso) son lo suficientemente laxas como para permitir que los trabajadores desprecien un posible empleo que no conduzca a una mejora significativa en sus ingresos (o en otros aspectos de su situación). Como además suelen ser beneficios otorgados a los hogares o según las características de los mismos, desalientan la aceptación de empleos no sólo de los beneficiarios, sino también de otros miembros del grupo familiar.

La tendencia –con matices– en los países centrales ha sido la de alejarse de este tipo de bienestar condicional tradicional avanzando hacia formas de aplicación crecientemente estrictas en las condiciones de acceso, que adoptan fundamentalmente la forma de una *exigencia de contraprestación laboral*. Con esto se busca, por un lado, desincentivar las trampa de desempleo y por otro, la noción de contraprestación se amplía de manera de incluir las actividades tendientes a aumentar la "empleabilidad" del beneficiario. Es decir, los beneficiarios no llegarían al extremo de la exigencia ab-

---

[8] Sigo aquí principalmente a Barbeito y otros (2003).

[9] La trampa de desempleo refiere a la situación por la cual los individuos que perciben un beneficio condicionado a su situación de desempleados o a test de recursos, se encontrarían desincentivados a trabajar, ya que de acceder a un empleo remunerado perderían el beneficio.

soluta de aceptar cualquier puesto de trabajo, en tanto un EB activo ofrecería facilidades para la búsqueda de empleo, la capacitación y la reorientación laboral.[10]

En términos generales, estos lineamientos corresponden a los llamados programas de *workfare,* con sus variantes de capacitación *(learnfare)* o de entrenamiento *(trainingfare)*. El término *workfare* se ha constituido en un emblema alternativo al tradicional de *welfare*. La noción de *fare*, alude al camino, la senda y, eventualmente, el pago de una tarifa o precio para acceder a algo; en este caso, al beneficio social. Así, el *workfare* se refiere a aquellas políticas que, en lugar de poner el acento en los "incentivos" y "derechos" al empleo, lo colocan en la directa "obligación" de emplearse como precio a pagar para recibir un subsidio (Lo Vuolo 2001). El nivel monetario del beneficio se fija significativamente por debajo del salario de mercado como también suelen ser inferiores las condiciones de trabajo y/u otros beneficios vinculados con el empleo (Standing, 2002b).

Un ejemplo autóctono de este tipo de esquemas lo constituye el Plan Jefes y Jefas de Hogar Desocupados (PJJHD). Esto es así tanto por su exigencia de contraprestación laboral para acceder al beneficio, como por las características y condiciones de los "empleos" de contraprestación activados desde el Estado.

Según sus promotores, los esquemas de *workfare* apuntarían a "combatir la dependencia" de los beneficiarios de los múltiples y variados programas sociales que caracterizan a los tradicionales EB. Esto es así en tanto se trataría de una suerte de "test de trabajo", de la voluntad y el esfuerzo de las personas para salir por sus propios medios de su situación de necesidad. Aceptar o no este tipo de programas serviría para diferenciar entre "merecedores" y "no merecedores" de asistencia.

Por otro lado, la exigencia de una contraprestación laboral a cambio de la asistencia social, incrementa la capacidad del gobierno para mejorar el funcionamiento económico y social de la ciudadanía. El supuesto principal en que se apoya el argumento es que los beneficiarios son naturalmente proclives al ocio, por lo que imponer como contraprestación la obligación de

---

[10] El caso extremo de "activación" lo constituiría una estrategia donde un Estado de Bienestar activo avanza en el sentido de crear, como último recurso, trabajos pagos por fuera del mercado. En esta línea se encuentra propuestas como el ELR (Employment of Last Resort), fuertemente promovida por sectores académicos heterodoxos. Al respecto puede consultarse Cibils y Lo Vuolo (2004).

trabajar recrea y afirma los principios de la ética del trabajo (Standing, 2002b). De este modo, los excluidos podrían adquirir los valores básicos que sostienen a la sociedad (trabajo, aprendizaje, esfuerzo, sostén familiar) y así se lograría alejar a las personas de una serie de vicios sociales (vagancia, dependencia, delito, rupturas familiares) (Lo Vuolo, 2001).

De esta manera, los programas de *workfare* encarnarían una estrategia de cambio hacia un Estado de Bienestar "activo" cuya construcción se basa en la búsqueda de un nuevo equilibrio entre los "derechos" a la seguridad social y un conjunto de "deberes" correlativos. Desde esta óptica se considera que todo aquel que "vive" de la seguridad social está siendo, además, "resocializado" y reconducido hacia una vida laboral autosuficiente. En este sentido, una proporción creciente de los impuestos que se pagan para financiar la solidaridad se emplean en programas que tienden a una más activa participación de los beneficiarios en el mercado laboral, más que en brindar una asistencia económica pasiva a los necesitados (Groot y Van der Veen, 2002). Aun cuando los trabajos puedan ser "subestándares", las políticas de *workfare* supuestamente mejorarían la equidad entre beneficiarios y no beneficiarios, en tanto hay personas que también desempeñan trabajos de baja calidad (en términos de remuneración y protección social) a cambio de un salario (Lo Vuolo, 2001).

También los programas de *workfare* tendrían un efecto positivo sobre el mercado de empleo. Primero, porque contribuirían a la disminución del desempleo, en la medida que se registran como ocupados a los beneficiarios que efectivamente realizan una contraprestación laboral. Segundo, porque desestimulan a quienes no tienen verdadera voluntad de emplearse para registrarse como desocupados. Tercero, porque incluso los trabajos creados artificialmente pueden: a) colmar necesidades sociales que el mercado laboral no puede satisfacer a los niveles salariales mínimos vigentes, b) servir de puentes entre los períodos de participación económica normal, manteniendo la disciplina, sin pérdida de dignidad.

En contraposición con lo reseñado previamente, también pueden señalarse varias debilidades que se detectan en este tipo de esquemas. En primer lugar, existe una discusión acerca de los propios valores que el *workfare* promueve. Para comenzar, suele cuestionarse la legitimidad de la "reciprocidad" laboral que el programa establece, no sólo por la exigencia misma del desempeño laboral sino por la naturaleza de las tareas que se desarrollan y que no suelen tener las características de empleos plenos. Asimismo, también suele cuestionarse la propia aptitud de los funcionarios que administran el *workfare* para juzgar el mérito de los beneficiarios y decidir sobre ellos.

En este sentido, se sostiene que, a menos que el Estado esté en condiciones de garantizar igualdad de oportunidades en el acceso a puestos de empleo, no es legítimo reclamar la reciprocidad social mencionada. Más que legitimar la política, la consecuencia de la exigencia de contraprestación puede ser una estructura del tipo "ellos y nosotros", contraria a la lógica inclusiva que se pretende otorgar a estos programas.

También se discuten los impactos que este tipo de programas tienen sobre el mercado de empleo, señalándose que no consiguen evitar la "trampa del desempleo", más que con empleos cuyos salarios sean considerablemente superiores al nivel del beneficio.

Otro impacto negativo sobre el mercado lo constituye el "efecto sustitución", por el cual este tipo de programas coloca a los beneficiarios en puestos ya creados que eran ocupados por otros trabajadores o porque se los ubica en puestos donde ellos mismos podrían haberse ubicado sin necesidad del incentivo generado por el programa. Al mismo tiempo, se señalan efectos "no deseados" como el debilitamiento de la posición negociadora de los grupos de menores ingresos entre los ocupados.

En general, la experiencia internacional tiende a verificar que los empleos que consiguen los beneficiarios del *workfare* son de muy baja productividad y que, por tal razón, no permiten revertir la situación estructural de exclusión de la fuerza de trabajo en el mercado de empleo. Esto resulta particularmente relevante en el caso de las mujeres, ya que se verifica que estos programas promueven la mayor incorporación de mujeres inactivas a la fuerza de trabajo, y la misma ocurre, por las propias características de los programas, en empleos en ocupaciones de baja productividad, bajos salarios y nulo nivel de protección.[11]

Esta dificultad para reinsertar plenamente a los beneficiarios en puestos de empleo se relaciona con las características de la capacitación laboral que se promueve en el marco de estos programas. Al respecto se presume, incorrectamente, que existe un cabal conocimiento de las calificaciones requeridas por el mercado de empleo y que dichas calificaciones pue-

---

[11] Una lectura en este sentido del PJJHD puede verse en Rodríguez Enríquez (2005).

den ser razonablemente incorporadas a los desocupados que demandan asistencia del programa.

Además, los programas de *workfare* suelen carecer de ámbitos institucionalizados para canalizar la representación de los intereses de los beneficiarios. La crítica considera que cualquier intervención que pretenda extender los derechos o las libertades sin complementar estas pretensiones con mecanismos básicos de representación colectiva, sólo conduce a que el vulnerable continúe en situación vulnerable (Standing, 2002a; 2002b). Entre otras cosas, los mecanismos de representación servirían como contrapreso del mecanismo de control que en la práctica ejercen las agencias de empleo u oficinas burocráticas que participan en estos programas y que suelen tener la función de distribuir beneficios y establecer el cumplimiento o no de los requisitos para el acceso.

En síntesis, el paradigma del *workfare*, con sus fortalezas y debilidades, persiste en ubicar a la relación salarial en el centro de los mecanismos de inserción social, adaptándose al contexto de mercados laborales con mayores niveles de desempleo y esquemas de regulación más flexibles. El eje en el trabajo remunerado se vuelve particularmente complejo en el marco de mercados laborales como el argentino, que además presenta rasgos profundos y estructurales de precariedad y vulnerabilidad.

El eje en la seguridad en los ingresos

El movimiento desde el bienestar condicional tradicional hacia formas que modifiquen no sólo las condiciones de acceso a los beneficios, sino fundamentalmente que incorporen una concepción más amplia de la propia noción de trabajo muestra, hasta el momento, una creciente importancia en el debate teórico, pero menor relevancia en las experiencias concretas de política pública. Las debilidades ya señaladas en los programas tradicionales y particularmente en los de *workfare*, conforman el contexto más propicio para seguir avanzando en esta línea.

El punto extremo de este movimiento lo constituye una forma pura de "ingreso básico" o "ingreso ciudadano", que es la idea que se aborda en esta sección. La propuesta del *Ingreso Ciudadano* constituye el tipo de esquema de garantía de seguridad socioeconómica que aparece como más ajustado a la concepción y consolidación de una *idea más amplia de traba-*

369

jo, que incluya no sólo el empleo mercantil sino toda actividad humana creativa donde se expresa la fuerza de trabajo.

La noción de "ingreso ciudadano" es tributaria de otros conceptos que designan a todos aquellos arreglos institucionales cuyo objetivo es *garantizar cierta forma de ingreso monetario incondicional a **todas** las personas.* Esto es, un ingreso para cuyo acceso no se requiere ninguna otra condición personal que la de ser ciudadano. Por ejemplo, no se requiere trabajar (como es el caso del salario), ser declarado incapaz (jubilación por invalidez), haber contribuido con una prima de seguro (jubilación ordinaria, obras sociales), demostrar que se está desocupado (seguro de desempleo) o ser pobre (programas asistenciales focalizados).

Las características de *incondicionalidad, universalidad y beneficio monetario* son las que identifican primordialmente a esta propuesta. La misma se sostiene sobre un sistema de valores y sobre principios de organización que difieren sustantivamente de aquellos a los que estamos habituados en nuestras sociedades. Para que se entienda, esta propuesta no es contradictoria con el modo de producción capitalista, pero sí modifica el eje, desde la relación salarial a la ciudadanía, desde el trabajo mercantil al trabajo socialmente útil, desde la acumulación a la distribución.

Específicamente, la propuesta del ingreso ciudadano asume como justificación de su existencia institucional, las siguientes *expectativas ciudadanas*:

> i. debería existir una red de seguridad en el ingreso que garantice que ninguna persona caiga por debajo de ella, que sea de fácil acceso y que no estigmatice a los ciudadanos/as;
> ii. esta red de seguridad debería ser un piso o una base desde donde las personas puedan desarrollar libremente sus capacidades y diferentes estrategias para generar ingresos propios y no un mecanismo que genere dependencia con respecto a la asistencia del Estado;
> iii. no debería discriminar entre personas de distinto sexo, situación civil o arreglo familiar de vida.

De este modo y en su forma pura, un Ingreso Ciudadano (IC) se pagaría: i) a individuos, no a familias; ii) independientemente de su riqueza y de los ingresos que pudieran recibir por otras vías; iii) sin exigencias de registros contributivos de ningún tipo; y iv) sin requerir la realización de un trabajo ni la disposición a aceptar una oferta de empleo (Groot y van der Veen, 2002).

La incondicionalidad del beneficio es uno de los rasgos distintivos de la propuesta del IC, y también uno de los elementos que generan mayor resistencia entre los que se oponen a esta idea. La crítica sostiene que es simplemente injusto transferir ingresos a personas capaces que no desean trabajar en un empleo, lo que ofendería la reciprocidad social, fomentaría la "vagancia" y reduciría la oferta de trabajo.

Quienes, por el contrario, ven en esta característica uno de los valores positivos esenciales de la propuesta, sostienen que: i) es justamente la distribución de este título de derecho universal lo que garantiza el consenso en torno de la propuesta; ii) la incondicionalidad respecto al empleo resulta mucho más relevante bajo condiciones de desempleo masivo y fuerte precariedad laboral; iii) todos los miembros de la sociedad están involucrados (por inclusión o exclusión) en los mecanismos de producción económica, la que resulta entonces una herencia comunitaria que debe distribuirse, al menos en la medida de un básico, entre todos los ciudadanos y ciudadanas; iv) las personas no sólo trabajan en empleos porque necesitan un salario, sino para colmar otro tipo de expectativas, por lo que el impacto de la aplicación del IC sobre la reducción de la oferta de trabajo no es concluyente.[12]

Respecto de este último punto, pueden enumerarse varios impactos de una política de IC sobre el mercado de empleo. Una primera consecuencia clara, vinculada también con la incondicionalidad, es que el IC *evita la trampa del desempleo.* Como la situación ocupacional de las personas no condiciona el acceso al beneficio, los perceptores del IC no se enfrentan a la disyuntiva de ocuparse en el mercado de empleo y dejar de percibir el beneficio, o mantenerse desocupados para conservar la transferencia.

En segundo lugar, una propuesta como el IC es superior a otros arreglos institucionales en contextos de mercados de empleo cada vez más flexibles. En particular, el IC gana en potencialidad cuando se lo combina

---

[12] En tal caso, existirían dos perfiles en los cuales sí es posible que el IC desincentive la oferta de trabajo en el mercado de empleo: i) aquéllos cuyo costo de oportunidad de ingresar al mercado de empleo sea alto (por caso, los estudiantes); y ii) aquéllos con calificaciones correspondientes a actividades de baja productividad y por ende bajo nivel de remuneración. En estos casos, el desincentivo a la oferta de trabajo no es negativo. En el primero el IC puede entenderse como una remuneración a las actividades de capacitación, que producen beneficios no sólo individuales sino también sociales. En el segundo, el IC puede inducir a un incremento de los niveles de remuneraciones más bajas.

con distintos mecanismos de *distribución del tiempo de trabajo*. Partiendo de la seguridad económica brindada por el IC, las personas pueden elegir distintos arreglos ocupacionales con menos restricciones, incluyendo el trabajo mercantil a tiempo completo o parcial, el trabajo doméstico, actividades de capacitación e inclusive el ocio. Desde esta visión, el IC puede conducir a una distribución más equitativa del ingreso, el trabajo remunerado, el trabajo de cuidado de las personas y el tiempo libre, entre hombres y mujeres.[13]

En este punto es donde se evidencia con mayor claridad la relación del IC con una *concepción más amplia del trabajo*. En realidad, el IC viene a recuperar el sentido mismo de la ocupación, es decir, de las actividades que realizan las personas, que tienen una utilidad social y que no siempre son valorizadas en el mercado de trabajo mercantil. En este sentido, el IC promueve el derecho a la ocupación de las personas, esto es, a vivir según el sentido propio de la ocupación, en lugar de reivindicar el derecho al empleo que en otros arreglos institucionales adopta más bien la forma de la obligación de trabajar en cualquier tipo de empleo.

El IC también *contribuiría a mejorar las condiciones de los trabajadores en el mercado de empleo*, brindándoles una plataforma de negociación más potente. Si bien no existen evidencias empíricas disponibles al respecto, los proponentes del IC presumen que la garantía de un ingreso básico permitiría a los desocupados rechazar puestos de trabajo de baja calidad y remuneración. Por el contrario, los críticos de esta propuesta sostienen que el IC fomentaría a la baja las condiciones de empleo, ya que permitiría a los empleadores reducir los salarios ofrecidos en una magnitud similar al beneficio del IC.

Otro de los aspectos que se señalan como un plus de esta propuesta es su *carácter preventivo*. Y aquí nuevamente juega la incondicionalidad. Al no ser necesaria ninguna demostración de carencia o insuficiencia para recibir la transferencia, la misma actúa en forma previa a cualquier manifestación de necesidad. En este sentido, el IC también evita la trampa de la pobreza, es decir, la conveniencia de permanecer con bajos niveles de ingre-

---

[13] Algunos autores sugieren que el ingreso básico funcionaría como un "estipendio de emancipación", y mejoraría la fuerza negociadora de las mujeres, sobre todo si son pobres, o si tienen escasa calificación, frente a sus empleadores y frente a sus esposos, y alentaría a los hombres a procurar empleos de tiempo parcial y ocuparse de parte de las tareas del hogar.

sos propios para no perder el beneficio. Adicionalmente, el IC resulta una política de gestión mucho más sencilla y menos onerosa que cualquier programa que involucre test de recursos.

Por supuesto, la capacidad del IC para actuar preventivamente frente a la problemática de la pobreza dependerá del *nivel del beneficio*, que es materia de abundante discusión en el debate. En este sentido, las variantes se ubican desde niveles inferiores al nivel de subsistencia, fundamentalmente cuando se teme sobre los posibles incentivos negativos sobre la oferta de trabajo, hasta el máximo nivel fiscalmente atendible, cuando lo que se prioriza es el elemento de justicia distributiva implicado en el IC.

El nivel del beneficio también estará determinado en la práctica por las decisiones en torno del esquema de *financiamiento del IC*. Al respecto, la propuesta que presenta mayor coherencia es la que subraya los beneficios derivados de *integrar los sistemas de transferencias de ingresos*.[14] Esto es, un IC financiado con imposiciones sobre los ingresos, que actúe con tasas marginales crecientes; es decir, que por el propio efecto de un IC de suma fija, implique una contribución al fisco creciente en términos relativos a los ingresos de las personas.

Finalmente, una variante del ingreso básico, que mantiene la concepción amplia del trabajo pero hace más estrictas las condiciones de acceso, es la propuesta del *"Ingreso de Participación"* [*Participation Income*], enunciada originalmente por Atkinson (1996). Esta idea fue concebida como una propuesta independiente y alternativa al IC, que mantuviera la característica de no estar sujeta a un test de recursos, pero que incluyera condiciones vinculadas con el trabajo que la volvieran invulnerable a la acusación de violar el principio de reciprocidad.

Así entendido, el Ingreso de Participación es una forma de seguridad socioeconómica donde la condicionalidad vinculada con el trabajo debe tomarse tan en serio como en un sistema de *workfare*, diferenciándose de él por la mayor laxitud de su concepción de actividad. En este caso el beneficio se recibe a cambio de la realización de "actividades socialmente útiles", como ser el cuidado de niños, ancianos o discapacitados, o la realización de trabajos comunitarios oficialmente reconocidos, entre otras. A estas actividades no remuneradas deben sumarse las ya reconocidas por el EB

---

[14] Para ampliación sobre las posibilidades de un sistema integrado de transferencias fiscales de ingreso véase Barbeito (1995).

activo como bases de acceso a la seguridad socioeconómica, a saber: el trabajo remunerado y las actividades tendientes a aumentar la capacidad del individuo para conseguir un empleo en el mercado (Groot y van der Veen, 2002).

Esta propuesta, si bien es mucho más amplia que los esquemas de *workfare,* también introduce un elemento de condicionamiento a la autonomía personal, en este caso la participación en actividades definidas como socialmente útiles. La cuestión clave radica, entonces, en la propia definición de este término. Sin embargo, esta amplitud la acerca a la propuesta de IC en tanto la misma presupone que aun sin pedir condiciones, todas las personas tienen una predisposición a realizar actividades creativas y útiles para sí mismas y para la sociedad. De alguna manera el IC o el ingreso de participación sería una manera de brindarle además a la personas la posibilidad concreta de realizar estas actividades.

En síntesis, la propuesta del IC desafía algunos de los valores fundantes de los principios de organización social, y propone un esquema que además de garantizar un mínimo estándar de vida a las personas, puede resultar más funcional a las actuales condiciones del mercado de empleo, a la vez que ofrece mayores grados de libertad a las personas para elegir la manera en que prefieren desarrollar su fuerza de trabajo.

La seguridad básica universal: una meta viable en la Argentina

Varios antecedentes en el país demuestran que avanzar en estas líneas de discusión no son ejercicios meramente intelectuales ni ideologismo abstracto. También la experiencia internacional da cuentas en este sentido. Por nombrar el caso más cercano, Brasil aprobó en el año 2004 la Ley de Renda Básica de Cidadania que prevé la paulatina implementación de un esquema universal de renta básica[15].

En la Argentina, sin embargo, no parecen estar dadas las condiciones para la implementación de un IC universal. En primer lugar, porque aún no existe un consenso amplio al respecto, ni la construcción del poder polí-

---

[15] Por información sobre el estado del debate y los avances de política en distintos lugares del mundo, se puede consultar: http://www.ingresociudadano.org/index.htm y http://www.ingresociudadano.org/index.htm.

tico necesario para su implementación. La idea de garantizar un ingreso universal a las personas no tiene tradición en el país, ni en el debate ni en el sistema de políticas públicas, en donde históricamente fueron privilegiadas políticas sociales fragmentadas, típicas de los sistemas institucionales corporativos. Por lo mismo, aún es largo el camino a recorrer tanto para transformar el sistema de valores que una propuesta radical como esta requiere, así como para desestructurar los múltiples intereses individuales y corporativos construidos en torno del sistema de políticas asistenciales vigentes.

En segundo lugar, porque los estrechos márgenes impuestos sobre la política fiscal, derivados de los todavía elevados niveles de endeudamiento y un sistema tributario inequitativo y frágil por su alta dependencia de impuestos extraordinarios, impiden implementar de modo inmediato una red de seguridad en los ingresos que abarque al conjunto de los ciudadanos. Esto es así, tanto por el costo financiero que implica un objetivo de este tipo, como también por la cantidad y complejidad de las instituciones, normas y programas que deberían suprimirse y/o reformarse en dicha dirección.

Esto obliga a pensar en una estrategia de aplicación gradual de las políticas. El diseño de esta estrategia debiera considerar, por un lado, prioridades en cuanto a la cobertura de los grupos más vulnerables y económicamente dependientes; por otro lado, procurar efectos positivos inmediatos sin afectar los principios fundamentales que inspiran la concepción global: moverse desde programas fragmentados, selectivos y de carácter meramente reparador, hacia otros más integrados, universales y de carácter preventivo.

En este camino sí parece haberse llegado al consenso necesario para la implementación de un esquema de cobertura monetaria universal para las personas menores de edad, es decir, un *ingreso ciudadano para los niños y niñas* (INCINI). En este sentido, diversos proyectos legislativos presentados, ejercicios cuantitativos realizados y propuestas concretas, demuestran que es posible en la Argentina, hoy, comenzar con la implementación de una transferencia universal para este sector de población. La misma se justificaría porque: i) el pago de un ingreso regular fundado en la niñez produce impactos favorables muy positivos en los grupos familiares más vulnerables; ii) facilita la construcción de consensos políticos alrededor de la idea de cambiar la estrategia global en el área social hacia redes de seguridad universales y preventivas; iii) permite retomar compromisos sociales de solidaridad intergeneracional, abandonados por las actuales políticas y que resultan esenciales para construir un proyecto con visión de futuro que involucre al conjunto de la sociedad; iv) favorece una mejor programación de las reformas institucionales y fiscales requeridas por el proceso de construcción de la red de seguridad; y v) es un objetivo plausible y realizable en el corto plazo.

Si bien las propuestas existentes difieren en sus características (nivel de beneficio y condiciones de acceso), las que más se acercan a la propuesta "pura" del IC consideran: i) que es posible fiscalmente establecer un ingreso ciudadano para la niñez, incondicional y universal; ii) que el mismo puede implementarse con mecanismos de incentivos a la asistencia escolar y control sanitario de los niños; iii) que el beneficio debe transferirse a cabeza de los niños, siendo pagadero a la madre; iv) que la implementación del IC permitiría reformular y en algunos casos hasta eliminar diversos programas asistenciales focalizados que basan el derecho al beneficio directa o indirectamente en la niñez; iv) que el nivel de recaudación tributaria y superávit fiscal actual permitiría alcanzar el financiamiento necesario; v) que es aconsejable para lograr la sustentabilidad de este financiamiento y dotar de potencialidad redistributiva a la propuesta, acompañarla con reformas en la tributación sobre los ingresos, particularmente eliminando las diferentes exenciones en el impuesto a las ganancias.[16]

En definitiva, las evidencias demuestran que es posible comenzar con la implementación de esquemas parciales de IC, que pueden transformarse en el camino hacia la concreción de un IC universal, que se financie de manera progresiva y siente las bases de un nuevo consenso social. Se trata de un camino concreto e indispensable para dejar de hacer más de lo mismo y comenzar a sentar las bases de otra sociedad.

---

[16] A título ilustrativo, Lo Vuolo *et al.* (1999) y Lozano (2005) presentan ejercicios cuantitativos de implementación de políticas específicas de sostenimiento del ingreso. Por otra parte, existen actualmente varios proyectos de ley con estado parlamentario que promueven diferentes esquemas de transferencias monetarias de tipo universal para la niñez. Al respecto véase los siguientes expedientes: 0403-D-04; 2859-D-04; 0641-D-04.

Bibliografía

Atkinson (1996), "The Case for a Participation Income", en *The Political Quarterly*, Vol. 67, Nº 1. Oxford, January-March.

Barbeito, A. (1995), "La integración de los sistemas de transferencias fiscales como instrumento de integración social", en Lo Vuolo R. (comp.) *Contra la exclusión. La propuesta del ingreso ciudadano*, Buenos Aires, Ciepp - Miño y Dávila.

Barbeito, A., Giosa Zuazúa N. y Rodríguez Enríquez, C. (2003), "La cuestión social en la Argentina y el Plan Jefes y Jefas de Hogar Desocupados". Buenos Aires: Proyecto de cooperación técnica OIT - Gobierno Argentino (MTESS): *Enfrentando los retos al trabajo decente en la crisis argentina*.

Cibils, A. y Lo Vuolo, R. (2004), "El Estado como empleador de última instancia". Buenos Aires: Ciepp. DT 40.

Gough (2003), *Capital global, necesidades básicas y políticas sociales*. Miño y Dávila - CIEPP.

Groot y van der Veen (2002), "¿Cuán atractivo resulta el Ingreso Básico para los Estados de Bienestar europeos?" En Van deer Veen, Groot y Lo Vuolo (coord.) *La renta básica en la agenda: objetivos y posibilidades del ingreso ciudadano*. Miño y Dávila - CIEPP - Red renta básica (2002).

Lo Vuolo (2001), *Alternativas. La economía como cuestión social*. Grupo Editor Altamira.

Lo Vuolo *et al.* (1999), *La pobreza... de las políticas contra la pobreza*. Buenos Aires: Ciepp - Miño y Dávila Editores.

Lozano, C. (coord.) (2005), "La universalización de las asignaciones familiares y la actualización de la propuesta del Frenapo: Distintas opciones". Buenos Aires: IDEF - CTA.

Rodríguez Enriquez, C. (2002), "Indicadores de precariedad laboral como estimación de la zona de vulnerabilidad social". En: L. Andrenacci (org.) *Cuestión social y política social en el Gran Buenos Aires*. Buenos Aires: Ediciones Al Margen - Universidad Nacional de General Sarmiento. Mayo 2002.

Rodríguez Enríquez, C. (2005), "Gender Aspects of Social Policy in Argentina: The case of Money Transfer Policy". Ponencia presentada en la 6ta. Conferencia Internacional *Engendering Macroeconomics and International Economics*. Salt Lake City: University of Utah - GEM-IWG.

Standing (2002a), "About Time: Basic Income Security as a Right". Ginebra: Basic Income European Network (BIEN), 9º International Congress.

Standing (2002b), *Beyond the New Paternalism. Basic Security as Equality*. ILO.

Experiencias de Economía Social y Solidaria en la Argentina

Ana Luz Abramovich y Gonzalo Vázquez

En este artículo intentamos reseñar brevemente las ideas centrales de la propuesta de Economía Social y Solidaria (ESyS), y describir algunas de las experiencias desarrolladas en nuestro país que pueden conformar espacios de esta economía alternativa. Incluimos dos experiencias (Empresas Recuperadas y Trueque) que son usualmente citadas dentro del campo de la ESyS, y una tercera (el FRENAPO) a la que no se suele enmarcar en este campo.

Se vuelve necesario aclarar que la propuesta de ESyS no está solamente construida desde la teoría, sino que aparece expresada en documentos de distinto tipo, tanto académicos como de organizaciones sociales y de organismos del Estado.

En este sentido, partiendo de los múltiples aportes, tanto teóricos como desde la práctica, tomamos aquellas ideas que compartimos y que creemos permiten ilustrar esta propuesta.

La Economía Social y Solidaria como propuesta de economía alternativa

La Economía Social y Solidaria es hoy en la Argentina (y en el mundo) una *propuesta*. Una propuesta política, que tiene dimensiones teóricas y prácticas en desarrollo. Y que no es actualmente verificable en la realidad, visible, delimitable. Propuesta que, como tal, involucra experiencias que se han puesto en marcha (antes y después de la aparición expresa de la propuesta) y que alimentaron y alimentan los fundamentos de la misma. Son, entonces, múltiples experiencias y autores los que hoy constituyen el campo de la ESyS.

Ana Luz Abramovich y Gonzalo Vázquez

Si bien la noción de Economía Social[1] tiene más de un siglo, esta nueva expresión "Economía Social y Solidaria", alude a un resurgimiento y transformación de esas viejas ideas. Podemos ubicar este resurgimiento progresivo en los últimos 30 años, claramente asociado con la consolidación de situaciones de exclusión social, entendida como la imposibilidad de gran parte de la población de nuestros países de reproducir su vida de acuerdo con parámetros socialmente "dignos", y en muchos casos, hasta en términos biológicos. La cada vez más profunda tendencia a la exclusión de los trabajadores del empleo o a su inclusión bajo formas precarias y desprotegidas, ha cristalizado en esta situación de exclusión social; y no hay tendencias que indiquen que esta situación se vaya a revertir, sino todo lo contrario.

En este marco, la propuesta de ESyS sostiene que no sólo es inmediatamente necesaria, sino también posible una transformación social que contribuya a acabar con esta situación de injusticia social.

Es importante aclarar lo que *no es* la ESyS, desde nuestro punto de vista. No es una propuesta de creación y promoción de emprendimientos productivos. No son simplemente las cooperativas y las mutuales. Tampoco es una propuesta enfocada únicamente hacia los pobres, sino una propuesta para todos los ciudadanos que además intenta asegurar la inclusión de los pobres y los excluidos.

La ESyS es una propuesta de construcción de una *economía alternativa.*

¿Qué sería una economía alternativa? Se puede considerar otra economía a una reorganización de las relaciones sociales en la producción, distribución y consumo de bienes y servicios, que implique priorizar la reproducción de la vida de todos por sobre cualquier otra racionalidad. (Coraggio, 2002b)

¿Alternativa a qué?[2] A lo que rechazamos de la economía capitalista, a saber:

---

[1] En términos de Coraggio, puede hablarse de economía *social* "en tanto produce sociedad y no sólo utilidades económicas, porque genera valores de uso para satisfacer necesidades de los mismos productores o de sus comunidades –generalmente de base territorial, étnica, social o cultural– y no está orientada por la ganancia y la acumulación de capital sin límites. Además, porque vuelve a unir producción y reproducción, al producir para satisfacer de manera más directa y mejor las necesidades acordadas como legítimas por la misma sociedad" (Coraggio, 2002b). Mas allá de que consideramos que el término "economía social" puede ser redundante, lo adoptamos por la necesidad de abarcar un campo que ha sido denominado con ese nombre y que enfatiza en que las relaciones económicas son una construcción social.

[2] En los próximos párrafos nos basamos en el interesante planteo que hacen Boaventura de Souza Santos y César Rodríguez en la Introducción al libro *Produzir para viver* (2002).

- La desigualdad estructural de recursos y de poder que produce y reproduce para su continuidad, que no se agota en la subordinación de la clase trabajadora a la capitalista, sino también es desigualdad entre géneros, entre etnias, entre países, etcétera.
- Unas relaciones sociales empobrecidas, estructuradas por la competencia en la que la búsqueda del interés individual prima por sobre otras posibles motivaciones. Estas relaciones competitivas no se dan sólo en el mercado, sino que van colonizando cada vez más todos los ámbitos de la vida.[3]
- La insustentabilidad de la producción y el consumo a nivel global, ya que destruyen el medio ambiente y las posibilidades de reproducción del propio género humano.

Una economía alternativa que rechace también la tendencia a aceptar estas cuestiones como naturales de la vida humana, y que permita verlas como construcciones sociales susceptibles de ser modificadas.[4]

En este sentido, las prácticas y el pensamiento de una propuesta de economía alternativa buscan ampliar el espectro de lo posible a través de la experimentación y reflexión sobre formas de organización económica que:

- partiendo del reconocimiento de la diversidad y dignidad de las personas y los pueblos promuevan relaciones más igualitarias;
- impulsen el asociativismo[5] y relaciones sociales (interpersonales y colectivas) más solidarias;
- prioricen el respeto del medio ambiente y de las posibilidades de reproducción de la vida de todos.

En síntesis, la experimentación de prácticas y formas de sociabilidad *no-capitalistas*, "que apuntan a una transformación gradual de la producción y de la sociabilidad hacia formas más igualitarias, solidarias y sustentables" (Santos y Rodríguez, 2002).

---

[3] Según Gerald Cohen, la sociabilidad capitalista se apoya sobre los principios de *la codicia y el miedo*: "Desde la codicia, las personas son vistas como fuente de enriquecimiento (me sirvo de ellos) y, desde el miedo, vistas como amenazas" (citado en Danani, 2004).

[4] Dice Boaventura de Souza Santos: "En mi opinión, la separación entre lo económico y lo político posibilitó tanto la naturalización de la explotación capitalista como la neutralización del potencial revolucionario de la política liberal, dos procesos que convergieron para consolidar el modelo capitalista de las relaciones sociales" (Santos, 1991).

[5] Según Paulo Peixoto de Alburquerque el asociativismo se puede ver como un tipo de cooperación calificada, a partir de un acuerdo ético basado en la reciprocidad, la confianza, la pluralidad y el respeto por el otro (Peixoto 2004).

Queda claro que una economía alternativa implica una sociedad alternativa. Las propuestas de ESyS hacen foco en algunos ámbitos generalmente comprendidos como "económicos", pero no desconocen que éstos son parte del conjunto de las relaciones sociales en general, y que para producir modificaciones en ellos son necesarias modificaciones en todos los aspectos de la vida social.

Insistimos en que no se trata de una propuesta destinada exclusivamente a los pobres, sino a los trabajadores en general. Sobre este punto, nos parece pertinente la aclaración de que "existe otra forma de pensar la economía social, que tiene que ver con pensarla no ya restringida a algo que podría denominarse economía de la pobreza, que en un sentido es en gran medida lo que sigue siendo hasta ahora, sino pensarla como la posibilidad de plasmar en nuestro funcionamiento económico nuevas formas de producción y distribución de excedentes" (Lozano, 2004).

Estas prácticas alternativas, aunque no alcanzan a reemplazar al capitalismo, suelen generar dos efectos de *alto contenido emancipador*: a) individualmente, frecuentes y significativas mejoras en las condiciones de vida de las personas involucradas; b) socialmente, su difusión amplía los campos sociales en los que operan valores y formas de organización no capitalista. La *emancipación* refiere a "las posibilidades de las clases subalternas y los grupos sociales más pobres, de construir de forma autónoma sus diversas formas de asociación y representación de intereses y, más importante que eso, de penetrar en el campo de la lucha política y ejercer ahí su derecho de defender las propias reivindicaciones y buscar materializar sus demandas" (Navarro, 2002).

Estos espacios de ESyS contribuyen a una mayor *democratización* "en cuanto amplían socialmente el acceso al capital, en cuanto permiten a muchos participar en la gestión de empresas, y en cuanto generan ocupaciones estables no dependientes del capital" (Razeto, 2002). Se trata de una ampliación de la democracia al campo de lo económico, teniendo en cuenta que las relaciones sociales de producción han quedado al margen del progreso que significó la adopción del ideal democrático en el campo de las relaciones políticas (Santos, 1991).

La creación de espacios de ESyS, orientados hacia la reproducción ampliada de la vida del conjunto de la sociedad y no a la acumulación de capital, plantea básicamente la *centralidad del trabajo* en la economía (Coraggio, 2002b). Esto es, el trabajador, sus capacidades y sus necesidades como razón de ser del proceso económico, y la reproducción de su vida como fin y no como medio.

Las experiencias de ESyS en la Argentina

En primer lugar presentamos un listado amplio de potenciales "componentes" de la ESyS, tomando experiencias generalmente incluidas en la propuesta o que se han autodenominado como de economía social y/o solidaria.

En cualquier nivel de profundidad en que se analice, no es el tipo de actividad lo que define que una experiencia pueda enmarcarse dentro de la ESyS, sino la forma de llevar adelante esa actividad, las formas organizativas y de sociabilidad que se ponen en práctica en el funcionamiento real (y no sólo en el discurso). Existen prácticas de Trueque, en las que se actúa de acuerdo con estas formas propuestas por la ESyS y otras en las que no; lo mismo ocurre con las prácticas sindicales, con el trabajo en las cooperativas, y así en cada caso.

Experiencias con potencialidad:
- emprendimientos comunitarios
- empresas recuperadas por los trabajadores
- microemprendimientos familiares
- mutuales y cooperativas
- espacios de intercambio con "moneda social" (Trueque, en la Argentina)
- ferias populares
- redes de comercio justo o solidario
- espacios de compra conjunta
- microcrédito y banca social
- instituciones de capacitación y apoyo a todas las anteriores (incubadoras de emprendimientos)
  movimientos piqueteros y sus actividades productivas
- espacios culturales territoriales
- sindicatos de trabajadores (ocupados o desocupados).

A continuación profundizamos en algunas experiencias recientes en nuestro país que permiten ilustrar algunas de las prácticas y formas de sociabilidad que supone la propuesta. Hacemos hincapié en rescatar esos aspectos de las experiencias, de manera que no detallamos las dificultades, conflictos y enfrentamientos que se han verificado a lo largo de su historia. El lector interesado en conocer estos detalles puede recurrir a la bibliografía listada al final de este artículo.

Las empresas recuperadas y autogestionadas por los trabajadores[6]

Se puede definir a las empresas recuperadas como "aquellas empresas que abandonadas por las patronales, o en proceso de vaciamiento, quiebra o cierre, han sido ocupadas por los trabajadores y puestas a producir por los mismos" (Martínez y otros, 2002)

Si bien el fenómeno de recuperación de empresas no es nuevo, ya que en el caso argentino existen antecedentes de formación de cooperativas a partir de fábricas en estado terminal que se remontan a cuatro década atrás (Sancha, 2002), éste adquiere una importancia creciente a partir de 1995, y se refuerza a partir del 2001. Tal es así que el 65 % de las empresas recuperadas registradas lo fueron entre el 2001 y el 2003.

La cantidad de empresas recuperadas del país estaría entre 127 y 180, según distintas fuentes de datos. Tampoco hay datos ciertos de la cantidad de trabajadores empleados en ellas, pero se estiman entre 10 y 12.000.

La mayoría de las empresas recuperadas son manufactureras, existiendo algunas comerciales, de transporte y de servicios.

En el año 2001 se crea el Movimiento Nacional de Empresas Recuperadas (MNER), que es una organización que se declara transversal, representativa y democrática. Nuclea a más del 60 % de las empresas recuperadas.

El MNER intenta apoyar los esfuerzos de poner en actividad fábricas y empresas que entran en crisis, cuando esto es solicitado por sus trabajadores, para lo que han conformado un equipo técnico. Organiza o actúa como correa de transmisión para el apoyo en la organización, gestión, capacitación y puesta en actividad de entidades ocupadas, para lo cual también suscribe convenios y acuerdos con centros de investigación de la Universidad, con organizaciones profesionales, la Federación de Trabajadores

---

[6] Este apartado se basa centralmente en el trabajo de Alberto Federico-Sabaté, "El surgimiento de formas asociativas en el derrumbe: ¿es posible otra economía?", GADIS, en prensa.

de la Industria y Afines (FETIA-CTA), la Asamblea de Pequeñas y Medianas Empresas (APyME), el Instituto Nacional de Asociativismo y Economía Social, entre otros.

Sin embargo, el movimiento de las empresas recuperadas no es uno solo. En el año 2003 apareció otro movimiento denominado Movimiento Nacional de Fábricas Recuperadas por los Trabajadores (MNFRT), con un menor número de organizaciones y representatividad. Las diferencias entre estos movimientos tienen que ver principalmente con divergencias entre sus dirigentes.

El MNER y el MNFRT impulsan desde su arranque la organización de formas asociativas basadas en cooperativas de trabajo, en tanto que discuten con los que postulan la "estatización bajo control obrero" como nueva figura.

La cooperativa como figura estimula directamente la aparición de la solidaridad e igualdad en las relaciones interpersonales. A la vez, posibilita la participación en la gestión y fomenta la creatividad y el desarrollo personal de los trabajadores.

La experiencia de las empresas recuperadas genera un espacio en el que se amplía el acceso al capital, poniendo en el centro al trabajo y los trabajadores.

Si bien es claro que se está inicialmente frente a una salida defensiva por parte de los trabajadores, dado que no están apropiándose ofensivamente de grandes fábricas o firmas en un estado normal de producción y crecimiento; el dar respuesta al problema social de la desocupación por esta vía, es una solución que involucra una redefinición de las relaciones entre capital y trabajo y pone en discusión la vigencia irrestricta del derecho de propiedad, por lo que avanza mas allá de las dimensiones culturales, afectando el sistema institucionalizado de vínculos socioeconómicos (Federico-Sabaté).

"El debate generado a partir de los conflictos destrabados por los trabajadores, plantea un enfrentamiento entre los conceptos de legalidad y legitimidad. La ocupación de las empresas plantea un desafío al derecho de propiedad, pero a su vez, reclama en el marco de la legitimidad del acceso al trabajo" (Fajn y otros, 2003).

Entonces, desde el punto de vista de la emancipación, la existencia y consolidación de estas empresas no sólo permite mejoras inmediatas (aunque con crecimiento gradual) en las condiciones de vida de los trabajadores, también incide sobre el sistema institucionalizado de relaciones laborales y proporciona a los trabajadores una nueva herramienta de presión y negociación.

Por otra parte, el involucramiento de ambos movimientos en redes políticas y culturales más amplias, nos habla también de su potencial emancipador, en el sentido de la ampliación de los campos sociales en que se actúa de acuerdo con estas prácticas y valores; así como de posibilidad de penetrar en el campo de la lucha política.

La construcción de mercados y monedas sociales en la experiencia del Trueque[7]

La experiencia denominada "Trueque" consiste en la creación de mercados sociales que funcionan con una moneda social. Cuando amplios sectores de la población quedan excluidos del consumo en los mercados convencionales por no tener ingresos monetarios, aunque sí tienen recursos productivos (capacidad de trabajo y/o medios de producción) con los que pueden producir bienes o servicios capaces de satisfacer necesidades pero que no son competitivos en los mercados; el resurgimiento de formas de intercambio que no utilicen dinero de curso legal para realizar las transacciones resulta absolutamente razonable. Como también lo es que, de operaciones individuales y ocasionales de intercambio, se extienda a redes de personas o comunidades que se organizan para, sistemáticamente, intercambiar bienes y servicios para atender sus necesidades recíprocas.

A quienes participan en el Trueque y tienen la doble función de: a) producir y ofrecer ciertos bienes y servicios, y b) demandar otros bienes y servicios dentro de la misma comunidad de intercambio, se los denomina "prosumidores"[8]. Se trata de unificar a las personas en su rol de consumidores y productores, y no disociarlos como ocurre en los mercados convencionales.

Un elemento fundamental del dinamismo del Trueque reside en es-

---

[7] Este apartado se basa centralmente en Abramovich, A. L. y Vázquez, G., "La experiencia del Trueque en Argentina: otro mercado es posible", ponencia presentada en el Seminario de Economía Social, organizado por el Instituto de Estudios y Formación de la CTA, 4 de julio de 2003.

[8] "¿Por qué se llama prosumidores a los socios de la red? Porque todos son pro-ductores y con-sumidores. No se puede sólo producir y no consumir, porque se acumularían 'papeles' que no valen nada en otros espacios de intercambio. Tampoco se puede sólo consumir y no producir porque la persona no tendría cómo obtener esos productos o servicios que solo se 'trocan' con moneda social y no pueden ser obtenidos con dinero." (Primavera, H. y del Valle, C., 2001), "Cómo comenzar una red de Trueque Solidario", RedLASES.

ta vinculación entre producción y consumo, al potenciar las motivaciones de las personas en relación con la producción (reactivar capacidades personales no reconocidas socialmente) y al consumo (satisfacer necesidades materiales relegadas por la falta de ingreso).

La "Moneda Social" es creada, distribuida y administrada por sus usuarios, que la usan para intercambios dentro de un determinado círculo, en un lugar y horario acordados. Como convención social, la moneda cumple su función en tanto los miembros de la red lo acepten como representante de valor de cambio y base de los contratos.

En una primera etapa los clubes de Trueque surgieron con una doble intención: por un lado reconocer capacidades de trabajo e intercambio de productos por parte de sectores medios excluidos del mercado laboral, pero a la vez se buscó construir un movimiento alternativo a partir de prácticas apoyadas en la adhesión a ciertos valores. Para la mayoría de los primeros participantes, la intención explícita de fundamentar las acciones en la solidaridad, en el mutuo reconocimiento interpersonal, en la autogestión responsable y participativa, etc., era lo primordial de la nueva experiencia.[9]

Con la expansión del sistema, comienza a participar una enorme cantidad de personas de sectores populares con necesidades urgentes sin atender, que encuentran en el Trueque una manera eficaz de resolver parcialmente algunas de ellas. El objetivo excluyente de esta gran masa de participantes (muchos de ellos luego promotores y coordinadores de nuevos nodos) es la satisfacción de necesidades acuciantes largamente relegadas por la insuficiencia de ingresos.[10]

En la práctica, el Trueque resultó, para millones de argentinos excluidos, sin trabajo y con necesidades elementales sin atender, una experiencia de integración social, económica y cultural, que para muchos duró sólo unos meses, pero para otros sigue vigente.

---

[9] "Un mercado es una red de intercambio material. Sin embargo, es también una red de intercambios simbólicos. (...) En el caso de las redes de trueque, se pretende que la motivación por el contenido simbólico sea mucho más fuerte que por el material. (...) Estas comunidades se forman con miembros de las clases medias que se ven amenazados por la exclusión y tienen ideologías y un alto capital cultural que pueden poder al servicio de un proyecto de esta naturaleza" (Coraggio, 1998).

[10] "Dado el pragmatismo predominante es probable que el sentido económico individual de participar en la red de Trueque no sea constituir o reproducir una comunidad, sino resolver las propias necesidades mediante el intercambio de trabajos particulares. Por supuesto que otros significados o relaciones morales pueden ser sobreimpuestos como condición para participar, y en algunos casos ser lo que motiva la participación, pero conviene distinguir ambos aspectos" (Coraggio, 1998).

Ana Luz Abramovich y Gonzalo Vázquez

Síntesis de la evolución de la magnitud del Trueque[11]

Año	Cantidad de nodos	Número de personas involucradas	Número de socios promedio por nodo
1995	1	20 (mayo)	Entre 10 y 20
1996	17	400	Entre 10 y 30
1997	40	2.500	Entre 10 y 100
1998	83	5.500	Entre 20 y 300
1999	200	20.000	Entre 40 y 400
2000	400	85.000	Entre 50 y 1.500
2001	1.800	800.000	Entre 150 y 4.000
2002	5.000	2.500.000	Entre 150 y 20.000

Fuente: Gilardi, R. (2003), "Redes de Trueque" en Documentos de Apoyo del Seminario-Taller *La economía social en Argentina. Nuevas experiencias y estrategias de institucionalización.*

Las distintas etapas del Trueque pueden diferenciarse a partir de dos parámetros: a) la cantidad de nodos existentes y de personas intercambiando en ellos y b) los modelos de organización de los intercambios vigentes en cada momento.

a) Tomando el primer parámetro, puede dividirse al desarrollo del Trueque en tres etapas:

1. Entre 1995 y 2000. Tuvo un crecimiento sostenido incorporándose crecientemente nodos y personas a las redes

2. A partir del año 2001, y sobre todo al final de ese año y principios del 2002, se da una explosión tanto de la cantidad de nodos como de la cantidad de participantes. Esto se explica principalmente por la falta de liquidez que se dio en la economía debido a ciertas medidas adoptadas por el gobierno como el "déficit cero" y aún más con el "corralito".

3. Debido a ciertos problemas internos del Trueque que generan desilusión y desconfianza por parte de la gente y, en menor medida, como

---

[11] Si bien esta información cuantitativa no es absolutamente coincidente con otros datos existentes, es la única información sistematizada y calculada toda de la misma forma para el total del país. Algunas fuentes llegaron a hablar de 5 millones (y hasta 6) de personas relacionadas con el Trueque en el año 2002. Esto incluye no sólo a las personas que participaron de los intercambios, sino también a sus familias, que estarían "relacionadas más indirectamente" con el Trueque.

efecto de la disponibilidad de dinero "de curso legal" que se verificó a partir de la puesta en funcionamiento del Plan Jefes y Jefas, a partir de mediados del 2002 comienza a decrecer rápidamente la cantidad de gente que concurre a los mercados del Trueque, generando el cierre de gran cantidad de nodos.

La experiencia masiva del Trueque queda reducida a su mínima expresión, sobre todo en el Gran Buenos Aires.

b) Si miramos el desarrollo del trueque a partir de los modelos que guiaron su organización y forma de intercambio, también podemos distinguir tres momentos:

1. Un primer momento donde se realizaba el intercambio sin utilizar moneda. Las "compras y ventas" se anotaban en un cuadernito o planilla. Un poco después, la aparición de emisión de moneda social ("créditos") por nodo.

2. El primer acuerdo respecto de la forma de regular y controlar la emisión y distribución de créditos: el sistema Solidario con control y participación de todos los socios

3. La aparición de otro sistema de emisión y distribución, el de Franquicia Social; que convivirá con el sistema Solidario.

Como ya fue dicho, la participación en el Trueque permitió y permite significativas mejoras en las condiciones de vida de las personas involucradas, en función de la promoción del desarrollo personal y creativo y de la ampliación de la capacidad de satisfacción de necesidades. También promueve la solidaridad y el asociativismo y la permanente ampliación de los campos sociales en que se desarrollan estas formas de sociabilidad.

Lo verdaderamente innovador creemos que fue el redescubrimiento de que la moneda y los mercados son construcciones sociales. Y que, si en este sistema se delegó en el Estado la responsabilidad de construir y preservar estas herramientas, en la medida de que una parte importante de la población no se encuentre incluida en ellas, es posible organizarse y construir nuevos mercados y monedas que sí los incluyan.

La experiencia del Trueque muestra que la creación de mercados y monedas que permitan poner en funcionamiento las capacidades de trabajo y generar nuevos lazos sociales, es una construcción posible. Y que puede ser impulsada y organizada por nosotros mismos, como construcción social.

Ana Luz Abramovich y Gonzalo Vázquez

La experiencia del Frente Nacional contra la Pobreza y la propuesta del shock redistributivo

En el año 2001 tuvo lugar en la Argentina una experiencia inédita, a la que consideramos de ESyS porque integró organización popular, democracia participativa, reivindicación de la igualdad y de una reorganización de la economía en función del derecho a la vida digna para todos. Esta experiencia se gestó alrededor de la idea de resolver los problemas de la indigencia, la pobreza y la reactivación de la economía de los sectores populares a partir de políticas estatales de reconocimiento universal de derechos básicos y de redistribución progresiva de ingresos.

Se trató de la conformación del Frente Nacional contra la Pobreza (FRENAPO), impulsado principalmente por la Central de los Trabajadores Argentinos (CTA)[12] pero integrando a centenares de organizaciones sociales y políticas de todo el país bajo el lema "Ningún hogar pobre en la Argentina".

Este movimiento tuvo sus momentos más significativos en la Marcha Federal del FRENAPO que se realizó en septiembre de 2001 con el objetivo de difundir y promover la participación de la ciudadanía en la Consulta Popular que se desarrolló en todo el país entre los días 14 y 16 de diciembre de 2001, y en la que finalmente participaron con su voto más de tres millones de argentinos, avalando la propuesta del "shock redistributivo".

"Esta estrategia, que hemos denominado "la protesta-propuesta", ha sido instituida por la CTA y es importante señalarla porque se trata de acciones que, así como portan un reclamo, también proponen una vía de resolución sobre aquello mismo que se está pidiendo. La marcha y la consulta popular posterior, realizada a fines de 2001, establecieron un punto de inflexión en la construcción de la Central: en un marco de crisis económica, social y política como la vivida ese año, esta organización convocó y coordinó una acción colectiva cuyo contenido fue más bien propio de una estrategia ofensiva que buscó instalar en la agenda pública no sólo un pro-

---

[12] En 1992 un grupo de sindicatos liderados por CETERA (docentes estatales) y ATE (Asociación de Trabajadores del Estado), afectados por las reformas en curso y disconformes con la reacción de la central sindical, decidieron escindirse de la CGT y crear la CTA. "La CTA se planteó desde su origen la conformación de una central sindical alternativa, en la que tuvieran espacio de representación distintos sectores que, en la CGT, no tenían lugar; el caso más ilustrativo es el de los desocupados, quienes quedaron sin posibilidad alguna de representación sindical y prácticamente sin ningún tipo de protección legal. La meta principal de la CTA, al fin, ha sido la composición de un nuevo movimiento para disputar el poder político en la Argentina" (Armelino, 2004).

blema –la pobreza en la Argentina– sino sobre todo una solución posible de ser puesta en marcha (Armelino, 2004).

La propuesta impulsada por el FRENAPO, votada en la consulta popular de diciembre de 2001, articulaba tres instrumentos:[13]

- un *seguro de empleo y formación* para todo *jefe de hogar desocupado*, cuyo valor debería fijarse en relación con el nivel de ingresos que establece la línea de pobreza para una familia tipo;

- una *asignación universal* para todos los *menores de 18 años*, que reemplazaría a la actual asignación familiar que se otorga sólo a los trabajadores registrados y sería efectivizada a partir de la asistencia del menor al sistema sanitario en los primeros años de vida y al sistema educativo a partir de la edad escolar;

- la *universalización del haber mínimo jubilatorio* para los *mayores de 65 años sin cobertura previsional.*

El accionar conjunto de estas tres medidas permitiría a todos los hogares ubicarse en ingresos por encima de la Línea de la Pobreza, al tiempo que al descomprimir la presión sobre el mercado laboral afirmaría condiciones materiales más favorables para el conjunto de los trabajadores ocupados.

La propuesta se enmarcaba en una estrategia de *Universalización de Derechos* (a la salud, a la educación, al empleo y a la previsión) que restituyera a la población su carácter de ciudadanos, al tiempo que potenciando el consumo popular como eje del mercado interno, se inscribía como un avance en la dirección de gestar otro patrón productivo. La implementación de esta propuesta del FRENAPO permitiría "contribuir a resolver el problema del empleo, dar respuesta a necesidades hoy no satisfechas, recomponer el tejido social y la organización comunitaria, incrementar los ingresos, el consumo y la actividad interna" (FRENAPO, 2001).

En diciembre de 2001, los montos necesarios para que ningún hogar quedara por debajo de la línea de pobreza (en ese entonces $490) eran de $380 para el seguro y de $60 de asignación por cada hijo menor de 18 años. Una actualización de la propuesta para un valor de la canasta básica de $760, implicaría un monto del seguro de $640, asignación por hijo de $60 más ayuda escolar universal de $130 y jubilación mínima universal de $308.

---

[13] Para esta exposición nos basamos en el documento: "La universalización de las asignaciones familiares y la actualización de la propuesta del FRENAPO: Distintas opciones", de Claudio Lozano, Ana Rameri y Tomás Raffo, marzo de 2005, IDEF/CTA.

Costo neto anual de las políticas propuestas y flujo de fondo disponible

Variable	En millones de $
Universalización de la Asignación Familiar de $60 y de la Ayuda Escolar Anual de $130	8.718,8
Seguro de Empleo y Formación de $640	3.585,2
Universalización del haber jubilatorio mínimo $308	5.022,9
Costo neto del total de las propuestas	17.327,0
Total de flujo de fondos disponible[a]	17.326,4

a: corresponde a un estimado para el 2005, en el que se computan la subdeclaración de ingresos de la Administración Nacional, el incremento promedio de recaudación por restitución de contribución patronales a niveles de 1993 y el superávit financiero del presupuesto para ese año.
Fuente: Lozano, Rameri y Raffo (2005) en base a datos oficiales del INDEC, Censo 2001 y Presupuesto 2005.

Al analizarse la factibilidad de esta propuesta, se concluye que en términos económico-financieros es viable, y por ello lo que se busca es impulsar la voluntad política de implementarla a partir de la participación y presión popular. "La viabilidad objetiva de resolver los problemas de pobreza e indigencia de la Argentina surgen al observar que el valor actual [en abril de 2005] del consumo de los hogares alcanzaría para que 123 millones de personas no sean pobres y para que 272 millones de personas no sean indigentes. Totales que surgen de dividir el consumo anual de los hogares por el valor actual de las canastas respectivas de pobreza e indigencia. Por ende, con sólo redistribuir el 12,7% del consumo actual no habría pobres y con solo repartir el 2,1% borraríamos del suelo argentino el crimen de la indigencia" (Lozano, Rameri y Raffo, 2005).

Como se puede observar, a pesar de los años transcurridos desde la formulación inicial de la propuesta, ésta no pierde vigencia aun en una nueva situación en cuanto a la recuperación del crecimiento del producto bruto[14]. "La dinámica del mercado laboral argentino, si bien logra crear em-

---

[14] "Luego de dos años de tasas de crecimiento significativas (superiores al 8% anual), (...) la Argentina recupera los niveles de actividad de 1998, (...) pero con un cuadro social agravado. El desempleo es un 30% más alto, el ingreso promedio es un 30% inferior y hay 5 millones de pobres más que en aquel momento. Si la brecha entre el 10% más rico y el 10% más pobre de la población era del 20 veces durante los noventa, hoy es un 35% más amplia (supera las 27 veces)" (Lozano, 2005).

pleo, no resuelve ni la pobreza ni la desigualdad en la distribución de los ingresos. La mayor actividad económica tiene un bajo efecto sobre los ingresos de la población más postergada. Bajo las condiciones actuales y pese a la baja en el desempleo, tiende a arribarse a una nueva meseta en materia de pobreza e indigencia sustancialmente más alta que la vigente durante los noventa. (…) [Resolver estos problemas] implica un replanteo de la condiciones de intervención y regulación pública sobre el funcionamiento de la economía" (Lozano, 2005).

En el momento de hacer una evaluación de la experiencia en términos de construcción de poder popular, el secretario general de la CTA Víctor De Gennaro expresaba: "El FRENAPO, para mí, fue una experiencia de transición. Transición entre ese tiempo de resistencia, de juntarnos para decir lo que no queremos y éste, de construir la organización político-social para definir lo que queremos. Lo cierto es que fue la primera experiencia de los últimos tiempos en la que logramos juntar organizaciones sociales, religiosas, sindicales, empresariales, culturales y partidos políticos. El FRENAPO rompió, por primera vez en muchos años, con [la dificultad de lograr] una experiencia organizativa conjunta. Y pasó porque pusimos un 'para qué'. Un 'para qué' que era terminar con la pobreza en los hogares argentinos. Pusimos un instrumento que era el Seguro de Empleo y Formación y una metodología que era la consulta popular. El FRENAPO hizo que nos reuniéramos todas las semanas, y empezáramos a integrarnos. Para mí el FRENAPO fue una experiencia de tránsito entre lo viejo y lo nuevo y es la experiencia más importante de la que participamos como CTA". [15/08/2002 - ACTA].

Complementando esta mirada desde las políticas de promoción de una economía social y solidaria, es necesario destacar que la movilización del FRENAPO generó como consecuencia más o menos directa el retorno a las políticas sociales universales de subsidio ante la situación de pobreza. Entre ellas cabe mencionar el diseño y la implementación del Plan Jefas y Jefes de Hogar Desocupados lanzado a mediados de 2002 por el gobierno interino de Duhalde y el Plan Nacional de Desarrollo Local y Economía Social "Manos a la Obra" del gobierno de Kirchner. Estas políticas se diferencian notablemente de la propuesta del FRENAPO (y en algún sentido resultan una parodia de la misma), pero parece razonable adjudicar a la presión popular generada en esta experiencia los avances logrados en relación con las políticas existentes al 2001.

Por otro lado, no creemos que la redistribución de ingresos sea una política alternativa a la promoción de emprendimientos autogestivos, sino al contrario, lo vemos como una condición necesaria para su eficacia. "Políticas que promuevan el aumento del poder adquisitivo de sectores socioeconómicos bajos y medios serían el complemento necesario al apoyo de los emprendimientos productivos de la economía popular. *No habrá mejor política de apoyo a la comercialización que una decidida y eficaz redistribución progresiva del ingreso*" (Abramovich y Vázquez, 2005). Por último, si bien la propuesta del FRENAPO hace hincapié en la redistribución secundaria del ingreso, para nosotros resulta claro que lo hace dentro de una propuesta más amplia de cambio de "la matriz de organización de la economía, (…) otra forma de producir y distribuir el excedente" (Lozano, 2004).

Comentarios finales

Desde nuestra comprensión de la propuesta de ESyS expresada en la primera parte de este trabajo, tanto esta última experiencia, de organización y participación popular en busca de una reorganización más igualitaria de la economía y de garantizar la reproducción de la vida de todos, como las de las empresas recuperadas por sus trabajadores y los mercados y monedas comunitarias del Trueque, son parte de esa necesaria experimentación reflexiva que implica la construcción de una economía alternativa. A esto cabe sumar que la experiencia del FRENAPO resulta complementaria de las anteriores, en la medida de que una redistribución del ingreso en nuestro país no sólo es inmediatamente necesaria para atender necesidades urgentes de la población, sino también para posibilitar (haciendo más viables) la ampliación de estos espacios de experimentación.

En el marco de la propuesta de ESyS, pierde relevancia la disyuntiva "reforma o revolución", dado que se busca impulsar "reformas revolucionarias", es decir iniciativas dentro del sistema que faciliten y den credibilidad a formas de organización económica y de sociabilidad no capitalista (Santos y Rodríguez, 2002).

Se plantea una propuesta alternativa, pero como se lo hace desde dentro del sistema es inevitable que muchas de las prácticas encarnen contradicciones propias del capitalismo. El impulso de actividades productivas, que permitan la sobrevivencia de los trabajadores excluidos del mercado de trabajo asalariado, puede verse como "funcional" al proceso de acumulación de capital al garantizar la disponibilidad de fuerza de trabajo sin asumir los costos de su reproducción. Esta contradicción envuelve a todo el campo de la política social. Sin embargo, lo que se busca es que la experimentación de otras formas de organización de la producción, distribución y consumo puedan dar lugar a cambios graduales en las relaciones sociales de producción imperantes.

Por constituir espacios no-capitalistas dentro del sistema capitalista, se da tanto articulación como competencia con el sector de empresas capitalistas[15]. La relación de estos espacios con el Estado pone en juego también la necesidad de intervención y regulación por parte del mismo. Compartimos la idea de que no hay ninguna posibilidad concreta de favorecer la conformación de un sector de economía social si no es sobre la base de una activa intervención estatal, alterando la matriz de organización que la economía tiene hasta el momento (Lozano, 2004). Esto implica recuperar el derecho político de la intervención en los mercados enfrentando al poder de los grandes monopolios (Hinkelammert, 2004). En términos generales hay que tener en cuenta "la importancia de establecer relaciones reguladas tanto con el sector de economía pública, como con el sector de economía empresarial capitalista" (Coraggio, 1998).

Creemos que las tres experiencias analizadas *fortalecen algunas tendencias* que se observan –incipientes– en la realidad socio-política actual de Latinoamérica hacia una mayor intervención y regulación social de los mercados, la valoración de iniciativas asociativas y autogestionadas en la búsqueda activa de nuevos escenarios, y el reconocimiento social y estatal de un cambio necesario en la jerarquía de derechos en favor de la vida y el trabajo, y en contra de la libertad sin restricciones del capital y la propiedad privada. Tendencias no suficientes, pero necesarias para la concreción de un proyecto de otra economía.

---

[15] "Dentro de los emprendimientos se requiere apuntalar la competitividad de la producción, para lo cual resulta necesario establecer mecanismos de control de la calidad de esa producción, así como el orgullo por el producto del trabajo propio, la valoración de la creatividad, la vinculación honesta con el usuario, la búsqueda de los términos justos del intercambio y la valoración de la cooperación. Se necesita desarrollar sistemas de información, que permitan tomar correctamente las decisiones respecto de la actividad económica, así como de la inserción del emprendimiento en la comunidad y su articulación en diversas redes" (Coraggio, 1998). "... dado que no rechaza totalmente el mundo moderno, sino que busca ser una alternativa de vida al interior del mismo, la economía solidaria no teje redes cerradas, pues quiere superar la sociedad de mercado a través del propio mercado" (Melo Lisboa, 2004).

Bibliografía

Abramovich, A. L. y Vázquez, G. (2003) "La experiencia del Trueque en Argentina: otro mercado es posible". Ponencia presentada en el Seminario de Economía Social, organizado por el Instituto de Estudios y formación de la CTA. 4 de julio de 2003.

Abramovich, A. L. y Vázquez, G. (2005), "Reflexiones sobre las formas de promoción y apoyo a emprendimientos productivos" en *Revista Medio Ambiente y Urbanización* Nº 61, IIED-AL, Buenos Aires, febrero de 2005.

ACTA (2002), "Jugarse por lo que uno cree", nota publicada por la Agencia de noticias de la CTA. http://www.cta.org.ar/NewsPubN/Archives/8/week2.shtml

Arévalo, R y Calello, T. (2003), "Las Empresas Recuperadas en Argentina: algunas dimensiones para su análisis". Trabajo presentado en el Segundo Congreso Argentino de Administración Pública. Córdoba, noviembre.

Armelino, Martín (2004), "Algunos aspectos de la acción colectiva y la protesta en la CTA y el MTA", en Laboratorio nº15, Buenos Aires, primavera de 2004.

Coraggio, José Luis (1998) *Economía Popular Urbana: Una nueva perspectiva para el desarrollo local*. Cartillas 1. Programa de Desarrollo Local. Instituto del Conurbano (Universidad Nacional de General Sarmiento: Buenos Aires)

Coraggio, José Luis (2002a), "La economía del trabajo como perspectiva alternativa al problema del empleo" en Lindemboin, Javier (compilador) *Metamorfosis del empleo en Argentina. Cuadernos del CEPED* Nº 7.

Coraggio, José Luis (2002b) "La economía social como vía para otro desarrollo social", en *De la emergencia a la estrategia: más allá del "alivio de la pobreza"*. Espacio Editorial, Buenos Aires, 2004.

Danani, Claudia (2004), "El alfiler en la silla: sentidos, proyectos y alternativas en el debate de las políticas sociales y de la economía social", en *Política Social y Economía Social. Debates fundamentales*, Fundación OSDE-Altamira-UNGS.

Fajn, G y otros (2003), "Fábricas y empresas recuperadas". Centro Cultural de la Cooperación. Buenos Aires.

Federico-Sabaté, A., *El surgimiento de formas asociativas en el derrumbe ¿es posible otra economía?* GADIS, en prensa.

Gaiger, L. (2000) "Sentido e possibilidades da economia solidaria hoje", en Kraychet, Gabriel, Lara, Francisco y Costa, Beatriz (organizadores): *Economia dos setores populares: entre a realidade e a utopia*. (Petrópolis: Editora Vozes).

Gaiger, Luiz Inácio (2004), "Emprendimientos Económicos Solidarios" en Cattani, Antonio (compilador). *La otra economía*. Fundación OSDE-Altamira-UNGS, Buenos Aires.

Gilardi, R. (2003), "Redes de Trueque" en Documentos de Apoyo del Seminario-Taller "La economía social en Argentina. Nuevas experiencias y estrategias de institucionalización". Jefatura de Gabinete de Ministros - Universidad Nacional de San Martín.

Hinkelammert, Franz (2004), "La vida es más que el capital. La democracia de ciudadanos y el proyecto de la sociedad en la que quepan todos los seres humanos". Publicado en *Revista Pasos* Nº 113, Departamento Ecuménico de Investigaciones, San José, Costa Rica.

IDEF/CTA (2002) "Shock Distributivo, Autonomía Nacional y Democratización. Aportes para superar la crisis de la sociedad argentina". En http://www.institutocta.org.ar/

Laville, Jean-Louis (2002), *Una Tercera vía para el trabajo* (Ediciones Mensajero-Bilbao).

Lozano, Claudio (2004), Exposición en el Taller sobre Desarrollo Local y Desarrollo Regional, organizado por el Espacio de Economía Social del Instituto de Estudios y Formación de la CTA, en el marco del Foro Temático: *Otra economía es posible: la economía social y solidaria*, organizado por el Comité Movilizador Buenos Aires del Foro Social Mundial, Facultad de Ciencias Sociales, Universidad de Buenos Aires, 4, 5 y 6 de junio 2004.

Lozano, Claudio (2005), "Los problemas de la distribución del ingreso y el crecimiento en la Argentina actual", IDEF/CTA, febrero de 2005.

Lozano, Claudio, Rameri, Ana y Raffo, Tomás (2005) "La universalizacion de las asignaciones familiares y la actualizacion de la propuesta del FRENAPO: Distintas opciones", IDEF/CTA, marzo de 2005.

Mance, Euclides (s/d), "La Colaboración Solidaria como una alternativa a la globalización capitalista". Artículo consultado el 15 de marzo de 2003 en <www.trueque-marysierras.ogr.ar/biblioteca2.htm>

Mance; Euclides (2001), *A revolução das redes* (Petrópolis: Editora Vozes).

Martinez, O. y Vocos, F. (2002), "Las empresas recuperadas por los trabajadores y el movimiento obrero", en Carpintero, E y Hernández, M, *Produciendo realidad*. Topía Editorial. Buenos Aires

Melo Lisboa, Armando (2004), "Mercado Solidario", en Cattani, Antonio (compilador), *La Otra Economía*. Fundación OSDE-Altamira-UNGS, Buenos Aires.

Palomino (2002), "El movimiento de trabajadores de empresas recuperadas", *Revista Sociedad* Nros. 20/21. F.C.S- UBA. Verano, Buenos Aires.

Peixoto de Albuquerque, Paulo, (2004) "Asociativismo" En Cattani, Antonio (compilador) *La Otra Economía*. Fundación OSDE-Altamira-UNGS, Buenos Aires.

Primavera, H. y del Valle, C. (2001), "Cómo comenzar una red de Trueque Solidario", Red Lationamericana de Socioeconomía Solidaria (RedLASES).

Razeto Migliaro, Luis (2002) "La economía solidaria como radicalización de la democracia". Ponencia presentada en el II Foro Social Mundial de Porto Alegre, en el Seminario sobre la Economía de Solidaridad. Disponible en <www.economiaso-lidaria.net>

Singer, Paul (2002), *Introduçao à Economia Solidaria* (São Paulo: Editora Funda-çao Perseu Abramo).

Santos, Boaventura de Souza (1991), "Estado, Derecho y luchas sociales", ILSA, Bogotá, Colombia.

Santos, Boaventura de Souza y Rodriguez, César (2002), "Producir para viver. Para ampliar o canone da produçao", Civilizaçao Brasileira, Rio de Janeiro.

Sancha, J. (2003), Recuperación de fuentes de trabajo a partir de la autogestión de los trabajadores". Ponencia presentada en el Seminario de Economía Social, organizado por el Instituto de Estudios y formación de la CTA, 4 de julio de 2003.

Navarro, Zander (2002), "Mobilização sem emancipação – asa lutas sociais dos sem-terra no Brasil" en Souza Santos, Boaventura de (org.) *Produzir para viver: os caminhos da produção não capitalista*. Civilização Brasileira. Brasil.

VII.
Reflexiones sobre el desarrollo

Preguntas sobre el desarrollo a comienzos del siglo XXI

Ricardo Aronskind

El desarrollo económico y social ha sido objeto de innumerables definiciones. Algunas se limitan a vincularlo con el aumento sistemático de la producción y el consumo. Otras lo muestran como un sendero de acumulación –productiva e institucional– por el que pasan las economías atrasadas hasta arribar al modelo de las economías avanzadas. Se señala al desarrollo como un proceso de crecimiento económico acompañado por equidad distributiva. Otros autores ponen el énfasis en los cambios cualitativos del proceso de producción: no sólo consiste en aumentar la producción sino en sofisticarla, mediante la aplicación difundida del conocimiento científico. Parece subyacer, en general, la idea de un despliegue de las capacidades productivas y humanas de una sociedad, ampliando incesantemente la disponibilidad de bienes y servicios para la totalidad de la población.

En el presente trabajo intentaremos poner en relación el concepto de desarrollo con una serie de transformaciones contemporáneas que obligan a revisar viejas certezas en torno de la cuestión. Los cambios en el mundo de las ideas y percepciones sociales, la reconfiguración del espacio político y económico mundial, el impacto de la historia nacional en la relación del estado con la sociedad, y la "microfísica" de los comportamientos sociales, son los principales ejes de esta reflexión.

1. El desarrollo y el fin de las certezas

En los orígenes de la era moderna encontramos una idea central: el progreso. Un mundo luminoso se abría a partir de la Revolución Francesa. El Hombre salía de la servidumbre a la que lo sometía el mundo natural, y mediante su Razón, su Ciencia, lograba descubrir las Leyes que regían el

Universo, dominar a la Naturaleza, y establecer en la tierra el reino de la Ilustración y el Progreso.

De este denso núcleo conceptual fueron –y son– tributarias muchas de las más importantes corrientes de pensamiento que predominaron en los últimos siglos: el liberalismo, el marxismo, y también, en terrenos menos universales y más concretos, las ideas de desarrollo, que se expandieron en la segunda mitad del siglo XX.

Menos universal que otras visiones, especialmente dedicado a proporcionar un horizonte de progreso a las vastas regiones periféricas, el desarrollo económico y social lleva en sus genes la herencia de las ideas madre: el hombre puede comprender, también en economía, las leyes de desenvolvimiento de los procesos, y actuar conscientemente sobre los mismos, para afectar su evolución y conducirla hacia senderos de prosperidad.

El apogeo de las visiones desarrollistas, en sus diversas variantes, correspondió a la segunda posguerra.

El keynesianismo triunfante rompía con el mito del mercado "autorregulado" y legitimaba la intervención estatal en la economía. Para el mundo subdesarrollado, esta intervención adquiría características más amplias aún que en el mundo industrializado, ya que las tareas estatales no incluían sólo la estabilización de la demanda o el sostenimiento del pleno empleo, sino cambiar las estructuras que reproducían el atraso.

Las fuerzas desarrollistas formaron parte de este impulso de transformación a partir de la acción estatal.

Fueron inevitables los riquísimos debates internos sobre los estilos de desarrollo, sobre la contribución efectiva de la "ayuda externa" al despegue económico de los países pobres, sobre la adaptación del desarrollo a la cultura y la idiosincrasia local, sobre las dificultades y limitaciones del desarrollo en el contexto del capitalismo, etcétera.

Pero como toda utopía existente a fines del siglo XX, la idea del desarrollo sufrió un doble embate que casi determinó su extinción como concepto: el debilitamiento del keynesianismo y del Estado de bienestar a nivel global a partir de los años '70, y la irrupción de nuevas corrientes de pensamiento que planteaban la banalidad de los grandes discursos ideológicos, ya que la realidad era lo suficientemente compleja como para que nadie pudiera captarla sin recortarla –y por lo tanto– distorsionarla.

Si la realidad total era inasible para los limitados humanos, cuán desmedida era la idea de conocer sus leyes, intervenir en el devenir de los procesos vitales, entre ellos los económicos y sociales. Es curioso y sugerente observar cómo el embate de estas visiones posmodernas se dio en paralelo a la agresiva expansión del pensamiento neoliberal. Al tiempo que el posmodernismo atacaba los grandes discursos y denunciaba el peligro totalitario asociado con las explicaciones universales, en el campo económico se abría paso arrolladoramente una ideología con pretensión de cientificidad, que no sólo desdeñaba cualquier otra versión de los hechos económicos, sino que descartaba cualquier posibilidad de diálogo con corrientes alternativas.

De todas formas, los ecos de estos pensamientos no repercutieron de forma simétrica en toda la periferia. Aquellas regiones donde el crecimiento era más esquivo, donde las clases dirigentes adolecían de atributos competitivos y de una lectura propia del escenario internacional, aquellas que se allanaron más a los experimentos neoliberales, fueron más propicias para la difusión de las ideas posmodernas.

En los casos más extremos, como el de la Argentina –dados los niveles relativos de industrialización que había alcanzado y la involución dramática que sufrió– parecían materializarse los conceptos posmodernos: es imposible conocer la realidad en toda su complejidad, no hay cómo incidir voluntariamente en ella, ya que está hecha de una materia rebelde al pensamiento racional, toda intervención "correctora" o "reformadora" está destinada al fracaso, todo "dirigismo", "estatismo", etc., es simplemente malsano y un mero desperdicio de esfuerzo.

La experiencia argentina, y de otros países latinoamericanos, luego de décadas de políticas marcadas por el pensamiento cepalino-desarrollista-industrializador,[1] llegó en los '70 a un momento de definición. Se debía hacer frente al desafío de mejorar la calidad del proceso industrializador para que convergiera con estándares que lo hicieran sostenible internacionalmente. En paralelo, el dramático cambio del escenario financiero internacional presionó para modificar las prioridades económicas locales: el crédito externo resolvería todos los problemas del desarrollo. Los gobiernos periféricos se allanaron a las demandas externas, y propiciaron un endeudamiento cuyas consecuencias aún hoy se continúan sufriendo. Las crisis eco-

---

[1] Algunos rasgos característicos del mismo fueron la búsqueda consciente de una aceleración del proceso industrializador, un intento de modernizar las estructuras productivas agrarias, la aplicación de estrategias para modificar la inserción comercial internacional, el estímulo al desarrollo técnico y científico local. Todas estas tareas suponían un aparato estatal más extendido y complejo, activo e involucrado directamente en la dinámica productiva.

nómicas se devoraron a los actores (pequeños y medianos empresarios locales, fuertes sindicatos industriales) de la época en que se creía en el progreso. Un razonamiento falaz se impuso: la utopía desarrollista debía ser enterrada debido a lo magro de sus resultados.

Para la posmodernidad periférica, convergente con la ortodoxia neoliberal, el desarrollo formaba parte de una familia de ideas envejecidas, parte de un paradigma en disolución… El Estado, las políticas públicas, la planificación, eran antigüedades asociadas con el fracaso de los grandes relatos históricos.

En todo caso, lo que sí había ocurrido, era que había concluido la era de las certezas.

El desarrollismo, como toda visión de progreso, perdió el componente metafísico de la inevitabilidad. Así como el socialismo dejó de ser el "horizonte luminoso de la humanidad" y el populismo dejo de garantizar que "la última palabra la tiene el pueblo", el desarrollismo perdió la "infalibilidad" progresista que se asociaba con la industrialización y la intervención estratégica del Estado.

La historia argentina de los últimos 30 años constituye, a su vez, un caso extremo de involución económica y social,[2] que merece una reflexión teórica profunda. Este caso nacional no sólo confirma el final de la idea de *inevitabilidad*, sino la necesidad de pensar en la *reversibilidad* del desarrollo, y bajo qué condiciones se verifica.

2. El desarrollo en una época unipolar

La preocupación por el desarrollo y los estudios y análisis teóricos en torno de la cuestión, se vieron fuertemente impulsados despues de la Segunda Guerra Mundial. El desafío que representaba la expansión del socialismo real para el sistema capitalista generaba una tensión política e intelectual considerable. Descartada la opción bélica directa, que implicaba la destrucción atómica, el ámbito de confrontación se desplazó a múltiples escenarios, especialmente situados en la periferia de las potencias. El dis-

---

[2] La Argentina no es el único caso en las últimas décadas. África Subsahariana ha recorrido un sendero de enorme destrucción de recursos humanos y materiales, que aún no se ha detenido. Varios de los países que pertenecieron al campo liderado por la Unión Soviética han pasado por procesos de degradación económica y social a la salida del régimen de planificación centralizada.

curso soviético sostenía que la vía socialista (economía estatizada, centralizada y planificada) era la única capaz de proporcionar mejores condiciones de vida a los pueblos. El país líder del bloque se mostraba como ejemplo: "al momento de la revolución éramos un país pobre, y hoy somos una gran potencia industrial, la segunda economía del planeta". Nikita Jruschev, secretario general del PCUS, vaticinó a comienzos de los '60 que a fines de esa década, la URSS superaría en capacidad productiva a los Estados Unidos.

Desde las principales potencias occidentales se trataba de pensar estrategias de contención del comunismo, diseñando políticas que combinaban en diversos grados estímulos al desarrollo[3] y acciones de represión. Una parte intelectualmente calificada de la academia de los países centrales se volcó a discutir formas de promover en los países pobres el salto hacia las primeras etapas del desarrollo.

El clima de posguerra nos parece hoy extraño: todas las corrientes de pensamiento económico creían fervorosamente en la posibilidad de intervenir en la dinámica de la economía desde la voluntad política, para destrabar y acelerar los procesos de crecimiento y modernización. Recordemos que los países capitalistas se diferenciaban entre los "desarrollados" y los "en vías de desarrollo". Si los rezagados crecían suficientemente rápido, alcanzarían a los que ya habían alcanzado el paraíso. En algún punto del futuro, todos seríamos desarrollados.

El cuarto de siglo posterior a la posguerra mostró avances económicos generalizados en el planeta.

Sin embargo, el crecimiento económico en la periferia era motivo de controversia.

Una enorme dificultad para el pensamiento crítico, dada la polarización universal y la perentoria "toma de posiciones" frente a la guerra fría, era establecer con precisión una imagen equilibrada sobre la situación de los países periféricos: ¿en dónde se los podía ubicar?, ¿avanzaban o retrocedían?, ¿qué organización económica potenciaría más su desenvolvimiento?

Visto desde una perspectiva histórica, el supuesto triunfo de los

---

[3] Vale la pena recordar que Estados Unidos y el Banco Mundial propiciaban en los años '60 en América Latina una reforma agraria –acotada, pero rechazada por las clases dominantes locales–, como forma de estabilizar la situación de millones de campesinos sin tierra.

países exportadores de petróleo en 1973 y 1979[4] se transformó en una trampa de endeudamiento para buena parte de los países intermedios de la periferia. En tanto los países petroleros no abandonaron las estructuras subdesarrolladas, los países semiindustrializados quedaron asfixiados bajo el peso de una deuda externa abrumadora, que abrió camino a las recetas de ajuste subdesarrollantes.

Los grados de libertad en la definición de las políticas económicas locales se acotaron brutalmente: la combinación de las presiones del capital financiero internacional, incluidos sus representantes institucionales, y de los sectores más rentísticos y parasitarios determinó durante buen tiempo la agenda económica local. La "década perdida" de América Latina –los '80– lo fue no sólo porque el continente no creció, sino porque sacrificó la aspiración del desarrollo a una búsqueda imposible: pagar una deuda que reflejaba un problema estructural de solvencia, y no de liquidez. La decisión de "no resolver" el problema reflejó el poder creciente de las potencias occidentales sobre las debilitadas economías periféricas, que debieron cargar con todo el peso de la crisis.

En América Latina, la situación de frustración económica y social que produjo el estancamiento prolongado no condujo a una vuelta hacia la idea de desarrollo, sino que empalmó con el despliegue de la contraofensiva intelectual que sostiene básicamente que toda intervención en los mercados es estéril, y finalmente perjudicial.

El derrumbe del "socialismo real" (implosión del campo soviético), de los nacionalismos populares del tercer mundo (nasserismo, peronismo), y el debilitamiento (casi disolución programática) de la socialdemocracia (Blair), crearon en la década del '90 la sensación de la derrota general de todo pensamiento intervencionista en lo económico y partidario de la presencia estatal (masiva o selectiva) en la economía. Si las políticas ejecutadas conscientemente fallaban, la única vía al desarrollo disponible era la espontánea: los "mercados" encontrarían los caminos para desatar las fuerzas productivas.

---

[4] Las dos oleadas de aumentos de precios de petróleo generaron formidables excedentes financieros que no se transformaron en un fondo de acumulación para el desarrollo de los países exportadores, sino que fueron utilizados en consumos suntuarios y depositados en la banca occidental para obtener rentas financieras. La banca occidental logró colocar esos recursos en la periferia, independientemente de la capacidad que exhibieran los países de repagar dichos fondos.

Claro que estas conclusiones no eran compartidas universalmente. Algunos casos exitosos, especialmente Japón de posguerra, y en los '60-'70 Corea del Sur y Taiwan, mostraban la posibilidad de intervenciones públicas con efectos sumamente positivos en términos de desarrollo. Estos países obtuvieron extraodinarios logros en materia de progreso productivo, tecnológico y social antes de que se "cerrara" a nivel internacional el "ciclo" intervencionista. Pudieron avanzar en un contexto institucional e ideológico marcado por el keynesianismo y la legitimidad de la protección y regulación del mercado nacional. El grado de "vigilancia" libremercadista sobre las políticas de estos países no logró torcer una orientación desarrollista sustentada en una combinación de políticas públicas eficaces, un empresariado dinámico, y una distribución social bastante equitativa de los frutos del progreso. El reciente discurso globalizador los encontró con capacidades competitivas razonables para afrontar los desafíos del nuevo escenario.

Immanuel Wallerstein, uno de los estudiosos del "sistema-mundo", sostiene que se acotaron severamente las posibilidades para la irrupción "fácil" de nuevos países desarrollados en el escenario global. El mercado mundial está saturado, y para poder entrar hay que desplazar a otros competidores. Si la demanda internacional está ampliamente cubierta por la actual oferta, los nuevos advenedizos periféricos deberán enfrentar condiciones objetivamente peores que las de las experiencias emuladas −por lo menos si pretenden ingresar con los mismos productos y procesos existentes− ya que otros llegaron antes, y que las regulaciones internacionales son crecientemente desfavorables a las prácticas interventoras.

El caso más reciente en términos de la problemática del desarollo, y espectacular debido al impacto internacional provocado, es el de China.

De una dimensión colosal, con casi un cuarto de la población mundial y cientos de millones de trabajadores escasamente remunerados, con tasas de crecimiento cercanas al 9 % anual durante las dos últimas décadas, China ha absorbido la mayor parte de la inversión extranjera directa internacional desde los '90.

Estas características la transforman en una verdadera aplanadora industrial, potenciada por la debilidad artificial de su moneda. Esa economía de tamaño "global" hace que los movimientos de China dejen de ser una "experiencia nacional" de escaso impacto, ya que modifican y afectan el cuadro económico internacional.

Rígidamente centralizada desde el punto de vista político, el gobierno indisputado del Partido Comunista chino garantiza un orden laboral apreciado por los empresarios occidentales. Al mismo tiempo, la diáspora china, fuertemente implantada en todo el sudeste asiático, proporciona flujos financieros, contactos comerciales y canales múltiples de intercambio que potencian el desarrollo del país.

China no es una economía de mercado, dada la imbricación del extenso sector público con las empresas privadas, sino un experimento económico "ad hoc", inimitable.

La expansión china está impactando al conjunto de la economía mundial, contribuyendo entre otras cosas a la caída general del salario (incluido EE.UU.) y presionando a la desindustrialización de partes débiles de la periferia. Las economías desarrolladas sienten también el impacto de las exportaciones chinas, pero cuentan con recursos tecnológicos e institucionales para manejar el desafío.

Persiste también un debate sobre la índole del crecimiento chino, y en qué medida contribuye a la prosperidad de la población y si está basado en un genuino proceso de desenvolvimiento de capacidades productivas locales.[5]

En todo caso, a la presión aperturista sobre los países subdesarrollados representada por la Organización Mundial de Comercio (continuadora histórica del GATT), en la cual preponderan los intereses de los países más desarrollados, y los organismos financieros internacionales, con sus conocidas políticas de liberalización financiera y de ajuste antidesarrollo, se agrega esta presión exportadora industrial china, lo que añade un desafío adicional a cualquier propuesta de industrialización en la periferia.

La presión internacional apunta a restringir los márgenes de acción estatal, en tanto la presión competitiva se incrementa. Paradójicamente, cuanto más necesaria es una dirección sofisticada de las capacidades locales para potenciar las eventuales ventajas competitivas, más hostil –en lo ideológico e institucional– es el escenario para aplicarlas.

¿Qué y cómo producir? ¿Con qué bienes, y con qué valor participar en el intercambio mundial? ¿Qué lugar se quiere ocupar en la división internacional del trabajo?

---

[5] Permanece abierto el debate en torno de las fortalezas y debilidades del experimento chino. Entre otras cuestiones, se discute el grado de apropiación chino del valor agregado en su economía –dada la masiva presencia de empresas multinacionales– y la importancia del proceso de internalización de conocimientos tecnológicos para generar una dinámica innovativa endógena.

Si sigue siendo válida la estrategia de diferenciar productos, la urgencia en la periferia es establecer estrategias masivas en esa dirección, y no desperdigados esfuerzos individuales. Es ineludible el papel impulsor de un Estado eficiente e inteligente, que reconoce pocos antecedentes en la periferia. Sin embargo, el discurso predominante –aun en el escenario local–, como residuo del reciente período de oro de neoliberalismo, apunta en otra dirección.

Ejemplo de esto es una teoría optimista surgida en los años '90, que tuvo cierta repercusión ya que se basada en datos demográficos y proyecciones financieras reales, reflejando la cosmovisión de los banqueros. Esta visión sostenía que dado que los países centrales son excedentarios en recursos financieros, pero que por razones demográficas tienen una pirámide poblacional en la cual será cada vez más difícil para los trabajadores activos sostener a los pasivos, es casi de una lógica ineluctable que los fondos de pensión, seguros, etc. del centro comiencen a volcarse hacia la periferia para obtener rendimientos superiores que los que logran en los países desarrollados.

De esa forma, garantizarán pensiones más elevadas para sus futuras masas de jubilados, sostenidas por un flujo sistemático de intereses, y bienes producidos en la periferia. Así, casi naturalmente, los países subdesarrollados serían dotados de los recursos necesarios para invertir, expandir su capacidad productiva, y crecer. En la realidad, la propia debilidad estructural de la periferia, y la mala calidad de sus instituciones, sumado al poder de las finanzas globales, determinaron un conjunto encadenado de crisis durante los noventa, que contribuyeron a agravar los desequilibrios productivos de los supuestos "beneficiarios" del "derrame" financiero…

Con el derrumbe a fines de los '80 del "socialismo real" y del imaginario alternativo al capitalismo, se rompió a nivel mundial una constelación de fuerzas que empujaba a los estados a buscar equilibrios sociales, y por lo tanto económicos, que generaran consensos. La llamada globalización, en ese sentido, ha representado fundamentalmente un triunfo del capital sobre el trabajo, y una tendencia marcada hacia las disparidades económicas y sociales. ¿Qué fuerzas llevarían a un nuevo equilibrio? ¿Acaso el estilo de acumulación neoliberal no genera una nueva subjetividad, donde el individuo aparece atomizado, suelto, en relación con cualquier categoría de clase o de nación? Al perder su eficacia social el discurso impugnador del capitalismo, y al avanzar la naturalización del mismo, ¿qué factor es capaz de transformar las severas deficiencias de la economía global en una presión hacia la reforma?

Para la periferia la pregunta es relevante, porque la bipolaridad de posguerra la ubicaba en un lugar preferencial del discurso y de las preocupaciones políticas de los países centrales.

El cambio en los equilibrios internacionales es tal que ya se están utilizando en el mundo desarrollado expresiones tales como "estados fallidos" –o sea, países sin arreglo, sin viabilidad política y económica– y "estados paria" –que están fuera de los consensos definidos por los desarrollados–.

3. El desarrollo y el peso de la historia nacional

W. W. Rostow, uno de los teóricos destacados del desarrollo, en uno de sus ensayos, ubicó a la Argentina entre los países que habían dado "el salto" hacia el desarrollo, a medidados de los años '30.

Efectivamente, el país siguió un sendero de industrialización y complejización productiva durante décadas, que se quebró a partir de la última dictadura militar.

Ese proceso de sofisticación productiva, sin embargo, no podía confundirse con el desarrollo. Había numerosas carencias en la estructura que debían ser resueltas. Incluso en la comparación con otros países de similar relevancia en aquella época (Brasil, México), el crecimiento local era insatisfactorio, la tasa de inflación era excesiva, y la dinámica de la acumulación parecía débil.

El conflicto político-social invadía todas las esferas y afectaba la economía. La inestabilidad de los gobiernos, los cambios reiterados de ministros y demás autoridades económicas, la incapacidad para aprender de la experiencia y acumular conocimientos en el ámbito del Estado, debilitaron los motores del desarrollo. Las empresas públicas, responsables durante la etapa de sustitución de importaciones de una parte significativa de la inversión, eran sometidas a múltiples demandas de tipo distributivo y clientelar, que afectaban severamente su capacidad de liderar el crecimiento.

¿Dónde ha residido el fracaso de muchas políticas públicas que obtuvieron éxito en otros países?

La articulación Estado-intereses privados en cuanto a políticas de desarrollo siempre mostró deficiencias, antes y después de los cambios estructurales de los '70. La falta de planificación pública, de orientación estratégica, era el complemento perfecto del cortoplacismo privado. Las demandas sectoriales *eran*, cada vez más, la polítca económica.

Los intentos de articular políticas de largo aliento se encontraban con la resistencia combinada de sectores antagónicos, que exhibieron mayor capacidad de bloqueo que de construcción.

La articulación Estado-empresas, con resultados considerablemente positivos en muchas experiencias internacionales, llevó en el caso argentino a una dinámica subdesarrollante, en la cual se potenciaron los peores rasgos de cada sector. Intereses sectoriales comprobaron que los espacios de ineficiencia pública constituían un amparo propicio para prácticas rentísticas. Una forma de vinculación que fue creciendo en el tiempo permitía a proveedores, contratistas y perceptores de subsidios del Estado realizar ganancias extraordinarias con bajísimo riesgo, en tanto se prolongara la incapacidad pública para dotar de racionalidad a sus acciones. La imprevisibilidad premió a los oportunistas y castigó a quienes hicieron apuestas más productivas.

Un caso en donde se puede observar esta interacción es en la progresiva destrucción de la moneda nacional, que se da a lo largo de un extenso período en el cual el Estado no cubría con recursos legítimos –los impuestos– sus gastos. Para abordar con rigor el problema es necesario avanzar en una explicación no esencialista.

El Estado nacional durante décadas no pudo ni reducir establemente sus erogaciones, ni incrementar consistentemente sus ingresos, lo que reflejaba el desacuerdo subyacente en la sociedad en cuanto a la distribución del ingreso. No se logró racionalizar, por ejemplo, las compras del Estado, ni las de las empresas públicas. Ni crear sinergias significativas dentro del sector público. Ni aplicar los fondos disponibles a las inversiones en infraestructura en forma eficiente. Los regímenes promocionales para estimular el desarrollo regional y sectorial absorbieron ingentes recursos, sin una evaluación seria sobre los impactos –escasos– de tales esfuerzos fiscales.

En los dos extremos del déficit fiscal se encontraban los evasores impositivos y los que captaban abultadas transferencias políticas del Estado, sin justificación económica ni social. En el medio, la mala gestión pública.

Debido a estas razones, el país vivió un estado de crisis fiscal semipermanente, que no pudo ser resuelto.

Ricardo Aronskind

Las insuficiencias administrativas, presupuestarias, y políticas fueron resueltas vía emisión monetaria[6].

La moneda dejó de cumplir una de sus funciones relevantes, la de ser reserva de valor, y ese papel clave para canalizar el ahorro lo ocuparon otros activos, desde las divisas extranjeras hasta las compras de acciones, títulos públicos, inmuebles, terrenos productivos. Se perdía así el efecto multiplicador de la inversión en el crecimiento.

En las últimas décadas, se incrementó por parte de empresas y particulares de altos ingresos la propensión a colocar sus excedentes financieros fuera de la economía nacional. Esta "fuga de capitales" significa que desde un país que requiere de significativas inversiones para crecer, un sector social capta y envía esos recursos disponibles localmente a los países desarrollados, dotándolos de fuentes de financiamiento adicional..., para prestarle a la periferia.

En la Argentina, país con una considerable capacidad de ahorro, no se contruyeron los canales adecuados para volcar esos fondos en inversiones productivas que apalancaran el desarrollo. Ese problema, vigente hace medio siglo, continúa presente hoy.

Las sucesivas crisis aceleraron la desconfianza sobre el futuro, y contribuyeron a reforzar la tendencia cortoplacista natural en el mundo empresario. El Estado, crecientemente debilitado y endeudado, no fue capaz de suministrar un marco institucional que dotara de un horizonte claro a la inversión de largo plazo. La propia debilidad estatal se constituyó en una fuente inapreciable de negocios privados, desvinculados de la producción de riqueza. La crisis hiperinflacionaria de 1989 es también el resultado de esa interacción perversa entre fracciones rentistas y un Estado con baja autonomía frente a las presiones privadas.

Si esto no era suficiente para estimular la cortedad de los comportamientos de los actores locales, el horizonte se terminó de diluir a partir de los violentos vaivenes financieros internacionales de los '90, que intrudujeron un ruido adicional a la incertidumbre local.

La venta masiva de empresas argentinas en los '90 (públicas y privadas, grandes y medianas, de producción y de servicios, en las ramas más

---

[6] Esta forma de financiación inflacionaria socializaba entre los sectores de ingresos fijos los déficit producto de la situación comentada. Posteriormente, cuando estuvo disponible el crédito internacional, se recurrió al endeudamiento público masivo para sostener los desequilibrios fiscales.

diversas) es otro síntoma que merece destacarse. El extendido comportamiento vendedor del empresariado local –muy difícil de encontrar en otras experiencias internacionales– reflejó su perspectiva del país. A la debilidad productiva, financiera y tecnológica de este sector, se le sobreimprimió una política macroeconómica de apertura importadora y atraso cambiario, que fue bienvenida por las corporaciones empresarias. La desaparición por venta de varios de los más tradicionales grupos argentinos revela un bajo apego al mundo de la producción y de la competencia en términos modernos, y un notable grado de desconfiana sobre el Estado, al que se considera impotente para defender a las propias empresas, y sobre la sociedad, dentro de la cual gozan de un liderazgo indiscutido, para generar y sostener un proyecto productivo nacional.

La prolongada disfuncionalidad del Estado argentino para encarar políticas de desarrollo se hace evidente cuando se estudian los casos en donde se ha logrado revertir el atraso: siempre está presente un Estado con un importante grado de autonomía, generador de una estrategia viable de largo plazo.

Entre las líneas maestras de dicha estrategia debería estar la provisión de un marco político, macroeconómico e institucional propicio para acelerar la acumulación de recursos productivos. Al carecerse de la misma, el despilfarro de excedente en el país –pensado como el desvío de recursos vitales para el proceso de acumulación productiva hacia actividades no reproductivas– ha sido más bien la regla que la excepción.

4. El desarrollo en una sociedad compleja y conflictiva

Entre los debates olvidados en torno del desarrollo, uno de enorme actualidad es el vinculado con la ponderación de los factores externos e internos en la determinación de las condiciones de posibilidad del cambio estructural.

Una vez descartadas las visiones deterministas extremas, o un reduccionismo dependentista que explique exclusivamente el subdesarrollo por la conexión de la economía local con las estructuras de dominación internacionales, se abre el interesante campo de reflexión sobre el peso que tienen las condiciones locales, domésticas.

Al mismo tiempo, apenas se analizan las causas específicamente económicas del subdesarrollo, tanto en la esfera pública como privada, se advierte la presencia no sólo de intereses "objetivos" que pueden entrar en contradicción con un proceso de desarrollo, sino también de un conjunto de comportamientos, actitudes, mentalidades, hábitos, que no se corresponden mecánicamente con "intereses", pero que constituyen también un obstáculo para el despliegue del potencial económico.

La existencia de sectores sociales dominantes cuyos comportamientos económicos perpetúan el atraso y condenan a una vida miserable a buena parte de la población, no debe impedir observar que la circulación de visiones y valores sociales tiene sus propias y complejas lógicas, que incluyen la posibilidad de que estos criterios y prácticas sean muchas veces "compartidos" entre actores con intereses antagónicos.

¿Cómo pensar la incidencia de los factores culturales? Las visiones han oscilado entre ignorarlos, apuntando a la bondad intrínseca de los hechos "objetivos" (al estilo de la expectativa frondizista de "industrialicemonos, y el progreso social vendrá por añadidura") y transformarlos en explicaciones absolutas –a veces con connotaciones racistas–, del tipo "hay culturas –o religiones– con predispisición al desarrollo, y otras que no lo son". La evidencia empírica a fines del siglo XX mostró que al clásico señalamiento del protestantismo como fuente de procesos de acumulación de Max Weber, habría que agregar algunas experiencias exitosas en países católicos, sintoístas, budistas y confucianos.

Si descartamos a la religión, o la pertenencia étnica como causas relevantes para explicar las prácticas sociales con efectos económicos, pasamos del terreno de las "esencias" inmutables, al de los procesos sociales e históricos que van moldeando las prácticas individuales y colectivas.

Parece imprescindible avanzar en estudios sobre la *microfísica del subdesarrollo*, es decir, el conjunto de comportamientos sociales aprendidos o producidos que perpetúan el atraso. Así como la mejor política macroeconómica podría fracasar ante comportamientos microeconómicos rentisticos, especulativos o delincuenciales, cualquier política que implique una profunda movilización social hacia el desarrollo requiere cambios en los comportamientos para que el impulso hacia el cambio no se licúe a través del boicot inercial de la sociedad.

Abundan localmente los ejemplos de inventores, innovadores o empresarios dinámicos que son vencidos por la ineficiencia, la arbitrariedad o la corrupción, que encuentran en el camino a la concreción de sus proyectos, así como por la bajísima sensibilidad y comprensión en relación con la relevancia de los mismos para el progreso colectivo.

Un nuevo programa de investigación –e intervención– debería surgir en torno de temas tales como la baja estima social por la innovación, la predisposición al incumplimiento de los contratos, el escaso interés por lo público, el rechazo a diversas formas de asociatividad, los comportamientos consumistas y rentísticos, el acostumbramiento a la anomia y por lo tanto a la impunidad, etc. Es fácil comprobar cómo estas prácticas reducen los grados de libertad disponibles para lograr mejores condiciones de vida para el conjunto social.

Incluso, comprender esta microfísica ayudaría a repensar algunos aspectos del funcionamiento estatal.

Puede pensarse el cuadro general del sector público como un reflejo de muchos de estos valores puestos en acción. Es que la relación es de doble vía: la ineficiencia característica del Estado periférico es la mejor propaganda y refuerzo para el desinterés en lo público.

El mal funcionamiento de las instituciones, o directamente el efecto de las malas instituciones son un factor relevante para explicar el desperdicio de esfuerzos individuales y sociales en la dirección del desarrollo. Sin embargo, es necesario superar el esencialismo institucionalista: las instituciones tienen historia, reflejan pujas e intereses, cuentan con estructuras burocráticas con sus lógicas e inercias específicas, pueden ser capturadas por intereses particulares u orbitar en torno de juegos políticos, o desplazarse –producto de presiones combinadas– de los objetivos que primitivamente les dieron origen.

Valores, comportamientos, instituciones, presentan una complejidad distinta al análisis de la tasa de inversión, o de la calidad de los intercambios internacionales, o de la forma en que está distribuido el ingreso. Sin embargo están presentes, atraviesan todas estas variables, y no han formado, hasta ahora, parte de una nueva agenda y de un nuevo esfuerzo en la dirección del desarrollo.

5. Reflexiones finales

Finalmente la pregunta: ¿a partir de qué impulso, de qué actores, puede recrearse la búsqueda del desarrollo?

En tanto perviva un anhelo social por la equidad, por una vida decente, por el derecho a participar en la construcción del propio destino, persistirá el impulso hacia el desarrollo, como respuesta superadora de otras múltiples respuestas a la indagación sobre qué elementos hacen que la vida sea vivible.

¿Quebrada la idea de la inmanencia histórica, podrá el núcleo de la idea desarrollista encontrar en la periferia canales de sensibilización y movilización que lo recoloquen como un sendero posible y deseable para sectores políticamente significativos?

Como la historia no se repite, y como el desarrollismo en su vieja forma fue sometido a la erosión de los cambios ideológico-culturales, las mutaciones de la estructura de poder internacional, las experiencias fallidas, lo nuevo que surja recuperará el impulso básico de lo anterior, pero transformado tanto en las metas[7] como en los instrumentos.

Nuevamente, el esfuerzo periférico consistirá en procesar críticamente las teorías "nuevas" que cada tanto llegan desde el centro, prometiendo atajos hacia el desarrollo, y pensar la perspectiva propia.

¿Quién será el portador social del impulso a la eficiencia, a la innovación y el progreso técnico, a la complejización productiva y a la integración social? ¿Clases, elites políticas, intelectuales, académicos, individuos providenciales, alguna combinación de los mismos?

Si la maduración social de un nuevo impulso al desarrollo se verificara en algún punto del futuro, la historia se ocupará de contestar de qué forma se organizará el poder político que lo transforme en una agenda nacional, o eventualmente continental.

---

[7] A contrapelo de la involución cultural que se observa en esta etapa del capitalismo tardío, el desarrollo debería comprender una visión enriquecida de la vida social, y abandonar el reduccionismo economicista y consumista.

Bibliografía

Aglietta, M. y Moatti, S.: *El FMI - Del orden monetario a los desórdenes financieros*, Akal, Madrid, 2002.

Altamirano, C.: *Frondizi*, F.C.E., Buenos Aires, 1998.

Amin, S.: *Los desafíos de la mundialización*, Siglo XXI, México, 1997.

Aronskind R.: *Globalización en Argentina, o la voluntad soberana de subdesarrollarse* en *Revista Época*, Año 3, Nº 3. Buenos Aires, 2001.

Aronskind R.: *Argentina en los '90, o la pulsión cortoplacista del capital. Revista Herramienta* Nº 12, Buenos Aires, 2000.

Arrighi, G.: *El largo siglo XX.* Akal Editores, España, 1999.

Arrighi, G. y Silver, B.: *Caos y orden el el sistema-mundo moderno.* Akal Editores, España, 2001.

Azpiazu, D. y Nochteff, H.: *El desarrollo ausente*, Flacso-Tesis, Buenos Aires, 1994.

Baran, P.: "Sobre la economía política del atraso", en *La economía del subdesarrollo*, de Agarwala-Singh, Editorial Tecnos, Madrid, 1963.

Bettelheim, Ch.: *Planificación y crecimiento acelerado*, F.C.E., México, 1971

Blomström, M. y Meller, P.: *Trayectorias divergentes, una comparación de un siglo de desarrollo económico latinamericano y escandinavo*, CIEPLAN-Hachette, Santiago de Chile, 1990.

Bocco A. y Repetto G.: "Empresas públicas, crisis fiscal y reestructuración financiera del Estado", en *Privatizaciones: reestructuración del Estado y la sociedad*, editores A. Bocco y N. Minsburg. Edic. Letra Buena, Bs. As., 1991.

Brenner, R.: *La expansión económica y la burbuja bursátil*, Akal Editores, España, 2003.

Cardoso, F. H.: *Las contradicciones del desarrollo asociado*, en *Revista Desarrollo Económico*, abril-junio 1974.

Chesnais, F. y Plihon, D.: *Las trampas de las finanzas mundiales*, Akal Editores, España, 2003.

Chudnovsky D. y López A.: *La transnacionalización de la economía argentina*, Ediciones EUDEBA - Cenit. Buenos Aires, 2001.

de la Balze F. : "Reforma y crecimiento en la Argentina", en *Reforma y Convergencia - Ensayos sobre la transformación del Argentina*. ADEBA. Buenos Aires, 1993.

Di Tella, G.: *La estrategia del desarrollo indirecto*. Edit. Paidós, Buenos Aires, Siglo XXI, México, 1974.

Dos Santos, T.: "Las contradicciones del imperialismo contemporáneo", en *Sociedad y Desarrollo*, Chile, 1972.

Emmanuel, A.: *El intercambio desigual*, Siglo XXI, México, 1972.

Evers, T.: *El Estado en la periferia capitalista*, Siglo XXI, México, 1989.

Fajnzylber F.: *La industrialización trunca de América Latina*. CEAL, Bs. As., 1984.

Ferrer A.: *Crisis y alternativas de la política económica argentina*. F.C.E., Bs.As., 1977.

Flisfich, A., Lechner, N. y Moulian T.: "Problemas de la democracia y la política democrática en América Latina", en *Democracia y desarrollo en América Latina*, Grupo Editor Latinoamericano, Buenos Aires, 1985.

Frondizi A.: *El movimiento nacional - Fundamentos de su estrategia*, Edit. Losada, Buenos Aires, 1975.

Furtado, C.: *Teoría y política del desarrollo económico*, Edit. Siglo XXI, 1974.

Galtung, J.: "Caminos del desarrollo: un análisis diacrónico del desarrollo del Japón", en *Sociología del desarrollo*, Solar-Hachette, Buenos Aires, 1970.

García, N.: *Dependencia tecnológica, aproximación al tema*, en *Sociedad y Desarrollo*, Chile, 1972.

Germani, G.: *Política y sociedad en una época de transición*, Paidós, Buenos Aires, 1965.

González Casanova, P.: *México: desarrollo y subdesarrollo*, en *Revista Desarrollo Económico*, abril-setiembre 1963.

Gowan, P.: *La apuesta por la globalización. La geoeconomía y la geopolítica del imperialismo euro-estadounidense*. Akal Editores, España, 2000.

Halliday, F.: *Las relaciones internacionales en un mundo en transformación*. Catarata Libros, Madrid, 2002.

Hirschman, A.: *De la economía a la política y más allá*, F.C.E., 1981.

Hirschman, A.: *Retóricas de la intransigencia*, F.C.E., México, 1994.

Ianni, O.: *Teorías de la globalización*, Siglo XXI, México, 1996.

Jaguaribe, H.: "Causas del subdesarrollo latinoamericano", en *La crisis del desarrollismo y la nueva dependencia*, de varios autores, Amorrortu editores, Buenos Aires, 1969.

Johnson, Ch.: *MITI and the japanese miracle - The Growth of Industrial Policy, 1925-1975*. Stanford University Press, Estados Unidos, 1982.

Lewis, A.W.: "El desarrollo económico con oferta ilimitada de trabajo", en *La economía del subdesarrollo*, de Agarwala-Singh, Editorial Tecnos, Madrid, 1963.

Lipietz, A.: *Espejismos y milagros - Problemas de la industrialización en el Tercer Mundo*, Universidad Nacional de Colombia, Bogotá, 1992.

Lipset, S.: "Elites, educación y función empresarial en América Latina", en *Elites y desarrollo en América Latina*, de Lipset y Solari, Paidós, Buenos Aires, 1971.

Lo Vuolo R.: *Alternativas. La economía como cuestión social*, Ediciones Altamira. Buenos Aires, 2001.

Mallon R. y Sourrouille J.: *La política económica en una sociedad conflictiva. El caso argentino*, Amorrortu editores, Buenos Aires, 1976.

Mandel, E.: *El capitalismo tardío*, Ediciones Era, México, 1975.

Marini, R. M.: "Dialéctica de la dependencia: la economía exportadora", en *Sociedad y Desarrollo*, Chile, 1972.

Miliband, R.: *El Estado en la sociedad capitalista.* Siglo XXI, México, 1970.

Nef, J.: *La conquista del mundo material - Estudios sobre el surgimiento del industrialismo,* Paidós, Buenos Aires, 1969.

Nurkse, R.: "Algunos aspectos internacionales del desarrollo económico", en *La economía del subdesarrollo,* de Agarwala-Singh, Editorial Tecnos, Madrid, 1963.

O'Donnell, G. y Linck, D.: *Dependencia y autonomía,* Amorrortu editores, Buenos Aires, 1973.

Ortiz, R.: *Lo proximo y lo distante. Japón y la modernidad-mundo,* Editorial Interzona. Buenos Aires, 2003.

Oszlak, O.: "El Estado postajuste", en *El rediseño del Estado - Una perspectiva internacional,* Kliksberg B. (compilador), INAP, México, 1994.

Peña, M.: *Industrialización y clases sociales en la Argentina,* Hyspamérica, 1986.

Pipitone, U.: *Ensayos sobre desarrollo y frustración: Asia Oriental y América Latina,* Porrúa Grupo Editores, 1997.

Polanyi, K.: *La gran transformación - Los orígenes políticos y económicos de nuestro tiempo.* F.C.E., 1992.

Prebisch, R.: *La crisis del desarrollo argentino,* El Ateneo, Buenos Aires, 1986.

Prebisch, R.: *Capitalismo periférico,* F.C.E., 1986.

Reich, R.: *El trabajo de las naciones,* Javier Vergara Editor, Buenos Aires, 1993.

Rist, G.: *The History of Development - From Western Origins to Global Faith,* Zed Books, Londres, 1997.

Rodrik D.: *Gobernar la economía global: ¿un único estilo arquitectónico para todos?,* en *Revista Desarrollo Económico* N° 157.

Rostow, W. W.: *Las etapas del crecimiento,* F.C.E., 1970.

Sábato, J.: *El pensamiento latinoamericano en la problemática ciencia - tecnología - desarrollo - dependencia.* Editorial Paidós, Buenos Aires, 1975.

Salama, P. y Mathías G.: *El Estado sobredesarrollado,* Ediciones Era, México, 1986.

Schumpeter, J. A.: *Teoría del desenvolvimiento económico,* F.C.E., 1977.

Schuurman, F.: *Beyond the impasse - New directions in development theory,* Zed Books, Londres, 1996.

Schvarzer, J.: *Un modelo sin retorno.* CISEA, 1990.

Schvarzer J.: *Implantación de un modelo económico – La experiencia argentina entre 1975 y el 2000,* A-Z Editora. Buenos Aires, 1998.

Sen, A.: *¿Cuál es el camino del desarrollo?* en *Comercio Exterior,* Vol. 35, N° 10, México, 1985.

Sikkink K.: *Las capacidades y la autonomía del Estado en Brasil y la Argentina: un enfoque neo-institucionalista, Revista Desarrollo Económico* N° 128, enero-marzo 1993.

Smith, P.: *Millenial Dreams. Contemporary Culture and Capital in the North.* Verso. Londres, 1997.

Stavenhagen, R.: "Siete Falacias sobre América Latina", en *América Latina: ¿Reforma o Revolución?* compilado por Petra y Zeitlin, Editorial Tiempo Contemporáneo, Buenos Aires, 1973.

Sunkel, O. y Paz, P.: *El subdesarrollo latinoamericano y la teoría del desarrollo*, Siglo XXI, México, 1979.

Sunkel, O.: *El Desarrollo desde dentro - Un enfoque neoestructuralista para la América Latina*, F.C.E., México, 1991.

Testa, V.: *El capital imperialista*, Ediciones Fichas, Buenos Aires, 1975.

Touraine, A.: *Crítica de la modernidad*. FCE, Buenos Aires, 1994.

Vilar, P.: "Desarrollo económico y progreso social - Las etapas y los criterios", en *Crecimiento y desarrollo*, Planeta-Agostini, España, 1993.

Vilas, C.M.: *La dominación imperialista en Argentina*, EUDEBA, 1974.

Viñas, I. y Gastiazoro, E.: *Economía y Dependencia 1900-1968*, Carlos Pérez Editor, Buenos Aires, 1968.

Wade R.: *Japón, el Banco Mundial y el arte del mantenimiento del paradigma: El milagro del Este asiático en perspectiva política*, en *Revista Desarrollo Económico*, Nº 147.

Waldmann, P.: *El estado anómico. Derecho, seguridad pública y vida cotidiana en América Latina*, Editorial Nueva Sociedad, Caracas, 2003.

Wallerstein, I.: "Desarrollo: ¿Cinosura o ilusión?", en *Impensar las ciencias sociales*. Editorial Siglo XXI, México, 1998.

Wallerstein, I.: *Capitalismo histórico y movimientos antisistémicos. Un análisis de sistemas-mundo*, Akal, Madrid, 2004.

Intelectuales, empresarios y Estado en las políticas de desarrollo.
Notas sobre la situación actual a la luz de algunas claves históricas

Marcelo Rougier[*]

Introducción

En estos últimos años algunos intelectuales del campo de la economía, estimulados por los problemas presentes de la estructura económica y la crisis abierta sufrida por la Argentina, han reabierto un debate sobre la necesidad de definir una "estrategia de desarrollo" que descanse en el crecimiento industrial y en las alternativas exportadoras. Se habla de políticas neokeynesianas, de un rol diferente por parte del Estado, de la necesidad de revisar a los "teóricos del desarrollo" de los años cincuenta y sesenta, etc. También algunos sectores empresariales demandan políticas favorables al sector industrial al tiempo que se definen como la auténtica "burguesía nacional", rediviva luego del desastre de 2001. Por su parte, funcionarios u hombres vinculados con las políticas públicas plantean la necesidad de reconstituir las capacidades estatales diezmadas por el diseño antiestatista y privatizador que predominó en los años noventa. Como se advierte, distintas perspectivas sectoriales parecen converger hacia la identificación de un conjunto de temas y problemas vinculados con el logro del desarrollo económico.[1]

Independientemente de que otras dimensiones de análisis, como por ejemplo la coyuntura económica internacional, el grado de formación de los

---

[*] Doctor en Historia; Centro de Estudios Económicos de la Empresa y el Desarrollo (CEEED), Facultad de Ciencias Económicas, UBA; Investigador del Consejo Nacional de Investigaciones Científicas y Técnicas (CONICET).

[1] Respecto del debate intelectual véase como ejemplo los documentos elaborados por el Plan Fénix, entre ellos "Plan Fénix, desarrollo con equidad", *Realidad Económica*, 193, 1 de enero al 16 de febrero de 2003, pp. 118-125. El discurso de los empresarios que se autodefinen como "burguesía nacional" puede encontrase entre otros muchos en los artículos aparecidos en la *Revista Noticias*, 4 de mayo de 2005 y en "¿Qué burguesía nacional? Lo que hace falta es un empresariado nacional", *Mercado*, noviembre de 2003.

Marcelo Rougier

recursos humanos, la democratización de la vida política, son tan relevantes como las aquí consideradas, el propósito de este breve artículo es discutir la naturaleza y viabilidad de los reclamos, posiciones y especulaciones comentados. Para ello reflexionaremos sobre algunos de los determinantes que consideramos más destacados en la elaboración y definición de una política económica que promueva el desarrollo: la calidad del debate teórico e intelectual, la existencia de actores sociales con propósitos de desarrollo económico, y las definiciones y capacidades estatales. Un somero recorrido histórico, extractando algunos ejemplos, nos permitirá ilustrar y precisar nuestras reflexiones al respecto.

El aporte de los intelectuales

Los debates sobre estrategias de desarrollo no son nuevos en la Argentina. Este tipo de controversias tiene larga data y, veladas o no, animaron las caracterizaciones y propuestas sobre la economía argentina durante décadas. En particular, la discusión sobre las particularidades del sector industrial y cómo impulsar su crecimiento son parte de una tradición que se remonta por lo menos a las páginas de la *Revista de Economía Argentina* y a su mentor, Alejandro Bunge, en las décadas del veinte y treinta. No obstante, quizás el punto más alto de la discusión de la época se ubicó en los años de la Segunda Guerra Mundial y se centró en torno de la propuesta de Federico Pinedo en 1940.[2] También las disquisiciones del Consejo Nacional de Posguerra y el florecimiento de numerosas publicaciones sectoriales permiten vislumbrar un marco de discusión, las más de las veces con poco encuadre teórico (pero donde el keynesianismo se presentaba como dominante), que reflejaba la toma de conciencia sobre la necesidad de definir orientaciones precisas para el desarrollo del sector industrial en la economía argentina. La discusión instalada a partir de ese momento no se dirimió ya entre desarrollar la industria o no, sino en cómo encarar su desarrollo.

La experiencia peronista atenuó estas discusiones. La idea de que el sector industrial debía desarrollarse y que para ello era necesario una *política industrial* pasó a ser un hecho indiscutido y cotidiano, aun cuando las evidencias de acciones concretas en ese sentido bien puedan ser puestas en duda a la

[2] Véase "Plan de Reactivación Económica ante el Honorable Senado", *Desarrollo Económico*, vol. 19, Nº 75, octubre-diciembre de 1979.

422

luz de algunos estudios recientes.[3] El debate más importante –incluso por la calidad de los planteos teóricos– alcanzó difusión y se enriqueció tras el derrocamiento de Perón y con el diagnóstico y las propuestas producidas por Raúl Prebisch.[4] La relevancia de sus informes radica particularmente en el hecho de haber promovido un importante intercambio de ideas entre los intelectuales de la época, común también en el resto de Latinoamérica, que a partir de entonces sería alimentado en forma continuada hasta mediados de los años setenta. Prebisch y la CEPAL instalaron con éxito la discusión del problema del deterioro de los términos del intercambio y la crítica de la industrialización liviana, más que la crítica a la orientación mercadointernista de la experiencia peronista. La Comisión desplegó en el debate de la época las limitaciones de esa industrialización, en especial la tendencia al estrangulamiento externo. Para acoplar las industrias básicas (más complejas, de mayor demanda tecnológica y de capital) era necesario acercarse al mercado internacional público de capitales y atraer inversiones extranjeras en rubros que pesaban muy negativamente en la balanza comercial (como el petróleo y otros insumos industriales, y los equipos necesarios para el crecimiento del sector manufacturero). Por su parte, el Estado debía asumir un papel rector clave en la promoción de este desarrollo industrial a través de la planificación y promoción de ciertas actividades.[5]

A mediados de la década del sesenta se abriría otro debate vinculado con los límites concretos o potenciales del "nuevo modelo" de desarrollo industrial, que puede considerarse una segunda fase de la industrialización por sustitución de importaciones (ISI). Por un lado, se insistió en los efectos perniciosos de la extranjerización, en la medida que las empresas transnacionales cobraban una mayor importancia en la estructura industrial, lo

---

[3] Véase por ejemplo Rougier (2001) y Belini (2004).

[4] Como asesor económico del gobierno militar, Raúl Prebisch presentó tres documentos: el "Informe preliminar" del mes de octubre de 1955, "Moneda sana o inflación incontenible" y el "Plan de restablecimiento económico"; véase al respecto Gilbert, Rougier y Tenewicki (2000).

[5] En la Argentina de esos años no se escucharon muchas opiniones críticas a esta concepción dominante. Quizá Federico Pinedo fue el que más abiertamente criticó la tesis cepalina, en tanto industrialista, y defendía el modelo agroexportador. En su opinión, la idea de profundizar la industrialización era una "falacia". Para ser un país exitoso no era necesario ser industrial: "nosotros podríamos a breve término figurar entreverados en esa lista de países prósperos, si dedicáramos natural preferencia a producir lo que producimos mejor". Pinedo discutió también otros aspectos generales del pensamiento de Prebisch y la CEPAL. Por ejemplo, sostenía que no era cierto que "invariablemente la relación de precios nos haya sido adversa, ni que tenga que serlo", "sería la Argentina perjudicada si encontrara una forma de producir trigo a la décima parte de su valor y produciéndolo a ese costo tuviera que dar dos de trigo por lo que antes daba uno, cuando esos dos le cuestan mucho menos que lo que antes le costaba uno". Pinedo (1956).

que suponía una pérdida de autonomía y la "desaparición" del empresariado nacional. Por otra parte, comenzó a discutirse la ineficiencia económica derivada del "sendero proteccionista" consumado y el hecho de que la industrialización más compleja persistía en producir problemas en el sector externo. En opinión de algunos intelectuales la "teoría de la industria incipiente" que debía ser protegida especialmente había sido aplicada de manera exagerada. En otras palabras, en la Argentina comenzaron a discutirse tempranamente los límites de la estrategia "cepalina" de desarrollo, los determinantes estructurales del ciclo económico y las características particulares de la estructura productiva. Conjuntamente, la idea de la apertura externa y la exportación industrial adquirió relevancia en las opiniones del período. Esa conciencia "industrial-exportadora" fue consolidándose hacia mediados de la década del sesenta y terminaría por hacerse dominante hacia el final de la misma, aun cuando las propuestas tenían sesgos diferenciados: algunos consideraban que debían estimularse todas las exportaciones industriales y otros sostenían que sólo algunas actividades debían ser promovidas con ese fin. Para Aldo Ferrer, por ejemplo, la alternativa de estrategia industrial debía pasar de un "modelo integrado y autárquico" a uno "integrado y abierto", es decir con capacidad de exportar productos de las diversas fases del ciclo manufacturero.[6] Siguiendo otra línea teórica, Guido Di Tella definía los ejes de la estrategia de industrialización capaz de generar el crecimiento. Su trabajo tuvo considerable difusión y fue elogiado por Carlos Moyano Llerena, otro destacado economista y más tarde ministro durante el gobierno militar de Marcelo Levingston, como "probablemente la formulación más original y vigorosa de los problemas del desarrollo argentino desde la publicación de la tesis de Prebisch". Di Tella presentaba una interpretación "internalista" del desarrollo donde la mejor estrategia consistía en concentrar el esfuerzo económico en un conjunto reducido de industrias que permitieran el pleno aprovechamiento de las economías internas al desarrollarlas en una gran escala y que posibilitaran la exportación manufacturera a otros mercados. En su opinión, las "industrias básicas" eran aquellas que podían exportar a costo internacional y no las que incrementaban los costos internos. Su propuesta implicaba reemplazar el patrón de desarrollo industrial de integración vertical por un esquema industrial-exportador especializado en aquellas indus-

---

[6] Ferrer (1970).

trias en las que el país tenía ventajas comparativas y dotación de factores en proporciones adecuadas.[7]

Hemos rescatado del olvido y enfatizado estas últimas propuestas porque, a nuestro juicio, son relevantes por dos razones. En primer término, resulta indudable que ellas tuvieron relativo consenso entre los intelectuales comprometidos con el debate económico de la época, o al menos entre aquellos economistas que tuvieron destacada presencia al frente de la conducción económica en esos años.[8] Independientemente de los matices importantes que pudieran existir nadie planteaba entonces abandonar el desarrollo industrial sino que buscaban la manera de profundizarlo, convencidos que ello permitiría mantener y mejorar el crecimiento económico y la integración social. Aun cuando existiesen diferencias importantes en su aplicación, estas propuestas fueron en parte consideradas por los ministros de Economía en los años siguientes con resultados que si bien pueden ser objetados por múltiples motivos (aunque las tasas de crecimiento fueron aceptables), contrastan con el estancamiento económico de las últimas décadas y con la debacle del fin de la "convertibilidad". En segundo término, estas propuestas revelan un importante compromiso de los intelectuales respecto de los límites y problemas, pero también de la maduración y las potencialidades del sector industrial en la Argentina de la época, que divergen, a su vez, con la "solución final" impuesta posteriormente y la escasez relativa de debates sobre el proceso de desindustrialización que se abrió en 1976.

No es en modo alguno casual (aunque no debería interpretarse que es su causa) que la ausencia de debates importantes sobre el desarrollo industrial en la Argentina durante las últimas décadas coincida con el no desarrollo, con el estancamiento crónico de nuestra economía y con un modelo que apoyado en las "fuerzas del mercado" prescindió del bienestar colectivo. Algunos inte-

---

[7] Di Tella (1969) y (1970). La expresión de Moyano Llerena referida al trabajo de Di Tella se encuentra en la revista *Panorama*, vol. V, Nº 36, IV trimestre de 1967, p. 309.

[8] Obviamente, existían otros pensadores que desde posiciones de "izquierda" o desde la "derecha" (como Federico Pinedo o Alfredo Martínez de Hoz) eran críticos del modelo económico argentino y de las redefiniciones que se encaraban en la segunda mitad de los años sesenta, y que aquí no consideramos. Aquellos años fueron muy ricos en cuanto a debates en distintos planos; en el campo económico se discutió profusamente sobre las características del empresariado nacional, sus "objetivos históricos", etc., como tendremos oportunidad de mostrar más adelante. Particularmente, distintas corrientes del marxismo también expresaron sus opiniones sobre la realidad económica y social de ese entonces y sus propuestas contenían "vías de desarrollo" capitalistas y no capitalistas que no se han considerado en este apartado, por focalizarnos en aquellas que tuvieron mayor incidencia en las definiciones de política económica que adoptaron los sucesivos gobiernos hasta 1976.

lectuales enmudecieron impávidos frente a las transformaciones que finalmente se harían "estructurales" en los años noventa; otros fueron desplazados de los ámbitos institucionales o marginados de los centros de formación académica o de opinión; finalmente muchos fueron cooptados por las estructuras de poder y apoyaron fervientemente los cambios institucionales y económicos que el pensamiento neoclásico impulsaba.[9] De uno u otro modo ello coadyuvó al triunfo de una "estrategia de (sub)desarrollo" que sumió a la mayor parte de nuestra sociedad en la precariedad y marginación, donde la industria, otrora motor del crecimiento y eje del debate intelectual, incurrió en un proceso de reversión que no deja de despertar el asombro de los analistas. El deterioro de los indicadores sociales a niveles insospechados es la lógica y trágica consecuencia del deterioro industrial y del subdesarrollo provocado. Esos debates que hoy parecen tan lejanos tienen vigencia en la medida en que constituyen un marco de referencia obligado para la construcción de otros nuevos que recalen en la necesidad de impulsar el crecimiento manufacturero.

Ahora bien, las estrategias comentadas estaban vinculadas estrechamente con las posibilidades estructurales de la sociedad argentina, tanto desde el punto de vista económico y productivo como social. En este último sentido, en esas propuestas subyacía no sólo una caracterización más o menos precisa de la estructura económica sino también de los grupos sociales que las llevarían adelante.[10] Ello es así porque la generación del desarrollo no sólo descansa en una cuestión de acertado diagnóstico, de voluntad o decisión política (sobre la base de una estrategia definida) sino también de la existencia de los actores sociales con capacidad y objetivos de desarrollo. Incorporemos ahora esa dimensión social que supone la existencia de un empresariado que acompañe e impulse una política de crecimiento armónico.

---

[9] Respecto de la absorción de cuadros políticos e intelectuales que permitió la consolidación del nuevo modelo de acumulación e impidió la formación de sectores alternativos, véase Basualdo (2002). Allí el autor aplica el concepto gramsciano de "transformismo" para caracterizar una situación en la que los sectores dominantes excluyen todo compromiso con las clases subalternas pero mantienen la dominación sobre la base de la integración de las conducciones políticas de esos sectores subordinados.

[10] Esos proyectos que pretendían conformar un capitalismo "eficiente" con capacidad de exportar bienes industriales pueden vincularse a *grosso modo* a la "gran burguesía urbana", en la caracterización de O'Donnell (1975). Guido Di Tella sería en este caso un "intelectual orgánico" arquetípico de la gran burguesía en tanto intelectual, organizador político y al mismo tiempo empresario perteneciente a esa clase.

Empresarios y desarrollo económico

En los últimos tiempos se ha reabierto un debate sobre la "burguesía nacional", promovido incluso desde el gobierno. Presurosos, algunos industriales argentinos reclamaron ese traje, sin advertir quizá que sobraba tela por varios lados. La constitución de un sector social que emprenda y acompañe un proyecto de desarrollo estratégico no surge de los discursos rimbombantes y difícilmente sea una tarea que pueda emprenderse sólo desde la acción pública, como se pretendió en algún momento en la Argentina (ésta era quizá la idea de Aldo Ferrer a fines de los años sesenta).

Ese emprendimiento conlleva la necesidad de encontrar empresarios a los que les quepa mínimamente el sayo, seguramente no aquellos beneficiados en los años noventa, fuertemente internacionalizados y vinculados con el capital extranjero. ¿Cuáles son esos actores?, entonces: la "burguesía nacional", quizá, que tendría "intereses históricos" nacionales y voluntad de impulsar un capitalismo nacional. Pero ¿existe un actor social con esas características?

Con mucha lógica se ha puesto bajo la lupa la racionalidad de la acción colectiva de los empresarios locales, cuyas actitudes y conductas parecían no coincidir con sus supuestos intereses históricos. En este camino era notorio cierto retraso; hace ya tiempo que los estudios sobre el movimiento obrero abandonaron perspectivas clasistas reduccionistas para explicar por qué esos actores habían adoptado determinados senderos de comportamiento en el espacio latinoamericano y ello no era de manera alguna una "anomalía" de acuerdo con su pertenencia de clase. Las "estructuras del sentir", las experiencias, las actitudes y percepciones y la lógica de la negociación con la esfera sindical, patronal y estatal abrieron muy ricas posibilidades para desentrañar la "acción" de esa fracción social[11]. Lamentablemente, la renovación señalada no tuvo correlato en los análisis sobre el empresariado, en términos generales descuidados por los intelectuales debido a preconceptos negativos o a la falta de anclaje teórico respecto de otros actores sociales, en apariencia más atractivos[12]. Lejos quedaron los enardecidos debates de los años sesenta sobre las potencialidades de los industriales en Latinoamérica que presentaron a empresarios industriales (burguesía nacional) carentes al parecer de "intereses históricos" distintos de sus "intereses presentes".

---

[11] Como ejemplo véanse los estudios de Daniel James sobre los sectores populares en la Argentina.

[12] Como excepciones pueden verse, entre otros, los trabajos de Azpiazu, Basualdo y Khavise (1986) y Jorge Schvarzer (1991).

En esencia, era ésa una distinción falsa que transplantaba la clásica distinción marxista entre los intereses inmediatos e históricos del proletariado, vinculados con la posibilidad de crear un nuevo tipo de sociedad asentada en la propiedad colectiva de los medios de producción. Pero ¿cuáles eran (son) los intereses históricos de los empresarios industriales? ¿Cuál era (es) la sociedad distinta que podía crear la burguesía industrial en estos atrasados países si se encontraba ligada desde su nacimiento con los grupos terratenientes y al capital extranjero? Sus intereses históricos coincidían con los presentes y las tareas políticas asomaban como desmedidas (o en otras palabras los empresarios industriales eran "débiles"): expulsar al imperialismo y doblegar la resistencia de los terratenientes para poder desarrollar un capitalismo nacional basado en el poder de la industria local. Seguir anclado en esos términos no parecía ser muy sensato en los años noventa; la historia saldó la discusión, buena parte de los empresarios locales vendieron sus compañías al capital extranjero y prácticamente desapareció el actor social capaz de movilizarse en pos de un proyecto nacional.[13]

Si bien es cierto que las iniciativas de dirigentes políticos, intelectuales y funcionarios a favor del desarrollo económico en ocasiones estimularon la creación de un empresariado comprometido con ese proyecto, para que estas propuestas resulten exitosas y estables en el largo plazo necesariamente deben anclarse en grupos sociales con el suficiente poder como para enfrentar las resistencias de sectores cuyos objetivos y prácticas no son los más adecuados para el desarrollo del conjunto social. En otras palabras, la conformación de una burguesía nacional no es un acto declarativo.[14] Ya Milcíades Peña lo había advertido en la década del sesenta y criticaba con cruda ironía a aquellos intelectuales que al no encontrar una burguesía nacional la inventaban, como lo hacían los mencheviques en la Rusia prerrevolucionaria. Al igual que Martov en aquellos años, muchos políticos e intelectuales se empeñan hoy en convencer y explicar a los empresarios que les conviene ser "nacional";[15] y, paralela-

[13] Computando las 100 empresas líderes, las de capital nacional suman solamente 17, con la particularidad de que en los sectores claves de la economía, las líderes de cada uno de ellos son de capital extranjero, con la única excepción del sector rural. "Nacionales y extranjeras en las 1.000 de Mercado", *Mercado*, noviembre de 2003.

[14] Katz (2005).

[15] En su trabajo "Rasgos biográficos de la famosa burguesía industrial argentina", escrito a fines de los años cincuenta, Milcíades Peña citaba el siguiente párrafo de Martov: "Tenemos el derecho de esperar que un sobrio cálculo político impulse a nuestra burguesía democrática a actuar en la misma forma en que, en el siglo pasado, actuó en Europa Occidental la burguesía democrática, bajo la inspiración del romanticismo revolucionario"; Peña (1986), p. 193.

mente, muchos de ellos se muestran convencidos rápidamente y se autoproclaman como los "auténticos empresarios nacionales".

Esos debates de los sesenta y primeros setenta sobre la existencia o no de la "burguesía nacional" si bien parecen lejanos no están agotados aún en la medida en que revisitados permiten focalizar en la conformación y características de la clase dirigente y en particular de los sectores con intereses en actividades industriales. ¿Cuál es el significado que tiene hoy el término "burguesía nacional"? Amplios sectores manufactureros han desaparecido como lógica consecuencia de políticas de apertura indiscriminada, el grado de transnacionalización del sector industrial es hoy muy superior y los actores sociales con capacidades para la transformación parecen haberse diluido en el fárrago de la dinámica especulativa prevaleciente en lo últimos treinta años. Los grupos económicos más concentrados, partícipes destacados del proyecto hegemónico de los años setenta y noventa y núcleo central de los vendedores dentro del proceso de extranjerización, entre otras cosas, de ningún modo pueden arrogarse ahora la etiqueta de "nacional" a pesar de sus pretensiones en ese sentido. ¿Cuál sector entonces? La reestructuración económica de las últimas décadas generó un retraimiento importante de los sectores productivos vinculados con un proyecto "nacional", pero aun así existen muchas pequeñas y medianas firmas con presencia significativa dentro de la estructura industrial y en las exportaciones de la Argentina que podrían ser partícipes de un proyecto económico nacional. De todos modos, este sector se halla desestructurado y posee un bajo grado de "identidad"; se trata sólo de una fracción de clase que no constituyen –y difícilmente tengan capacidad para constituirse en– una "burguesía nacional".[16]

En los últimos años, perspectivas más amplias y flexibles permitieron dar un giro a los estudios sobre el empresariado como motor del desarrollo económico. En última instancia los debates sobre la burguesía nacional se referían a sólo una dimensión necesaria del análisis (el estudio de las características de los empresarios industriales), la otra, no menos relevante y que debe partir de la primera se vincula con el particular "enraizamiento" entre sociedad civil (en este caso empresarial) y el Estado, puesto que ese eje puede brindar luz no sólo acerca de esa relación y sobre los agentes comprometidos, sino también respecto de las características del cabildeo como factor estimulador o inhibidor del desarrollo económico. En efecto, modernos desarrollos concep-

---

[16] Basualdo (2004), p. 20.

tuales destacan que el sostenimiento del crecimiento en el largo plazo debe sustentarse en los diseños institucionales vinculados con el buen desempeño económico.[17] En este sentido, ciertas instituciones resultan claves para garantizar la armonía de ese crecimiento y darle una orientación decidida y coherente. La literatura reciente sobre el Estado y sus instituciones destaca el poder estatal en función de su capacidad para formular y desarrollar metas que no necesariamente son el reflejo de las exigencias o intereses de los grupos sociales dominantes.

En otras palabras, los grupos sociales no tienen "intereses históricos" predeterminados y los empresarios pueden o no apostar a un proceso de desarrollo de acuerdo con las circunstancias –y a sus experiencias previas– tal como pareció verificarse positivamente en la década del sesenta y primeros años setenta, que en una medida importante se encuentran determinadas por los marcos institucionales y la canalización institucional del poder efectivo de otros grupos sociales. Un nuevo ejemplo referido ahora al ámbito de las políticas estatales y los reclamos empresariales terminará de precisar nuestras reflexiones.

Instituciones y capacidades estatales

Varios analistas en nuestro país anudan una estrategia de largo aliento con el impulso del sector manufacturero vinculado con el mercado interno pero a la vez con capacidad exportadora, una propuesta que tiene reminiscencias a las esgrimidas en los años sesenta. Desde este punto de vista, el financiamiento de la industria se presenta como un tema central, especialmente en lo que se refiere a la promoción de la inversión. No es casual que algunos sectores políticos y dirigentes empresarios hayan comenzado a reclamar la creación de un banco de desarrollo capaz de atender los requerimientos financieros de pequeñas y medianas empresas y también de las grandes. Sin embargo las resistencias

---

[17] Véase al respecto North (1990). No se trata de un enfoque único; Evans (1996), por ejemplo, ha propuesto la utilización del concepto "autonomía enraizada" para destacar aquellas situaciones en las cuales los burócratas estatales mantienen lazos estrechos con las empresas y a la vez son capaces de formular políticas en forma autónoma. De acuerdo con esta interpretación, esa particular relación sería clave para la eficacia del Estado en función del logro del objetivo de desarrollo. Por su parte, Sikkink (1993) ha destacado los factores que generan autonomía de una institución o gobierno como la pericia de los funcionarios y su coherencia interna, la existencia de instrumentos que puedan influir en la economía, el aislamiento de los responsables de las políticas de gobierno respecto de las presiones sociales y la habilidad de los dirigentes para utilizar la persuasión y manipular los incentivos de modo de lograr apoyo para los cambios que promueven.

a este tipo de instituciones, al menos en nuestro país, son importantes, entre otras cosas como consecuencia del fracaso del Banco Nacional de Desarrollo (BND), una institución estatal que funcionó desde 1944 y que sucumbió luego de un prolongado descrédito a comienzos de los noventa.[18]

En las últimas décadas las instituciones financieras de desarrollo fueron cuestionadas fuertemente, en especial en el ámbito latinoamericano, a la par que se criticaba la política de industrialización por sustitución de importaciones y la intervención del Estado en la economía. Las reformas económicas impulsadas en la región, particularmente en la década de los noventa, terminaron por limitar, sino eliminar, el rol que hasta entonces había desempeñado esta banca especializada. El diagnóstico subyacente a la liberalización de los sistemas financieros no sólo enfatizó el problema de la regulación de la tasa de interés sino también el fuerte dirigismo estatal en la asignación crediticia de las instituciones financieras de desarrollo. La corrupción y la debilidad de los criterios de canalización de los recursos, la ineficiencia y la persistente insolvencia que acentuaba el déficit fiscal y terminaba por promover la inflación, las convirtieron en blancos privilegiados del proceso de reforma. De todos modos, quizá la crítica más importante a las instituciones de fomento se refiera al otorgamiento de créditos a tasas de interés reales negativas, por efecto del proceso inflacionario; una situación que beneficia a los tomadores de crédito y provoca muchas veces una asignación ineficiente de los recursos (dado que se pueden tomar préstamos "baratos" para proyectos de dudosa viabilidad o no rentables en el largo plazo). En especial, los sectores vinculados con el pensamiento neoclásico y proclives a impulsar "reformas estructurales" en los países en desarrollo señalaron esta característica y sus consecuencias: empresarios "prebendarios", escaso fomento al desarrollo tecnológico y la competencia, mal uso de los recursos públicos, etc. Como reflejo de la fuerte deslegitimación que sufrieron estas entidades, las propuestas prevalecientes en esos años plantearon o bien la liquidación lisa y llana o su reestructuración con distintos énfasis.

[18] Opiniones favorables al "relanzamiento" del BND pueden consultarse por ejemplo en *La Nación*, 24 de abril de 2005. Contrarias en Martín Lousteau (jefe de gabinete del Ministerio de la Producción de la Provincia de Buenos Aires) "¿Hace falta un BNDES argentino?", *Clarín*, 17 de julio de 2005, y las declaraciones del ministro de Economía Roberto Lavagna en el V Foro Federal de la Unión Industrial Argentina, reproducidas en "Proponen crear un Banco de Desarrollo", *La Nación*, 28 de mayo de 2005. En ese foro se desarrolló un panel titulado "Banco de Desarrollo: un instrumento esencial para la reindustrialización del país" que evidencia los intereses sectoriales. Informe del Banco Mundial sobre investigaciones relativas a políticas de desarrollo (1993). Para un detallado análisis del accionar de esta institución, véase Rougier (2004).

Sin embargo, la experiencia histórica, muchas veces negada por los promotores del retiro del Estado, presenta tozudamente distintas alternativas y casos de instituciones con gran capacidad para impulsar el crecimiento económico. El propio Banco Mundial ha reconocido que los países del sudeste asiático, por ejemplo, llevaron adelante políticas activas o "intervenciones selectivas" para fomentar el desarrollo: créditos subvencionados y orientados a industrias específicas, protección arancelaria, inversiones públicas en investigación y tecnología, fomento de las exportaciones con créditos especiales, etc. Estos países estimularon la inversión con diferentes medios: crearon un ambiente propicio mediante la combinación de políticas tributarias y otras que mantenían bajos los precios relativos de los bienes de capital. También controlaron los tipos de interés sobre los depósitos y los préstamos a niveles inferiores a los de equilibrio del mercado (lo que se conoce como "represión financiera"). Pero no sólo se reguló el mercado financiero sino que algunos países contaron especialmente con instituciones estatales que proporcionaban fondos para inversión, y en otros garantizaban la viabilidad financiera de los proyectos promovidos.[19]

En nuestro país el BND (primero su nombre fue Banco Industrial) cumplió un rol ambiguo como instrumento de desarrollo en el marco de la industrialización por sustitución de importaciones. Si por un lado, permitió que se impulsaran algunos grandes proyectos de inversión en diferentes actividades manufactureras, por otro, quedó sujeto a múltiples imposiciones sectoriales y políticas que implicaron un comportamiento fuertemente errático en la asignación de los créditos y, sobre todo, escasa selectividad. En ocasiones, el constante subsidio otorgado a empresas poco viables o con enormes problemas de rentabilidad terminó por permitir que sobreviviera por años una estructura industrial endeble, donde los incentivos para la inversión y el avance tecnológico quedaron relegados.[20] Si en el sudeste asiático, con el propósito de estimular la inversión, las tasas de interés que pagaron las empresas tomadoras de créditos eran moderadamente negativas, en nuestro país resultaron muchas veces "groseramente" negativas, estimulando

---

[19] Evidentemente esto nos llevaría a discutir la naturaleza del empresariado en esos países que resistieron el desmantelamiento del Estado.

[20] El propio Roberto Lavagna se encargó de señalarles a los industriales que cuando el BND fue liquidado "le quedaba una cartera de créditos por 5.737 millones de dólares. De ese monto, el 99,4% era irrecuperable y la mitad correspondía a 20 grandes empresas"; luego ante la mirada –seguramente falsamente sorprendida– de los empresarios espetó: "Hay que animarse a decir no a los buscadores de subsidios, que siempre quieren cargar sobre los bienes de toda la sociedad", reproducido en "Proponen crear un Banco de Desarrollo", *La Nación*, 28 de mayo de 2005.

la especulación financiera y el uso corrupto de esos fondos. Pero más grave aún resultaba la incoherencia institucional derivada de la inestabilidad; el constante recambio de autoridades implicó una limitación importante para el fortalecimiento de cierta autonomía administrativa respecto del poder político, de otros organismos estatales y de los empresarios. De este modo, los objetivos institucionales de largo plazo quedaron muchas veces ligados a los cambiantes escenarios y definiciones de la política financiera y económica nacional, una situación fuertemente negativa en términos de los propósitos de un banco de desarrollo que dejaba abierta la posibilidad de encontrar sólidos argumentos para su deslegitimación. Ello ocurrió efectivamente desde fines de los años setenta y particularmente en los primeros noventa, en momentos en que, además, se cuestionaba globalmente el modelo de industrialización por sustitución de importaciones y se avanzaba con la reforma estructural bajo las recomendaciones del Consenso de Washington.

En la Argentina, la liberalización y redimensionamiento del sector financiero resultó crítico para el desempeño de la banca de fomento. El BND, luego de una lenta agonía entró en liquidación a partir de 1993. Curiosamente, el mismo Banco Mundial, que por ese entonces rescataba las experiencias del sudeste asiático, también aconsejaba la liquidación del banco argentino.

No es necesario remontarse a los ejemplos exitosos y a la vez lejanos del sudeste asiático. Por ejemplo, tanto en Brasil como en México también se planteó la privatización y liquidación de sus instituciones financieras de desarrollo, sin embargo, se procedió a reestructurarlas, aprovechando las posibilidades que abría el mercado mundial de capitales –en la medida en que la globalización presentaba alternativas positivas– para captar recursos, mientras se buscaba una mayor eficiencia institucional.[21] La acción de esas instituciones financieras en la promoción del comercio exterior es hoy muy importante, tanto como los incentivos que genera para la modernización empresaria. En nuestro país, en cambio, como el BND funcionaba mal se lo cerró, nadie pensó seriamente en reestructurarlo. El punto era –y sigue siéndolo– que sin política industrial no había –ni hay- lugar para un banco de desarrollo.

El ejemplo es importante porque en paralelo a su presentación como

---

[21] Kenneth Boulding, citado por Leyba (2003), p. 87.

"burguesía nacional" muchos empresarios reclaman la recreación de una entidad financiera como la que existió antes de los años noventa. Curiosamente (o no) muchos de ellos usufructuaron esos créditos "blandos" o nunca los pagaron y reclamaron el cierre del Banco, visualizado como una "aberración estatista". Por su parte, los funcionarios de gobierno se oponen a la creación de una entidad semejante con argumentos que destacan su fracaso pero que esconden la falta de definiciones de política industrial.

Sin embargo, la experiencia en algunos países de desarrollo tardío demuestra que es factible organizar una institución con capacidad de financiar determinados sectores industriales. El diseño institucional debe ser acorde con los objetivos del desarrollo: en la medida en que éstos se planteen claramente –luego de un amplio debate intelectual– se generarán instituciones con la coherencia administrativa y la capacidad para impulsarlo, y sobre todo con el poder para disciplinar a los empresarios y éstos a su vez al Estado en una lógica de círculo virtuoso. La creación de "instituciones" es tarea exclusiva del Estado y su diseño no es una decisión sólo económica sino básicamente política. Sería necesario entonces establecer primero una clara definición de política industrial consensuada entre diferentes sectores sociales –dado que no parece existir un empresariado nacional con la suficiente vocación y capacidad– y luego un marco burocrático eficaz, capaz de diseñar y sostener en el largo plazo objetivos rectores de desarrollo económico. Como se ha sugerido, el bastón, la zanahoria y el abrazo pueden ser todos ellos necesarios; pero el más importante es el abrazo[22]..., siempre que tengamos a alguien digno de ser abrazado.

Algunas reflexiones de conjunto

Una estrategia que enfatice en el desarrollo económico y social supone claridad teórica, diseños de política económica para el largo plazo, acuerdos y voluntades políticas, actores sociales con la fuerza necesaria para impulsarla y capacidades estatales suficientes para su instrumentación. Estos elementos constitutivos y determinantes de las políticas de desarrollo se entrelazan mutuamente en diferentes combinaciones, pero todos son imprescindibles. Un diseño que no se sustente en un análisis afinado de las circunstancias his-

---

[22] Kenneth Boulding, citado por Leyba (2003), p. 87.

tóricas nacionales e internacionales no será lo suficientemente correcto para desbrozar el camino hacia el desarrollo. Una política de largo plazo que no tenga una base social de apoyo lo suficientemente grande como para vencer las resistencias está condenada al fracaso. Una estrategia de desarrollo que no disponga –ni contemple la ampliación– de las capacidades de ejecución no puede sino zozobrar más temprano que tarde.

En este sentido, en la riqueza de los debates que comentamos en la primera parte de este trabajo se encuentran muchos elementos que recogen experiencias concretas factibles de ser analizadas (en un balance que identifique aciertos y errores) en función de una readecuación que responda a las necesidades actuales y pueda brindar alternativas económicas y sociales que cristalicen en una estrategia de desarrollo basada en la dinámica industrial, punto de partida para la construcción social de potenciales realidades diferentes. Lamentablemente, es imposible retomar aquellos debates y darles continuidad como si nada hubiera pasado, porque de hecho las condiciones de la sociedad –que más allá de los conflictos políticos podía jactarse de su "bienestar"– y en particular de la estructura productiva argentina son esencialmente distintas a las prevalecientes a mediados de los años setenta.

Difícilmente hoy sea factible impulsar un proyecto nacional. No parecen existir desarrollos teóricos e instrumentales que sustenten y puedan desplegar una alternativa de esa naturaleza. Aun suponiendo que ése es el objetivo no puede pensarse seriamente que un débil empresariado nacional (los pequeños y medianos empresarios quizá, como proponen algunos) pueda cargar sobre sus espaldas esa desmedida tarea. Finalmente, de acuerdo con las actuales definiciones de política económica, tampoco parece existir voluntad alguna de sumar a los sectores populares como elemento de apoyo a un supuesto proyecto nacional.

La política económica del gobierno de Nestor Kirchner se presenta como un "cambio de modelo" respecto del prevaleciente durante los años noventa. Tan fuerte es el peso de esa diferenciación que una parte importante de la construcción política del gobierno se basa en ese supuesto. No obstante, pese a lo manifiesto es indudable que las definiciones económicas hoy sólo parecen centrarse en el mantenimiento del tipo de cambio y en el sostenimiento del superávit fiscal. La devaluación ha alentado las exportaciones y un creciente proceso industrial sustitutivo basado en capacidad instalada previa, pero ello no implica un cambio de modelo, como no lo provocaron numerosas devaluaciones durante la industrialización por sustitución de importaciones ni las posteriores durante la vigencia de un esquema que privilegiaba la valorización financiera. En los años ochenta, en el marco del mismo modelo global que hoy nos rige, la moneda fue devaluada sucesivas veces o aun durante los comienzos del menemismo en el marco de un desempeño estructural que bajo la hegemonía de los grupos financieros y otros sectores asociados insistía en desindustrializar al país y aumentar el endeudamiento externo. Con los sucesos de fines del 2001 y la devaluación siguiente el deterioro distributivo característico de la etapa post 1975 se acentuó y la recuperación económica de los últimos años no alteró la participación de los sectores más castigados de la sociedad. Si la concentración se profundiza pese al "cambio de modelo", ¿es acaso que el proyecto económico de largo plazo no se ha modificado?; ¿la política económica actual, diferente por cierto a la prevaleciente en los años noventa, no es capaz de torcer la tendencia estructural? ¿Avanzan las definiciones de largo plazo hacia una reformulación del modelo iniciado en 1975 o, por el contrario, pretenden remozarlo y consolidarlo? Con bajos salarios, reprimarización y transnacionalización, ¿qué clase de capitalismo nacional inclusivo podría desarrollarse? Más allá del notable silencio y la no explicitación de la estrategia de desarrollo, ésta inercialmente transcurre y se "desarrolla"; quizá, como plantean algunos sectores del poder económico, se trate de llevar adelante un programa exportador manteniendo una economía abierta acompañada de una industrialización acotada y con empleo flexible (tan sólo sería entonces un replanteo, una nueva "fase" menos financiera de un maduro patrón que ha recorrido ya tres décadas). Los discursos gubernamentales pueden ser muy estimulantes y alentadores pero el cambio de modelo (en el sentido estructural que le damos al término) debería comenzar por generar las capacidades estatales (donde adecuados diseños institucionales adquieren centralidad) y sociales para imponer el veto de ese proyecto y evidenciarse en la reversión de la creciente inequidad social que ha caracterizado sus distintas fases. Por algún lado debe empezarse: el surgimiento de un nuevo empresariado comprometido con un desarrollo "nacional" es altamente improbable en las actuales condiciones, reconstituir el debate intelectual en pos del desarrollo es insoslayable y quizá prioritario, el consenso hacia un rol más activo del Estado aportaría elementos para visualizar modificaciones estructurales capaces de avanzar hacia una economía industrial y quebrar verdaderamente el "modelo", ése que en los últimos treinta años no ha hecho más que aumentar la pobreza, el endeudamiento y la marginación de millones de argentinos.

Bibliografía

Azpiazu, Daniel, Basualdo, Eduardo y Khavisse, Miguel, "¿Capitanes de la industria o generales de la economía?, en revista *El Periodista*. 1986.

Azpiazu, Daniel, Basualdo, Eduardo y Khavisse, Miguel, *El nuevo poder económico en la Argentina*, Legasa, 1986.

Informe del Banco Mundial sobre investigaciones relativas a políticas de desarrollo (1993). *El milagro de Asia Oriental, El crecimiento económico y las políticas oficiales*, Banco Mundial.

Basualdo, Eduardo (2002), *Sistema político y modelo de acumulación*, Unqui-Flacso.

Basualdo, Eduardo (2004), "Notas sobre la burguesía nacional, el capital extranjero y la oligarquía pampeana", *Realidad Económica*, Nº 201, 1 de enero al 15 de febrero.

Belini, Claudio (2004), "Estado y política industrial durante el primer peronismo", en Patricia Berrotarán, Aníbal Jáuregui y Marcelo Rougier, *Sueños de bienestar en la Nueva Argentina. Las políticas públicas durante el peronismo, 1944-1955*, Buenos Aires, Imago Mundi.

Di Tella, Guido (1970), "Criterios para una política de desarrollo industrial", en Mario Brodersohn (dir.), *Estrategias de industrialización para la Argentina*, Editorial del Instituto.

Di Tella, Guido (1969), "La estrategia del desarrollo indirecto", *Desarrollo Económico*, Nº 32, enero-marzo.

Evans, Meter (1996), "El estado como problema y como solución", *Desarrollo Económico*, nro. 140, enero-marzo.

Ferrer, Aldo (1970), "El desarrollo de las industrias básicas y la sustitución de importaciones", en Mario Brodersohn (dir.), *Estrategias de industrialización para la Argentina*, Editorial del Instituto.

Gilbert, Jorge, Rougier Marcelo y Tenewicki, Marta (2000), "Debates en torno de la propuesta económica de Raúl Prebisch (1955-1956)", en *XVII Jornadas de Historia Económica*, Tucumán, FCE/U.N. de Tucumán.

Katz, Claudio (2005), "Que burguesía hay en la Argentina", informe especial, *Argenpress.info*, 3 de julio.

Leyba, Carlos (2003), *Economía y política en el tercer gobierno de Perón*, Biblos.

North, Douglas (1990), *Instituciones, cambio institucional y desempeño económico*, Fondo de Cultura Económica.

O'Donnell, Guillermo (1975), "Reflexiones sobre las tendencias generales de cambio del Estado burocrático autoritario", *Documento CEDES/CLACSO Nº 1*. Buenos Aires.

Peña, Milcíades (1986), *Industrialización y clases sociales en la Argentina*, Hyspamerica.

Pinedo, Federico (1956), *Argentina no es un caso perdido*, Academia de Ciencias Económicas, Buenos Aires.

Rougier, Marcelo (2001), *El Banco Industrial durante el primer peronismo (1944-1955)*, CEEED, Facultad de Ciencias Económicas, UBA.

Rougier, Marcelo (2004), *Industria, finanzas e instituciones. La experiencia del Banco Nacional de Desarrollo*, UNQui.

Schvarzer, Jorge (2004), "De nuevo sobre la burguesía nacional", *Realidad Económica*, N° 201, 1 de enero al 15 de febrero.

Schvarzer, Jorge (1991), "Empresarios del pasado". *La Unión Industrial Argentina*, CISEA/Imago Mundi.

Sikkink, Kathryn (1993), "Las capacidades y la autonomía del Estado en Brasil y la Argentina: un enfoque neoinstitucionalista", *Desarrollo Económico*, N° 128, Buenos Aires.